住房和城乡建设部"十四五"规划教材

高等学校房地产开发与管理和物业管理学科专业指导委员会规划推荐教材

物业管理案例分析

殷闽华　刘秋雁　周建群　主　编

贺小燕　副主编

温必潜　主　审

中国建筑工业出版社

图书在版编目（CIP）数据

物业管理案例分析 / 殷闽华，刘秋雁，周建群主编；
贺小燕副主编. — 北京：中国建筑工业出版社，2022.7

住房和城乡建设部"十四五"规划教材　高等学校房
地产开发与管理和物业管理学科专业指导委员会规划推荐
教材

ISBN 978-7-112-27521-2

Ⅰ.①物… Ⅱ.①殷…②刘…③周…④贺… Ⅲ.
①物业管理—案例—中国—高等学校—教材 Ⅳ.
①F299.233.3

中国版本图书馆CIP数据核字（2022）第102835号

　　本教材以介绍物业管理案例纠纷处置的知识与技能为重点，借鉴物业管理案例教学的优秀教材编写范例，精选来自物业服务企业实践一线的真实案例，吸收了在解决物业管理服务纠纷过程中取得的成功经验。在案例分析中，既有应用物业管理相关法律法规处理纠纷，又有提出如何完善管理以避免纠纷的实务建议。本教材内容共12章，主要包括：物业管理案例分析概述、物业管理案例分析适用的理论及法律法规、物业服务中涉及业主和业主组织的纠纷与案例分析、前期物业管理中的纠纷与案例分析、物业服务合同纠纷与案例分析、物业建筑与设施设备管理中的纠纷与案例分析、物业公共秩序维护管理中的纠纷与案例分析、物业公共环境服务中的纠纷与案例分析、物业资金管理中的纠纷与案例分析、物业综合事务管理中的纠纷与案例分析、物业应急管理中的纠纷与案例分析、客户服务与公共关系管理中的纠纷与案例分析。

　　本书既可作为高等学校物业管理等相关专业本科教材，也可以作为高等职业教育物业管理相关专业的教材、物业服务企业在职管理人员的培训教材及参考用书。

　　为更好地支持相应课程的教学，我们向采用本书作为教材的教师提供教学课件，有需要者可与出版社联系，邮箱：jckj@cabp.com.cn，电话：（010）58337285，建工书院http://edu.cabplink.com。

责任编辑：张　晶　牟琳琳
责任校对：张　颖

住房和城乡建设部"十四五"规划教材
高等学校房地产开发与管理和物业管理学科专业指导委员会规划推荐教材
物业管理案例分析
殷闽华　刘秋雁　周建群　主　编
贺小燕　副主编
温必潜　主　审

＊

中国建筑工业出版社出版、发行（北京海淀三里河路9号）
各地新华书店、建筑书店经销
北京锋尚制版有限公司制版
天津安泰印刷有限公司印刷

＊

开本：787毫米×1092毫米　1/16　印张：21½　字数：456千字
2022年8月第一版　2022年8月第一次印刷
定价：**56.00**元（赠教师课件）
ISBN 978-7-112-27521-2
（39642）

党和国家高度重视教材建设。2016年，中办国办印发了《关于加强和改进新形势下大中小学教材建设的意见》，提出要健全国家教材制度。2019年12月，教育部牵头制定了《普通高等学校教材管理办法》和《职业院校教材管理办法》，旨在全面加强党的领导，切实提高教材建设的科学化水平，打造精品教材。住房和城乡建设部历来重视土建类学科专业教材建设，从"九五"开始组织部级规划教材立项工作，经过近30年的不断建设，规划教材提升了住房和城乡建设行业教材质量和认可度，出版了一系列精品教材，有效促进了行业部门引导专业教育，推动了行业高质量发展。

为进一步加强高等教育、职业教育住房和城乡建设领域学科专业教材建设工作，提高住房和城乡建设行业人才培养质量，2020年12月，住房和城乡建设部办公厅印发《关于申报高等教育职业教育住房和城乡建设领域学科专业"十四五"规划教材的通知》（建办人函〔2020〕656号），开展了住房和城乡建设部"十四五"规划教材选题的申报工作。经过专家评审和部人事司审核，512项选题列入住房和城乡建设领域学科专业"十四五"规划教材（简称规划教材）。2021年9月，住房和城乡建设部印发了《高等教育职业教育住房和城乡建设领域学科专业"十四五"规划教材选题的通知》（建人函〔2021〕36号）。为做好"十四五"规划教材的编写、审核、出版等工作，《通知》要求：（1）规划教材的编著者应依据《住房和城乡建设领域学科专业"十四五"规划教材申请书》（简称《申请书》）中的立项目标、申报依据、工作安排及进度，按时编写出高质量的教材；（2）规划教材编著者所在单位应履行《申请书》中的学校保证计划实施的主要条件，支持编著者按计划完成书稿编写工作；（3）高等学校土建类专业课程教材与教学资源专家委员会、全国住房和城乡建设职业教育教学指导委员会、住房和城乡建设部中等职业教育专业指导委员会应做好规划教材的指导、协调和审稿等工作，保证编写质量；（4）规划教材出版单位应积极配合，做好编辑、出版、发行等工作；（5）规划教材封面和书脊应标注"住房和城乡建设部'十四五'规划教材"字样和统一标识；（6）规划教材应在"十四五"期间完成出版，逾期不能完成的，不再作为《住房和城乡建设领域学科专业"十四五"规划教材》。

住房和城乡建设领域学科专业"十四五"规划教材的特点，一是重点以修订教育部、住房和城乡建设部"十二五""十三五"规划教材为主；二是严格按照专业标准规范要求编写，体现新发展理念；三是系列教材具有明显特点，满足不同层次和类型的学校专业教学要求；四是配备了数字资源，适应现代化教学的要求。规划教材的出版凝聚了作者、主审及编辑的心血，得到了有关院校、出版单位的大力支持，教材建设管理过程有严格保障。希望广大院校及各专业师生在选用、使用过程中，对规划教材的编写、出版质量进行反馈，以促进规划教材建设质量不断提高。

住房和城乡建设部"十四五"规划教材办公室

2021年11月

随着我国物业管理行业的快速发展，特别是在抗击新冠肺炎疫情的阻击战中，全体物业人逆行而上，获得全社会的高度赞扬，被称为"物业英雄"，物业管理成为人们生活中必不可少的行业，物业管理的价值得到新的升华，同时对该专业人才培养的要求也不断提高。

我国本科层次物业管理专业人才培养起步较晚，但近年来发展较快。物业管理专业是典型的培养应用型人才的专业，案例教学法是目前比较公认且成熟的应用型人才培养的教学模式之一。目前，与《中华人民共和国民法典》实施与时俱进，适合物业管理本科专业人才培养的《物业管理案例分析》教材非常少，本教材的出版满足了物业管理专业本科层次人才培养对此类教材的需要。

本教材是为适应全国高等院校物业管理本科专业"物业管理案例分析"课程的教学需要而编写的，具有以下三个特点：

（1）案例务实。本教材的案例全部精选来自物业服务企业实践一线的真实案例，吸收了在解决物业管理服务纠纷过程中取得的成功经验。在案例分析中，既有应用物业管理相关法律法规处理纠纷，又有提出如何完善管理以避免纠纷的实务建议。

（2）体例新颖。本教材借鉴国外物业管理案例教学的教材编写范例，每一章先介绍物业专业相关理论知识的内容，使学生在介入案例分析前有一个专业理论知识的复习；然后才导入案例分析的教学，既有法律条文的应用解读又有针对案情的客观分析。

（3）理实一体。本教材根据高等学校房地产开发与管理和物业管理学科专业指导委员会《高等学校物业管理本科指导性专业规范》和教育部《普通高等学校本科专业类教学质量国家标准》规定的对物业管理本科专业人才培养目标编写，立足体现应用性，强调理论与实践的紧密结合。

在本教材编写过程中，适逢中国第一部以法典命名的、具有里程碑意义的《中华人民共和国民法典》（简称《民法典》）的颁布，并在2021年1月1日起施行，《中华人民共和国民法总则》《中华人民共和国民法通则》《中华人民共和国合同法》《中华人民共和国物权法》《中华人民共和国侵权责任法》《中华人民共和国担保法》《中华人民共和国婚姻法》《中华人民共和国继承法》《中华人民共和国收养法》九部法律将被替代。本教材吸收了《民法典》的最新规定，对新旧法律规定的衔接作出了相关说明。

本教材为住房和城乡建设部"十四五"规划教材，主要作为普通高等学校物业管理专业及房地产相关专业的教材使用，亦可以作为相关专业及行业人员的参考与培训用书。

本教材由福建江夏学院殷闽华、东北财经大学刘秋雁、福建江夏学院周建群担任主编，福建江夏学院贺小燕担任副主编。东北财经大学刘秋雁教授编写了第1、2章和第8章并和福建江夏学院周建群共同编写了第3章；福建江夏学院吴昕编写了第4章，汪瑞编写了第5章，周建群编写了第6章，陈蔷编写了第7章，沈建新编写了第9章，殷闽华编写了第10章，林丹编写了第11章，贺小燕编写了第12章。福建江夏学院殷闽华对本教材进行统稿，广东省物业管理行业协会原法律顾问广东经国律师事务所资深律师温必潜对教材全文进行了十分细致的审修，广州大学陈德豪教授对本教材的编写提供了指导、部分素材和定稿审修。

衷心感谢本教材后参考文献所列著作、教材、论文的各位作者，感谢中国建筑工业出版社给予的大力支持，感谢温必潜律师的辛劳付出，感谢陈德豪教授的热心指导。

由于作者经验不足，水平有限，疏漏谬误在所难免，敬请各位专家及读者提出宝贵意见和建议。

2022年7月

目 录

1

物业管理
案例分析概述

本章要点与学习目标

　　本章主要介绍了与物业管理案例分析有关的知识，包括案例与案例分析，物业管理案例教学的意义，物业管理纠纷的含义、产生、分类和解决办法以及物业管理案例分析的基本内容等。

　　通过本章学习，学生应能掌握案例与案例分析的含义、特征；掌握案例分析的基本格式、步骤和技巧；理解案例学习的目的；熟悉物业管理纠纷的成因、类型并学习如何规避和处理纠纷；了解物业管理领域九个方面的纠纷与案例分析内容。通过对以往物业管理服务实践中具体事例的研究，分析归纳出其中的规律，从而建立起物业管理案例分析的基本思路，实现案例分析能力的培养和提高。

1.1 案例与案例分析

1.1.1 案例

1. 案例的含义

一般地，案是"案件、个案"，即为已经发生过的事件；例是"例子"。

案例，是指从人们生产生活所经历的个案中选出的具有典型意义和学习、研究、借鉴意义的事例。通常它是在人们所经历的各种事件中有意选取记录，对揭示、分析某一类事件有重要代表和借鉴意义。

著名教育家劳伦斯认为："案例是对一个复杂情境的记录。一个好的案例是一种把部分真实生活引入课堂从而使教师和全班学生对之进行分析和学习的工具，它可使课堂讨论一直围绕只有真实生活中才存在的棘手问题来进行。"

美国学者格柯指出："案例，就是一个商业事务的记录；管理者实际面对的困境，以及作出决策所依赖的事实、认识和偏见等都在其中有所显现。通过向学生展示这些真实的和具体的事例，促使他们对问题进行相当深入的分析和讨论，并考虑最后应采取什么样的行动。"

进一步地，针对物业管理与服务实践，我们可以界定：物业管理中的案例就是对在真实的、复杂的物业管理与服务过程中发生的案件中选取典型的、具有学习、研究和借鉴意义的事例。在这个过程中，包含有一个或多个疑难问题，同时也可能隐含着问题解决的多元化方案。

2. 案例的特征

基于上述分析，可以看出，案例的基本特征是：

（1）案例必须是真实发生的

案例强调真实，不能杜撰。可以是自己经历过的，也可以是在各类媒体中报道或中国知网、中国裁判文书网、各级人民法院官网等公开网站上公布的，或者在相关著作上选登的案例。

（2）案例一般是典型事件

这说明，并非所有的事件都可以成为案例。能纳入案例库中的，一般都是具有典型性的事件。一是能由个体说明总体、诠释总体，个别说明一般；二是通过这个事件具有的启示意义，能说明某些道理或解决问题的方法。

（3）案例有完整的事件描述

案例总是一个又一个的事件、故事和例证。但不管是普通事件还是突发事件，这些事件都需要被仔细地、完整地描述，包括背景、过程、事实、地点和人物，既描述过程中的思考，也描述事后的思考，且都要围绕一个主题进行。只有这样，才能让读者有正确的判断。

案例之所以为人所青睐，一个重要的因素就是它本身包含了一个完整的故事情景。自然而然地就让人们在无形中身临其境，与事件中的主人公一起思考，引发共鸣。这表明，案例本身是一种带有交融情景的事件陈述。

（4）案例具有明确的问题和疑难情境

案例就是对包含有多个问题与实际疑难情境的事件的描述，所以问题和疑难情境是案例的生命。

仅仅是事件的描述，作为案例的价值就大打折扣。因此案例要有问题意识，突出问题、突出矛盾、突出冲突。但问题是在一定的疑难情境中存在的，也在这个情境中凸显出来，离开一定的疑难情境，这问题可能就不存在了。一个案例要显出冲突性、高潮性，必须有多处问题或者疑难问题的出现。这是案例本身所包含的潜在亮点处。

（5）案例最终要解决问题

案例当中含有多种可能性，能启发学习者更多的思考，启发人们产生人类的某种共同情怀或者不一般的感受，从这一点来看，案例最终在解决问题时，应该能够培养案例使用者形成观点多元化的能力或引导案例使用者寻求解决问题的各种可能性。

以上五点，充分说明案例是包含有问题或疑难情景在内的真实发生的典型性事件。另外，案例也可以被视为一个基于真实事件和情景而创作的典型故事。

基于这些特征，本教材中选取的案例都是物业服务过程中遇到的真实的、典型性、具有明确问题和疑难情境的事件。

本教材案例形式多样，有物业服务企业及其员工之间存在的问题、业主存在的问题、业主委员会存在的问题、建设单位存在的问题，也有物业管理行政主管部门存在的问题。鉴于所站角度不同，看问题的方法也不同。本教材主要是站在物业服务企业的角度来探讨案例的解决思路和问题的应对方法。但个别情况下也有从其他参与者角度（如业主）来分析问题的案例。

这些案例为物业服务企业提供了各种工作借鉴，相关思路也为物业服务企业提供了实用的解决问题的方法和建议。

3. 物业管理服务中案例的选择

物业管理案例，是在物业管理、物业服务实践中产生的。有的属于异议，是见解不同或理解不同导致的；有的属于纠纷，或侵权、或违约、或欠费、或侵犯大多数人利益等导致的；有的没有异议或不是纠纷，可能仅是困惑或抱怨，是物业服务不到位导致的，如某些危机事件产生后的处理方式不妥、客户沟通中的不和谐等。所以，案例属性不同，解决思路也不同。

这些案例，有的适用于法律程序解决；有的需要依据法律由物业服务企业自行解决；而有些案例，却适合或需要用物权理论、管理学知识、公共关系学、心理学知识、谈判技巧以及一定的危机应对能力来处理。但无论属性如何，这些案例的解决思路都会对物业服务企业有指导或借鉴意义。

所以，本书每章案例都从多角度选择，且每个案例都有一定的代表性。

1.1.2 案例分析

1．案例分析的含义

分析，是将事物、现象、概念离析出本质及其内在联系的科学思维过程，是对分析对象从感性认识上升为理性认识的活动。本教材采用的分析方法主要有法律分析法（含司法判例分析法）、概念分析法、文献分析法等。法律分析法是指通过在北大法宝、无讼案例、威科先行、法信、中国裁判文书网和各级人民法院官网等平台检索案例主要争议点的适用法律以及相类似的判例，以帮助读者准确理解法律规定和学会以法律规定为基础对争议点的有效解决的分析方法。概念分析法是指研究确定术语所表示的概念的内涵和外延的分析方法，比如"业主"的概念，其内涵是"房屋的所有权人"，其外延不仅包括依法登记取得建筑物专有部分所有权的人，也包括基于与建设单位之间的商品房买卖民事法律行为，已经合法占有建筑物专有部分，但尚未依法办理所有权登记的人。文献研究法是指通过中国知网、国家哲学社会科学文献中心等平台检索与研究对象相关的文献，通过学习、借鉴，加深对研究对象认识的研究方法。随着现代技术的飞速发展，文献的数量和质量都在不断提高，为人们利用这种方法展开研究活动提供了一个很好的基础。案例分析，即是运用法律分析法、概念分析法、文献分析法等方法，对作为研究对象的案例进行剖析，校正案例中模糊的概念、吸收和借鉴文献观点、寻找适用法律、参考类案处理，归纳、整理出解决问题的思路和过程。

2．案例分析的基本格式

本教材中，在进行案例分析时采用的基本格式是："标题—案例导读—案例焦点与分析—实务工作建议—法规链接"。

（1）标题

一种是概括式标题，即概括所要分析案例的核心要旨，让读者清楚地了解所要分析案例的性质或主要内容。如"业主在小区被狗咬了，物业公司有无责任？"；另一种是公文式标题，即采取介词结构的方式构成标题，如《关于业主健身扰民案例的分析》。

（2）案例导读

案例导读主要是导入事件的起因、发展过程、结果，阐明事件的当事人和基本事实，为进一步分析打下基础。

这部分内容所采用的表达方式就是叙述，注意叙述事件的真实性和典型性，叙述力求简短、交代清楚。

案例导读也是两部分构成：一是案情摘要；二是案情。前者是将事件概貌性地反映出来，让人感知到遇到了什么问题，起到引导性的作用，简明扼要，不宜太长；后者是对案情的详细介绍。

（3）案例焦点与分析

针对前面所陈述的案情，对事件进行定性，指出案例的争议焦点或关键所在，再运用物业管理相关的法律、法规、政策、判例、文献、物业管理行业实务经验等进行详细分析，指出问题是什么，如何产生，产生的具体原因，从而归纳出争议焦点，提出分析者的看法或结论。

（4）实务工作建议

实务工作建议主要有两种：诉讼类案例可以法院判决的思路为主；而非诉类案例主要是根据相关法律法规和案例发生地的地方性法规，结合物业管理行业的实务经验或者成功做法进行思考，思考的目的是更好地促进物业服务的优化，给出切实可行的方法、建议，以指导读者今后的物业管理实践和物业服务活动。

案例分析最终应使学生学会从每一个案例上掌握寻找解决问题的方法、吸取经验和教训，思考有没有其他更好的解决方法，这样才能促使其在后续走向工作岗位后不断地提高实务工作水平。

（5）法规链接

列出分析和解决该案例的问题所依据的法律、行政法规、地方性法规、司法解释等的具体法条内容，与案例分析部分所引用的法条序号相呼应。

本教材有时在"案例分析"中直接列出该案例适用的法律法规，不单独列出"法规链接"。

3．案例分析的步骤和技巧

（1）案例分析的步骤

如果只罗列案情而不对其进行深入探讨、分析，也不归纳其典型意义，就不能把案例的作用挖掘出来，这不符合专业化的案例分析流程，不是真正的案例分析。

正确、全面、深入的案例分析一般包括以下几个步骤：

1）熟悉案情

①要明确事件发生的时间、地点、人物、事件、方式（案例的重要事实）；

②要明确具体的场所、当事人、活动和当时的情况。

拿到一篇案例，读者需要进行反复阅读，才能对案例中的相关信息了然于胸。在阅读的过程中，最好对案例中的背景、主要事实及意见、面临的难题、利弊条件及重要论点等内容进行一一记录，以方便下一个步骤的进行。

2）识别问题

①判定问题的性质与类型；

②将问题罗列出来。

开始分析案例时，要重视所给的提示，这可以作为思考问题的切入点，但不要局限于提示，应打开思路，独立思考，拟定自己分析的思路，最好的做法是在对案例粗读之后、精读之前，先向自己发问几个问题，并反复思索这样几个问题：

①你认为案例中的关键问题或主要矛盾是什么？

②这是一个什么类型的案例？该案例与所学课程中哪些内容有关？分析这个

案例欲达到什么目的？

③除了案例的提示外，该案例是否还有一些隐含的重要问题？

对上述三个问题联系起来考虑，不要孤立地只想其中的某一个问题。在思考问题的过程中，不断地试图回答他们，直到弄清案例的关键含义所在。

3）界定问题

①仔细研读案例，找出关键事实（即案例的焦点），然后对案例中管理者所扮演的角色和面临的基本问题进行界定，即应由谁来处理这些问题；

②分析者要把自己置身于相关管理者的位置来考虑这些问题，并逐步进入角色。在分析案例时，务必进入角色。身临其境地拟定各种情景，也能发掘出重要的问题；

③如果案例信息不全面或有遗漏，可以通过合理的假设来补充事实。

在对案例进行认真分析之后，找出问题的症结所在，并对需要解决的问题进行概括，对问题的概括应指出关键之处何在？解决的主要障碍是什么？这一环节至关重要且具有一定的难度，它需要读者在深入理解问题的基础上，作出一些合理的假设，并能够通过现象看本质。

4）进行分析

①选择出适用的理论、知识或法律法规、司法判例、行业实务操作经验等作为分析依据和工具；

②在具体分析中运用这些工具。

对案例中的主要角色所面临的问题、活动或困难进行分析是不可缺少的一个环节。在这个过程中至关重要的是搜集全部已知事实，并且要对每一个事实认真核实、仔细区别、筛选分类。认真思考，找出案例整个系统中的主次关系，并作为逻辑分析的依据。但要注意的是，不能仅依靠案例中所给的数据或事实来进行简单的分析，因为这些数据或事实有一些是表面现象，必须去伪存真；也不能让案例中的人物的观点来左右自己的思路，因为个人的主张往往过于偏狭，缺乏全局观念。例如，物业收费服务没做好？还是定价过高？还是业主就想享受服务而不付费？或是如业主经常声称的因物业服务不到位拒交物业费？每个人都会提出自己的见解，在进行分析时，分析人需确定每个人的观点是否具有充分的事实和法律依据。

无论采取何种分析方法，案例分析的深度、质量，很大程度上都取决于分析人掌握了多少相关理论、法律、规定或政策，反映了分析人对物业服务合同和协议的理解，具有的经验以及在案例分析中进入角色的程度。

5）得出结论

分析结束应该得出应有的结论。这些结论在时间上、重要性上应有主次之分。

物业管理实践中，有的纠纷案例通过运用已发布的法律法规、签署的管理规约、物业服务合同、双方协议等来得出"对"与"错"的结论；但有的纠纷可能缺乏法律规范来决定"对"与"错"，需要根据"诚信"或"公序良俗"原则来判断，或者案例本身反映的问题就不是对、错的问题，此时，可能需要运用管理学、心理学等知识或者换位思考进行分析得出结论。

6）解决问题

案例分析不能只是提出问题或得出结论就结束了，它还必须要解决上面分析出的那些问题，提出解决问题的主要思路、具体措施，并包含着解决问题的详细过程，这应该是案例分析的重点。如果有多个解决问题的思路和措施，要分出主次。

案例分析的目的不应只是传授知识，也不应只是进行理论诠释或政策解释，它的目的是在案例用于课堂讨论和分析之后会使学习者有所收获，从而提高学习者分析问题和解决问题的能力。当然，所分析的案例在被物业管理和服务者参考学习以后，也应能同样提高他们在物业管理实践中处理问题和解决问题的能力。

案例分析经常要求换位思考，比如学习者将自己放在物业服务者的角度来思考这个案例所涉及的问题，这就相当于模拟练习，目的是增强学习者的实际应对能力。在案例分析时，一般会有比较多的讨论，充分的讨论会带来更多元的思维、更深入的思考和更好的理解效果。

本教材各章第2节的案例分析中，一般会包括3~5个讨论案例，供学习者根据前面阐述的步骤进行案例分析。

（2）案例分析注意事项

做案例分析要注意以下事项：

1）要有个人的见解

要防止单纯复述或罗列案例提供的事实，用所学过的各种理论和知识，发现已经出现的或潜在的问题，并对这些问题加以逻辑排列，从中抓住主要矛盾，不要受案例中双方当事人看法或说法的影响，提炼出有个人见解的观点。

2）文字表达要开门见山

在案例分析中，为使论点突出，可以使用小标题，在各段落的开始，应突出该段的主题句子，紧接着可以用陈述句支持主题句。这样分析，思路清晰，逻辑性强，便于他人理解和接受。

3）提出的建议要符合法律规定，且有逻辑性

首先是提出的建议要符合具体情况，有明确的针对性，防止出现空泛的口号和模棱两可的观点及含糊不清的语句。应当注意的是，案例所涉及的实际问题，可能有多种解决办法，一般不会是唯一答案，关键是对问题的分析，要符合逻辑，所提出的观点和建议方案要有充分的事实支持和必要的论证，不违反法律规定。

4）提出的解决措施要具有可操作性

在案例分析时，提出的解决问题方案要有现实可行性，不能提的都是理想状

态下的解决问题措施。需要结合现实条件，提出的措施有切实可执行性，或对需要具备的条件加以具体说明。

1.2　物业管理案例教学的意义

案例教学是一种通过还原或者重现现实生活中曾经发生的一些争议场景或事件，让学生把自己融入争议场景或事件中，通过讨论、研究来达到特定学习目的的一种教学方法，主要用在管理学、法学等学科。

案例学习的目的，包括理解并掌握某一理论的原理或基本概念或法规精神；了解实践中一些典型事例；领会某些观念及道德中的两难问题；引领学生掌握思维的基本技能和养成良好的思维习惯；扩展学生的想象力和视野，训练学生分析案例时的思考深度和广度。

物业管理属于管理学的一个分支。在物业管理案例分析中，案例教学是通过对物业管理领域一些真实的、典型的实例讲解、分析和讨论，使学生掌握有关物业管理和服务的专业技能、知识和理论的教学方法和过程。

物业管理案例教学的意义体现在以下几个方面：

1. 案例教学可以检验学生的学习效果

比如，通过案例分析，教师可以发现或知道：

（1）案例学习是否建立在让学生更好地掌握其尚未理解的知识基础之上？

（2）学生是否真正带着思考投入案例的学习并沉浸于其中，就像他们真的置身于错综复杂的现实环境中一样？如果不是，为什么？

（3）案例是否真的让学生做到了像"专业人士"一样去思考问题？

（4）学生是否从案例所涉及的焦点中看到了其更广阔的应用？

（5）更延伸的问题还可以包括：

案例是否激发了学生的批判性思维方式？案例是否增强了学生把其所学的专业知识运用于实践的责任感？案例是否促使了学生对其原有的价值观、假设以及偏见进行了再思考与再检验？案例是否帮助学生增进了其对复杂现实问题的认识和解决能力？案例是否有效地让学生参与到了与他人的互动学习、集体学习之中，并帮助他们提高了合作、沟通与表达的技能？

2. 案例教学能够极大地激发学生学习的兴趣

案例教学的针对性和实用性很强，充分调动了每一个学生学习的兴趣和积极性，将"要我学"变成"我要学"。在案例分析过程中，教师要将学生看作是学习的主体，激发学生获取知识、掌握技能、提高思想的积极性与主动性。这种主动性与积极性发挥得好，教学效果就好；发挥得不好，教学效果就差。比如在教学过程中用案例引路，讲一些与学生或学生家庭日常生活相关的物业管理或服务案例，如物业收费、电梯间广告收益、停车位之争等案例，从而使学生于实例中切实感受到物业管理和服务不仅是课程学习的需要，也是他们分析和解决日常生活所遇到的物业管理相关问题的需要。这样一来，学生对这门课程的学习兴趣就建立起来了。教学时，如以理说理，不如以例说理来得更充实、更吸引人。

激发出学习兴趣后，可以鼓励学生独立思考。传统的教学只告诉学生怎么去做，其内容在实践中可能不实用，且非常乏味无趣，在一定程度上损害了学生的积极性，降低学习效果。但案例教学没人会告诉你应该怎么办，而是要自己去思考、去研究，使得枯燥乏味变得生动活泼，而且案例教学的稍后阶段，每位学生都要就自己和他人的方案发表见解。这个过程就培养了学生的独立思考能力。

3. 案例教学有助于培养学生分析问题、解决问题的能力

学生接受了教师的知识传承之后，能够具备分析问题、解决问题的能力，这是教学的基本目的之一。物业管理专业设置了众多课程，但最终需要一门课程把这些理论或知识集中起来，运用到物业管理和服务的实践中去。物业管理案例分析是理论与实践相结合且实践性较强的一门应用课程。案例的分析过程会让学生在教师的指引下充分调动大脑去思考，一方面要阐述和讨论自己的分析判断，另一方面又要倾听他人的意见。这就给学生提供了表达自己意见和进行积极思维的机会，改变了单纯通过物业管理法规条款讲解的枯燥感和抽象感，将物业管理的原理和规定融入实际生活中去，培养学生分析问题的思路和解决问题的能力，同时也使学生关注同类案例的差异以及引起这些差异的原因，以培养其应变能力。通过对案例的分析，学生能够举一反三，在今后的工作中遇到类似事件，处理起来能够游刃有余。

知识不等于能力，知识应该转化为解决各种问题的实际能力。案例教学正是为此而生，为此而发展的。

4. 案例教学更重视双向交流

传统的教学方法是老师讲、学员听，听没听、听懂多少，要到最后的测试时才知道，而且学到的都是理论知识。在案例教学中，学生拿到案例后，先要进行消化，然后查阅各种他认为必要的相关理论知识和与案例相关的法律法规规定，甚至是相关文献。这无形中加深了对相关理论知识和法规的理解，而且是主动进行的。捕捉这些理论知识和相关法规后，他还要经过缜密的思考，在这一过程中，学生通过对案例认真地研究、交流和讨论，进而形成自己的解决方案，这一步应视为能力上的升华。同时他的答案随时要求教师给以引导、提示、点评和总结，这也促使教师加深思考，根据不同学生的不同理解补充新的教学内容。双向的教学形式对教师也提出了更高的要求。

案例教学中，教师的讲授不再只是提供问题的答案，而是告诉学生多个观察问题的视角，提供给学生多个分析问题的方法，讲授的内容便于理解、接受和记忆。

从教师的角度，案例教学法是近年来兴起的一种非常盛行而有效的教学方

法，这种方法的应用，对于提高学生的学习兴趣和分析能力起到了极大的促进作用。

从学生职业训练的角度，案例教学对培养高级实用型人才来说，是一种最节约时间、成本最低、效果又非常显著的一种准社会实践。

1.3 物业管理纠纷的含义、产生、分类和解决办法

1. 物业管理纠纷的含义

物业管理纠纷，是指物业管理法律关系主体如业主、物业服务企业和建设单位等，因对某一事项或者某一行为看法不一致而出现的矛盾。案例分析的目的，一是归纳出解决这些纠纷的思路和方法，规范物业服务企业的服务、经营、管理行为，减少纠纷的产生；二是提高从业人员对纠纷的处理能力，及时、妥善地处理好各类纠纷，提升物业服务企业管理服务水平。

2. 物业管理纠纷的产生

物业管理中的纠纷，主要是指物业管理和服务过程中，业主或使用人、物业服务企业和建设单位在某一问题上因认识、理解上的不同立场、不同角度所发生的矛盾或者争执。这种矛盾和争执，可能是因对物业管理、服务的意见不一致而提出质疑，往往是不同的当事人站位和角度不同在认识上的不同而产生；也可能是因权利、利益上的利害冲突而形成。前者可通过沟通或调解达成一致的意见，从而使问题得到妥善的解决；而后者往往是权益上的冲突，通过沟通或调解的途径通常难以解决，往往需要法律诉讼的方式才能解决。当然，因认识不同而产生的纠纷，如果处理不及时、沟通不到位，也有可能发展为激烈的冲突，最终诉至法院才能解决。

因此，在物业管理工作中，要注意及时有效地化解各类纠纷，避免矛盾的激化。

对于物业管理相关专业的学生来说，将来可能作为物业管理从业人员走上物业服务和管理的岗位，在为业主提供日常管理和服务中，经常会遇到因业主或使用人与物业服务企业对某些问题认识上的不同所带来的纠纷，以及因纠纷解决不当而转化升级为诉讼的情况。所以，如何及时、妥善、有效地处理好工作中的纠纷，反映了从业人员的基本能力。因此，本教材关注的是自身处理纠纷能力的提高，而非对行业的宏观指导。通过对物业管理案例分析以及各种事件处理能力的训练，使学生或读者能够在掌握各种物业管理理论知识和相关知识的基础上，较好地处理实际问题，建立起解决纠纷的正确思路和方法，掌握规范的处理纠纷的工作程序，从而具备有效处理纠纷的基本能力。

3. 物业管理纠纷的类型

物业管理服务过程中形成的纠纷是多种多样的，按照不同的角度有不同的分类。

（1）按纠纷的处理方式，可分为非诉讼类纠纷和诉讼类纠纷

1）非诉讼类纠纷

一般情况下，纠纷发生的开始阶段，大多数为非诉讼类纠纷，此时，双方均有通过沟通、协商、调解等方法达成一致意见的愿望。物业服务企业如能及时地对照相关法律法规的规定，如其管理服务确有违法违规之处，或者服务确有瑕疵，应立即改正并及时与对方沟通，取得谅解，问题即可解决；如属于对方对事实信息的不对称、对法律法规的不熟悉、不掌握或者曲解，物业服务企业耐心地阐明相关事实的真相、解释相关法律法规的规定，晓之于理，动之于情，取得对方的认同的，纠纷通常会被解决。

2）诉讼类纠纷

发生纠纷后，如果一方怠于沟通，或者对方拒绝沟通，有可能发展成为诉讼类纠纷。

诉讼是原告为维护自己的合法权益、按照《中华人民共和国民事诉讼法》（简称《民事诉讼法》）规定的条件起诉到人民法院，要求人民法院根据事实和法律作出裁判的行为。

诉讼类纠纷是在当事人双方无法通过沟通、协商、调解以达到一致意见的情况下，解决纠纷的最后手段。

（2）按纠纷的法律性质划分，可分为侵权类纠纷和合同违约类纠纷

1）侵权类纠纷

侵权责任是民事主体侵害他人民事权益应当承担的法律后果。《民法典》侵权责任编规定了侵权责任的构成要件、责任承担规则。在物业管理实践中，常见的侵权责任包括高度危险责任、饲养动物损害责任、建筑物和物件损害责任等。

2）合同违约类纠纷

在物业管理实务中，存在大量的合同，如物业服务合同（含前期物业服务合同）、相关设施设备维保合同、物业服务专业分包合同等，业主管理规约（含临时管理规约）和业主大会议事规则等由全体业主制定的文件，可视同为合同，按照合同的规则处理。

合同约定的当事人的权利义务，应当遵守。违反合同的约定给相对人造成损害的，应当依法承担相关责任。

物业管理实务中的合同违约行为，对于物业服务企业来说，通常有：不按照物业服务合同约定提供服务，改变物业服务用房的用途，擅自提高收费标准，没有按合同约定制止违规行为，违约侵吞业主公共收益，违约减少服务人员，履约达不到投标时承诺等。对于业主来说，通常有：不按照合同约定缴纳物业服务费及其他费用，违反规定装饰装修房屋，违章搭建，违反管理规约等。

合同一方认为另一方存在违约行为的，可通过协商、调解、诉讼或仲裁方式解决。

（3）按纠纷引发的主体划分，可分为建设单位引发的纠纷、物业服务企业引

发的纠纷、业主或业主委员会引发的纠纷、其他主体引发的纠纷。

1）建设单位引发的纠纷

建设单位引发的纠纷，通常有：在售房期间作出虚假承诺或者虚假宣传（如承诺免交物业服务费、赠送花园、赠送精装修、赠送中央空调等），设计不合理或者施工工程质量问题（如排水不畅、化粪池设计位置欠妥、顶层漏水等），住宅物业未通过招标投标方式选聘物业服务企业或者未经批准擅自采用协议方式选聘物业服务企业，擅自处分属于业主的物业共用部位、共用设施设备的所有权或者使用权，挪用专项维修资金等。

2）物业服务企业引发的纠纷

物业服务企业引发的纠纷通常有：物业服务收费标准不规范（如擅自提高收费标准或采取不同的收费标准），物业服务企业违约行为（如未履行合同义务、任意减少管理服务项目和内容、对共用设施设备和共用场地维护不及时、对物业管理区域内公共环境和公共秩序未尽管理职责，达不到服务质量标准），对个别业主侵害他人合法权益的行为不劝阻或劝阻不及时，在提供特约服务时造成服务对象的财产损失，在业主大会依法选聘新的物业服务企业并签订了新的物业服务合同后不退出等。

3）业主或业主委员会引发的纠纷

业主或业主委员会引发的纠纷有：以各种不合理的理由拒交物业服务费，违反装饰装修管理规定擅自改变房屋结构，私自搭建违章建筑等，因业主风俗习惯、生活习惯而引发（如窗前放置照妖镜、小区内跳广场舞），业主委员会选聘解聘物业服务企业程序不合法，业主委员会的决定侵害业主合法权益等。

4）其他主体引发的纠纷

其他主体引发的纠纷通常有：供水、供电、供气、供热、通信、有线电视等单位不依法承担物业管理区域内相关管线和设施设备维修、养护责任，第三人侵权等。

4. 纠纷的成因

分析目前物业服务领域纠纷的现状，其产生的原因主要有以下几种：

（1）建设单位前期遗留的问题造成

建设单位在房屋开发建设过程中遗留问题的表现有：

1）入伙后的楼盘现实情况与建设单位的广告宣传承诺不符。有的建设单位在房屋销售过程中，往往夸大其词，广告极具诱惑力，可是业主入住后，才发现很多条件根本达不到建设单位前期宣传中的承诺，这类现象极为普遍。以某小区为例，很多业主投诉说建设单位在宣传中说从家中可以欣赏海景，入住后才发现东边的一群正在施工的建筑将永远会挡住自己的视线；有些小区的绿化覆盖面积与绿化质量也达不到广告宣传的效果，业主就认为建设单位对他们存在欺骗，于是到处投诉，矛盾不可调和。

2）楼盘（或小区）的配套设施不到位。有的物业项目虽然主体工程已经建成，却不能如期入住使用；有些小区，业主入住多时不少配套设施如游泳池、会所迟迟不能投入使用；有些小区，煤气、有线电视、电话以及宽带网等设施迟迟不能开通等。在有些小区，业主建议多建些游乐设施和老人休闲设施，但迟迟得不到建设单位的答复。所有这些问题的存在，都不同程度地加深了业主与建设单位的矛盾。

3）房屋维修不及时、处理措施不得力，是业主与建设单位之间最常见的矛盾。一个楼盘出现的一些问题，如果处理不及时或者经过一次、两次甚至更多次的处理仍不能圆满解决，就很容易激发业主与建设单位的矛盾。有些小区，业主从入住起就反映卫生间顶部漏水，严重影响正常生活秩序。有些建设单位迟迟不给予解决，或者解决时拖泥带水，态度不佳，矛盾久拖不决。

上述类似问题若多次得不到建设单位的解决，业主便转嫁矛盾给在场的物业服务企业承担，不合理地加重了物业服务企业的负担。建设单位在建设过程中的问题，应按有关法律法规由建设单位解决。而物业管理和服务方面出现的问题应当由物业服务企业依法承担法律责任，两者不应混同。

《物业管理条例》规定，前期物业服务企业可由建设单位通过公开招标投标方式选聘或者经批准采用协议方式选聘，在实践中，有相当一部分物业服务企业与建设单位属于关联企业，这让部分业主产生某种误解，认为物业服务企业是建设单位的售后服务提供者，应该承担建设单位所有的遗留问题。即使是在规划设计阶段、施工阶段遗留的问题，或是购房合同不能有效兑现等应由建设单位解决的问题，业主也会要求物业服务企业解决。

（2）物业服务企业角色错位，服务意识、服务质量不到位

物业服务企业与业主之间是平等主体之间的物业服务合同关系，作为物业服务合同的一方，物业服务企业应当按照物业服务合同的约定从事物业管理服务。但在现实中，一些物业服务企业认为自己是项目的管理者，业主是被管理的对象，将自己凌驾于业主之上，无视甚至侵害业主权益，不进行规范经营，采用不正当的手段强制业主服从管理，随意改变物业管理的服务标准和物业管理收费标准，从而使矛盾人为激化。

物业管理行业是第三产业，属于服务性行业。但是一些物业服务企业缺乏市场意识和服务理念，没有准确把握服务业主的自身定位，使得物业管理的服务特征被淡化，不重服务，只重管理。对业主要求解决的问题、需要帮助的事情，采取推诿、拖延或者置之不理的态度，服务质量存在瑕疵，引起业主的反感和不满。

（3）业主未全面树立物业服务市场化消费的观念或对物业服务的范围有误解

物业管理的性质是有偿服务。有的业主物业管理消费观念、消费意识还没有完全树立起来，只愿意支付很少的物业服务费，却希望得到最好的物业服务，甚至只享受服务而不交费；有的业主认为自己是主人，物业服务企业是自己花钱雇来的仆人，应当一切听命于自己；还有的业主诚信意识差，不以物业服务合同为依据，而是牵强附会地以各种理由拒绝履行义务，这种权利与义务不对等的片面

认识很容易引发物业服务的纠纷。

另外一些业主对物业公司实行的一些收费服务项目不理解，他们认为是物业服务企业乱收费。如对房屋保修项目之外的项目和业主专有部分的房屋损坏的维修、业主更换门锁或家用电器维修等，物业服务企业一般是参照市场材料价格收取工本费和合理的服务费，而业主认为既然交了物业服务费，物业服务企业就不应该再收取其他费用，其实这是业主对物业服务企业服务内容的误解。

有些业主认为物业服务企业是万能的，什么事情都得处理，包括水电、煤气、宽带网以及周边环境等，都得承担责任。比如有小区业主投诉该小区范围之外某入口处堆放垃圾，造成空气污染、蚊蝇成群，严重影响居民的进出和生活。物业服务企业接到投诉后马上与往此处倒垃圾的单位联系，未能解决问题，后又与市、区有关部门反映投诉也未得到解决。对这种小区管理红线之外投诉的问题，物业服务企业是无能为力的。类似情形还有市政工程影响小区居民进出方便、施工噪声影响居民休息等问题，这些小区也同样存在业主把政府部门管辖职能当作是物业服务企业的职能，其实这是业主对物业服务企业服务范围的误解。

近些年来，随着公民法律意识和维权意识的提高，业主的需求越来越多，对物业服务与管理的期望值也越来越高。以上问题都会引发纠纷。

（4）业主大会制度不够完善

物业管理是一个非常复杂的系统工程，它的有效运行离不开业主大会制度的保证。但由于业主大会制度设计上的局限，其运作困难重重。如符合成立条件而不成立业主大会的情况普遍存在，客观上造成了前期物业管理无限期延长，业主与前期物业服务企业发生矛盾无从协调，从而引发大量的纠纷。

已成立的业主大会，遇到物业管理服务中的问题，由于业主委员会成员大多不熟悉物业管理专业知识，不知道如何保护全体业主的利益。另外，缺乏对业主委员会的有效制约和监督机制，在重大事项的决定上，有的业主委员会不经业主大会合法表决自行作出决定；有的业主委员会不能真正代表大多数业主的利益，个别成员甚至把个人利益置于业主共同利益之上，任意决定业主共同事务，损害其他业主利益或业主的共同权益。另外，业主与业主委员会之间对将要选聘的物业服务企业意见不一、业主委员会在行使小区自治管理权方面因权责及手续等不明确、因业主委员会滥用住宅专项维修资金等导致的纠纷也比比皆是。

（5）物业管理行业法律、法规不健全

物业服务纠纷高发的原因，还在于物业管理法制化建设滞后于市场发展。

一方面，现行法律、法规对物业管理行业的调整相对滞后，缺乏相应完整的理论体系的支撑。虽然《物业管理条例》《业主大会和业主委员会指导规则》等相继颁布实施，但其过于原则、缺乏可操作性；另一方面，现行的各项法规政策中缺乏对物业服务企业有效的监督、制裁、约束条款，对于出现问题的物业服务企业，缺乏相应的停业机制、公示制度，若物业服务企业员工伤害业主后一走了之，法律上缺乏相应的保证金制度保障业主能够立即维权。很多纠纷产生后，常常无法从法律法规上找到解决的依据，导致处理难度增大，难以有效地解决物业管理纠纷。

（6）物业管理行业尚未完全市场化、规范化

物业管理在我国作为一个独立的行业，出现在20世纪80年代，是因我国房地产业迅速发展、对物业管理和服务的需求高涨应运而生。经过将近40年的发展，目前，我国物业管理行业开始走上高速发展的黄金时期，物业服务企业的数量、企业员工数量和管理面积也取得明显增长。但是目前，我国物业管理行业总体仍处于低水平运行状态。行业发展的内外部环境和自身运作都在发生变化，面临着成本急剧上涨、价格调整机制缺失、行业责任边界不清、业主大会制度实施难、部分企业生存状况堪忧等深层次问题。同时，地域发展不平衡、员工流动率高、企业规模小、管理水平低、人员素质差、群众投诉多、服务质量高低有别等问题比较突出，作为一个新兴行业，其行业规范标准建设尚不到位，真正意义上的市场化、规范化运作环境还未形成，很容易导致纠纷的出现，这些问题一直困扰着物业管理行业的健康发展。因此，促进行业规范发展、推进市场化程度的任务还很艰巨。

（7）主管部门调解处理不及时或效率较低

这主要表现为对业主与建设单位、业主与物业服务企业、业主与业主、业主与其他社会组织出现异议或矛盾时，投诉到主管部门或相关部门而未得到及时解决，致使异议或矛盾未得到遏止，趋向恶化，升级为纠纷甚至冲突。如物业管理实践中的停车场不足、乱收费以及违章建筑侵犯他人利益等冲突。

物业管理服务具有一定的公共性，关系到千家万户的正常生活，关系到社会的稳定和谐。因此，不能完全放任建设单位、业主与物业服务企业自行解决，主管部门应当发挥主导作用，为各方沟通搭建平台。但在实践中，当业主或使用人违规行为发生后，按照目前的程序，往往存在延缓滞后的情况，错过了控制或消除纠纷的有利时机，例如，原先只有个别业主、使用人违规（如违章搭建），却由于迟迟未能纠正，其他人便群起效仿，无疑增加了物业服务企业制止违规行为的难度。

物业管理项目多、涉及面广，充分调动各方积极性很有必要。政府部门、有关机构和组织应切实履行职责。主管部门应对落实不到位的部门和人员按规定督促、问责。还要发挥行业协会和专业服务机构作用，借助各方力量共促物业管理水平提升。

5. 如何避免物业服务与管理过程中的纠纷

作为物业服务企业，应从日常的管理服务中尽量将可能发生的矛盾纠纷进行预判。如：停车位收费引起的纠纷，服务不到位引起的纠纷，房屋装修引起的纠纷，动用专项维修资金引起的纠纷，共用部位公共设施和设备界定引起的纠纷等。想要尽量避免物业管理服务纠纷的发生，物业服务企业的措施应当包括：

（1）严格按照国家或地方颁布的法律法规要求去做好物业管理服务工作。

（2）认真签订合同①，合同要细化、量化，不可笼统。要熟记该物业项目的物业服务合同及管理规约中的主要条款；严格按照《物业服务合同》约定的条款（如服务标准、服务范围等）履行物业服务企业的职责和义务，避免发生纠纷时缺乏合同依据。

（3）建设单位移交的物业管理项目不符合法定的条件和程序的，物业服务企业应依法提出整改意见，督促及时整改。

（4）了解本物业管理区域的基本情况，掌握共用部位、共用设施设备运行维护要求，清楚各项业务的操作流程和要求。

（5）分清各主体应承担责任的范围。即事先明确业主、物业服务企业、建设单位、相关部门的权利、义务和责任，熟记相关单位（如公安、消防、供电、供水、供暖、供气等）部门的联系方式，并注意保持经常性、友好性的关系，确保与其沟通处理时的及时性和有效性。

（6）定期开展业主回访与沟通工作，了解业主需要解决的实际问题和业主提出的合理化建议，并落实改进。实际解决问题最有利于业主改变不满的态度。

（7）加大物业管理服务现场的监督检查力度，确保物业服务质量达标，这就需要物业服务企业制定详细的监督检查标准。

（8）定期公示物业服务费用支出，让业主了解物业服务企业的管理服务情况，消除业主对物业服务企业的猜疑。

（9）加强日常专业培训，提高员工工作技能，通过培训使得员工在工作中能有效地与业主沟通和更好地为业主服务。

（10）学会"换位思考"，善于从业主的角度看待和解决问题。通过专业化、规范化的服务，让业主得到物有所值的服务，以诚恳的态度对待业主的批评并及时改进工作。让业主感到尊重，由此建立良好的双边关系，尽可能把矛盾化解在萌芽状态。

（11）在现场物业服务中，要将现场可能存在的各种风险尽量地识别出来，并采取措施予以落实解决。

（12）加强日常物业知识的宣传力度，让业主了解物业的知识和涉及物业管理服务方面的法律法规，有利于形成良好的互动。

（13）遇事冷静，不感情用事，善于把握业主的心理（求尊重心理、求发泄心理、求补偿心理、逃避责任心理、鄙视心理等），引导、掌控业主投诉处理过程的主动权。物业管理服务纠纷是物业服务企业与业主之间的最直接的接触，面对纠纷时，物业服务企业要理性地看待问题。

（14）培训物业员工接待礼仪，强化服务意识，规范物业管理服务行为。一

---

① 签订物业服务合同有三种情况：一是物业服务企业与建设单位订立的前期物业服务合同；二是物业服务企业与业主订立的物业服务合同；三是物业服务企业与业主委员会订立的物业服务合同。

是物业服务企业规范化的服务，对待业主要用礼仪接待，摒弃物业服务工作低人一等的思想，要认识到尊重业主就是尊重自己。不能看客施礼，更不能以貌取人，要让业主乘兴而来，满意而归。二是加强服务意识改进服务态度。在接待业主过程中要做到热心、诚心、细心、耐心、责任心。牢固树立"业主至上、服务第一"的思想，以待人如己的思维和态度，解决业主的难题。

物业管理服务中的纠纷的解决，以及构造一个和谐优美的物业环境，单靠物业服务企业或业主的单方面努力是远远不够的，要依靠物业服务企业与全体业主共同的努力和配合。作为物业服务企业，要时刻将业主的利益放在首位，物业服务企业收取了一定的物业服务费用，就要做到让业主的付出物有所值甚至是物超所值，这样才能消除业主的怨言与不满，而作为业主，则多积极地了解自己所在物业区域的物业服务内容以及相关的物业管理法规，理解物业服务企业的工作，通过双方的共同努力才能构建一个和谐优美的物业环境。

6. 纠纷的处理

物业管理由于其活动范围的广泛性、服务对象的复杂性，物业管理与服务过程中的纠纷也是多样化的。针对不同类型的纠纷应采取不同的方式进行处理。一般而言，处理或解决纠纷的方式大体可分为四种。

（1）协商解决

破除物业"痼疾"，单凭一方独力难支。各方除了遵守法律法规及管理规约外，遇到纠纷，应坐下来协商。协商过程中，双方不妨少一分抱怨和指责，多一分理解与宽容。

物业服务企业在协商处理物业服务中的纠纷时，应注意以下几个问题：

1）实事求是。这是物业服务人员处理纠纷时的基本态度。切忌文过饰非，主观武断。

2）换位思考。在处理纠纷时，如果一味地站在物业服务企业自身的立场说话，只会激化矛盾。只有采取换位思考的态度，才能缓和业主的对立情绪，创造良好的谅解气氛。只有这样，才能提出比较公正的解决方案，为解决纠纷奠定基础。

3）多听少说。在听取意见阶段，贸然发言或轻易反驳，往往会起反作用。因而在听取意见时，应让业主尽量倾吐不满、宣泄郁闷，在充分倾吐意见的过程中，就会产生解决冲突的方法，这样会起到一种"降温"作用。

4）行动及时。纠纷发生后，物业服务人员要立即积极行动，及时沟通，落实解决，态度要积极热情，并迅速拿出解决问题的方案，并努力使之实现，切记不能一拖了事。这个行动时间的确定要有科学性，不能超过业主容忍等待的限度。

5）赔礼道歉、请求谅解。属于物业服务态度和办事效率方面的纠纷，如果情况属实，一般先说明情况向业主方赔礼道歉、请求谅解，再通过追究有关工作人员的责任等方法来处理。

在这里，尤其要注意初次投诉的业主。一般来说，初次投诉的业主对物业服务企业还是信任的，抱着物业服务企业能及时修正失误的希望。在初次投诉中解决业主面临的问题，可以避免业主改变投诉方向，将物业服务企业拖入烦琐的解释和应诉的境地。物业服务企业要努力提高初次投诉处理结果的有效性，弥补服务中的过失，获得业主的谅解。

业主投诉能为物业服务企业提供大量针对性极强的信息，这是任何市场调查都不能比拟的，投诉不仅令物业服务企业发现服务质量问题，也为物业服务企业提供了将不满业主转化为忠诚者的有利机会。

总之，面对物业服务中的纠纷，协商解决是最好的办法。如果能妥善地处理好这些矛盾，使业主满意而归，物业服务企业将受益无穷。

（2）调解解决

物业管理与服务纠纷的调解，包括民间调解和行政调解两种。

民间调解由争议双方当事人共同选定一个机构、组织或个人，由第三方依据双方的意见和授权提出解决意见，经双方同意并执行，由此化解纠纷。但此种方式的调解不具有法律强制性效力。

行政调解是申请由政府主管部门进行调解处理，但这种处理如一方不遵守执行，则要借助其他手段解决。

民间调解和行政调解与诉讼程序中的调解是不同的。诉讼中的调解是诉讼程序中的一个环节，不具有独立性。

如果纠纷上升到法规层面，考虑到业主和物业服务企业的服务关系还要继续存续，今后还要长期联系，如果让双方矛盾继续扩大，势必会影响到业主最基本的生活秩序和生活环境。法院在审理此类案件时会采取多阶段、多途径的调解方式，即在庭前、庭中、庭后采取"背靠背""面对面""借力调解"等形式耐心做调解工作，使大部分物业纠纷案件能以调解或撤诉方式结案，实现当事人真心和解。

（3）仲裁解决

在物业管理和服务过程中，民事性质的争议可以通过仲裁途径解决，主要是合同的纠纷或财产权益纠纷。

仲裁的前提是当事人有约定进行仲裁的协议。一种方式是在订立合同时就约定一个条款，说明一旦有争议就提交仲裁，这叫仲裁条款；另一种方式是双方当事人出现纠纷后临时达成提交仲裁的书面协议。仲裁协议要写明以下内容：请求仲裁的意思表示、仲裁事项、选定的仲裁委员会。达成仲裁协议后的争议，不得再向法院起诉；即使起诉，法院也不会受理。

与司法审判的两审终审制不同，仲裁裁决是一裁终局的。

（4）诉讼解决

当事人通过诉讼方式解决民事、行政纠纷是较常见的方式。诉讼是人民法院按照法定程序审理案件作出判决的过程。人民法院对已提交诉讼的判决是强制性的。

物业管理与服务的内容由于牵涉众多关系，所以，日常工作中，异议、纠纷几乎是如影相伴。如果一个物业服务企业每天都要诉讼缠身，正常工作便无法开展。远离诉讼是企业自我保护的基本原则，法庭的任何判决结果都将影响辖区业主的信任度，甚至可能使物业服务企业声名狼藉。不得已的诉讼要慎重对待，对起诉前因、后果了解清楚，积极寻找政策和法律依据，学会用法律武器保护自己，必要时聘请专业律师应诉，力争在法庭上维护自己的声誉。

所以，本教材案例的选择与分析，总体是想给物业服务企业打开解决问题的思路，能不经过法院的，就不经过法院；能及早发现问题的，就把问题消灭在萌芽状态，从而指引物业服务企业更多回归到"服务"上来，而非乐于诉讼解决。案例分析应能引导物业服务企业主动把服务工作做到前面，以期后续的物业服务中没有纠纷或少有纠纷。良好的关系一旦建立，沟通就会变得容易，物业管理服务工作也会变得顺畅得多。

1.4 物业管理案例分析的基本内容

本教材主要包括10个方面的案例分析。

1.4.1 物业服务中涉及业主和业主组织的纠纷与案例分析

按纠纷引发的主体划分，有物业服务企业引起的纠纷，也有业主或业主委员会引起的纠纷。这两个主体之间有时对某一事件有不同看法或疑问形成异议，但通常经过沟通可以调和或达成共识，但有时会对某一事件或问题看法不同发生争执，形成冲突难以调和，往往要通过诉讼才能解决。

依据《物业管理条例》的规定，物业服务企业是指依法设立、具有独立法人资格、从事物业管理服务活动的企业。物业管理是指业主通过选聘物业服务企业，由业主和物业服务企业按照物业服务合同约定，对房屋及配套的设施设备和相关场地进行维修、养护、管理，维护相关区域内的环境卫生和秩序的活动。而业主是物业服务企业实施物业管理的服务对象。业主分为单个业主、全体业主（业主大会）、业主委员会。这些业主形式中的任何一种与物业服务企业都有着各种各样的关系，因此，物业服务企业与业主、业主委员会之间如果不和谐，就会影响物业管理服务活动的进行，进一步就会阻碍和谐社区的建设、制约行业的发展，近年来，诉至法院的物业管理与服务的纠纷案件呈明显上升趋势，究其原因，大多都是由于物业服务企业与业主或与业主委员会在物业管理中的法律关系不明确，各自的权利和义务关系不清晰所导致。所以，作为物业服务企业，处理好与业主及业主委员会的关系十分有必要。

物业服务企业与业主关系中的纠纷与案例分析，主要围绕以下情况进行分析：

与业主、业主大会、业主委员会有关的问题：

如业主大会生效与表决门槛、业委会的选举门槛；业主投票权的确定；业主身份的确定（如没有产权证是否可以成为业主）；业委会成员谋求私利、侵占全体业主权益的问题；业委会成员不作为、乱作为问题；对业委会的监督问题；业主大会筹备中部分业主的争权问题；业主或业委会对街道、居委会工作人员指导态度、方法、能力的不满的问题；房屋行政主管部门指定物业服务企业提供物业服务是否合法；业主不接受管理规约、业主大会决定及业委会决定的问题；业主可否改住宅为经营性用房；业主将房前小院扩建占用人行道侵犯企业业主权益；业委会选聘/解聘物业服务企业的程序及权利；业委会工作经费由谁承担，业主在楼宇外墙上挂招牌或擅用公共区域经营如何处理，一个小区成立两个业委会，业主被业委会侵权，业主委员会是否有权代替业主大会行使相关权利；业主大会会议程序存在瑕疵，解聘物业服务企业的决议是否有效；业主能否申请撤销业委员会与物业服务企业之间签订的物业服务合同，业主个人是否可以召集业主大会等。

与物业服务企业或其他单位或部门有关的问题：

如何划定物业管理区域；物业服务企业能否改造地下车位、消防通道；公共区域内的广告收益归谁所有；建设单位建设的配套设施的所有权和管理权归谁所有；如果政府主管部门未派人参与业主委员会选举，该选举结果是否有效；房地产行政主管部门如何对业主委员会进行备案审查；房地产行政主管部门不履行对物业服务企业的监督管理职责问题；建设单位、物业服务企业拖延或阻挠成立业主大会或业委会怎么办；物业公司与业主委员会是否可以联合维权；物业服务人员殴打业主如何处理、业主殴打物业员工如何处理等问题；物业服务企业安装摄像头是否侵犯业主的隐私权问题；物业服务企业贬损业委会主任或成员是否构成名誉权侵权问题；物业服务企业如何处理与业主委员会的关系；物业服务企业是否有权取得及使用物业公共收益；物业服务用房的位置和面积如何确定；登记在建设单位名下的物业服务用房，业主和物业公司对其是否拥有使用权等。

需要说明的是，最令物业服务企业与业主之间关系紧张的物业服务费收取问题未列入本章，我们将在第9章"物业资金管理中的纠纷与案例分析"里讨论。

1.4.2 前期物业管理中的纠纷与案例分析

本章前期物业管理的内容，主要包括物业管理的前期招标投标管理、业主和使用人关系管理、现场察看管理、管理模式与管理制度的拟定、前期物业服务合同管理、物业管理的早期介入、物业的入伙管理、物业的装修管理等内容。

前期物业管理是整个物业管理活动中的起始阶段，也是物业管理中的重要环节。它是指在业主、业主大会选聘物业服务企业之前，由建设单位通过公开招投标选聘物业服务企业来进行的物业管理的阶段。

物业管理的早期介入，是指物业服务企业或人员在接管物业之前，就参与物业的规划、设计和建设，从物业管理的角度提出意见和建议，以便建成后的物业能满足业主或使用人的需求。早期介入包括策划与规划设计阶段、施工建设阶段介入和竣工验收阶段介入。

尽管我们提倡物业管理的早期介入，但现实中物业管理的早期介入大部分是到验收阶段才介入，即工程基本结束、准备进行竣工验收、接管验收的阶段，往往一边在竣工验收，一边准备入伙交楼，一边筹备开业庆典，因此，有些建设过程中的质量问题或设计过程中的缺陷问题，就难以发现也难以改变了。比如常见的车位拥挤、空调位置未考虑、脱排水管道未顾及、住房使用功能不全以及水、电、煤气、通信、交通等配套设施方面存在的问题。这就会造成物业服务企业在物业的入伙管理、装修管理中产生诸多纠纷。在装修过程中，违规作业所引发的业主投诉也越来越多。

前期物业管理中的纠纷与案例分析，主要围绕以下情况进行分析：

房屋交付纠纷，包括入伙期物业服务企业拒绝业主入住拿钥匙是否合理、开发商发错钥匙导致业主装修错房间物业服务企业如何防范或处理；承接查验未做遗留问题登记导致责任不清，物业公司承担什么责任；业主入住纠纷，包括新房入住，各种漏水问题如何解决（如交房时漏水、装修时漏水、邻居家漏水等）；装修管理纠纷，包括：业主装修，物业服务企业收装修保证金和装修管理费是否合适；纠正业主违规装修，双方僵持不下怎么办（如业主在装修时更改房间的使用功能，损坏房屋承重墙、自行封闭阳台、执意乱装空调、装修时违章搭建，随意改动自己所在房屋的外墙或添加、改变室内设施等）；二次装修造成的对相邻房屋的损害责任由谁承担；二次装修带来的各种问题（如安全隐患问题，建筑外观形象问题，施工人员、施工噪声、施工时间管理问题，环境卫生问题，相邻业主关系问题），业主拆暖气放弃集中供暖如何处理；业主的装修损失谁来承担；擅自安装隔断门侵害相邻权和共有权纠纷；违规装修物业服务企业是否有罚款权问题；前期物业管理服务何时终止等。

1.4.3　物业服务合同纠纷与案例分析

当前，我国物业管理行业正处于向现代服务业转型升级的重要时期。物业服务标准化工作对推动行业在越来越规范的市场环境中持续升级将起到举足轻重的作用。物业服务标准和服务规范的表现形式之一就是签订规范的物业服务合同。

合同是民事主体之间设立、变更、终止民事法律关系的协议。物业服务合同是物业服务企业提供物业服务的法律依据，也是界定业主和物业服务企业之间权利义务和责任的契约基础，物业服务合同的重要性不言而喻。

过去，《中华人民共和国合同法》（简称《合同法》）中是没有物业服务合同的。《民法典》合同编增设了"物业服务合同"专章。这是一个重大突破，为解决现实中大量的物业服务合同纠纷提供了法律依据。

《民法典》第九百三十七条规定：物业服务合同是物业服务人在物业服务区

域内，为业主提供建筑物及其附属设施的维修养护、环境卫生和相关秩序的管理维护等物业服务，业主支付物业费的合同。

物业服务人包括物业服务企业和其他管理人。

这里涉及两个概念，物业服务人和物业服务区域。

物业服务人包括两类：物业服务企业和其他管理人。《民法典》的该条定义扩大了《物业管理条例》中关于物业服务合同主体的范围，明确将"其他管理人"也列为物业服务合同的主体范围。也就是说，签订物业服务合同的主体，不仅限于物业服务企业，其他主体也可以成为物业服务合同的主体。

该定义确定的另一个概念是"物业服务区域"。之前《物业管理条例》中使用的概念是"物业管理区域"，如"物业管理区域内全体业主组成业主大会""一个物业管理区域成立一个业主大会""一个物业管理区域由一个物业服务企业实施物业管理"等，由此，各地物业管理条例把小区或大厦统称为物业管理区域，带有浓厚的行政管理色彩，此次《民法典》将其明确为物业服务区域。

《物业管理条例》第三十四条第一款规定：业主委员会应当与业主大会选聘的物业服务企业订立书面的物业服务合同。因此，签订物业服务合同的双方当事人，为业主委员会和物业服务企业。鉴于物业服务合同的内容复杂，牵涉的事项众多，同《物业管理条例》一样，《民法典》第九百三十八条也要求物业服务合同采用书面形式。

《民法典》第九百三十八条规定：物业服务合同的内容一般包括服务事项、服务质量、服务费用的标准和收取办法、维修资金的使用、服务用房的管理和使用、服务期限、服务交接、违约责任等条款。该条款同时规定：物业服务人公开作出的有利于业主的服务承诺，为物业服务合同的组成部分。

在物业服务合同的订立和履行过程中，涉及业主、业主大会、业主委员会、开发建设单位、物业服务企业等多个主体的关系。在物业管理服务实践中会产生许多纠纷。

物业服务合同纠纷与案例分析，主要围绕以下情况进行分析：

业主委员会未获得业主大会授权与物业服务企业签订合同损害业主知情权的纠纷以及由此导致物业服务企业损失的纠纷；业主拒绝履行前期物业服务合同造成的纠纷；在物业服务合同履行过程中由当事人违约产生的物业服务纠纷，如因服务质量、因服务内容、因服务费用不符合约定产生的物业服务纠纷；因解除或者终止物业服务合同产生的物业服务纠纷等；业主或业主委员会是否有对物业服务合同的解除权的纠纷；业主违反物业服务合同规定引起的纠纷；物业服务企业在合同中进行无偿承诺引起的纠纷；业主委员会或业主大会对签订合同不重视或考虑不周而导致的纠纷；业主不清楚物业服务合同的内容以及各种告知、协助义务从而产生违约引起的纠纷；物业服务区域划分不清对业主和物业公司产生的影响纠纷；家中失窃、业主车辆在小区内被划或被盗等物业公司是否承担合同违约责任等引起的纠纷；物业服务合同终止物业公司继续履行物业服务是否有效引起的纠纷；业主任意解除合同给物业服务企业造成损失引发的纠纷等。

1.4.4 物业建筑与设施设备管理中的纠纷与案例分析

物业管理的管理对象是物业，物业管理的服务对象是人，物业管理的内容是对物业建筑和设施设备进行维修养护、管理，对相关区域内的环境卫生和秩序进行维护，物业管理的目的，是保证和发挥物业的使用功能，使其保值和增值。

本章所说的物业建筑与设施设备管理，是一项长期的、必要的基础性工作，反映了一个物业服务企业专业技术管理水平的高低。随着时间的推移，房屋的结构部位、围护部分、装修、上下水及其设备管道等都将发生不同程度的损坏，如不及时进行维修和加强管理，就会影响物业功能的正常发挥，导致电梯停运、煤气、供热、供电中断，屋面漏雨等情况发生，使业主或使用人的正常生活受到影响。在人的不安全行为、物的不安全状态、环境的不安全因素等多方作用之下，在物业建筑与设施设备管理过程中，物业服务企业与业主或使用人之间经常发生纠纷。

物业建筑与设施设备管理中的纠纷与案例分析，主要围绕以下情况进行分析：

楼梯护栏空隙大儿童跌落受伤谁来担责；电梯相关问题（如电梯困人、电梯事故致人重伤、电梯停运耽误老人去医院救治导致其死亡，物业服务企业是否有责；商业大厦中业主加建电梯其他业主能否共用；未成年人在商场电梯受伤，物业服务企业应否赔偿）；高空坠物伤人、伤物事件（如玻璃坠落、墙皮脱落、阳台花盆坠落等）谁来赔偿；污水管道反水、下水管破裂、共用水管堵塞，造成业主损失谁负责；业主情急之下损坏共用设施如何处理；供热管线爆裂烫伤人物业服务企业应否担责；业主装修后外墙渗水的责任如何认定；业主刚入住房屋就出现问题，责任由谁负；暖气跑水，房屋被泡，物业服务企业是否应该负责；管道堵塞造成水浸，责任应该谁负；空调室外机毁坏或空调系统有质量问题，物业服务企业有无责任；维修不及时或物业维修人员敷衍引起业主投诉怎么办；物业服务企业紧急避险造成的损失由谁担责（类似如楼上漏水殃及楼下物业服务企业私自撬门维修房屋是否承担赔偿责任）；不帮业主抢险物业服务企业是否担责；业主自用部分维修物业服务企业可否拒绝；房屋公共部位设施损坏漏水，造成楼上楼下邻里间的家庭财产损失，谁来负责；物业服务企业停水停电，业主可否索赔；供暖设备漏检或施工不当造成损失责任如何处理；地下车位、消防通道被改造，业主如何维权；小区路面排水设施塌陷造成业主摔伤谁担责；业主被小区内大风刮倒的高压电线电伤，电力公司与物业服务企业各自需承担什么责任等。

1.4.5 物业公共秩序服务管理中的纠纷与案例分析

物业公共秩序服务，是指物业服务企业采取各种措施和手段，在物业服务区域内保证业主和使用人的人身财产安全、维持正常的生活和工作秩序的一种管理工作。主要内容包括治安管理、消防安全管理和车辆道路管理，具体地说，治安管理是物业服务企业为防偷盗、防破坏、防意外突发事件而开展的管理活动；消防管理是物业服务企业为消除和预防火灾，对火灾隐患进行整改和治理，确保物业使用者的生命和财产安全的管理活动；车辆道路管理是物业服务企业为了建立大厦楼宇和住宅小区内良好的交通秩序、车辆停放秩序，确保业主的车辆免受损坏或失窃的管理活动。

在物业管理和服务过程中，有的物业服务企业疏于防范，经常会发生治安风险、火灾事故或车辆损失等情形；也有的物业服务企业无论怎样防范，也挡不住上述情况的发生，这里有些情况应该由物业服务企业担责，但有些是物业服务企业不该承担或无力承担的责任，比如应由政府相关部门承担的社会治安职能。其实，物业服务企业就是一个按照合同提供服务的服务型企业，不能包揽一切。但是《民法典》合同编第九百四十二条规定：物业服务人应当采取合理措施保护业主的人身、财产安全。对物业服务区域内违反有关治安、环保、消防等法律法规的行为，物业服务人应当及时采取合理措施制止、向有关行政主管部门报告并协助处理。因此，物业服务企业应该根据法律法规的规定，把公共秩序维护方面的权利义务在物业服务合同上明确约定，并用内部的管理制度保证服务的品质。这样就可以减少在公共秩序维护中承担违约违法责任。

物业公共秩序服务中的纠纷与案例分析，主要围绕以下情况进行分析：

治安类问题：业主家中物品失窃（或小区内被抢、被打伤）等，物业服务企业要否承担责任；业主自行车、摩托车被盗，物业服务企业如何担责；业主家门钥匙忘拔保安员半夜巡查发现拔下代管至清晨有何不妥；保安员殴打业主，物业服务企业应如何处理；保安员门口查岗与业主冲突如何处理；保安员维护秩序被打伤、收物业服务费被打伤能否认定为工伤，工伤认定的标准是什么；未成年人在小区内意外溺亡，物业服务企业和建设单位的责任如何划分；外来访客寻小区业主滋事保安员如何应对；不速之客上门催债业主、保安员如何妥善处理；访客假冒业主入楼不登记或假称与业主约好而被放行上楼，发生不利后果物业服务企业要承担何种责任；业主与外来人员（如装修工人、搬家公司等）发生纠纷如何处理；电梯内业主遭受袭击物业公司是否担责等。

消防类问题：商铺消防未通过验收，发生火灾时，建设单位与物业服务企业是否应承担责任；消防设施保修，举证责任如何承担；因消火栓无水业主家火灾受损，要求物业服务企业赔偿对否；楼道堆满杂物、堆放易燃易爆物品，业主不清理带来火灾隐患如何处理；烟花窜高楼、煤气使用不当造成火灾谁的责任；消防通道被占用业主火灾损失谁来赔偿；业主私拉电线、电动车违规停放或充电等引发的火灾责任谁来承担等。

车辆类问题：小区乱抢停车位现象如何解决；车位承租人是否对车位有优先购买权；停车场车辆丢失，物业服务企业应如何定责；风刮树倒砸伤业主车辆、戳坏业主玻璃、砸中业主，由谁赔偿；小区内泊车遭意外谁来赔偿；车辆破损后进入停车场车主推卸责任如何处理；小区未安装监控设施，业主车辆轮胎被扎破，物业服务企业如何担责；访客乱停车、车主不按规定地方停车、车主亲属驾车外出如何处理；车位不足、停车位位置不合理造成使用不便、车辆管理服务费等纠纷如何解决；暴雨致地下车库车辆被淹物业公司是否可以免责等。

1.4.6　物业公共环境服务中的纠纷与案例分析

物业的公共环境服务，是指在物业服务区域内开展的污染防治、清洁保洁、绿化管理等服务活动。高质量的污染防治、清洁保洁以及绿化工作可为业主或用户提供整洁、舒适、优美的工作环境与生活环境。

随着社会经济水平和生活质量不断提高，人们对住宅小区或大厦的环境要求越来越高。本章所指的"物业服务区域"，包括入口、通道、行人道、行车道、绿化区、电梯、楼梯间、管理办公用房、共用设施、保安门卫室以及为该土地及其业主所设并供其共用的其他范围。这个公共区域，既可以由每位业主使用，也可由租客、访客及其他使用人使用。每天进出的人流难以计数，其居住和来访人员的性别、职业、生活习惯、文化背景、性格脾气都不相同，邻里之间的不和、冲撞等也在所难免，甚至宠物的饲养也会经常带来业主间的矛盾。物业服务企业虽尽心尽力，有时也会因为环境中人员复杂、工作繁多而与业主产生纠纷。

公共环境服务是物业服务企业的基本职责。但公共环境服务中，主要的服务对象是人，物业服务企业在履行这一职责时，体现出来的往往是一个物业服务企业的形象和管理水平。水平越高，纠纷就会越少。

物业公共环境服务中的纠纷与案例分析，主要围绕以下情况进行分析：

污染类问题：小区健身队跳广场舞健身惹纠纷，噪声扰民应如何处理；噪声污染业主主张精神损害赔偿有无依据（或噪声污染的侵权责任如何界定）；饲养公鸡、鸽子扰民现象如何破解；业主遛宠物污染环境怎么办；水泵房噪声污染物业服务企业是否承担侵权责任等。

清洁类问题：保洁员违规操作致人受伤如何解决；业主在楼道滑倒摔伤或小区门口摔伤住院手术谁应担责；路面清除不净致人受伤、顾客在商场卫生间滑倒摔伤、外墙清洗致车或人损害等物业服务企业是否担责、装修材料弄脏大堂谁该负责、浇水（或保洁）作业未设明显标志致行人受伤、卫生外包未监管、垃圾满地遭投诉、清洁作业有异声、商户违规扔垃圾、小区雨水井盖被偷或未盖好致人掉井或受伤等各种纠纷应如何处理；清洁时私进别墅惹投诉如何处理、转包保洁工作员工作业中受到伤害，物业服务企业是否担责；垃圾桶摆放位置不合适造成业主互呛或与物业服务企业产生争执如何处理；员工作业高空坠落谁之责；自行车不骑不弃物业服务企业如何处理等。

绿化类问题：公共绿地变停车场、楼前绿地变私家花园谁应担责绿化浇水浇湿衣服遭业主投诉、草坪护栏致人受伤该怎么办；业主在小区内拔掉花草改种蔬菜或果树怎么办；业主栽的树业主有处置权，物业服务企业无权过问对否；露天平台、屋顶、立体绿化等被业主投诉该如何处理、树枝坠落伤人谁担责、树枝未及时修剪太茂盛而刮伤行人或车辆如何处理等。

另外，也有宠物类问题：饲养的宠物伤人或丢失、物业服务企业代管宠物丢失、宠物突然袭人、电梯里突然出现犬只致业主心脏病复发、遛狗缺乏公德意识引发其他业主不满等纠纷如何处理和解决。

1.4.7 物业资金管理中的纠纷与案例分析

物业服务企业的经费主要来源于收取的物业服务费和开展多种经营的收入等。但在不同阶段、不同内容、不同情况下产生收取与使用时，经常会与业主或业主委员会的看法不一致从而导致冲突，突出表现在物业服务费的收取上。这些冲突的产生，有的是由于理解有误，有的是因为操作不当，有的是由于各地物业服务收费政策或具体规定的差异。当物业服务费入不敷出时，物业服务企业也会想办法来弥补物业服务费的不足，这时可能会出现挪用专项维修资金问题、利用公共区域创收问题等，由此也会产生纠纷。不管怎样，物业服务收费中的问题已经成为业主投诉的热点，并严重影响了业主和物业服务企业的关系。

物业资金管理中的纠纷与案例分析，主要围绕以下情况进行分析：

建设单位承诺免物业服务费，物业服务企业怎么办；对于未入住房屋的业主，物业服务费收不收；房子存在质量缺陷（或丢车等缘由），业主能否拒交物业服务费；高层住宅的一楼住户该不该交电梯费；小区更换电梯由谁买单；业主室内设施设备维修费用谁来承担；顶棚往下漏水引发邻里纠纷，维修费由谁承担；以未签物业服务合同为由、以未拿到钥匙为由、以未投票选举物业服务企业为由、以物业服务不到位为由、以房屋质量有缺陷为由、以未入住为由、以产权证未办理为由、以小区没有绿化为由等，业主不交物业服务费如何处理；租户欠交物业服务费，物业服务企业能否向业主催缴；物业服务企业单方增加物业服务费是否合适（或物业服务企业是否可以依据与建设单位签订的合同提高服务费标准、物业服务企业直接以公告形式提高收费标准的行为是否有效）；物业服务费收缴不足，物业服务企业是否可以挪用专项维修资金；专项维修资金如何使用才算合理；未经业主大会批准擅自使用物业专项维修资金要承担什么责任（另如：使用住宅专项维修资金是否必须经业主表决同意）；未归集住宅专项维修资金的老旧小区发生大修怎么办；业主对物业维修资金的使用有否知情权；对涉及共有权及共同管理权事项的费用情况是否享有知情权；合法筹集共用设施设备维修资金，个别业主不交费怎么办；物业服务企业财务账目是否可以公开；包干制情况下业主是否有权查阅物业服务费收支；业主知情权是否受诉讼时效的限制；如何界定和分配业主共有部分收益；建设单位是否需要缴纳地下房屋空间物业服务费；谁来承担空置房的物业服务费；物业服务企业对于地下车库进行控制及收益是否合法；小区停车费收益能否抵充物业服务费；小区停车费物业服务企业可否随意涨价；业主机动车停放小区共用车位是否应当交纳停车费；业委会是否有权要求物业服务企业公布公共租赁收益情况；业主无理拖欠或拒交服务费，物业服务企业如何催缴；原业主拖欠物业服务费，物业服务企业能否拒绝新业主办理入住手续；物业服务企业如何应对拒交物业服务费的"老赖"业主；委托代收代缴水电费产生的纠纷如何处理；物业服务企业因业主欠缴服务费而强拆水表是否应承担侵权责任；会所经营问题；小区或大厦电梯里（或电梯口）广告、楼顶广告、灯箱广告、外墙广告收入归谁，应如何使用；物业服务企业出租建筑物共用部分是否合理等。

《民法典》出台后，有关物业服务收费问题、如何催收物业费问题，都有了明确规定。进行案例分析时可以充分运用法律解决物业资金管理中的纠纷。

1.4.8 物业综合事务管理中的纠纷与案例分析

物业综合事务是指未包含在前述章节中的一些物业管理工作，如物业服务的机构设置、物业招标投标、物业租赁管理、不同类型物业管理中的事务等。

物业服务的机构主要设置有：物业服务企业、业主委员会。由于业主委员会相关内容会在第3章中阐述，此部分仅涉及物业服务企业相关知识及案例。

物业服务企业通常称为"物业管理公司"。物业服务企业是依法成立、具有独立的企业法人地位，依据物业服务合同从事物业管理相关活动的经济实体。

物业管理招标投标包括物业管理招标和物业管理投标两部分。招标工作一般由委托方进行，不考虑公房出售情况，委托方一般包括房地产开发企业、业主委员会，委托方式包括两种：不实行招标投标方式和实行招标投标方式，国家提倡通过招标投标方式选聘物业服务企业。投标工作一般由物业服务企业进行。物业管理投标，是指物业服务企业为开拓业务，依据物业管理招标文件的要求组织编写标书，并向招标单位递交应聘申请和标书，参加物业管理竞标以求通过市场竞争获得物业管理权的过程。委托方和受托方在招标投标过程中也会产生许多纠纷。

随着我国住房保障制度的推进，不少新开发物业中，政府要求配建的租赁住房面积占了一定比例，这些租赁住房需要出租，也需要物业管理。另有一些商业物业，其对外出租业务很大一部分交给了物业服务企业运作。物业租赁管理是指物业服务企业受业主和使用人委托，为其寻找承租人，并进行洽商、签约，以及签约后依据合同规范承租人行为、收缴租金、维护租赁物业等的活动。从未来发展来看，物业租赁管理将是商业物业的物业服务企业的重要业务内容。物业租赁管理涉及三方关系，所以极易产生纠纷。

物业分为居住型物业、写字楼物业、商业物业、工业物业以及其他物业。物业类型不同，物业服务和管理的重点也不同。

物业综合事务管理中的纠纷与案例分析，主要围绕以下情况进行分析：

物业服务企业有否强制权；物业服务企业能否决定各附属面积或公摊面积的

使用；选聘前期物业服务企业是否必须通过招标投标方式；物业服务企业投标信息是否属于业主知情权范围；业主委员会直接解聘原物业服务企业是否合规；原物业服务企业退出时应当做好哪些物业交接工作；委托方向多家物业服务企业发出中标通知书是否合法；新旧物业服务企业产生交接冲突如何解决。租住户或业主亲属搬出部分家私而没有业主书面许可怎么办；受托出租并管理写字楼（或商场），租赁双方出现矛盾，物业服务企业如何处理；在业主和租户之间，物业服务企业到底应该听谁的；物业服务企业能否为租户指定装修公司；物业服务企业是否有权制止小区内的群租行为；租户装修不听物业规定，物业是否有权罚款；租户欠交物业服务费怎么办等。

1.4.9　物业应急管理中的纠纷与案例分析

物业应急管理是指物业服务企业针对危险或在突发事件的事前预防、事发应对、事中处置和事后处理过程中，通过建立必要的应对机制，采取一系列必要措施，应用科学、技术、规划与管理等手段，保障居民生命、健康和财产安全并促进社区和谐的有关活动。

在物业管理服务过程中，我们常常会听到、看到许多水管爆裂、电梯故障、火灾爆炸、煤气泄漏、意外停电、高空坠物、窨井困人、车辆盗损、水浸地下停车场、高温中暑、食物中毒、传染病防控、群体性闹事、恶性伤人、排水系统故障、空调系统故障、防汛防风雨雪冰灾、交通事故、业主跳楼自杀、媒体负面曝光等情况发生，且此类事件发生的频率逐渐提高。应对并管理这些可能的突发事件，是任何一个物业服务企业都无法逃避的工作内容。

对突发事件处理的好坏，展现了一个物业服务企业的应急管理和服务水平。这个水平具体表现在：

（1）预先防范，有备无患。加强员工相关培训，增强员工对安全隐患的识别能力；平时认真制定上述各种突发事件预案并加强演练，提高员工对突发事件的应急处置能力。

（2）主动出击，直面矛盾。突发事件发生后，物业公司不能以消极、推托甚至是回避的态度来对待，这只会雪上加霜，最终也会为自己的"不作为"付出代价。此时应主动积极与业主、使用人、公众媒体、政府相关部门等联系，及时处理问题并勇于承担相应责任。

（3）适时回访，加强沟通。在突发事件处理过程后，对相关业主、使用人应及时做好回访工作。及时了解他们所思所想，所需所求，尽自己最大能力给予相应的帮助。因此，物业公司一定要抓住对双方相互沟通的最佳时机，适时地上门回访，往往会取得意想不到的效果。

（4）拓宽思路，风险转移。伴随着小区规模的扩大和业主人数的增多，物业所面临和可能承担的管理与服务风险越来越大，物业公司除了在平时认真做好防范工作，也要开拓思路，通过多种途径有效降低、规避物业服务企业的风险。

应急管理中，最为常见的类型是突发停水应急管理、突发停电应急管理、突发火灾应急管理、突发电梯故障应急管理和突发治安事件应急管理。2020年初以来，疫情管控也成为应急管理的重要内容。

1.4.10　客户服务与公共关系管理中的纠纷与案例分析

公共关系也是公众关系，有时简称"公关"。公共关系是一种科学艺术，它不是一般的人际交往、社会活动、管理活动，它需要综合利用各种科学进行有组织、有规范的技术手段来建立企业的良好形象，是一种综合了形象管理和传播管理的科学艺术。

物业服务企业的公关，就是物业服务企业有目的地运用传播手段，实现与公众的双向沟通，建立良好信誉与形象的一种传播活动或管理技能。其主要目标是建立本公司与公众相互了解和相互合作的良好关系，确立物业服务企业的整体形象，以提高物业服务企业在公众心目中的知名度、美誉度和信任度，建立广泛的公众市场，促进物业服务企业不断向前发展，并与公众获得共同利益。物业服务企业的公共关系，是特定在物业管理服务领域内的各种公共关系，是公关的一种具体类型。

我国的物业管理行业起步较晚，由于观念和认识的局限、管理功能的混淆以及经济利益的驱动等原因，造成了物业服务企业面临着艰难的公共关系。尤其在许多突发事件和危机事件中，物业服务企业的快速反应能力以及应对能力都受到了一定程度的挑战，面对事件中的业主和外界媒体的采访，物业服务企业的公关表现有时不尽人意，公共关系的维系考验了物业服务企业的管理水平和服务水平。就目前的物业服务企业来说，有效地处理外部公共危机事件，化解内部业主的投诉，建立与外部社会的良好关系还任重道远。

物业服务与公共关系中的纠纷与案例分析，主要围绕两个方面进行，一是物业服务企业与所服务的客户（如业主、使用人、外来人员等）之间的关系纠纷，包括邻里之间的纠纷、外来人员与小区业主之间的矛盾纠纷、物业服务企业与业主以及外来人员之间的冲突纠纷等。二是物业服务企业与政府主管部门、属地政府及相关管理部门（土地、规划、财政、市场监督管理、应急管理、公安、消防、价格、交通、水务、城市管理综合执法、生态环境、卫生健康等）、公共事业单位（供水、供电、供气、供热及电信服务等）、开发建设单位、施工监理单位、专业分包单位、社区相关机构与单位、新闻媒体等可能产生的管理职责承担、分工与协作、利益纠纷等。

物业公司在服务客户的过程中，不可避免地会遇到矛盾和纷争，这些矛盾和纷争可能出现在业主与物业公司之间，也可能出现在业主与业主、业主与外来人员之间。对前者，物业服务企业可以坚持原则，也可以做出适当妥协；对后者，物业服务企业要注意态度上的谨慎、客观和公正，不要轻易站到任何纷争中，应避免使自己成为矛盾中心；同时应冷静分析具体情况，提出解决方案时要大处着眼并留有余地，还要与矛盾双方保持良好的沟通。除了散见于前述各章的案例，本章也会选取一些经典案例运用公共关系理论进行分析，从而解决客户的疑问、抱怨、不满和投诉。

物业服务企业与相关单位和部门在管理职责、工作分工、利益等方面也会产生纠纷，所以，物业服务企业也需要协调好与建设单位、与政府相关主管部门、与新闻媒体之间的关系。在沟通和协调时，运用公共关系理论中的危机公关技能、语言表达技巧、沟通技巧、公关实务处理技能以及人际交往技能等来处理纠纷非常有效。

在选取典型案例进行分析时，要体现公关处理时的一个"3度"原则，一是速度，第一时间妥善处理；二是态度，不要回避、要坦诚；三是尺度，把握分寸、不推卸责任。于此，公关服务才会有效。

物业服务企业应充分运用公共关系理论，解决日常工作中产生的各种纠纷，与公众建立正面沟通渠道，树立良好形象，提高在公众市场中的知名度、美誉度和信任度，与公众获得共同利益。

上述案例分析中可能发生的事件，有的属于民事纠纷，有的属于刑事案件。当刑事案件尚未侦破或损失不能完全挽回时，业主往往会诉请物业服务企业承担责任，赔偿损失。所以，作为物业服务企业应充分了解其中的风险，早做预防，周密防范。

复习思考题

1. 什么是案例？案例的特征有哪些？做案例分析时应注意哪些事项？

2. 什么是案例分析？其基本步骤有哪些？

3. 物业管理纠纷的类型与成因有哪些？如何避免在物业服务与管理过程中产生纠纷？

4. 物业管理案例分析一般分析哪些内容？

物业管理
案例分析适用的
理论及法律法规

本章要点与学习目标

本章主要介绍了在进行物业管理案例分析时适用的相关理论，如物权理论、管理学理论、心理学理论和公共关系理论等；介绍了解决物业管理纠纷适用的法律规范及其主要内容，梳理了与物业管理有关的重要法律条款及解释。

通过本章学习，学生应熟练运用所学的各种基础理论来指导实践；熟悉物业管理与服务中发生的案例所对应的有关法律，在面对各类纠纷事件和工作难题时熟练运用这些法律规范进行纠纷和投诉处理；尤其要熟悉《中华人民共和国民法典》和《物业管理条例》中的主要内容，从而提高物业服务水平，有效规避和降低从事物业管理和服务时所面临的法律风险。

2.1 物业管理案例分析适用的理论

物业管理服务过程中需要运用到许多理论，除了专业理论外，在物业管理的案例分析过程中，经常被用到的有物权理论、管理学理论、心理学理论和公共关系理论等。

2.1.1 物权理论

不动产权益属于物权的范畴。物业服务企业管理的对象是建筑物与设施设备及场地，服务的对象是业主及使用人，与物权的关系非常密切。所以，在物业管理服务过程中，涉及物权的纠纷很多。

本部分从《中华人民共和国民法典》①的角度，介绍与物业有关的物权的基础知识。

1. 物权一般知识

物权是民事主体依法享有的重要财产权。物权法律制度调整因物的归属和利用而产生的民事关系，是最重要的民事基本制度之一。

《民法典》中所称的物权，是指权利人依法对特定的物享有直接支配和排他的权利，包括所有权、用益物权和担保物权。物权关系是因物而形成的人与人之间的关系。

法律上，常把物分为不动产和动产。我国《不动产登记暂行条例》第二条规定："不动产是指土地、海域以及房屋、林木等定着物"。狭义的房地产是不动产的一部分。不动产与动产的划分一般是根据其实物是否可以移动来判别的，所以，不动产也是指不能移动或者移动后会引起性质、形状改变的财产。动产是指不动产以外的物，如家具、家电、汽车等。

本部分主要针对不动产物权的相关内容进行介绍。

（1）不动产登记

国家对不动产实行统一登记制度。不动产登记制度是《民法典》中一项重要制度。不动产登记，是指不动产登记机构依法将不动产权利归属和其他法定事项记载于登记簿的行为，是将不动产权利现状、权利变动情况以及其他相关事项记载在不动产登记簿上予以公示的行为，是一种不动产物权的公示方式。

不动产物权的设立、变更、转让和消灭，经依法登记，发生效力；未经登记，不发生效力，但是法律另有规定的除外。

不动产登记簿是物权归属和内容的根据，不动产登记簿由登记机构管理。

不动产权属证书是权利人享有该不动产物权的证明。不动产权属证书记载的事项，应当与不动产登记簿一致；记载不一致的，除有证据证明不动产登记簿确

---

① 《中华人民共和国民法典》，第十三届全国人民代表大会第三次会议于2020年5月28日通过，自2021年1月1日起施行。

有错误外，以不动产登记簿为准。

要了解一项不动产的权利主体，就是查不动产登记簿，其记载的权利人就是该不动产的权利人，除登记错误需要依法更正的外。例如，现实中，有时发生"一房二卖"的情况：甲把自己的房屋先卖给乙，并把该房屋交给乙使用，但后因丙出价高，甲又把房屋卖给丙，并与丙办理了房屋所有权转移登记。那么该房屋究竟是属于乙还是属于丙？如果没有法律规定，就会产生纠纷。现在按照《民法典》的规定，不动产物权经依法登记发生效力，所以该房屋属于丙（乙能证明甲和丙合谋欺骗除外）。但乙和甲之间签订的房屋买卖合同是有效的，乙可以按照房屋买卖合同要求甲赔偿损失。

（2）所有权

物权中最基本、核心的权利是所有权。在所有权基础上，又产生了由非所有人享有的两种物权，一是用益物权，非所有人享有的以利用物的使用价值为内容的物权，主要包括建设用地使用权、土地承包经营权、宅基地使用权和居住权；二是担保物权，以利用物的交换价值为内容的物权，包括抵押权、质权、留置权。

所有权是指所有人对自己的不动产或者动产，依法享有占有、使用、收益和处分的权利。所有权人有权在自己的不动产或者动产上设立用益物权和担保物权。用益物权人、担保物权人行使权利，不得损害所有权人的权益。

1）所有权的权能

①占有：指对物的控制与支配，可分为所有人占有和非所有人占有，后者又可分为合法占有和非法占有。

②使用：指依物的通常用法而加以利用。它由物的使用价值所决定。

③收益：指通过物的占有、使用等方式取得经济效益，比如物的天然孳息和法定孳息，获取经济上的利益。天然孳息是基于物的自然属性而产生的收益，如母鸡生蛋、果实和树枝脱离。法定孳息是基于法律规定而产生的收益，如存款得到利息，租房得到租金。

④处分：指对物进行事实上或法律上的处置，即决定物在事实上或法律上的命运。其中前者是指对物予以有形的变更或毁损物的本体，后者如所有权转移或设定用益物权、担保物权。

比如，你拥有一栋房屋，你可以自己使用；可以出租给别人收到房租；也可以转让给他人，这就是你对这栋房屋的所有权。

所有权具有上述占有、使用、收益、处分这四项权能，它们可以与所有权发生分离，而所有权人并不因此丧失所有权，但其所有权因此受到限制。

2）所有权的特别规定：善意取得

善意取得，是指无处分权人将不动产转让给受让人的，除法律另有规定外，同时符合下列情形的，受让人取得该不动产的所有权：

①受让人受让该不动产时是善意的，即受让人不知转让人是无处分权人；

②以合理的价格转让，即受让人支付了合理的价款；

③转让的不动产依法登记，即按照法律规定已经进行了不动产物权的变动登记，该不动产所有权已经登记在受让人名下。

不同时具备上述三个条件的，不发生善意取得的效力，原所有权人有权追回被转让的不动产。

该规定限制了所有权的追及效力，旨在保护交易安全。

（3）相邻关系

相邻关系，是指两个以上相互邻近的不动产所有人或者使用人，在使用不动产时因相邻各方应当给予便利或者接受限制而发生的权利义务关系。当事人一方基于相邻关系而享有的权利就是相邻权。

就相邻关系的性质而言，是对所有权的限制，是基于法律规定而产生。相邻权不是独立的权利，但是它可以对抗第三人，且不需要登记就可产生。相邻关系在法律性质上不属于强制性规定，应允许当事人自由协商；只是在当事人无特别约定时，才有该规定适用的余地。

相邻关系不仅由《民法典》予以规范，关于水污染、空气污染等方面的环境保护法也涉及相邻关系，所以相邻关系的处理须由私法和公法规范共同协力。

《民法典》第二百八十八条规定：不动产的相邻权利人应当按照有利生产、方便生活、团结互助、公平合理的原则，正确处理相邻关系。法律、法规对处理相邻关系有规定的，依照其规定；法律、法规没有规定的，可以按照当地习惯。

相邻关系主要有：

1）相邻用水排水关系

不动产权利人应当为相邻权利人用水、排水提供必要的便利。

对自然流水的利用，应当在不动产的相邻权利人之间合理分配。对自然流水的排放，应当尊重自然流向。

2）相邻通行关系

不动产权利人对相邻权利人因通行等必须利用其土地的，应当提供必要的便利。

3）相邻土地的利用

不动产权利人因建造、修缮建筑物以及铺设电线、电缆、水管、暖气和燃气管线等必须利用相邻土地、建筑物的，该土地、建筑物的权利人应当提供必要的便利。

4）相邻通风、采光和日照关系

建造建筑物，不得违反国家有关工程建设标准（如与相邻建筑物保持适当距离，并且适当限制其高度等），不得妨碍相邻建筑物的通风、采光和日照。

5）相邻不动产之间不可量物侵害

不动产权利人不得违反国家规定弃置固体废物，排放大气污染物、水污染物、土壤污染物、噪声、光辐射、电磁辐射等有害物质。

所谓不可量物侵害，是指噪声、煤烟、振动、臭气、尘埃、光辐射、电磁辐射等不可称量的物质，因侵入邻地而造成的干扰性妨害或损害的现象。不动产权利人应当有权依照法律规定禁止相邻的各权利人排放、泄漏大气污染物以及施放噪声、振动、光、电磁波辐射等有害物质。

6）相邻不动产安全关系

不动产权利人挖掘土地、建造建筑物、铺设管线以及安装设备等，不得危及相邻不动产的安全。建筑物或其他工作物有倾倒的危险并可能危及相邻的不动产时，应当采取必要的预防措施。

7）使用相邻不动产避免造成损害

不动产权利人因用水、排水、通行、铺设管线等利用相邻不动产的，应当尽量避免对相邻的不动产权利人造成损害。

（4）共有

不动产可以由两个以上组织、个人共有。共有是指两个以上权利主体对一物共同享有所有权。共有的权利主体，称为共有人；共有的客体，称为共有财产或共有物；各共有人之间因财产共有形成的权利义务关系，称为共有关系。

共有包括按份共有和共同共有。

按份共有，也称分别共有。是指两个以上权利主体对一物按照份额享有权利和承担义务的共有。例如，甲、乙合买一处200万元的房屋，甲出资120万元，乙出资80万元，甲、乙约定各按出资的份额（甲60%，乙40%）对该房屋享有权利、承担义务。共同共有是指两个以上权利主体对一物不分份额、平等地享有权利和承担义务的共有。例如，夫妻对共同财产的共有。

共同共有与按份共有的主要区别是：共同共有是不确定份额的共有，只有在共同共有关系消灭，如婚姻关系解除，对共有财产进行分割时，才能确定各个共有人应得的份额。

处分按份共有的不动产，应经占份额三分之二以上的按份共有人同意。处分共同共有的不动产，应经全体共同共有人同意，但共有人之间另有约定的除外。例如，夫妻共有的一套住房，如果要出售，必须夫妻双方都同意。

按份共有人可以转让其享有的共有的不动产份额，其他共有人在同等条件下享有优先购买的权利。"同等条件"是指其他共有人就购买该份额所给出的价格等条件与欲购买该份额的非共有人相同。在实践中，为防止纠纷，谨慎起见，按份共有的房屋出售时，应要求出售人提供共有人放弃优先购买权的证明文件[①]。

（5）建筑物区分所有权

建筑物区分所有权，是指业主对建筑物内的住宅、经营性用房等专有部分享有所有权，对专有部分以外的共有部分享有共有和共同管理的权利。

其特征有：①内容构成的复合性：由三部分组成，有别于普通的房屋所有

---

① 有关"共有"的其他规定，参见《民法典》第二百九十七~三百一十条。

权。②权利处分的一体性：建筑物区分所有权中的三项权利必须一起处分，不得单独处分。③标的物是特定的空间，而非实体。④是人与物的关系和人与人的关系的结合。

1）业主的专有权

业主的专有权，是指业主对建筑物内的住宅、经营性用房等专有部分享有所有权。所谓专有部分，是指在建筑物中具有构造和使用上的独立性的部分，它是构成建筑物区分所有权的基础。

区分所有建筑物的专有部分属于不动产，其权利变更适用于不动产的规定。该专有部分在法律规定的范围内可以由业主占有、使用、收益和处分，并得排除他人干涉，但是业主对专有部分的利用，不得妨害建筑物正常使用或者损害其他业主的合法权益。专有部分的修缮、管理和维护，由业主为之并负担其费用。

2）业主的共有权

业主的共有权，是指业主对建筑物专有部分以外的共有部分所享有的占有、使用和收益的权利，同时承担义务；不得以放弃权利为由不履行义务。业主转让建筑物内的住宅、经营性用房，其对共有部分享有的共有和共同管理的权利一并转让。

3）业主的共同管理权

业主的共同管理权也称业主的成员权，是指建筑物区分所有权人在一栋建筑物的构造、权利归属及使用上的不可分离的共同关系而产生的作为建筑物的一个团体组织的成员所享有的权利与承担的义务。

业主的共同管理权是一项独立于业主专有权和共有权之外的权利，是基于区分所有权人间的共同关系而产生的权利，是一种具有永续性的权利，是一项与专有权、共有权紧密结合、不可分割的权利，三者共同构成建筑物区分所有权的完整内容[①]。

（6）用益物权

用益物权，是指用益物权人对他人所有的不动产或者动产，依法享有占有、使用和收益的权利。它是以对他人所有的物为使用、收益的目的而设立的，因此称为"用益"物权。

用益物权人因不动产或者动产被征收、征用致使用益物权消灭或者影响用益物权行使的，有权获得相应补偿。

用益物权人行使权利，应当遵守法律有关保护和合理开发利用资源、保护生态环境的规定。所有权人不得干涉用益物权人行使权利。

用益物权的意义在于便于物尽其用，以最大限度地发挥物的价值和使用价值。

1）用益物权的特征：

①是以对物的实际占有为前提，以使用、收益为目的；

---

① 陈华斌. 建筑物区分所有权[M]. 北京：中国法制出版社，2011；182-183.

②是由所有权派生的物权；

③是受限制的物权，只具有所有权的部分权能；

④是一项独立的物权；

⑤一般以不动产为客体。比如，麦当劳租用别人的房屋进行经营，它依法享有对租用房屋的占有、使用、收益的权利，但它没有处分房屋的权利，也就是说，麦当劳拥有的是房屋的用益物权。

2）用益物权的种类

我国《民法典》规定目前有土地承包经营权、建设用地使用权、宅基地使用权、居住权、地役权以及海域使用权、探矿权、采矿权、取水权和使用水域、滩涂从事养殖、捕捞的权利等用益物权。

在这些用益物权中，与物业管理直接相关的，主要是建设用地使用权、居住权等。

建设用地使用权的规定请参见相关课程内容或《民法典》第三百四十四～三百六十条。

3）居住权。居住权是指居住权人按照合同的约定对他人所有的住宅享有占有、使用的用益物权，以满足生活居住的需要。

《民法典》增加规定"居住权"这一新型用益物权，明确居住权原则上无偿设立，居住权人有权按照合同约定或者遗嘱，经登记占有、使用他人的住宅，以满足其稳定的生活居住需要。

设定居住权的目的，是为了解决特定主体的居住困难，具有扶危解困的救助性质，保障了部分社会弱势群体的基本生存权利，符合现代人权保障的要求。比如，居住权的设立，为老年人以房养老、为父母作为监护人对于未成年子女的房屋享有居住权或未成年子女对其父母的房屋享有居住权、离婚无房配偶在一定时间内对配偶的住房享有一定的居住权等情况提供了法律保障。

居住权的特征有：

①居住权作为一种独立的用益物权制度，属于物权，又由于居住权只有在他人所有的房屋上设定，因而居住权又属于他物权。

②居住权的主体范围限定为特定的自然人。

③居住权的客体为他人所有的建筑的全部或一部分，还包括其他附着物。故在自己的房屋上不能设立居住权。

④居住权的用途固定。居住权是因居住而对房屋进行使用的权利，也就是为特定的自然人的生活用房的需要而设定的权利。居住权人只能把所取得的房屋用于生活需要，对房屋的使用只能限于为居住的目的，而不能挪作他用，比如用作商业房等。

⑤居住权具有时间性，期限一般具有长期性、终身性。

这点也是居住权的一项重要特征。居住权的期限可由当事人在合同或遗嘱中确定或约定，如果没有对期限作出明确规定，则应推定居住权的期限为居住权人的终身。这是因为居住权是为没有房屋的人居住而设的，所以权利人对房屋的居住权如果没有约定的话，应当理解为与其生命共始终。换句话说，居住权具有人身专属性，所以一旦权利人死亡，居住权便消灭。故居住权是一种有期限的权利，其最长期限为权利人的终生。但居住权人在居住期限届满或居住权人死亡，居住权消灭。

⑥居住权一般具有无偿性，居住权人无需向房屋的所有人支付对价，所以被称为"恩惠行为"。这也是由居住权的性质、本质而决定了其应当是一种无须支付对价的无偿行为，即使居住权人在其居住期间可能需要支付给所有人一定的费用，但它必然要低于租金，否则也就无设立之必要。

⑦居住权的取得应有法定的依据或有关合同的约定，应办理登记手续，并受国家法律的保护。如未成年子女依法对其父母的房屋享有居住权。

⑧居住权不得转让和继承。设立居住权的住宅不得出租，但是当事人另有约定的除外。

（7）担保物权

担保物权是为了确保债务履行而设立的物权，担保物权人在债务人不履行到期债务或者发生当事人约定的实现担保物权的情形时，依法享有就担保财产优先受偿的权利。但法律另有规定的除外。

1）担保物权的特征：①从属性和不可分性。担保物权是从属于主债权的权利，主债权全部消灭的，担保物权随之消灭；主债权的部分消灭，担保物权仍然存在，担保财产仍然担保剩余的债权，直到债务人履行全部债务时为止；②担保物权是以保障债权的实现为目的；③具有优先受偿的效力；④是在债务人或第三人的财产上设定的权利。

《民法典》规定了三种担保物权：抵押权、质权和留置权。本部分内容只对抵押权进行分析。

2）抵押权

抵押权，是指为担保债务的履行，债务人或者第三人不转移财产的占有，将该财产抵押给债权人，当债务人不履行到期债务或者发生当事人约定的实现抵押权的情形时，债权人享有以该财产折价或者以拍卖、变卖该财产所得的价款优先受偿的权利。

其中，债务人或者第三人为抵押人，债权人为抵押权人，提供担保的财产为抵押财产。例如，甲向乙借款300万元，为保证按时偿还借款，将自己的房屋抵押给乙。在这个法律关系中，甲既是债务人，又是抵押人；乙既是债权人，又是抵押权人；该房屋是抵押财产。如果甲向乙借款，丙将自己的房屋抵押给乙，作为甲向乙偿还借款的担保，则丙为抵押人，乙为抵押权人。

以建筑物抵押的，该建筑物占用范围内的建设用地使用权一并抵押。以建设用地使用权抵押的，该土地上的建筑物一并抵押。抵押人未依照上述规定一并抵押的，未抵押的财产视为一并抵押。以建筑物、建设用地使用权等不动产抵押的，应当办理抵押登记，抵押权自登记时设立。当事人之间订立的抵押合同，除法律另有规定或者合同另有约定外，自合同成立时生效；未办理抵押登记的，不影响抵押合同的效力。订立抵押合同前抵押财产已出租的，原租赁关系不受该抵押权的影响。抵押权设立后抵押财产出租的，该租赁关系不得对抗已登记的抵押权。抵押期间，抵押人未经抵押权人同意，不得转让抵押财产，但受让人代为清偿债务消灭抵押权的除外①。

2．物业管理与服务中的物权知识应用

物业管理和服务中常常发生有关"专有"与"共有"方面的纠纷，可以按照《民法典》规定处理解决：

（1）建筑物内的住宅、经营性用房等专有部分

《民法典》第二百七十二条规定：业主对其建筑物专有部分享有占有、使用、收益和处分的权利。业主行使权利不得危及建筑物的安全，不得损害其他业主的合法权益。

第二百七十九条规定：业主不得违反法律、法规以及管理规约，将住宅改变为经营性用房。业主将住宅改变为经营性用房的，除遵守法律、法规以及管理规约外，应当经有利害关系的业主一致同意。

因此，现实生活中，在遇到业主违规装修、住宅改为音乐培训班等行为引发的纠纷时，将会使物业服务企业处理有据、有法可依了。

将住宅"改经营性用房"决定权赋予有利害关系的业主，既是对住宅"经营性用房"在一定程度上的放松，又真正地尊重了业主的意思自治。

《民法典》并没有绝对禁止住宅改为经营用房，但对于住宅改为经营性用房提供了法律路径指引：①按照有关法律规定取得变更用途的许可；②取得有利害关系的业主的一致同意。

首先，改经营性用房以后，可能增加楼面负载，也可能需要拆改，给建筑物带来其他不良影响。其次，住宅改经营性用房以后，因为经营活动会排放噪声、废水、垃圾等污染物，也可能增加车辆等影响社区秩序。总的来说，住宅改经营性用房不仅仅是物权问题，涉及社会管理秩序和市民的生活秩序，因此该条规定有条件地放松了对住宅改经营性用房的限制，但是要想住宅改经营性用房，还需要经过相关行政手续审批和业主同意。

（2）上述专有部分以外的共有部分

在《民法典》的第二百七十四~二百七十六条规定：

建筑区划内的道路，属于业主共有，但是属于城镇公共道路的除外。

建筑区划内的绿地，属于业主共有，但是属于城镇公共绿地或者明示属于个人的除外。

建筑区划内的其他公共场所、公用设施和物业服务用房，属于业主共有。

---

① 关于抵押权的详细规定，详见《民法典》第三百九十四~四百二十四条。

建筑区划内，规划用于停放汽车的车位、车库的归属，由当事人通过出售、附赠或者出租等方式约定。但建筑区划内，规划用于停放汽车的车位、车库应当首先满足业主的需要。

占用业主共有的道路或者其他场地用于停放汽车的车位，属于业主共有。

第二百八十二条规定：建设单位、物业服务企业或者其他管理人等利用业主的共有部分产生的收入，在扣除合理成本之后，属于业主共有。

现实生活中，有的开发商将车位、车库高价出售给小区外的人停放；不少小区没有车位、车库或者车位、车库严重不足，有的物业服务企业占用共有的道路或者其他场地作为车位等。按照上述规定，建设单位、物业服务企业不能将车位收费所得据为己有；如果需要收费，在扣除必要成本后的所得款应属于全体业主共有。如果有车的业主无偿占用了小区的公共道路，则损害了无车业主的利益，因此只有让全体业主共同分享停车利益，天平才能得到平衡。

法律还规定，小区的道路和绿地归全体业主所有，界定了小区道路的归属，同时也是对这些物权的保护，无论物业服务企业还是业主都不能随意改变这些道路、绿地的规划性质，不能私盖建筑等，即使业主委员会表决通过也不可行。关于物业管理用房的规定很明确，不管是否计入成本，都是全体业主所有。

同时，《民法典》第二百七十三条规定：业主对建筑物专有部分以外的共有部分，享有权利，承担义务；不得以放弃权利为由不履行义务。

业主转让建筑物内的住宅、经营性用房，其对共有部分享有的共有和共同管理的权利一并转让。

第二百七十八条规定，"下列事项由业主共同决定：……（八）改变共有部分的用途或者利用共有部分从事经营活动；（九）有关共有和共同管理权利的其他重大事项。"

而"决定前款第六项至第八项规定的事项，应当经参与表决专有部分面积四分之三以上的业主且参与表决人数四分之三以上的业主同意。决定前款其他事项，应当经参与表决专有部分面积过半数的业主且参与表决人数过半数的业主同意。"

现实生活中，关于"共有和共同管理权利"，容易产生纠纷的多是共有部分的收益归属纠纷以及共有部分的管理权限纠纷。

比如，之前的《中华人民共和国物权法》（简称《物权法》）以及之后的《民法典》实施后，小区楼宇（楼顶、外立面、大堂、电梯厅、电梯内等）的广告收益归业主所有。此前，这部分收益有归属于物业服务企业的，引起业主不满和质疑。当法律明确将利用各种共有部分所做广告的收益权和决定权都划归业主时，传统的楼宇广告商业运作模式，将会受到影响。

另外，建设单位在销售房子的时候，将顶楼做出一个露台以"免费赠送"的方式送给顶楼的业主，或底层做私家花园赠送给一楼业主等，明显是将该栋楼全体业主的共有部分送给了顶层或一层的住户。显而易见，法律明确规定"业主对专有部分以外的共有部分享有权利",将使建设单位把作为业主共有部分的顶层、绿地用来出售产生的纠纷大大减少,物业服务企业或业主委员会遇到类似疑问时,也会直接找到解决的依据。

除了上述这些权利,《民法典》中还有许多关于业主的权利和义务的规定也属于物权编的内容,甚至当业主出售出租房屋、设立居住权的时候,也需要告知物业服务人。《民法典》的物权编规范了房地产交易和小区物业管理,明确了物业服务企业和业主的权利与义务,为处理和解决物业管理服务中的各种纠纷提供了法律依据。

2.1.2 管理学理论

自从有了人与人之间的社会活动或集体活动,就有了关于管理的实践和经验总结。物业管理作为现代管理学的一个分支,在实践中也要借鉴大量的管理学理论与知识。本部分只介绍物业管理最常用到的管理学的一些基本理论知识。

1. 管理学的一般知识

(1)管理的含义

从字面上看,管理有管辖、管教、管人、理事、治理的意思。自20世纪初始,随着社会的进步和发展,管理学成为一门新兴学科,管理的含义在外延和内涵上也不断被丰富和充实,对管理一词的定义也多种多样。

我们认为,管理就是指一定组织中的管理者,通过有效地利用人力、物力、财力、信息等各种资源,并通过决策、计划、组织、领导、激励和控制等职能,来协调他人的活动,从而实现既定目标的活动过程。

(2)管理的基本特征

管理具有以下几个基本特征:

1)管理的产生来自社会活动组织的要求,即这种社会活动不是单个人的活动,而是两个人以上的社会活动。

2)管理的"载体"是组织,即在社会这个大系统中,组织是一个子系统,管理通过组织这个子系统去实现管理目标。

3)管理的核心是处理好各种人际关系,即在管理过程中的各个环节都必须与人打交道,只有妥善地处理好各种人际关系,才能更好地使别人与自己一道去实现管理目标。

4)管理的任务是有效地利用各种资源(人、财、物、技术、信息等)和各种管理职能(决策、计划、组织、领导、激励和控制等),用尽可能少的支出去实现既定的目标。

(3)管理的基本职能

管理的职能是指管理在组织社会经济活动中所发挥出的功能。同管理的含义一样,管理的职能也在社会发展过程中得到不断地丰富和发展。

根据管理的含义我们认为,管理的基本职能包括决策、计划、组织、领导、激励和控制这六个基本功能活动。管理活动的顺利运行正是通过正确地执行这些基本的职能来进行的。

1）决策

决策，就是对需要处理的事情做策略上的决定。在企业经济活动中每天都会遇到大量的问题需要加以解决，并对解决方案进行优化和做出决定。有关企业生存与发展等重要问题的决策更是关系到企业的生死存亡，不可掉以轻心。所以，决策是具有战略意义的重要职能。决策过程同时又是一个复杂的过程，不能简单草率，而应讲究科学决策。因为决策是针对未来行动做出的决定，而未来形势的发展变化又受到多种因素的影响，这些影响因素是不确定的，不断发展变化的，对未来形势发展变化的判断很难准确，所以决策就存在一定的风险。要做出正确的决策，就必须进行系统的调查研究，全面收集信息和资料，进行科学预测，拟订各种可行方案并进行优选，对选定的最优方案还应付诸实施，在实施过程中不断进行检查和信息反馈，以保证决策得以层层落实，并在实践中评价决策是否正确。

物业管理在经营、服务过程中，必须要先明确企业要解决的问题，进而确定目标，设定可能达到的各种方案，然后对各项方案进行优选，最后由物业管理的决策人员综合各项指标及判断进行决策。物业管理决策主要是解决物业服务企业的方向性问题。

2）计划

计划是为达到一定目标所制定的未来行动方案。计划是进行控制的标准，在执行计划职能时，要对企业的人、财、物等各种要素进行合理分配和使用，要对各个环节进行协调和很好的衔接，要将计划指标加以分解，具体落实到各个部门和单位，并要明确目标和责任，进行控制和考核。因此，计划是行动纲领，是联系企业诸条件与目标之间的桥梁，在管理中处于重要的基础地位。计划是决策后所选定的方案。

物业服务企业和一般企业一样，在实施每一项物业管理决策之前，都必须对资源、时间、人力等各方面情况进行详细的计划，物业管理计划是物业管理决策的具体化。由于物业管理是一项非常具体的服务，也就是说，作为物业管理与服务的提供方，应向广大客户承诺所提供物业服务的项目和质量服务标准。然而每一个服务项目都有其具体的服务过程，具体对过程的策划实际上就对产品实现过程的策划，策划的结果就形成了服务的计划。

3）组织

组织是一个企业实体为实现其特定目标，保证决策和计划的实施，完成其工作任务，在职责、职权等方面进行划分所形成的分工协作体系。这就要求依据任务的多少建立卓有成效的组织机构，拟定上下左右联系方式，制定一系列组织制度，使各种要素在总的目标下被充分利用，高效率、保质、保量地完成任务。组织是管理的载体，是其他管理职能活动的组织保证。

对于物业服务企业而言，其组织机构的设置，要根据管理物业的规模和服务管理的目标内容，以及物业服务企业的实际情况决定。设立组织结构的目的，是为了确保物业管理各项决策和计划的贯彻落实。

4）领导

领导是领导者通过指挥、领导、协调等去影响个人和集体活动以实现组织目标的过程。领导者可以从正式或非正式组织之中产生，正式组织的领导者拥有组织赋予他们的职位和职权，而非正式组织的领导者并没有组织赋予他们的职位和职权，而是依据权威自然形成的。领导的本质就是通过领导者与被领导者的相互作用，使组织的活动协调一致，并有效地实现组织目标。组织中的领导者可依据权利、责任大小不同，分为高、中、低等不同层次，不管是哪一层的领导都要求具有优良的品质和高超的领导艺术，这样的领导集体才能带领组织成员去有效地实现组织目标。

物业管理的一个重要特点，就是每天都是和物业管理区域内的各类人员打交道，因而，对物业管理和服务人员的素质要求就相对较高。

5）激励

激励，就是通过一定的手段使组织成员的需要和愿望得到满足，以调动他们的工作积极性并充分发挥其个人潜能去实现组织目标的过程。

人的需要是多种多样的，因而激励的方法也多种多样，如可以采取物质激励的方法，也可采取精神激励的方法，还可以采取物质激励和精神激励相结合的方法等。

同样，物业服务企业和各项事务都是由处在不同层次和岗位和物业服务企业员工去具体实现的，而人是具有主观能动性的，激发员工的潜力去为业主或使用人服务，实现物业服务企业的总体目标就显得非常重要。物业管理激励的常用方法主要是物质激励、精神激励等。

6）控制

控制，就是依据预定的目标和标准，对管理活动进行系统的监督、检查和绩效衡量，若发生偏差，就要采取措施加以纠正，使整个活动按既定的计划和标准进行。因此，控制首先要有一个控制的依据和标准，这往往是计划中所规定的；其次，要运用各种监测手段对进行中的活动进行观察、测度和衡量；第三，对观测到的、测试到的情况和数据要与计划规定的标准进行比较，发现是否存在差异；第四，如活动与标准存在差异，就采取各种措施和方法去纠正偏差，使整个活动按计划进行。对不同的对象应选用不同的控制方式和手段，在企业的整个活动过程中，对各个环节、各项活动都应加强控制，以保证计划和组织目标的实现。

上述管理的各项职能活动之间既有联系又有区别，因此，在管理实践中既要充分发挥各项职能的作用，又要充分注意各项职能活动之间的衔接和配合。如决策和计划是其他管理职能的前提和基础，可以说整个管理活动就是围绕如何制定和实施计划及决策方面而进行的。对物业管理和服务而言，同样也是如此，要想取得良好的物业管理服务效果，实现企业的经营目标，必须重视并认真研究管理的各项职能及其应用。

（4）管理的一个分支——行政管理

物业服务企业经常涉及如何协调和处理与政府有关部门的关系，因此，了解行政管理的相关知识，对物业服务企业大有裨益。

1）行政管理的含义与特点

广义的行政管理，泛指一切社会组织、团体对有关事务的治理、管理和执行的社会活动。这里的行政管理，既包括政党和国家的立法、行政、司法组织活动，也包括企业、事业、社会团体等各种各样的社会组织的执行事务。狭义的行政管理，指国家行政机关对社会公共事务的管理，又称为公共行政。本文所指为狭义的行政管理，比如国家行政机关对物业服务企业的管理活动。

行政管理具有以下特点：

①执行性。在我国，实施行政管理，必须执行党的路线、方针、政策，同时执行国家权力机关所赋予的任务，向权力机关负责，并受权力机关的监督。

②政治性。行政机关的使命是执行国家权力机关的意志，国家权力机关具有强烈的政治性。行政机关也不例外。我国的行政机关是人民政府，主要通过大量的组织工作来保证国家的安定团结和我国各项建设事业的发展。

③权威性。行政管理活动是以国家的名义进行的、代表国家并以国家强制力为后盾的。一切管理对象，对行政机关及其工作人员的管理行为都有服从的义务。但行政机关在执行任务时要依法行政，做到"有法可依，有法必依，执法必严，违法必究"，这种法制的集中性体现了行政管理的权威性。

2）行政管理组织的含义与分类

狭义的行政组织，是依照国家宪法和法律的规定，在一定的权限内执行各种公共事务的机构的总称，简单地说就是指政府机构。它的主要特征有两个：一是具有权威性和强制力；二是属于预算拨款制的行政组织，全部财政来源于国家预算。

行政管理组织按照其功能和作用的不同，可分为：

①领导机关。领导机关也称首脑机关，是各级政府统辖全局的指挥、决策和督导中心。如我国的国务院和地方各级人民政府。

②职能机关。职能机关，是指在领导机关领导下，负责组织和管理某一专业行政事务的执行机关。它对上受领导机关的指挥和监督，执行领导机关的各种具体指示、方针和政策；对下行使政府的行政管理职能，指导下级相应的行政部门或某些社会公益性组织的活动。如我国国务院部属机关和各级政府中的相关部门如房产局、规划局、住建局、公安局、工商局等。

③辅助机关。辅助机关是指为领导机关和职能机关实现行政目标而在行政组织内部承担协助工作的机关，包括办公机关、信息机关和咨询机关，如各级政府

的办公厅（室）、秘书处（科）、人事部门、财务部门、政策研究室等。

④直属机关。直属机关是指政府序列中主管某些专门业务的行政机构，也是一些直属机构，其法律地位略低于部委，如国家统计局、国家环保局和海关总署等。

⑤派出机关。派出机关是指行政机关依法根据工作需要在一定区域内设立的分支机关或代表机关。它有权代表国家行政机关执行某种特定的任务或执行整体性社会事务，它不是一级政府，其职权受到派出者较强的约束。与物业服务企业有关的派出机构是市辖区人民政府所设立的街道办事处。

2. 物业管理服务中的管理学应用

（1）管理职能在物业管理服务中的应用

物业管理也是一种管理。在物业管理与服务过程中，企业要想更好地实现物业管理的经营目标，获得较强的企业信誉和竞争实力，也必须灵活地应用管理学的基本原理，并与物业管理实际相结合，达到预期的管理目标。管理的六个职能在物业管理服务中的运用如下：

1）物业管理决策

决策是进行任何一项工作或活动的第一步，是一切工作的开始。对物业管理而言，从物业管理的前期介入、承接查验，一直到后续的日常管理服务工作，作为管理主体的物业管理与服务工作者，无时不在进行各项管理决策活动。

对于物业管理的前期介入，物业服务企业首先要分析研究各方面情况，结合自身的实力及发展定位，然后再根据前期的各种经济技术的论证情况，作出是否参与前期介入活动的决定。如果决定参与前期介入工作，还要考虑和安排参与前期介入的人选、方案设计等工作，这些活动从本质上讲就是决策。

在参与具体的物业管理项目的投标时，物业服务企业也要经过分析研究，要对拟投标的项目的开发过程相关情况、项目档次、市场定位、销售情况等进行详细地了解和分析论证，然后再决定是否参与投标工作，以及决定人员安排、组织设置及其他资源的配合等，这也是物业管理过程中的一项重大决策。

在物业管理的日常工作及整个过程中，也会时常遇到各类问题需要加以解决，这都是物业管理的决策问题。对物业管理过程中出现问题的提出、分析论证，最终对解决方案的选择及实施等，都需要相关人员和组织作出决策。

物业管理决策的好坏不仅影响到企业的经营管理效果，有的甚至会直接影响到企业的发展方向和发展目标的实现。

2）物业管理计划

管理的第二个职能是"计划"。物业管理计划是为达到某一特定的目标所制定的未来行动方案，所以也可以把这项计划叫作物业管理方案。它是物业服务企业实施物业管理与服务的基本思路与主要措施的完整描述，相当于物业服务企业提供给建设单位和业主参与竞标的"标书"，综合反映了物业服务企业的整体素质与水平。而对该方案的策划，是物业服务企业针对拟接管物业制定物业管理方案的规划过程。物业管理方案的策划必须考虑拟接管物业项目的具体情况、使用者对物业管理与服务的需求情况。另外，物业管理方案的策划还应充分体现物业服务企业自身的优势与管理服务的特色，将自己企业的管理理念、管理经验、优良传统、企业文化等充分展示出来。

物业管理方案的基本结构包括：物业管理的整体设想与策划、管理模式、公司人力资源管理、规章制度建设、经营管理指标、社区文化建设与社会服务、财务管理及经费收入测算、日常管理、物业维修养护计划与实施等。

物业管理方案体现了管理的"计划"职能。

3）物业管理组织

物业管理组织的目的也是要确保物业管理各项决策和计划的顺利实施。组织是企业的载体，是实现企业发展目标的具体执行机构，和其他组织一样，物业服务企业要想实现自己既定的发展目标，必须要按照管理学有关组织设计和职位安排的基本原则和要求进行。

物业管理组织是为物业服务企业的总体目标服务的，因而组织的设计要具备服务的功能。物业管理设置各类组织或部门不是目的，而是为了更好地实现企业发展目标的必要措施和手段。物业服务企业组织的设置，首先要对企业的发展目标有一个非常清晰和明确的把握，在这个基础上再研究实现这些目标所必须完成的任务或工作项目。待完成实现企业目标所必需的工作项目和任务确定后，再把同类的工作或任务进行归并和整合，就形成了一个部门，许多不同的部门通过某种制度或契约联结在一起，就形成了一个企业的组织机构。

4）物业管理领导和激励

物业管理领导，是指物业服务企业的领导者通过各种规定或措施去引导他人和集体活动以实现物业服务企业发展目标的过程。物业管理领导不等同于物业管理者，物业管理领导更强调是如何按照企业的发展要求和规定，结合具体问题，有创造性和艺术性地去影响他人去为实现企业发展目标而努力。

物业管理领导的这种影响力的大小，一方面是来源于职位的设置，更重要的是领导者自身的能力、经验和人格魅力。物业管理领导能力的高低不仅影响到企业的工作效率，也直接影响到整个企业的文化氛围和长远的发展。

同样，物业管理领导力的实现，在很大程度上是领导者通过各种物质和精神方面的激励手段，激发他人的工作热情和主观能动，物业管理激励和其他管理领域的激励一样，也分为诸如奖金等的物质激励和树立标兵等的精神激励。物业管理激励要根据不同的问题，针对不同的人员，在不同的环境下，采取相应的激励方式。

5）物业管理控制

在物业管理的过程中，由于各种原因，难免会出现与预先设计好的目标和计划不一致的地方，这就需要对这些不一致的问题进行控制。物业管理控制，就是根据物业服务企业的发展目标和预定的计划，对物业管理过程中的各项活动和工作进行监督、检查和反馈，并对相关偏差加以调适和纠偏，以确保整个物业管理活动按照既定的计划和目标进行等一系列活动过程。

物业管理控制是实现物业管理发展目标的有力保障，也是提高物业管理效率，减少开支，降低成本等活动的重要手段和措施。对物业管理中的各项工作要按照管理学有关控制职能的基本要求和程序，为确保企业的既有发展方向而制订必要的预防和现场处理应急措施。

（2）行政管理在物业管理服务中的应用

1）物业管理的行政管理的含义

物业管理的行政管理，是国家行政机关依据有关的法律、法规，对物业管理实施行业管理。其实质是国家通过法律手段、行政手段，规范物业管理活动，建立物业管理市场正常秩序，改善人民群众的居住和工作环境。

2）物业管理的行政管理工作内容

①行政立法。物业管理行政机关的首要职责就是制定政策法规。具体而言，行政机关应根据国家法律规定的基本原则，针对物业管理中出现的新情况和遇到的新问题，制定物业管理法规制度。

②执法监督

行政机关根据行政立法进行执法监督，是约束、纠正物业管理相关主体违法违规行为的重要环节，是整顿物业管理市场秩序、促进物业管理行业健康发展的有力手段，具体说来，行政管理部门要根据行政法规赋予的行政执法职权进行行政执法，对物业管理中出现的违法行为依法予以查处。

③协调服务

对物业管理中出现的业主之间、业主与业主委员会之间、业主与物业服务企业之间，业主、业主委员会、物业服务企业与各行政管理部门之间的关系进行协调，对物业服务企业与房地产、建筑装修、市政环保、金融等行业进行协调。同时，要提供各种服务，包括政策咨询、人才交流、培养、信息沟通等。

④宣传引导

除了上述立法、执法、协调三方面工作以外，物业管理行政机关还要履行一些宣传引导方面的工作。譬如加强宣传力度，通过培训等形式向业主委员会以及物业服务企业的有关人员普及物业管理的相关法律知识，促使其学习物业管理法规、用好物业管理法规；同时，还要对物业管理法规中尚未具体规定的、有利于提高物业管理水平、促进物业管理规范发展的一些行为进行积极倡导，旨在为物业管理创造和谐、健康的发展环境。

3）物业管理的行政管理部门

物业管理的行政管理部门，是指依法对物业管理活动及相关主体进行规范、监督、管理的各级政府职能部门。

《物业管理条例》明确规定，国务院建设行政主管部门负责全国物业管理活动的监督管理工作，县级以上地方人民政府房地产行政主管部门负责本行政区域内物业管理活动的监督管理工作。另外，各省市地区也通过各种与物业管理相关的条例或办法规定了物业管理的行政管理部门。

具体来说，物业管理的行政管理部门可以划分为以下几个层次：

①国家级的物业管理主管机构

国家级的物业管理主管机构是指国务院建设行政主管部门，其主要职责是制定相关法规、政策及标准，对全国范围内的物业管理活动进行宏观管理与规范监督。

②省市级的物业管理主管机构

县级以上地方人民政府房地产行政主管部门，即省住房和城乡建设厅（直辖市住房和城乡建设局）和市房地产管理局是本行政区域内物业管理的主管部门。其职责主要是宣传、贯彻、落实国家的法规、政策及标准，结合当地实际情况，制定地方性政策，依法查处物业管理活动中的违法违规行为，维护物业管理市场秩序。

③基层物业管理主管机构

基层物业管理主管机构包括区、县房地产行政管理部门，是辖区内物业管理的行政管理部门。基层物业管理主管机构主要负责本辖区内物业管理活动的执法、监督、协调服务、宣传引导，并承担上级行政主管部门和区、县人民政府依法交办的具体工作。

④基层政府及其派生机构

基层政府及其派生机构包括街道办事处、乡镇人民政府等，它们不仅指导和管理业主委员会的工作，同时也履行一些具体的行政管理职能。实践工作中，街道办事处和乡镇人民政府对物业管理活动具有十分重要的监督管理、协调支持的作用。

⑤物业管理的相关行政管理部门

A．规划、城管、环卫、公安等有关行政管理部门

按照有关法律、法规和行政规章的规定，按职责分工，这些行政部门分别负责管理违章搭建、环境环卫以及维护社会治安等相关工作。

B．工商行政管理部门

工商行政管理部门主要负责审核、管理物业服务企业的工商注册登记、企业经营范围的确定、企业广告宣传是否符合法律规定等内容。

C．物价行政主管部门

政府价格主管部门会同房地产行政主管部门依法对物业服务企业的收费行为进行监督。如果物业服务企业违反价格法律、法规和规定，则政府价格主管部门依据《中华人民共和国价格法》《价格违法行为行政处罚规定》《中华人民共和国反不正当竞争法》予以处罚。

D．税务行政管理部门

依法监督和管理物业服务企业的纳税情况，涉及的税种有企业所得税、增值税、城市维护建设税和教育附加税等。

4）物业管理的行政管理方式与手段

物业管理行政主管部门依法对物业服务企业及整个行业实施行政监督管理，旨在规范物业管理活动，维护业主和物业服务企业的合法权益，改善人民群众的生活和工作环境。

①对物业服务企业的行政管理方式

A．依法处罚。处罚的方式如下：警告、罚款、没收违法所得和非法财产、责令停业、行政拘留以及其他行政处罚；

B．备案记载。记录物业服务企业的基本情况、经营管理业绩，特别是违法违规等不良行为。

②对物业管理行业的行政管理方式

A．创造竞争环境。在物业管理行业中推行市场竞争机制，创造公开、公平、公正的市场竞争环境；

B．组织开展考评活动。在物业管理行业内，组织创优达标等考评活动；

C．处理投诉。按照法定权限与程序，处理各种投诉，解决物业管理纠纷。

可以看出，上述行政管理对于创造良好的物业管理市场环境，对于物业服务企业以及行业的健康、快速发展均具有非常重要的作用。

③物业管理的行政管理手段

物业管理的行政管理手段可以归结为如下三种：

A．限制手段：主要有限期改正等；

B．经济手段：主要包括奖励、罚款、没收非法所得等；

C．教育手段：主要包括警告、教导、规劝、告诫、表彰和经验推广等。

5）物业服务企业与行政管理部门的关系

物业服务企业与行政主管部门的关系，主要表现在：

①接受和服从行政部门的管理

物业服务企业应及时、全面、准确地了解并掌握物业管理相关的政策、措施、法律、法规，严格遵守各项规章制度，接受行政管理部门的监督、指导，自觉服从行政管理部门的管理。

②协助行政部门的管理

行政管理部门是执行相关法规的主体，承担了维护社会以及市场正常秩序的重大任务。然而，良好市场秩序的实现、维持，不仅需要行政管理部门的作为，同样也离不开市场主体的协助。当物业服务企业遇到涉及行政管理的事务时，应当主动向行政管理部门反映，积极协助行政管理部门进行处理，但决不能越权、越位，模糊了自身职责和定位。

例如，某住宅小区的一业主擅自将防盗门外移，装在了公共走道上，侵占了公共部位，其他业主也纷纷效仿。为制止这类在物业使用中的禁止行为，该小区召开了业主代表大会，并通过了限期拆除违章搭建的决议。在议定的期限内，个别业主仍我行我素、置若罔闻。物业服务企业在多次劝阻无效的情况下，经业委会授权，强行拆除了违章安装的防盗门。然而，这种行为是不妥当的，有违相关政策法规。物业服务企业应按规定报房地产行政主管部门处理，或者提起诉讼，由人民法院审理后判决采取措施予以强行拆除。物业服务企业或业委会不是行政执法主体，也不是司法机关，故无权对违章安装的防盗门强行拆除。业委会对物业服务企业的授权是无效的。

③借助行政部门的管理

物业服务企业要实现健康、快速以及可持续的发展，取得行政管理部门的理解和支持是不可或缺的。近年来，物业管理行业发展迅速，造成物业管理的行政管理资源比较紧缺，物业服务企业获得行政管理部门支持的难度相应加大。因此，物业服务企业应当主动加强与行政管理部门的交流沟通，关注政策的变化，并积极服从、执行相关规定，配合行政管理。这种配合与服从，往往会为物业服务企业获得行政管理部门的理解、支持奠定良好基础，从而为自身的发展创造良好的外部环境。

④支持行政部门的管理

物业服务企业是社会活动的参与者，应及时响应行政管理部门的号召，积极开展有关政策法规的宣传、贯彻、落实等活动，及时向物业管理行政主管部门及有关部门反映社会信息，真实、准确地通报实际情况，为行政管理部门的决策和管理提供便利和支持。

2.1.3　心理学理论

物业管理工作每天服务于人，需要借鉴心理学知识，了解业主与使用人的心理和想法，也了解物业从业人员的心理和想法，知己知彼，才能在日常纠纷处理中游刃有余，取得解决问题的主动权。

1. 心理学一般知识

（1）心理学的定义与分类

心理学是研究人的心理现象的科学，是研究人的心理活动发生、发展规律的科学。它既是一门理论学科，也是一门应用学科。

心理学的研究对象就是心理现象。在心理学中，人们通常从两个方面去研究心理现象。一个方面是心理过程，它是探讨人的心理的共同性；另一个方面是个性心理特征，它探讨人的心理的差异性，它是个体身上表现出来比较稳定的心理特点，包括能力、气质和性格。心理现象是心理过程和个性心理特征的统一体。

心理学研究一般分为五个子领域，即：神经科学、发展心理学、认知心理学、社会心理学、临床心理学这五个子领域。

物业管理行业相关各方的心理活动，主要属于社会心理学的范畴。

（2）心理学的研究任务

1）描述心理事实

通过学习心理学，人们可以知道自己为什么会做出某些行为，这些行为背后究竟隐藏着什么样的心理活动，以及自己的个性、脾气等特征又是如何形成的等。学习心理学，可以加深人们对自身的了解。

同样，人们也可以把自己学到的心理活动规律运用到人际交往中，通过他人的行为推断其内在的心理活动，从而实现对外部世界更准确的认知。例如，作为教师，如果你了解了学生的知识基础和认知水平，以及吸引学生注意力的条件，你就可以更好地组织教学，收到良好的教学效果。再比如，我们可以通过业主的投诉行为推断业主的心理活动，从而分析业主的心理需求，找到对应的解决办法。

2）探索心理规律

心理学除有助于对心理现象和行为作出描述性解释外，它还向我们指出了心理活动产生和发展变化的规律。影响人心理活动的因素很多，概括起来有三类：一是环境因素；二是机体因素；三是心理因素。所谓探索心理规律，就是查明这三类因素的变化与心理变化的确定关系。

人的心理特征具有相当的稳定性，但同时也具有一定的可塑性。因此，我们可以在一定范围内对自身和他人的行为进行预测和调整，也可以通过改变内在外在的因素实现对行为的调控。也就是说，可以尽量消除不利因素，创设有利情境，引发自己和他人的积极行为。例如，当我们发现自己存在一些不良的心理品质和习惯时，就可以运用心理活动规律，找到诱发这些行为的内外因素，积极地创造条件改变这些因素的影响，实现自身行为的改造。

比如，物业服务人员发现自己经常焦虑或愤怒，就可以运用心理学知识找到自己焦虑、愤怒的内外原因，不断地修正自己，以适应物业管理工作的需要。

3）指导实践应用

心理学分为理论研究与应用研究两大部分，理论心理学的知识大部分是以间接方式指导着我们的各项工作，而应用研究的各个分支在实际工作中则可以直接起作用。比如教师可以利用教育心理学的规律来改进自己的教学实践；商场工作人员利用消费和广告心理学的知识重新设计橱窗、陈设商品，以吸引更多的顾客；物业服务企业可以利用社会心理学的心理效应知识，给业主留下好印象，建立与业主的良好关系等。

（3）社会心理学中的"印象形成与印象管理"

社会心理学是研究社会情境中的人的心理过程及其行为规律的科学。社会心理学中关于"印象形成与印象管理""沟通与人际关系"等理论常被运用于日常生活与工作中，同样也被用于业主与物业服务企业的关系分析，比如印象形成的效应理论。

1）首因效应

首因效应，即先入为主的第一印象，是指当人们第一次与他人、他物、他事相接触时会留下深刻印象。这种印象将在较长时间内影响人们的心理和行为，制约着新的印象。

首因效应的本质是一种优先效应，尤其在知觉陌生事物时，该效应的影响很大。从心理学角度看，首因效应存在的心理基础，是第一次对某事物的接触留下的印象已经形成了对该事物的看法，因而在以后再次接触该事物的时候，这些看法就会发生作用。第一印象良好，容易使人抱有好感和较高的信赖度。反之，则容易产生拒绝心理和厌恶感。

2）近因效应

近因效应，是指最近获得的信息会覆盖和冲淡过去所烙下的相关印象，成为采取相应行动的心理依据。

近因效应实质是首因效应在时间延续上的另一种表现形式，两者的本质极其相似。一般首因效应对初次或短期交往作用大，当面对长期或较熟悉的事物时，首因效应已经淡化，而最近的印象会成为新的心理定式，给人留下较深刻的印象。所以，当第一次留下不好的印象时，并非"世界末日"，不可改变。只要不断努力，用真诚打动人、用实力说服人、用事实改变人，最终会赢得别人的信任，甚至得到更好的评价。相反，再知名的企业、再好的产品，一旦偷工减料、假冒伪劣，欺骗消费者，良好的企业形象也会一落千丈，给企业造成不可挽回的损失。

熟悉的人，容易出现近因效应；而陌生人容易出现首因效应，因此，注重第一印象是人际交往中默认的规则。

3）晕轮效应

晕轮效应，是指人们在社会认知过程中，把认知对象的某个特征不加分析地扩展到其他方面的现象，就像是晕轮或月晕一样，从一个中心亮点向外扩散，使周围笼罩在一片光环之下。因此，晕轮效应又称"光环效应"，是典型的以点带面、以偏概全的认知错觉。常表现在一个人对另一个人（或事物）的最初印象决定了对他的总体看法，而看不准对方的真实品质，形成一种好的或坏的"成见"。所谓"名人效应""情人眼里出西施"，便是晕轮效应的典型反映。

日常生活中，晕轮效应往往是悄悄而又强有力地影响着人们对客观事物的评价。比如说一个人某一方面好，就什么都好。

4）情感效应

情感效应即移情效应，是指人们习惯于将对某一特定对象的情感迁移到与该对象相关的人或事物上。"爱屋及乌"就是典型的移情效应的反映。移情效应与晕轮效应都是一种知觉的泛化，但晕轮效应多指由对象的局部泛化到整体，而移情效应则是由对象泛化到与之相关的事物上。人是充满感情的，在社会生活中，人们常常不自觉地受到情绪的影响，产生移情效应。例如请名人做某产品的广告，人们会因喜欢该名人而喜欢其代言的产品，而一旦名人自身出了问题，该产品的销售就会受到影响，这时，移情效应就会大打折扣。

印象效应形成后，有时需要印象管理，就是以一定的方式去影响他人对自己的印象。比如，在物业管理行业发展初期，很多人对物业服务企业印象不够好或不够客观公正，所以物业服务企业就会按社会期待管理自己，或投业主所好，或努力塑造品牌形象，从而影响社会或业主对物业服务企业的刻板印象。

本教材也致力于运用这种理论，使物业服务企业在处理各种纠纷案例过程中，调整和控制自己的管理与服务行为，努力营造企业和业主的健康心理氛围，指导企业与业主的良好合作。从而实现业主需求满意度的最大化。

社会心理学中的"社交情绪理论""人际关系理论"等，案例分析中也常有运用，篇幅关系，此处未作介绍。感兴趣的读者可以阅读此类心理学教材。

2. 物业管理服务中的心理学知识应用

在物业管理服务中的心理学，是研究物业管理活动中业主及相关人群的心理活动及其行为规律的科学。研究的对象主要是业主的心理及行为、物业管理相关方的心理及行为、员工的服务心理及行为等。

在工作中，物业服务企业会与各种业主打交道，涉及如何建立良好的人际关系，会面临业主的各种投诉，面临员工与业主的冲突等，都会用到心理学知识。

物业管理行业的特殊性，决定了其服务与管理要通过员工与业主打交道来完成，因此物业服务企业的管理者和员工必须懂得一定的心理学知识，这样有助于了解业主心理、实行人性化管理；也有助于预防和化解矛盾、减少不必要的纠纷；有助于最大限度地提高群体绩效，树立企业形象，提高公司的竞争力。

（1）服务业主过程中的心理学知识应用

1）"印象形成"理论的运用

物业管理的服务对象是人，是业主，所以，物业服务企业可将心理学上的印象形成理论应用到物业管理服务中。

①"首因效应"的运用

在物业服务中，企业要追求仪表整洁统一，这是因为业主主要是通过年龄、体态、姿势、谈吐、面部表情、衣着打扮等来判断服务人员的内在素养、个性特征和精神状态的。因此，在物业服务中，不拘小节要绝对禁止，一定要注重运用"首因效应"，扬长避短。物业服务人员的适度、温和、合作是否给第一次见到他的人留下了深刻的印象，决定了对方是否进一步谈判的兴趣和合作的信心。

更深层次的"首因效应"亦体现在工作中。物业服务企业可以使自己以良好的形象展现在广大业主面前。鉴于业主普遍具有的"首因效应"心理，物业服务企业尽可能在第一回合的接触中就吸引住业主的兴趣——可以通过营造优美的硬件、软件环境，如可视的建筑设施、绿化、卫生以及居住小区或商业、写字楼大厦的和谐氛围等来实现。业主多半是通过视觉感受获得第一印象的，而这一过程恰恰也是业主对物业服务企业认知的过程，因此显得十分重要。

②"近因效应"的运用

在人的知觉中，近因效应使人们更看重近期信息，并以此为依据对问题作出判断，往往忽略了以往信息的参考价值。对以服务为产品的物业服务企业来说，因服务的不可储存性和物业合同期限短的特点，使业主更容易产生近因效应。

物业服务企业可以将近因效应和首因效应结合起来考虑。

如果物业服务企业未赢得业主的初次认可，仍可通过改善服务质量逐步淡化首因效应的负面影响，直至使业主对其"重新认识"或"刮目相看"。

如果物业服务企业一向声名在外，那最重要的便是"保持"，在业主的一贯信赖中，偶尔的纰漏很可能会使物业服务企业名誉扫地。一旦"伤筋动骨"，即便恢复，也还是大不如前。因此，物业服务企业必须注重服务质量的持续性和完整性，做到善始善终。

③"晕轮效应"的运用

目前，物业服务企业的品牌竞争，已成为物业管理市场竞争的主要话题，"崇洋心理"都是品牌折射下的晕轮效应。塑造品牌已成为企业实现可持续发展的百年大计，因此，在努力打造自己品牌的同时，一定要避免一切有损于品牌形象的事情发生。对于物业服务企业，品牌的塑造主要靠服务水准的不断提升和以人为本服务理念的不断内化，以形成稳定服务质量、特色化服务，对业主产生的晕轮效应才是比较稳定的。

晕轮效应的另一叫法是"以点盖面效应"。业主对服务的评价多带有感性成分，往往不会在全面理性的斟酌后再谈感受。有时究其一点，不计其余，所以，物业服务企业应该抓住业主的晕轮效应心理，通过各种途径不断提高企业的知名度和美誉度，依靠微笑服务、差异服务、细节服务、特色服务等，使品牌不断保持持久的晕轮效应，促使业主对自己有一种"先入为主"的思维定式。

④"情感效应"的运用

"想业主之所想，急业主之所急"，站在对方的立场上思考问题，会收到意想不到的效果。物业服务人员若经常设身处地地从业主的角度来思考问题，会加深业主对物业服务企业的情感体验。例如，业主家里报修下水管道被堵，作为服务人员，马上想到此时业主最为着急，迫切需要帮助，绝不能敷衍了事、拖延不决。于是迅速到位疏通下水道，及时解决了问题。这样的物业服务才会打动业主。业主因为你的及时帮助而感动，从而移情企业，对物业公司产生感情和信任。

所以，情感效应，也是将对某一事物的情绪状态转移到其他事物评价上的心理倾向。利用这个心理倾向，服务好业主，企业就可以得到业主的肯定。但这要求物业服务人员具备高素质的服务品质、热情的态度、高度的责任感、良好的职业道德及专业技术素质，业主由此产生的信任和愉悦心情，有助于双方建立和谐的心理气氛及融洽的情感沟通关系，最终保证物业管理有效运营和良性发展。

2）业主投诉心理分析

业主投诉，是他们认为物业管理服务中存在差错、开发商的建筑质量存在问题、其他业主或使用人存在违规或侵犯自己利益、其他相关社会组织机构存在侵权等行为，而向物业服务企业或有关部门反映并请求处理的行为。

业主投诉，主要是为了解决问题。业主投诉时的心理特点不外乎以下5种：

①求尊重心理。希望有关部门重视他们的意见，向他们表示歉意并立即采取相应的行动。

②求发泄心理。业主碰到令他们烦恼的事情之后，或者被讽刺挖苦甚至辱骂之后，心中充满怨气、怒火，要利用投诉的机会发泄出来，以维持他们的心理平衡。

③求补偿心理。业主在受到一定损失而向有关部门投诉时，希望能补偿他们的损失，这是一种普遍的心理。如：损坏家中物品希望尽快修理好，尽快能将施工环境整理干净等。

④逃避责任心理。业主在造成侵害（包括自己利益的损失）时，会尽可能排除自己的责任，而将一切过失推到物业服务企业身上，以求心理平衡或找回补偿。

⑤鄙视心理。部分业主由于看问题偏激，对物业服务人员存在心理上的鄙视，处处予以挑剔或刁难。

了解了业主的投诉心理后，我们就明白了怎样正确理解投诉。投诉是信任，说明业主相信物业服务企业在今后的服务过程中能改善管理服务水平；投诉是沟通，业主用投诉表明一种态度，他们愿意与物业服务企业进行沟通，并通过沟通使问题得到妥善解决；投诉也是机会，给物业服务企业提供的改正机会，为双方继续合作奠定基础。

3）业主投诉的处理原则

端正了对业主投诉的态度后，我们明白，作为服务性行业的物业服务企业要想杜绝投诉是不可能的，处理投诉是物业管理服务中的一项重要任务。在投诉处理中，物业服务企业应遵循以下原则：

①换位思考原则

把自己置于业主的立场，告诉对方你十分理解他现在的心情，要表示适当的同情，让他感觉到你和他站在一起，从而减少对立情绪，比如：物业服务人员说："这位先生，我很理解你的心情，要是我可能会更气愤……"。同时，尽快作出反应，如拿笔立即进行详细记录，并复述一遍投诉内容，这样对方就会有被重视的感觉，火气就会消一些。要理解业主的抱怨，永远不要生气，因为生气会使简单的事情变得复杂而不易解决。同时，做到随机应变、灵活处理。

以尊重理解业主为前提，控制自己的情绪，以冷静、平和的心态先安抚业主的心情；用积极诚恳、严肃认真的态度，改变业主的心态。然后再处理投诉事项，在处理投诉的过程中，让业主感受到你确实是真心诚意地在帮助业主解决问题。

②有法可依原则

接诉人员要熟悉本物业服务企业的主要工作内容，具有专业知识和技术知识，这些是处理投诉的终极武器。比如业主关于房屋漏水的投诉，有的业主会归咎于房屋质量差，此时物业服务人员就可以用专业知识分析漏水产生的各种可能原因，说明不能一概而论就是房屋质量有问题。接诉人员还要熟悉本行业的法律、法规，熟悉物业服务合同的每个细节，以理服人、以法制本是处理投诉很重要的一点。对于无效投诉或无理投诉，摆事实讲道理依然不能说服业主时，只能是亮出法律条款，而不能只知道说"对不起"，这样永远不能解决问题。

③快速反应原则

遇到投诉事件，如果判断业主投诉有效，能现场解决的要现场解决；现场无法解决的，应第一时间将问题转交相关职能部门，第一责任人（即接待投诉人）要及时跟进事件处理情况，并即时知会业主。处理紧急投诉能快速做出反应；做事不拖拉，不故意拖延时间，注意把握好时间的尺度。如果能通过制度给接诉人员处理投诉的权力，也有利于投诉的快速解决。

④适度拒绝原则

处理投诉的物业服务人员要具备甄别有效投诉和无效投诉的能力。在稳定业主情绪的情况下，必须对投诉事件进行有效和无效的鉴别，提高工作效率。凡是在公司与业主签订的物业服务合同条款内、纳入物业管理行规的投诉均属于有效投诉；凡是不属于该范围的任何投诉均属于无效投诉。对于无效投诉，如在公司人力资源允许的情况下，可以协助解决，否则可以大胆拒绝，以保证公司的利益不受损害，同时避免业主养成对本公司的依赖心理或给其他人提供效仿榜样，造成公司日常运作的不便。

⑤及时总结原则

面对业主或使用人的投诉，有必要及时进行总结。发生投诉的原因是什么，从每次投诉处理中我们学习到了什么；在日后的工作中应怎样避免类似问题的发生，需要做哪方面的调整等。

4）业主投诉的处理技巧

在遵从上述原则框架下，物业服务企业在具体处理业主投诉时，可以运用以下技巧：

①自信的态度

接待投诉，自信的态度是十分重要的，要让对方认为你具备解决问题的能力和权利，对方才有可能相信你，向你讲清投诉事件的经过和要求，对你的答复才会有所信任，并按照你的思路去寻求解决的方法。但要注意，自信不是对别人吼叫、谩骂，甚至连争辩都极为罕见。自信是对自己了解得相当清楚，并且肯定自己。有自信的人常常是最会沟通的人。

②体谅他人的行为

这其中包含"体谅对方"与"表达自我"两个方面。所谓体谅，是指设身处地为别人着想，并且体会对方的感受与需要。当我们想对他人表示体谅与关心时，唯有我们去换位思考，自己设身处地为对方着想才能实现，体谅投诉的业主或使用人，让对方了解我们对他的同情和理解，这显然离不开准确的自我表达。比如可说出自己的理解，用自己的话确认业主的感受，比如"我感觉到……""您当时一定觉得很……"等语句说出对业主的理解。准确地自我表达，让对方明白你的立场与好意，作出积极的回应，这才有利于问题的解决。

③适当地提示对方

产生矛盾与误会的原因，往往是出自对方的健忘或有意识的回避。接待投诉时，需要适当地提示对方物业服务合同或管理规约等约束性文件中的相关规定，暗示我们双方的权利和义务、暗示投诉事件的性质、暗示责任。我们的提示可使对方信守承诺；反之，若是对方有意食言，提示，则代表我们希望对方信守诺言。

④直接地告诉对方

在接待投诉时，对于有意识地回避，最简单奏效的方法就是直言不讳地告诉对方我们的要求与感受，明确我们双方的权利和义务，明确投诉事件的性质、明确责任，告诉对方解决问题的有效途径是什么。但使用此方式时，要切记"三不谈"原则，即时间不恰当不谈、气氛不恰当不谈、对象不恰当不谈。

⑤善用询问与倾听

接待投诉时，善于询问以及积极倾听对方的意见与感受，仔细观察并且重视对方情绪上的变化，就可以清楚地了解对方的想法及感受，进而加以引导，达成共识。尤其是在对方行为退缩，默不作声或欲言又止的时候，可用询问行为引出对方真正的想法，了解对方的立场、需求、愿望、意见与感受，并且运用积极倾听的方式来诱导对方发表意见，鼓励业主进一步坦陈需求，进而对我们产生好感。最应该记住的是：询问与倾听的行为，是用来控制自己的，不要让自己因为过早地暴露意图，而给对方以可乘之机。

除此之外，还要学会利用一些非语言因素来配合或加强"沟通"效果。

比如，离开冲突现场交谈。在冲突现场沟通，容易"触景生情"，越谈越容易导致对方的气愤，心态无法平静。如果再有旁观者好事，添油加醋，那么，沟通的局面就容易失控。最好是礼貌地邀请对方离开冲突现场，到其他场所交谈沟通。

比如，坐下来谈。能坐下谈就不要站着，站着交谈给对方的感觉就是不愿意做长时间的沟通，尤其是在接待来访投诉时，让对方容易产生敷衍了事的感觉，心理上就会不满，为沟通留下隐患。礼貌地请对方坐下，不光是礼仪的要求，也是为融洽气氛、便于沟通做铺垫。

比如，保持合适的身体距离和位置。根据心理测试，一般人谈话，身体保持1.5m的距离为宜，太近会感觉压迫，太远则有生疏之感，且交谈双方所站位置最好呈90°角，面对面有对抗之嫌。

⑥虚心接受批评，避免职业化礼貌

当投诉人对物业服务企业提出批评意见时，物业服务人员应该虚心接受，让投诉人心情变得舒畅些，以便能进一步深入话题而不使投诉人产生抵触情绪。挑剔的业主所发现的问题可能更具敏感性、要求也较高，有时候对企业更有价值，对发展中的企业是有好处的。业主那一方的"挑剔"并不可怕，可怕的是物业这一方的"拒绝"和"沉默"，这将使企业失去聆听业主声音的机会，失去沟通、弥补和改善的机会。

5）如何应对无理投诉

无理投诉是指责任或管辖处理的范围不在物业服务企业，而业主或使用人误认为应由物业服务企业负责解决的问题；或是责任或管辖处理范围在物业服务企业，应由物业服务企业负责解决的问题，而业主或使用人因为某些原因，投诉时情绪失控的情况。

对待无理投诉，无论是上述的哪种情况，都不可掉以轻心。因为前一种情况解决不好，可能会增加误会的范围，扩大对物业服务企业的不利影响；而后一种情况，处理不得当，可能带来的不只是不利影响的问题，甚至可能造成矛盾的激化，给物业服务企业带来极为恶劣的社会影响。

对无理投诉的处理，要注意做到：

①耐心和细心

无理投诉的对方通常情绪激动，常因急于表达反而词不达意，所以必须耐心听其叙述，也给自己留出足够的时间准备；在听对方讲述的过程中必须细心认真，注意重要细节，通常会给自己带来莫大的好处。

②先听后讲

俗话说"知己知彼，百战不殆"，所以一定要先让对方讲完，不到万不得已不要打断对方的讲话。所谓言多必失，耐心听讲，在听讲的过程中等待对方的错误出现，以求占得上风；讲话要注意语调，保持冷静和礼貌，语调要轻但应足够清楚，语气要和蔼不要顶撞对方，否则就会给对方留有把柄。

③不要计较细枝末节

所谓和为贵，千万不要与对方发生争吵，即便我们在某个细节上占了上风，但却容易激怒对方，往往最后也不能取得圆满的结果；更不要喋喋不休地强行说服对方，这往往会产生相反的效果。

④目光要坚定

与对方沟通时，要用目光直视对方，显示出坚定的信心，你越是坚定对方就越退却，不要让对方觉得我们内心恐惧，那样他会得寸进尺，提出更多不合理的要求；即便遇到的问题是我们无法解决的，也要采取迂回战术，为自己赢得思考的时间。

⑤合理让步

处理投诉就是一场谈判，准备好自己的筹码与对方讨价还价，在大多数情况下，投诉都是这样解决的；寻找对方喜欢的话题，与对方拉近距离，保持自己的亲和力，这是作出合理让步的有效步骤；但不要随意作出承诺，承诺一旦作出就必须落实，否则会让业主觉得受到欺骗，所以千万要谨慎。

⑥不轻信对方

对方的投诉有时是因为误会引起的，所以合理的解释很重要，保持冷静的头脑客观分析问题，相信自己的企业和同事，但不要流露出不相信对方的表情，否则问题会越搞越糟，无法收拾。

⑦相信领导和企业

有些投诉自己处理不了时，应该果断地交给领导去处理，相信领导和其他同事会解决好问题，不要勉为其难，错过了问题解决的最佳时机或者使简单问题复杂化，影响到投诉的有效解决。

随着管理经验的积累，物业服务人员会越来越懂得业主的心理，投诉处理能力也会得到迅速提高。

6）如何运用心理学知识建立和维持与良好的人际关系

社会关系，归根结底都是人与人之间的关系，而人际关系就是人与人之间由于交往而产生的一种心理关系。它表现在交往过程中关系的深度、亲密性、融洽性和协调性等心理方面联系的程度。

物业服务企业每天与各种各样的人打交道，面对的人际关系非常复杂，既面对外部的人际交往（业主、媒体等），也面对内部的人际交往（员工），所以，掌握和处理好人际关系，更有助于树立物业服务企业在社会上的形象。

以业主为例，物业服务企业要想建立和维持良好的人际关系，应做到以下几点：

①重视人际吸引中的首因效应、近因效应、晕轮效应以及情感效应理论在日常工作中的运用。

②提高知识素养，增强交往实力。知识越多，与业主的交往中可交谈的内容越多，从中可以找到共鸣，彼此满足需求。

③牢记对方的名字、多记住业主的自然状况。每个人都十分重视自己的名字，记住一个人的名字往往是对一个人的尊重。这对在接待投诉时拉近与业主之间的距离、增进亲和感是很有益处的。

④尽量迎合对方的兴趣。交往中注意别人的兴趣所在，不能只顾自己表达想法或展示自己所好，要多关注对方的兴趣、话题。捕捉人心的最佳方法，是谈论对方感兴趣的事情和他的圈子。这种迎合并不是虚伪，而为了找到与业主的共同之处，从而有交流的共同话题。

⑤真诚的赞扬和欣赏对方。一般来说，赞扬能满足一个人的自尊需要。实事求是、恰如其分地赞扬，有助于被赞扬者肯定自己的价值。这对人是一种良好的刺激因素，并形成一种正面的心理定式，会使人更好地表现自己。不过，在赞扬别人时一定要注意赞扬的"度"，即内容要适度、方式要适度、频率要适度。否则，赞扬将会失去其积极的作用，会让人觉得虚伪和反感。

⑥倾听、了解和满足业主的需要。听事实和情感，听业主的谈话重点，不打断业主的话，适时表达自己的意见，配合表情和恰当的肢体语言，避免虚假的反应，关注业主表达的信息，了解业主真正的诉求是什么，尽量满足业主的需求。

以上方法，并不是只要采取了其中的某项方法就能收到人际关系上良好的效果，而是在物业管理服务中要综合运用。物业服务企业只有业主相处舒服了，工作才好开展下去，遇到纠纷问题才会迅速而有效地加以解决。

（2）物业从业人员与心理学知识应用

由于物业管理工作的服务对象、工作内容、任务、环境等因素的特殊性，决定了物业服务人员在应聘工作前对这份工作就应有一些心理准备，比如应宽容豁达、自信乐观、积极热情等心理素质。但是也正是因为这个特殊性，会导致员工在工作中出现各种心理困扰。那么这些困扰是怎么产生的，员工的心理问题又该如何自我调节呢？

1）物业从业人员常见的心理困扰

物业服务的特殊性使物业从业人员在与业主的交往中比较容易感觉到压力和挫折感，所以容易产生以下心理方面的困扰：

①情绪问题造成的心理困扰

在日常工作和生活中，每个人都会因自我期望高、竞争激烈而产生一些情绪问题。一般来说，有些情境性的情绪反应是正常的，也自我保护所必需的。但是，如果物业服务企业的员工因工作环境陌生、升迁愿望受阻、得不到别人尊重、别人比自己强时而出现失望、愤怒、自负、自卑、嫉妒、虚荣心等情绪，心理学上把这些都叫作负面情绪或情绪障碍。

员工处于积极正向的情绪状态时，通过声音、表情传递给业主的，不仅仅是积极生动的声音和表情，更是对自身服务的信心和自豪，正向的情绪带给业主的是愉悦的体验和满意的服务，而消极负向的情绪将传递员工自身的疲惫、压力甚至是烦躁和不满，业主感受到的是推诿、不耐烦和不屑一顾等不良服务。负向情绪能降低业主的满意度并可能引起投诉，同时，对员工本身的心理健康、自我评价、免疫功能等也会造成威胁。

②人际交往方面的困扰

物业管理行业是一个"高接触"人的行业，会遇到大量的人际交往问题，人际关系处理得好，就工作而言，能促进物业服务质量和管理水平的提高；就个人而言，每天都能从人与人的交往中，获得心理上的满足。

从心理学角度分析，人际关系由三个要素构成：认知成分、情感成分、行为成分。认知成分反映人们对人际关系状况的认知和理解，包括对自己的认知、对他人的认知和对人际交往的认知。情感成分，是对人际交往的评价态度，包含着积极或消极的情绪状态和体验，关系着双方在情感上满意的程度和亲疏关系。行为成分，是交往双方的外在表现，包括举止、语言、表情、手势等。一般人们对人际关系的认识往往带有浓厚的情绪倾向，积极的情绪情感容易形成良好的人际关系，消极的情绪情感阻碍良好人际关系的形成。人际交往障碍或困扰正是由此产生的。

③社会适应方面造成的困扰

由于工作负荷过重或工作要求过高，工作中人际关系处理不当、自我内在认可度不高等，都会给员工造成很大的心理压力。压力过大会引起很多生理、心理与行为的消极反应，如容易疲劳、情绪低落、创造性下降、工作热情和积极性下降等。

另外，人们在遇到挫折时时常伴随着紧张、焦虑、攻击、冷漠、压抑等情绪，为了宣泄情绪，人们有时会用攻击行为发泄自己心中的不满，但有时也会把矛头指向自己，给自己造成身心伤害。还有的人是把挫折压制起来，内心深藏痛苦，这是非常有危险性的情绪。

一般常常认为挫折给人们带来了极大的伤害，但实际上挫折本身是中性的。每一个人都可能经历各种挫折，所不同的是应对挫折的方式不一样。良好的挫折应对方式帮助受挫者很快从挫折中吸取经验，挫折是他们的垫脚石，让他们站得更高、走得更远、更具有意志力，同时提高了他们解决问题和适应社会的能力。

2）员工心理问题的自我调节

在物业管理服务过程中，如果有员工产生了上述心理问题，不妨从以下7方面进行一下自我调节：

①学会从另外一个角度看问题

在遇到麻烦和困难时，最可取的做法就是以开放的心态，找一个真正信任的人聊聊，向他诉说，认真听听他的意见，别人的反馈信息可能指出解决问题的出路。承认自己需要帮助比独自忍受困难的折磨要聪明得多。

②信任他人，伸出求助之手

值得信任的人可以帮你创造一个安全的心理氛围，在这种氛围里，你可以表现出混乱、迷茫、痛苦、挣扎，甚至古怪，你不必担心他们对你的看法，因为他们会接受你的处境和做法。在他们面前，你可以哭泣、可以悲痛、可以把恐惧宣泄出来，从而化解你的压力和负担。同时，他们也会很真诚地告诉你，问题出在哪里，解决问题的方法有哪些，帮助你以现实的方法来应对复杂的世界。

寻找信任的人需要花费一些时间和精力，他们可能是你的好友、社会上的心理咨询师、心存好感的老师、敬仰的长者，你需要判断这个人是否有能力帮助自己，并且感觉他是否愿意提供帮助。在无力应对困难的时候能有人向你伸出求助之手，会得到温暖和力量。

③降低对自己的期望

当应对资源日渐枯竭时，体力和精力都不是最佳状态，或者在新的环境中，表现可能不会是突出的，这时，需要降低对自己的期望，更好地接纳自己的现实，应像对待处境艰难的好友那样照顾好自己，对自己更宽容些，没有人是万能的，也没有人是完美的。

④用心建立支持性的人际关系

支持性的人际关系有助于面对恐惧、沮丧、压力、孤独、绝望、自暴自弃，克服阻碍成长的困难。支持你的人就好比是杂技演员走钢丝时下面的一张"安全网"，他们让你有勇气去尝试新的行动，即使当你走钢丝遇到危险时，你知道在你跌落时他们可以接住你。

支持性的人际关系不是自发形成的。首先，你要变成一个对他人有帮助的人，当别人需要你帮助时，要向别人提供坦诚的援助和支持；其次，要用心选择朋友，坦率与他们分享自己的想法和感受，并着手建立信任关系。在紧密的人际关系中，每个人都有类似的难题，都有令人挫败的时刻，其他人和自己一样都会有各种各样的烦恼与问题。

⑤允许自己有一些无能和笨拙

着手做陌生的事情，或者进入新的不熟悉的环境时，可能在一段时间里做得不理想，因为需要时间学习新的技能和方法。因此要允许自己在新的尝试上的"无能"和"笨拙"，这样才能体验到学习带来的乐趣，乐观地欣赏自己新的成长。

⑥不要做一个完美主义者，从小处做起

当把目标选定为完美时，会发现这是一个不断变化的目标，可能永远都没有办法实现它。完美主义会使人体会到失败的滋味，摧毁自尊和信心。人生的旅行是一步一步完成的，所以，不要只是想着旅行的目的地而忘记了过程中的一个一个驿站。例如，也许拿到博士学位对于刚进大学的你来说这是可望而不可即的事情，对你来说，从小处做起就是到图书馆借一本与你专业有关的书籍来阅读，听一次精彩的讲座，做一道难解的题，向别人请教一个不懂的问题，你走了一步，再走下一步，直到冲过终点线。

⑦培养幽默感

在日常生活中，幽默能保护人们免受消极情绪的破坏性影响。

幽默感具有很重要的社会价值。幽默突出你的个性、能展现你的自信（比如自我解嘲的幽默）、能化解尴尬、能让你脱颖而出成为众人的焦点，时间长了，你就成了受欢迎的人物。别人都愿意听你说话，你幽默的聊天和劝慰在处理投诉时通常会发挥很大的作用，会平息业主的怒火，给自己带来心理上的舒适。

幽默有多种方式，但主要有两种。一种是自嘲（场合合适时使用），一种是就当时的环境做出一语双关的解读。

最著名的自我解嘲就是苏格拉底对其妻子的幽默。一个敢于拿自己的缺陷制造幽默的人，就是表明他并不认为这个缺陷会降低他的社交价值，反而说明了他的自信、从容和内心的强大。

自嘲也是接不上对方的话时转移话题的一种方式。放下面子敢于自嘲，在聊天中会缓解尴尬，会使自己和别人都处于一种放松的状态，情绪和心理上就不会那么紧张了。

再举个例子，当着众人摔倒是比较窘的事情，大多数人会爬起来拍拍灰一句话不说尴尬离开。但幽默的人是这样处理的：

某国外长在参加一场峰会登台演讲时，不慎被台阶绊倒，双膝跪地后，他用手支撑着地面，迅速站起来机智地说道："还好我只是在台阶上栽了跟头，不是在外交方面。"与会嘉宾顿时笑声一片。

培养幽默感是一件长久的事，上面的技巧和心态，都需要在生活中长期的观察和练习，几年甚至更长时间。幽默在社交中的作用，就是可以缓解个人在面对尴尬、挫折以及窘迫时的精神或心理压力，培养积极向上的心态。

当然，使用幽默时要注意场合和对象，不能随便拿别人开玩笑。

2.1.4 公共关系理论

公共关系理论主要研究公共关系原理、公共关系主体、公共关系客体以及公共关系媒介等内容。基于本教材的需要，本部分择要介绍一些物业管理服务中可经常用到的公共关系基础知识。

1．公共关系的一般知识

（1）公共关系的概念

公共关系，是指一个社会组织通过信息传播的手段使与公众之间建立良好的公众关系，形成双向交流，使双方达到相互了解和相互适应的管理活动或职能。

这个概念反映了公共关系的三个本质特征：公共关系是一种"公众"关系；公共关系是一种传播活动；公共关系是一种管理职能。

这里的"公共"一词是相对于"私人"而言的。它表明，公共关系主要是处理组织与组织、组织与公众之间的社会关系，而不是一般的"私人"关系。

公共关系与公共关系学是两个不同的概念。公共关系是一种社会存在，是客观存在的一种关系；而公共关系学是一门新兴的学科，是专门研究社会组织和与其相关的公众相互作用、相互协调、彼此合作的规律性及工作技法的一门科学。

（2）公共关系的构成要素

公共关系的基本构成要素有：公共关系的主体、客体及联系主体和客体的手段，即社会组织、公众和传播。

1）社会组织。社会组织是指各种政治组织、经济组织、军事组织、文化团体及民间组织等具体机构。社会组织可以发起和从事公共关系活动，是公共关系的主体。在物业管理领域，这个主体通常指物业服务企业。

2）公众。公众是指与公共关系主体发生相互作用的，其成员面临着某种共同问题、共同利益的社会群体。公众对社会组织的生存、发展具有实际的或潜在的利害关系。社会组织的公共关系活动，就是要与这些有关公众搞好关系，他们是公共关系活动的对象，是公共关系的客体。在物业管理领域，这个公众主要包括社区公众、政府公众、媒介公众。

3）传播。传播是指社会组织为了达到某个目标而运用现代化大众传播媒体和传播工具与公众进行信息、思想和观念传递的过程。传播手段是沟通联络公共关系主客体之间的中介和桥梁。

公共关系传播的基本方式有：人际传播、组织传播、群体传播和大众传播等，在物业管理领域，这种信息的传播或观念的传递一般通过大众传播和人际传播来进行。

社会组织、公众、传播这三个要素存在于同一个社会环境中，构成了公共关系。如图2-1所示。

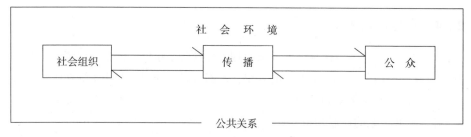

图2-1 公共关系结构图

（3）公共关系活动的行为模式

1）建设型公关，是指组织的初创时期，或某一产品、服务刚刚问世的时候，以提高知名度为主要目标的公关活动。这时组织的形象尚不确定，产品的形象也没有在公众的头脑中留下什么印象。此时公关策略应当是以正面传播为主，争取以较大的气势，形成良好的"第一印象"。从公众心理学的角度讲，就是争取一个好的"首因效应"。其常用的手段包括：开业庆典、剪彩活动、落成仪式、新产品发布、演示、试用、派送等。这是一种高姿态公关方式，适用于组织的开创阶段。

2）维系型公关，是指社会组织在稳定、顺利发展的时期，维系组织已享有的声誉、稳定已建立的关系的一种策略。其特点是采取较低姿态，持续不断地向公众传递信息，在潜移默化中维持与公众的良好关系，使组织的良好形象长期保存在公众的记忆中。这是一种低姿态公关方式，适用于组织稳定发展阶段。

3）防御型公关，是指社会组织公共关系可能出现不协调，或者已经出现了不协调，为了防患于未然，组织提前采取或及时采取的以防为主的措施。这是一种预防性公关方式，适用于出现潜在公关危机时。

4）进攻型公关，是指社会组织与环境发生某种冲突、摩擦的时候，为了摆脱被动局面，开创新的局面，采取的出奇制胜、以攻为守的策略。组织要抓住有利时机和有利条件，迅速调整组织自身的政策和行为，改变对原环境的过分依赖，以便争取主动，力争创造一种新的环境，使组织不致受到损害。这是一种开拓性公关方式，适用于组织与环境发生冲突时。

5）矫正型公关，是社会组织公共关系状态严重失调，其形象受到严重损害时所进行的一系列活动。社会组织要及时进行调查研究，查明原因，采取措施，做好善后工作，平息风波，以求逐步稳定舆论，挽回影响，重塑组织形象。矫正型公关属于危机公关的组成部分，如组织发生各种危机后采用的各种赔偿、致歉、改组等活动，从而矫正社会组织在公众中的不良形象，转变公众对该组织的态度。这是一种补救性公关方式，适用于组织公共关系严重失调。

物业服务企业在初期发展过程中，第一种、第二种阶段是必须经过的阶段，所以前两种公关方式也是常用手段。但在其后的发展过程中，后三种阶段也几乎都会遇到，所以，防御型、进攻型和矫正型公关也应该学会灵活运用。

（4）公共关系与危机公关

1）危机。从字面上看是"危险与机遇"，是社会组织的命运"转机与恶化的分水岭"。危机一般被定义为"突然发生的危及组织生存和发展的严重恶性事件"。

各类社会组织都可能因主观和客观因素的变故而发生意料之外的突发事件，从而使本组织遭遇危机。诸如飞机失事，突发山洪、井喷、塌方、火灾、毒气泄漏等。

无论何种因素引发的危机都有以下特征：

第一，突发性，即都是突发的事件，令人难以预料。危机事件一般都是在组织毫无准备的情况下突然发生的，这些事件容易给组织带来混乱和惊慌，使人措手不及。如果对事件没有任何准备就可能造成更大的损失。

第二，严重性，即对组织的伤害是严重的、恶性的，对组织的生存构成严重威胁或造成重大损失。如企业产品缺陷或质量问题、破坏性的传闻等。

第三，迅猛性，即来势迅猛、冲击力极强。如新冠肺炎疫情。

第四，舆论的关注性。在大众传媒十分发达的今天，危机一经发生，马上就会成为社会舆论的焦点、热点，成为媒体捕捉的最佳新闻素材和报道线索。如企业中存在的歧视、骚扰，高层决策者的死亡等。

常发生在物业管理领域中的突发事件包括治安事件（小区内杀人或被杀）、消防事件（火情火警）、卫生事件（重大传染病）、自然灾害事件（地震、台风等）、意外事件（电梯困人、人员意外受伤等）、跑水事件（包括上下水、供暖用水、生活热水、消防管道等跑水）等。

2）公关危机。公关危机特指因危机事件的影响，社会组织与公众之间所发生的关系危机。这种关系危机的诱因主要有以下几方面：

第一，对社会组织突发的严重危机事件处理不力，在公众中产生不利于组织的舆论冲击。

第二，轻视公共关系，从而导致公众与组织日益严重的冲突。

第三，公众误解、不明真相所导致的不利舆论或行为冲突。

第四，由于组织的不良传播使得信息失真而导致的传言危机。

第五，舆论的引导者煽动所造成的危机。

公关危机虽不会给组织造成有形损失（如火灾烧毁等），但其给组织造成的无形损失，诸如信誉上、形象上、公众关系上的损失则是重大的、无法弥补的，而且还会因这种无形损失危及组织生存并导致有形损失，如重大经济损失等。

3）危机公关。危机公关是运用公共关系学的基本原理和方法，科学地处理社会组织潜在的或现存的危机，从而把"大事化小，小事化了"，甚至变坏事为好事的一种管理行为。

所以，危机是一个突发的恶性事件；公关危机，是公共关系因此事件发生了危机；危机公关，是对这个公共关系危机的处理过程。

危机公关虽不常见，甚至永远不会影响到我们大多数人，但物业管理的特性决定了物业服务企业有着这类危机的潜在威胁，所以，事先有准备来处理这类突发事件是十分必要的。

2. 物业管理服务中的公共关系知识应用

物业管理中的公共关系可以简称为"物业公关"。物业公关，就是物业服务企业有目的地运用传播手段、实现与公众的双向沟通，建立良好信誉与形象的一种传播沟通活动或管理职能。公共关系是一种企业管理的有效手段，但由于观念和认识上的偏颇，目前物业服务企业自觉主动地运用公共关系进行企业管理尚处在一个初级阶段。

（1）物业服务企业公共关系的主要内容

1）传播信息

物业服务企业的信息传播要分几个阶段。

在物业服务企业初创时期，要通过信息传播，树立良好的第一印象。热烈而隆重的开业典礼就是常见的一种传播方式——告知公众、树立形象。传播的关键是如何以新颖独到的方式取得良好的传播效应；在物业服务企业顺利发展之时，通过信息传播，巩固形象。如节假日的宣传推广活动、大型建筑物上的霓虹灯形象宣传牌；参与社会活动、举行盛大的周年庆典活动等；在物业服务企业危难之际，通过信息传播，挽救形象，重塑形象。比如，当物业服务企业形象面临严重挑战和损害，物业服务企业处于公众舆论的极大关注中时，要通过信息传播，澄清事实，采取有力措施挽救物业服务企业的形象。

2）管理形象

物业服务企业成立之初，首先是建立信誉，树立形象。信誉是物业服务企业的生命，在物业服务企业良莠不齐的今天，信誉更关系到物业服务企业的发展与生存。其次，形象管理。形象一旦被树立、被定位以后，传播形象、巩固形象、更新形象、矫正形象、发展形象，就成为物业服务企业管理形象的主要内容。我们要运用公共关系各种方法和手段，采取有力措施，管理自身形象，保持良好形象，使形象管理贯穿于物业服务企业发展的始终。

3）沟通协调

沟通协调是公共关系的最根本的职能，其他职能都是为沟通协调服务的。公关活动的重要内容之一就是要在组织与内部公众和外部公众之间进行信息沟通，并协调组织与内、外部公众之间的关系。这些关系包括组织内部关系、社区关系、雇主关系、媒介关系和政府关系等。

协调关系即运用各种手段，为物业服务企业疏通渠道、发展关系、广交朋友，减少摩擦、化解敌意、调解冲突，成为物业服务企业动作的润滑剂、缓冲器，成为物业服务企业与各类公众交往的桥梁，为物业服务企业的生存、发展创造"人和"的环境。从这个角度来说，公共关系在物业服务中发挥的是"外交部"的功能。

4）咨询与引导

公共关系在物业服务企业的经营管理决策中，发挥着咨询、宣传、引导舆论的作用。咨询，主要是指运用公共关系知识从维护公众的利益、物业服务企业形象管理、有效传播和沟通等方面，为领导层管理的决策提供咨询和参谋服务，为树立和完善物业服务企业形象献计献策，为增进物业服务企业的经济效益和社会效益提供建议，为物业服务企业检查和了解公共关系活动提供报告。引导，是指引导内部员工用自己的一言一行、一举一动来树立物业服务企业的良好形象。在物业服务企业初创期，引导内、外部公众知晓物业服务企业；在物业服务企业发展期，引导员工不断扩大本企业的影响，争取社会力量的关心和支持；在物业服务企业形象受损期，争取公众的理解；在物业服务企业遇困期，引导员工保持冷静、寻找机遇走出困境。

（2）物业服务企业在物业服务中应协调、沟通的关系

主要包括四方面关系：

1）与业主关系的协调、沟通

业主是物业服务合同的主体，是物业服务企业的服务对象，因此，物业服务企业应把与业主的关系放在首要位置。

从物业服务企业在进行公共关系处理过程中出现的矛盾看，可以简单归结为几个要点：

一是有些物业服务企业的服务内容没有硬性标准可参考，使业主的期望与实际感受往往有差距；

二是物业服务企业不当承诺。为了争夺市场，对服务给予过高承诺，实现起来有难度，引起业主不满；

三是业主在享受权利的同时，并不清楚自身的义务。

作为物业服务企业，应及时运用公共关系知识，通过以下途径加强与业主的沟通：

①主动上门了解业主需求、适度超越业主的期望；

②承诺客观实际，不能过高或过低，并协调工作流程保证兑现承诺；

③节假日开展丰富多彩的社区文化活动，促进与业主之间的交流；

④快速有效地处理业主投诉，保证沟通渠道的通畅无碍。

2）与建设单位关系的协调、沟通

对新建物业来说，在业主、业主大会选聘物业服务企业之前，往往是由建设单位选聘物业服务企业对物业实施管理服务的，如果该物业服务企业又被业主委

员会合法续聘，则其从前期开始至签订正式的物业服务合同并提供物业管理服务期间，就一直扮演着业主和建设单位之间的"中间人"，起着协调和润滑作用。这种作用主要体现在：

①客观了解情况，协助建设单位与业主的沟通；

②兼顾双方的利益；

③灵活务实，互谅互让，解决问题。

3）与新闻媒体关系的协调、沟通

新闻媒体是物业服务企业同一般公众进行沟通的最经济和最有效的沟通渠道之一。对物业服务企业而言，新闻媒体兼具双重重要意义：一方面，新闻媒体是有效的传播工具，通过它可与各种各样的公众进行沟通，树立物业服务企业良好的形象，实现企业的目标；另一方面，新闻媒体又是物业服务企业非常重要的一类沟通对象，因为新闻媒体对社会舆论有着很大的影响力。

与新闻媒体沟通的主要目的有：

①争取让本企业的新闻发布和发言人见诸各种媒体；

②让媒体报道本企业的成就；

③当出现不利局面时让本企业的观点见诸媒体；

④使宣传活动与广告协调一致；

⑤争取让媒体多报道自己而非竞争对手；

⑥社区团体产生正面的和积极的影响；

⑦让公众对企业及其行业形成良好的看法。

物业服务企业与新闻媒体协调沟通的方式主要包括：

①新闻发布；

②记者招待会；

③企业名人文章、人物志及通论文章等特写。

4）与政府主管部门进行有效协调沟通

物业服务企业应该有充分的社会责任感，积极协助政府主管部门做好相关的工作；同时也要妥善处理好物业服务企业与各行政管理部门之间的关系，如政府各职能管理部门如房产局、住建局、工商局、税务局、环保局、供电局、公安局、园林局、街道办事处等，避免企业因协调不力而走弯路或浪费时间精力；还要处理好目前体制下存在的日常业务管理部门如水、电、煤气、供暖等部门的关系，在遇特殊情况时能及时采取措施，避免造成损失。另外，要主动建立和发展各种非业务性的社会关系，如社区关系、新闻界关系、社会团体关系等，尽量扩大物业服务企业的公共关系网络。

（3）物业服务企业的危机公关管理

近40年来，伴随着房地产业的迅速发展，我国的物业管理行业也得到了快速发展，在物业管理服务过程中，也有很多突发事件发生，比如物业管理区域内发生的杀人、盗车、交通意外、火灾、煤气泄漏、电梯困人、高空坠物事件等。物业服务企业面对着错综复杂的多方关系和管理事务，很难保证不发生这些危机，因此必须要有危机公关管理意识。

危机公关管理可分为危机预防和危机处理两类，前者是在危机发生前的未雨绸缪，后者是在危机发生后的处理应付。从某种意义上讲，企业应对危机的能力集中反映了企业的公关关系管理水平，同时也反映了企业员工的专业素质。从企业的角度出发，成熟的企业应该致力于建立一套健全的危机处理系统，力求将危机消除在萌芽阶段，或者在危机出现之时将危害降低到最小。一个企业的危机公关意识有多强，企业的抗风险能力就有多强。

1）危机预防。危机发生前的预防和预案准备是非常重要的。做好危机处理计划就能在危机发生时作出迅速的反应，使危机带来的灾难和损失减少到最小的程度。

危机的预防具体包括以下步骤：

①预测和分析。注意危机预兆，分析警告信号。

②制定各种危机应急预案。

③向员工介绍，让员工对危机发生的可能性和应付办法有足够的了解，可以进行模拟练习。

④事先确定一名发言人。但大多数发言人对于应付新闻媒体及公众时的沟通经验很少，所以提前进行媒体训练很有必要。

⑤对主要员工进行培训。如快速反应训练、接受电视采访的训练、电台或电话讲话的培训等。

⑥事先拟定应付危机的新闻计划。

⑦安慰受害者家属。

⑧平时就同可能需要求援的单位建立联系。如医院、消防部门、公安局等。

2）危机处理。当真的发生了突发事件需要进行危机处理时，一般采用的是矫正型公关模式。由于首先要应对的是新闻媒体，所以，危机公关工作应该从以下几个方面出发与新闻媒体进行有效沟通。当然，如果面对其他公众，原则上以下处理步骤也可以适用。

①制定沟通政策。与新闻媒体沟通之前须有周详的沟通政策，要预先拟定应对各种公众关心问题时的策略。沟通政策最关键的内容是指定新闻发言人，统一对外表态口径。切忌对外发布相互矛盾的消息，那样只能引起公众不必要的猜疑，增加危机处理的困难。

②做好准备工作。要明确在公开场合不宜使用的词句，例如：死亡、事故、解雇、歧视等。同时，明确应反复强调的词句，例如：安全、关注、长期良好的关系、满意等。此外，管理者可以要求新闻媒体在采访前列出可能涉及问题的项目，在许多情况下这种要求都能得到满足。在为问题做准备时，尽可能多地搜集数据、事实、统计结果等材料，并把它们制成卡片随身携带，以增强自己所做声明的说服力。

③与新闻记者建立良好的关系。采访是新闻记者的本职工作，要尊重这一职业和他（她）的敬业精神，尽量以坦诚的态度进行沟通。新闻记者认为他们代表公众，而且认为公众有权利了解真相。因此，发言人的回答应反映出对这一立场表示感谢。管理者可能不赞成公众或媒体的某种观点，但首先要对公众的关注表示感谢。

④妥善回答。管理者在采访中妥善应答是成功与媒体沟通的关键。管理者应简洁或直截了当地回答问题，不要重复采访者所说的不适宜的话，尽量引用真凭实据来加强说服力，懂得如何把问题的回答引向有利于企业的事实，变负面陈述为正面陈述，还应注意不要把采访者提出的未经本方查证的数字或事头视作讨论的依据等。

⑤掌握好时间。在接受采访时，要掌握好时间，不要急于回答，在回答每个问题之前，用十秒钟时间来整理答案，这种"十秒钟间隙法"对于防止不适宜词句的脱口而出非常有帮助。

（4）物业危机公关的"3度"原则

上述的危机公关管理内容告诉我们，对危机的事前预防和事后处理有着重要意义。但如果我们能牢记危机公关处理时的一个"3度"原则，危机公关管理会更有成效。

1）速度。第一时间妥善处理。危机事件发生的时候，物业服务企业应该在第一时间成立应急小组，统一内部口径，这个"统一"不能只是局限在领导层，员工也要纳入进来。媒体有可能在任何机会或场合下采访员工，如果因为员工不清楚状况，随便说了某句话使媒体误以为公司不重视此事，后果有可能是无法控制的。因此，物业服务企业在处理危机事件时必须做好对内沟通和对外沟通工作。在处理危机事件的过程中，速度是至关重要的，要想把危机事件的影响控制在最小范围内，物业服务企业就必须在最短的时间内做出反应，为企业赢得更多的时间和机会。

2）态度。不要回避，要坦诚。综观各种典型的危机事件，无论是"苏丹红"事件，还是小区内事件，在危机事件发生的最初阶段，这些企业都无一例外地选择了回避媒体的态度，这最终导致危机事件愈演愈烈，影响越来越大。许多危机事件处理得不好，就是因为企业一开始的态度有问题，这些表现在很大程度上影响到了企业在公众中的形象。事实上，物业服务企业在遇到危机事件时，选择坦诚地面对媒体和公众，才是最佳的选择。

3）尺度。不推卸责任。由于我国物业管理行业起步较晚，行业发展过程中还存在着很多不规范的地方，物业服务企业目前还承担着一些本不应该由自己来承担的责任。因此，在处理物业管理危机事件时，物业服务企业还要把握好尺度，既不能大包大揽，把本不属于自己的责任揽到自己的身上，代人受过，也不能推卸责任，回避问题。任何一场危机公关，实际上都是一场没有硝烟的战斗。在危机来临之时，真的很难预料会出现怎样的结果，但是作为物业服务企业，不管遭受多大的委屈和指责，都必须做到冷静、理智、不冲动，避免激化矛盾，尽量降低危机事件的不良影响。

2.2 解决物业管理纠纷适用的法律规范

我国先后制定了一批关于物业管理的法律、行政法规、部门规章和规范性文件（也取消、作废或修订了一些文件），各省市也出台了一些地方性物业管理条例或物业管理办法及物业管理的规范性文件，以下是对物业管理现行的全国性法规、部门规章、司法解释、相关标准的简要介绍。

2.2.1 物业管理法律规范的含义

法律规范是由国家制定或认可的，具有普遍约束力的行为规则，它规定了社会关系参加者在法律上的权利和义务，并以国家强制力作为实施的保障。法律规范是构成法律体系的细胞，是一种特殊的行为规范。

物业管理法律规范是指调整物业管理关系的法律规范总称。物业管理关系是指人们在物业管理过程中所形成的社会关系，包括民事性质上的经济关系和行政性质上的行政管理关系。前者是指平等主体之间基于物业而产生的房屋所有、占有、使用、收益、交易、物业服务和收费等的经济关系；后者是指不平等主体之间基于物业而产生的规划、建设、权属登记、税费征收、行业管理以及行政调处等行政管理关系。

物业管理法律规范有狭义和广义之分。狭义的物业管理法律规范是指规范物业管理的具体法律规范，目前最高层级的物业管理法律规范是《物业管理条例》。广义的物业管理法律规范是指对物业管理关系进行调整的所有法律规范，包括宪法、民法、经济法、行政法、刑法等法律部门调整物业管理关系的法律，以及国务院制定的相关行政法规、国务院各部委制定的部门规章和地方人大、地方政府制定的地方性法规和地方政府规章。本书采用广义的物业管理法律规范概念。

2.2.2 物业管理法律规范的主要内容

1. 根据中国物业管理立法的现状，物业管理法律体系应当包括的内容

（1）物业权属（土地权属、房屋权属）及其管理法律制度；

（2）物业建设管理（建设规划管理、建设用地管理、建设质量管理、物业装饰装修管理）法律制度；

（3）物业交易管理（商品房销售、物业转让、物业抵押、物业租赁等）法律制度；

（4）物业服务合同法律制度；

（5）物业税收管理法律制度；

（6）物业管理行业的法律制度。

2. 物业管理过程中涉及的相关法律[①]

（1）《中华人民共和国民法典》，第十三届全国人民代表大会三次会议于2020年5月28日通过，自2021年1月1日起施行。

（2）《中华人民共和国环境保护法》，1989年12月26日中华人民共和国主席令第22号发布，自公布之日起施行。2014年4月24日修订，中华人民共和国主席令第9号公布，自2015年1月1日起施行。

（3）《中华人民共和国消费者权益保护法》，1993年10月31日中华人民共和国主席令第11号发布，自1994年1月1日起施行。分别于2009年8月27日、2013年10月25日、2014年3月15日进行修正或修订。

（4）《中华人民共和国消防法》，1998年4月29日中华人民共和国主席令第4号发布，自1998年9月1日起施行。2008年10月28日修订，中华人民共和国主席令第6号发布，自2009年5月1日起施行。

（5）《中华人民共和国固体废物污染环境防治法》，1995年10月30日中华人民共和国主席令第58号公布，自1996年4月1日施行。后分别于2004年12月29日、2013年6月29日、2015年4月24日、2016年11月7日进行修订或修正。

（6）《中华人民共和国噪声污染防治法》，2021年12月24日第十三届全国人民代表大会常务委员会第三十二次会议通过，自2022年6月5日起施行。《中华人民共和国环境噪声污染防治法》同时废止。

（7）《中华人民共和国安全生产法》，由中华人民共和国第九届全国人民代表大会常务委员会第二十八次会议于2002年6月29日通过，自2002年11月1日起施行。

（8）《中华人民共和国行政处罚法》，1996年3月17日中华人民共和国主席令第63号公布，自1996年10月1日起施行。2009年8月27日修改，中华人民共和国主席令第18号公布，自公布之日起施行。

（9）《中华人民共和国建筑法》，1997年11月1日中华人民共和国主席令第91号发布，1998年3月1日施行。2011年4月22日修正，中华人民共和国主席令第46号公布，自2011年7月1日起施行。

（10）《中华人民共和国价格法》，1997年12月29日中华人民共和国主席令第92号公布，自1998年5月1日起施行。

（11）《中华人民共和国突发事件应对法》，2007年8月30日中华人民共和国主席令第69号发布，自2007年11月1日起施行。

（12）《中华人民共和国合同法》[②]，1999年3月15日中华人民共和国主席令第15号公布，于1999年10月1日起施行。

---

① 此处仅介绍法律法规、规范性文件的名称和发布时间，其具体内容将在书中各章涉及之处予以讲解，此不赘述。若读者需要，可按此查询原法规。

② 《中华人民共和国合同法》，因《中华人民共和国民法典》于2021年1月1日施行而同时废止。

（13）《中华人民共和国治安管理处罚法》，2005年8月28日中华人民共和国主席令第38号公布，自2006年3月1日起施行。2012年10月26日修正，中华人民共和国主席令第67号公布，自2013年1月1日起施行。

（14）《中华人民共和国特种设备安全法》，2013年6月29日中华人民共和国主席令第4号公布，自2014年1月1日起施行。

（15）《中华人民共和国城乡规划法》，2007年10月28日中华人民共和国主席令第74号公布，自2008年1月1日起施行。2015年4月24日修正。

（16）《中华人民共和国城市房地产管理法》，1994年7月5日中华人民共和国主席令第29号公布，自1995年1月1日起施行。2007年8月30日修正 。

（17）《中华人民共和国土地管理法》，1986年6月25日中华人民共和国主席令第41号公布，自1987年1月1日起施行。分别于1988年12月29日、1998年8月29日、2004年8月28日修正。

（18）《中华人民共和国劳动法》，1994年7月5日第八届全国人民代表大会常务委员会第八次会议通过，自1995年1月1日起施行。根据2009年8月27日第十一届全国人民代表大会常务委员会第十次会议《关于修改部分法律的决定》第一次修正；根据2018年12月29日第十三届全国人民代表大会常务委员会第七次会议《关于修改〈中华人民共和国劳动法〉等七部法律的决定》第二次修正。

（19）《中华人民共和国劳动合同法》，2007年6月29日第十届全国人民代表大会常务委员会第二十八次会议通过，自2008年1月1日起施行。第十一届全国人民代表大会常务委员会第三十次会议修订，修订后自2013年7月1日起施行。

（20）《中华人民共和国人民防空法》，1996年10月29日第八届全国人民代表大会常务委员会第二十二次会议通过，自1997年1月 1 日起施行。根据2009年8月27日第十一届全国人民代表大会常务委员会第十次会议通过的《全国人民代表大会常务委员会关于修改部分法律的决定》修正。

（21）《中华人民共和国民事诉讼法》，1991年4月9日第七届全国人民代表大会第四次会议通过，自通过（公布）之日起施行。根据2007年10月28日第十届全国人民代表大会常务委员会第三十次会议《关于修改〈中华人民共和国民事诉讼法〉的决定》第一次修正；根据2012年8月31日第十一届全国人民代表大会常务委员会第二十八次会议《关于修改〈中华人民共和国民事诉讼法〉的决定》第二次修正；根据2017年6月27日第十二届全国人民代表大会常务委员会第二十八次会议《关于修改〈中华人民共和国民事诉讼法〉和〈中华人民共和国行政诉讼法〉的决定》第三次修正。

（22）《中华人民共和国刑法》，1979年7月1日第五届全国人民代表大会第二次会议通过，自1980年1月1日起施行。1999年12月25日第九届全国人民代表大会常务委员会第十三次会议通过第一次修订，……，2017年11月4日第十二届全国人大常委会第三十次会议通过第十次修订。这期间，中国先后通过一个"决定"、十个"修正案"，对本法作出修改、补充。

3. 现行与物业管理相关的行政法规

（1）《物业管理条例》，2003年6月8日中华人民共和国国务院令第379号发布，自2003年9月1日起施行；2007年8月26日，根据《国务院关于修改〈物业管理条例〉的决定》（国务院令第504号）进行第一次修正；2016年2月6日，根据《国务院关于修改部分行政法规的决定》（国务院令第666号）进行第二次修正；2018年3月19日，根据《国务院关于修改和废止部分行政法规的决定》（国务院令第698号）进行第三次修正，并于2018年4月4日公布实施①。

（2）《劳动合同法实施条例》，经2008年9月3日国务院第25次常务会议通过，2008年9月18日中华人民共和国国务院令第535号发布。

（3）《建设工程质量管理条例》，2000年1月10日，国务院令第279号发布，自2000年1月30日起施行。

（4）《城市市容和环境卫生管理条例》，1992年6月28日国务院令第101号发布，自1992年8月1日起施行。根据2011年1月8日《国务院关于废止和修改部分行政法规的决定》进行第一次修正；2017年3月1日，根据国务院令第676号发布的《国务院关于废止和修改部分行政法规的决定》第二次修正。

（5）《特种设备安全监察条例》，2003年3月11日，中华人民共和国国务院令第373号公布，自2003年6月1日起施行；后根据2009年1月24日中华人民共和国国务院令第549号修订，修订后自2009年5月1日起施行。

（6）《保安服务管理条例》，2009年10月13日，国务院令第564号发布，自2010年1月1日起施行。

（7）《中华人民共和国道路交通安全法实施条例》，2004年4月28日中华人民共和国国务院令第405号公布，自2004年5月1日起施行。

（8）《城市绿化条例》，1992年6月22日，中华人民共和国国务院令第100号发布，自1992年8月1日施行。分别于2011年1月8日、2017年03月1日修订。

（9）《中华人民共和国土地管理法实施条例》，1998年12月27日中华人民共和国国务院令第256号发布，自1999年1月1日起施行。根据2011年1月8日公布的《国务院关于废止和修改部分行政法规的决定》第一次修订；根据2014年7月29日中华人民共和国国务院令第653号公布，自公布之日起施行的《国务院关于修改部分行政法规的决定》第二次修正。

（10）《城市供水条例》，1994年7月19日中华人民共和国国务院令第158号发布，自1994年10月1日起施行。

（11）《城市房地产开发经营管理条例》，1998年7月20日中华人民共和国国务院令第248号发布，自发布之日起施行。根据2011年1月8日《国务院关于废止和修改部分行政法规的决定》修订。

---

① 此次修正，取消了物业服务企业资质管理的相关规定，并增加了建立守信联合激励和失信联合惩戒机制的有关内容。主要涉及第二十四条、第三十二条、第五十九条、第六十条和第六十一条。

（12）《城镇排水与污水处理条例》，2013年9月18日国务院第24次常务会议通过，自2014年1月1日起施行。

（13）《电力安全事故应急处理和调查处理程序》，2011年6月15日国务院第159次常务会议通过，自2011年9月1日起施行。

（14）《电力供应与使用条例》，1996年4月17日中华人民共和国国务院令第196号发布，根据2016年2月6日《国务院关于废止和修改部分行政法规的决定》修订。

（15）《电力设施保护条例》，1987年9月15日国务院发布，根据1998年1月7日《国务院关于修改〈电力设施保护条例〉的决定》第一次修订，根据2011年1月8日《国务院关于废止和修改部分行政法规的决定》第二次修订。

（16）《国务院关于特大安全事故行政责任追究的规定》，2001年4月21日中华人民共和国国务院令第302号公布，自公布之日起施行。

（17）《建设工程安全生产管理条例》，2003年11月12日国务院第28次常务会议通过，国务院令第393号公布，自2004年2月1日起施行。

（18）《安全生产事故报告和调查处理条例》，2007年3月28日国务院第172次常务会议通过，自2007年6月1日起施行。

（19）《消防安全责任制实施办法》，2017年10月29日，国务院办公厅（国办发〔2017〕87号）发布，自印发之日起施行。

4. 现行与物业管理相关的部门规章和其他规范性文件

（1）《业主大会和业主委员会指导规则》，2009年12月1日，住房和城乡建设部（建房〔2009〕274号文件）发布，自2010年1月1日起施行。

（2）《住宅专项维修资金管理办法》，2007年12月4日，建设部、财政部联合签署发布（建设部、财政部令第165号），自2008年2月1日起施行。

（3）《物业服务收费管理办法》，2003年11月13日，国家发改委、建设部（发改价格〔2003〕1864号）发布，自2004年1月1日起施行。2014年12月17日国家发改委发布《关于放开部分服务价格意见的通知》（发改价格〔2014〕2755号），对该办法中的部分内容进行修改。

（4）《物业服务收费明码标价规定》，2004年7月19日，国家发改委、建设部第1428号文件发布，自2004年10月1日起施行。

（5）《前期物业管理招标投标管理暂行办法》，2003年6月26日，建设部第130号令（建住房〔2003〕130号）发布，自2003年9月1日起施行。

（6）《物业承接查验办法》，2010年10月14日，住房和城乡建设部通过建房〔2010〕165号发布，自2011年1月1日起施行（参见《物业承接查验操作指南》[①]

---

① 该指南在《物业管理条例》及《物业承接查验办法》确定的原则基础上，根据物业服务企业的管理职责，紧扣物业承接查验重点，从强电、弱电、空调、给水排水、消防、电梯、房屋管理七个环节，具体讲解了物业承接查验的操作流程和注意事项，具有较强的指导性、实用性和可操作性，是物业服务从业人员的指导用书。

中物协函〔2013〕11号）。

（7）《住宅室内装饰装修管理办法》，2002年3月5日，建设部第110号令发布，自2002年5月1日起施行。2011年1月26日修改。

（8）《房屋建筑工程质量保修办法》，2000年6月30日，建设部第80号令发布并实施。

（9）《城市生活垃圾管理办法》，2007年4月28日，建设部第157号令发布，自2007年7月1日起施行。2015年5月4日，根据住房和城乡建设部第24号令进行修正①。

（10）《城市建筑垃圾管理规定》，2005年3月23日，建设部令第139号发布，自2005年6月1日起施行。

（11）《商品房屋租赁管理办法》，2010年12月1日，住房和城乡建设部第6号令发布，自2011年4月1日起施行。

（12）《机动车停放服务收费管理办法》，2000年7月14日国家发改委发布，自2000年9月1日起施行。2014年12月17日，根据《关于放开部分服务价格意见的通知》（发改价格〔2014〕2755号），该办法中的部分条款已作相应修改。

（13）《物业服务定价成本监审办法（试行）》，2007年9月10日，国家发展改革委、建设部以发改价格〔2007〕2285号文发布，自2007年10月1日起施行。

（14）《关于保安服务公司规范管理的若干规定》，2000年3月1日，公通字〔2000〕13号发布。

（15）《商品住宅实行住宅质量保证书和住宅使用说明书制度的规定》，1998年5月12日，建设部建房〔1998〕102号文发布，自1998年9月1日起施行。

（16）《城市居民住宅安全防范设施建设管理规定》，1996年1月5日，建设部、公安部第49号令发布，自1996年2月1日起施行。

（17）《城市异产毗连房屋管理规定》，1989年11月21日，建设部第5号令发布，自1990年1月1日起施行，并于2001年8月15日作了修正。

（18）《城市危险房屋管理规定》，1989年11月21日，建设部第4号令发布，自1990年1月1日起施行，并于2004年7月20日作了修订（建设部第129号令）。

（19）《机关、团体、企业、事业单位消防安全管理规定》，中华人民共和国公安部第61号令，2001年10月19日公安部部长办公会议通过，自2001年5月1日起施行。

（20）《建筑工程消防监督管理规定》，中华人民共和国公安部令第106号，2009年4月30日公安部部长办公会议通过，自2009年5月1日起施行。

（21）《社会消防技术服务管理规定》，中华人民共和国公安部令第129号，2013年10月18日公安部部长办公会议通过，自2014年5月1日起施行。

---

① 修订时，删除了原管理办法中的第19条第1项。

5．现行与物业管理相关的标准[①]

（1）《室内装饰装修材料有害物质限量》十项强制性国家标准，2001年12月10日，国家质量监督检验检疫总局发布，2002年1月1日起实施。

（2）《室内空气质量标准》GB/T 18883—2002，2002年11月19日，国家质量监督检验检疫总局发布，与国家环保总局、卫生部共同制定，2003年3月1日起实施[②]。

（3）《民用建筑隔声设计规范》GB 50118—2010，2010年8月18日，住房和城乡建设部公告第744号发布，自2011年6月1日起实施。

（4）《工业企业厂界环境噪声排放标准》GB 12348—2008和《社会生活环境噪声排放标准》GB 22337—2008，2008年中华人民共和国环境保护部公告第44号，与国家质量监督检验检疫总局联合发布，自2008年10月1日起实施。

（5）《声环境质量标准》GB 3096—2008，2008年8月19日，中华人民共和国环境保护部公告第45号，与国家质量监督检验检疫总局联合发布，自2008年10月1日起实施。本标准是对《城市区域环境噪声标准》GB 3096—1993和《城市区域环境噪声测量方法》GB/T 14623—1993的修订[③]。

（6）《关于进一步做好改进电梯维护保养模式和调整电梯检验检测方式试点工作的意见》，国家市场监督管理总局特种设备安全监察局2020年4月6日发布（国市监特设〔2020〕56号）。

（7）《屋面工程技术规范》GB 50345—2012，2012年5月28日，住房和城乡建设部发布，2012年10月1日起施行。

（8）《建筑设计防火规范》GB 50016—2014，2014年8月27日，中华人民共和国住房和城乡建设部公告第517号发布，2015年5月1日施行。

（9）《社区服务指南 第9部分：物业服务》GB/T 20647.9—2006，中华人民共和国国家质量监督检验检疫总局、中国国家标准化管理委员会2006年12月22日发布。

（10）《建筑内部装修设计防火规范》GB 50222—2017。

（11）《汽车库、修车库、停车场设计防火规范》GB 50067—2014。

（12）《重大火灾隐患判定方法》GB 35181—2017。

（13）《火灾分类》GB/T 4968—2008。

（14）《自动喷水灭火系统设计规范》GB 50084—2017。

（15）《火灾自动报警系统设计规范》GB 50116—2013。

（16）《人民防空工程设计防火规范》GB 50098—2009。

（17）《水喷雾灭火系统设计规范》GB 50219—2014。

---

① 有关物业及其附属设施设备的国家标准很多，此处仅列举部分标准。

② 该标准已有最新修订版本《室内空气质量标准》GB/T 18883—2022，2022年7月11日，由国家市场监督管理总局、国家标准化管理委员会联合发布，自2023年2月1日起实施。在2023年2月1日后物业服务实践中发生的有关室内空气质量问题，按新标准执行。

③ 本标准自实施之日起，GB 3096—1993和GB/T 14623—1993废止。

6．现行与物业管理相关的司法解释

（1）最高人民法院《关于审理建筑物区分所有权纠纷案件具体应用法律若干问题的解释》（法释〔2009〕7号），2009年3月23日最高人民法院审判委员会第1464次会议通过，2009年5月14日公布，自2009年10月1日起施行；

（2）最高人民法院《关于审理物业服务纠纷案件具体应用法律若干问题的解释》，2009年4月20日最高人民法院审判委员会第1466次会议通过，2009年5月15日公布，自2009年10月1日起施行；

（3）《最高人民法院关于适用〈中华人民共和国民事诉讼法〉的解释》，2014年12月18日由最高人民法院审判委员会第1636次会议通过，自2015年2月4日起施行；

（4）最高人民法院《关于适用〈中华人民共和国物权法〉若干问题的解释》（法释〔2016〕5号），2015年12月10日最高人民法院审判委员会第1670次会议通过，自2016年3月1日起施行；

（5）《全国法院民商事审判工作会议纪要》（法〔2019〕254号），2019年9月11日经最高人民法院审判委员会民事行政专业委员会第319次会议原则通过，2019年11月8日公开发布。

2.2.3　与物业管理有关的重要法律条款及解释

1．《民法典》物权编与其司法解释

（1）《民法典》物权编中与物业管理有关的内容

《民法典》物权编共五分编，20章257条，主要内容包括：第一分编通则、第二分编所有权、第三分编用益物权、第四分编担保物权、第五分编占有。其中，第二分编第六章"业主的建筑物区分所有权"、第七章"相邻关系"和第八章"共有"都涉及物业管理的具体问题，而与物业管理关系最为直接、密切的是第六章。

《民法典》物权编作为调整财产关系的民事基本法律，对物业管理行业的重要性是不言而喻的。它将物业管理活动的一些基本概念以法律形式予以确认，将《物业管理条例》确立的业主大会、管理规约、维修资金等基本制度，由行政法规上升为法律，提高了适用范围及效力等级，使物业管理立法层次得以上升到法律高度，无疑是物业管理立法的又一重大进步。

《民法典》物权编提出了"业主的建筑物区分所有权"的概念，从法律上明确了业主对建筑物的专有部分、共有部分所享有的权利，并规定了业主在享有法定权利的同时应履行的义务。

多年来，物业管理实践中产生的不少矛盾纠纷在一定程度上源于相关权利的界定不清，而明确物的归属正是《民法典》物权编的精髓所在。如第二百七十四条规定："建筑区划内的道路，属于业主共有，但是属于城镇公共道路的除外。建筑区划内的绿地，属于业主共有，但是属于城镇公共绿地或者明示属于个人的除外。建筑区划内的其他公共场所、公用设施和物业服务用房，属于业主共有。"《民法典》物权编对物权归属的明晰的区分，使物业的不同用途的建筑产

权有了明确的界定，这将从根本上避免或减少业主、建设单位、物业服务企业三方之间因产权不清带来的矛盾纠纷。此外，《民法典》物权编还对相邻关系、地役权、居住权等作出了较细的规定，为这些在物业管理活动中经常遇到、较难处理的问题提供了法律依据。

《民法典》物权编严格约束了业主行为，有利于维护业主的共同利益。如第二百七十二条规定："业主对其建筑物专有部分享有占有、使用、收益和处分的权利。业主行使权利不得危及建筑物的安全，不得损害其他业主的合法权益。"第二百七十三条规定："业主对建筑物专有部分以外的共有部分享有权利，承担义务；不得以放弃权利为由不履行义务。业主转让建筑物内的住宅、经营性用房，其对共有部分享有的共有和共同管理的权利一并转让。"第二百七十九条规定："业主不得违反法律、法规以及管理规约，将住宅改变为经营用房。业主将住宅改变为经营性用房的，除遵守法律、法规以及管理规约外，应当经有利害关系的业主一致同意。"第二百八十六条规定："业主应当遵守法律、法规以及管理规约，相关行为应当符合节约资源、保护生态环境的要求。对于物业服务企业或者物业管理人执行政府依法实施的应急处理措施和其他管理措施，业主应当依法予以配合。业主大会和业主委员会，对任意弃置垃圾、排放污染物或者噪声、违反规定饲养动物、违章搭建、侵占通道、拒付物业费等损害他人合法权益的行为，有权依照法律、法规以及管理规约，要求行为人停止侵害、排除妨害、消除危险、恢复原状、赔偿损失。业主或者其他行为人拒不履行相关义务的，有关当事人可以向有关行政主管部门报告或者投诉，有关行政主管部门应当依法处理。"这些规定，强化了业主在物业管理活动中的义务，有利于物业管理中此类纠纷的处理，以维护业主的共同利益，建立物业管理和谐社区。

《民法典》物权编理顺了物业服务企业与业主之间的关系。第二百八十五条规定："物业服务企业或者其他管理人根据业主的委托，依照本法第三编有关物业服务合同的规定管理建筑区划内的建筑物及其附属设施，接受业主的监督，并及时答复业主对物业服务情况提出的询问。物业服务企业或者其他管理人应当执行政府依法实施的应急处置措施，积极配合开展相关工作。"第二百八十一条对建筑物及其附属设施维修资金的归属、用途、筹集与使用以及紧急情况下如何使用等作出规定；第二百八十二条对利用建筑物共有部分产生的收入归属作出规定；第二百八十三条对建筑物共有部分及其附属设施的费用分摊、收益分配作出规定；第二百八十四条对建筑物及其附属设施的管理作出规定。这些规定，使双方的权利与义务法律化，从而约束了双方的行为，有利于双方建立平等、互信的合作关系。

《民法典》物权编的公布与实施，有利于保障《物业管理条例》的贯彻落实，更好地维护业主和物业服务企业的合法权益，使物业管理活动更加有法可依，对完善物业管理法律体系、推进物业管理法制化进程至关重要。

（2）有关物业管理的司法解释的内容

最高人民法院于2009年5月14日公布了两部有关物业管理的司法解释，即

《关于审理建筑物区分所有权纠纷案件具体应用法律若干问题的解释》（以下简称《区分所有权解释》）和《关于审理物业服务纠纷案件具体应用法律若干问题的解释》（以下简称《物业纠纷解释》），并于2009年10月1日起正式施行。

近年来，随着我国住房制度改革不断深入，涉及物业权益的纠纷案件数量不断增加，审判实践面临的压力与日俱增。因法律规定不明细，各地法院在审理这类纠纷时裁判的尺度不一。目前出台的这两部司法解释，立足审判实践需求，着力于法律规定的可操作性。通过这种司法解释的形式能够统一裁判尺度，为妥善处理实践中的建筑物区分所有权以及物业服务纠纷案件的热点、难点问题提供审判依据。

1）《区分所有权解释》的主要内容

《区分所有权解释》共有19条，主要围绕建筑物区分所有权纠纷案件中所涉及的相关问题作出具体规定，主要包括业主身份的界定、专有部分和共有部分的划定、面积人数的计算方法、业主权利义务的范围、车位车库纠纷的处理、业主自治重大事项的范围、"住改非"纠纷的处理、利害关系业主的认定、业主撤销权的行使以及业主知情权的保护等。

2）《物业纠纷解释》的主要内容

《物业纠纷解释》共有13条，主要围绕物业服务纠纷案件中所涉及的相关问题作出具体规定，主要包括物业服务合同对业主的约束力及效力、物业服务企业的违约责任承担、业主妨害物业服务企业管理的责任承担、物业费纠纷处理、物业服务合同的解除及相应纠纷的处理、物业使用人的适用等。

3）两部解释中的重点内容说明

①未取得房产证也能被认定为业主

业主在物业管理中，除享有《物业管理条例》规定的权利外，还有权提议召开业主大会会议，有权推选业主代表，并享有被推选权。但是，一户人家的所有人是否都算业主、业主的身份如何确定等一直存在争议。

新出台的司法解释明确，依法登记取得或者根据《物权法》第二章第三节规定取得建筑物专有部分所有权的人，应当认定为《物权法》第六章所称的业主。基于与建设单位之间的商品房买卖民事法律行为，已经合法使用商品房等建筑物，但尚未依法办理所有权登记的人，可以认定为《物权法》第六章所称的业主。

②租售车位车库须按"配置比例"

随着私家车数量的激增，社区车位、车库问题成为热点问题。许多小区没有车位、车库或者车位、车库严重不足，于是有的建设单位或物业服务企业占用共有的道路或其他场地作为车位，有的建设单位将车位、车库高价出售给小区外的人停放，这种做法是否合法，《物权法》的规定过于笼统。

新出台的司法解释明确，建设单位按照"配置比例"将车位、车库，以出售、附赠或者出租等方式处分给业主的，应当认定其行为符合《物权法》第七十四条第一款有关"应当首先满足业主的需要"的规定。所称"配置比例"是指规划确定的建筑区划内规划用于停放汽车的车位、车库与房屋套数的比例。

③"住改商纠纷"明确利害关系人

《物权法》第七十七条明确规定:"业主将住宅改变为餐饮、娱乐等商业用房的,应当经有利害关系的全体业主同意。"但是,究竟谁是有利害关系业主,《物权法》没有就"利害关系"作出明确规定。

新出台的司法解释明确,业主将住宅改变为经营性用房,本栋建筑物内的其他业主,应当认定为《物权法》第七十七条所称"有利害关系的业主"。建筑区划内,本栋建筑物之外的业主,主张与自己有利害关系的,应证明其房屋价值、生活质量受到或者可能受到不利影响。

④对于小区物业服务,业主享有五项知情权

《物权法》规定,小区物业服务企业仅具备服务权,利用小区设施所得公共收益,必须全部用于小区公共设备维修、业主日常文体活动。但业主要求公布或查阅收入、使用情况,往往被拒,诉至法院后判决结果也不一,主要原因是法律没有明确哪些情况可以公布或查阅。

新出台的司法解释明确,业主请求公布、查阅下列应当向业主公开的情况和资料的,人民法院应予支持:第一,建筑物及其附属设施的维修资金的筹集、使用情况;第二,管理规约、业主大会议事规则,以及业主大会或者业主委员会的决定及会议记录;第三,物业服务合同、共有部分的使用和收益情况;第四,建筑区划内规划用于停放汽车的车位、车库的处分情况;第五,其他应当向业主公开的情况和资料。

⑤拖欠物业费,不影响业主解聘物业服务企业

尽管法律明确"经专有部分占建筑物总面积过半数的业主且占总人数过半数的业主同意",可以解聘物业服务企业,但物业服务企业多以拖欠物业费为由拒不离开小区,各地法院对此情况也是判决不一。

新出台的司法解释明确,业主大会按照《物权法》第七十六条规定的程序作出解聘物业服务企业的决定后,业主委员会请求解除物业服务合同的,人民法院应予支持。物业服务企业向业主委员会提出物业费主张的,人民法院应当告知其向拖欠物业费的业主另行主张权利。

2. 物业管理条例

2003年5月28日,我国第一部物业管理行政法规——《物业管理条例》(简称《条例》)经国务院第9次常务会议审议通过,2003年6月8日国务院令第379号公布,并于同年9月1日起正式施行。《条例》的颁布和实施,具有里程碑式的意义,它标志着我国物业管理进入了法制化、规范化发展的新时期。《条例》是目前我国物业管理方面最高级别的专业法规,是物业管理从业人员执业最直接适用的法律依据。

该《条例》的出台,结束了我国物业管理的发展长期没有"国家立法"的尴尬历史,同时也通过国家行政法规的形式,确定和总结了我国物业管理的模式和实践经验,标志着我国物业管理走上了规范化、法制化的新阶段,起到了规范物

业管理活动、维护业主和物业服务企业的合法权益、改善人民群众的生活和工作环境的重大作用。它使我国的物业管理法制建设更加完善。

现行《条例》共7章68条[①]。为了规范物业管理活动，维护物业管理各方主体的合法权益，突出建章立制的重要作用，《条例》确立了以下5项物业管理基本制度。

（1）业主大会制度

《条例》确立了业主大会决策、业主委员会执行的制度。规定物业管理区域内全体业主组成业主大会，代表和维护物业管理区域内全体业主的合法权益。同时，明确了业主大会的成立方式、职责、会议形式、表决原则以及议事规则等主要事项，规定了业主委员会的产生方式、委员条件、职责、备案等。业主委员会作为业主大会的执行机构，可以在业主大会的授权范围内就某些物业管理事项作出决定，但重大的物业管理事项的决定只能由业主大会作出。这一制度有利于维护大多数业主的合法权益，保障物业管理活动的顺利进行。

为了规范业主大会、业主委员会的运作，加强监督管理，《条例》规定业主大会和业主委员会应当依法履行职责，不得作出与物业管理无关的决定，不得从事与物业管理无关的活动。

（2）业主管理规约制度

物业管理往往涉及多个业主，业主之间既有个体利益，也有共同利益。在单个业主的个体利益与业主的共同利益之间发生冲突时，个体利益应当服从整体利益，单个业主应当遵守物业管理区域内涉及公共秩序和公共利益的有关规定。鉴于业主之间在物业管理过程中发生的关系属于民事关系，不宜采取行政手段进行管理，《条例》规定管理规约对全体业主具有约束力。规定建设单位应当在销售物业之前，制定临时管理规约，对有关物业的使用、维护、管理，业主的公共利益，业主应当履行的义务，违反规约应当承担的责任等依法作出约定。建设单位制定的临时管理规约，不得侵害物业买受人的合法权益。业主大会有权起草、讨论和修订管理规约，业主大会制定的管理规约生效时，临时管理规约终止。管理规约是多个业主之间形成的共同意志，是业主共同订立并遵守的行为准则。实行管理规约制度，有利于提高业主的自律意识，预防和减少物业管理纠纷。

（3）物业管理招标投标制度

物业管理是市场经济的产物，竞争是市场经济的基本特征。《条例》突出了推行招标投标制度对于促进物业管理健康发展的重要作用，提倡业主通过公开、公平、公正的市场竞争机制选择物业服务企业。鼓励建设单位按照房地产开发与物业管理相分离的原则，通过招标投标的方式选聘具有相应资质的物业服务企业。并明确规定，住宅物业的建设单位应当通过招标投标的方式选聘具有相应资质的物业服务企业。

---

① 经2016年2月6日修正后，《条例》变为共7章68条。

（4）物业承接查验制度

物业承接查验是物业服务的基础工作。《条例》规定物业服务企业承接物业时，应当对物业共用部位、共用设施设备进行查验，应当与建设单位或业主委员会办理物业承接查验手续，同时规定建设单位、业主委员会应当向物业服务企业移交有关资料。物业承接查验制度的确立，对明确开发建设单位、业主、物业服务企业的责、权、利，减少物业管理矛盾纠纷，促进开发建设单位提高建设质量，加强物业建设与管理的衔接等，具有重要意义。

（5）住宅专项维修资金制度

随着我国城镇住房制度改革的不断深化，居民个人拥有住房产权的比例越来越高，为了解决在住房产权结构多元化情形下，住房共用部位、共用设施设备发生维修及更新、改造时，如何在多个业主之间及时筹集所需费用的问题，《国务院关于进一步深化城镇住房制度改革加快住房建设的通知》（国发〔1998〕23号）规定："加强住房售后的维修管理，建立住房共用部位、设备和小区公共设施专项维修资金，并健全业主对专项维修资金管理和使用的监督制度。"2007年12月4日，建设部、财政部联合签署发布了《住宅专项维修资金管理办法》（建设部、财政部第165号令），对维修资金的交存、使用、监督管理等作了具体规定。《条例》规定："住宅物业、住宅小区内的非住宅物业或者与单幢住宅楼结构相连的非住宅物业的业主，应当按照国家有关规定交纳专项维修资金。"同时规定："专项维修资金属业主所有，专项用于物业保修期满后物业共用部位、共用设施设备的维修和更新、改造，不得挪作他用。"

专项维修资金制度，对保证物业共用部位、共用设施设备的维修养护，保证物业的正常使用，维护全体业主的合法权益，起到了重要作用。

复习思考题

1. 物业管理与服务中可以用到哪些主要的物权知识？

2. 分析业主投诉的心理特点，物业服务企业如何应对无理投诉？

3. 在服务业主的过程中，有哪些心理学知识可以应用？

4. 物业从业人员常见的心理困扰有哪些？如何自我调节？

5. 物业服务企业在物业服务中应协调、沟通的关系有哪些？

6. 危机、公关危机、危机公关的含义是什么？危机公关的管理内容有哪些？

7. 物业危机公关的"3度"原则是什么？

8.《民法典》中"物权编"的内容有哪些？

9.《物业管理条例》确立了哪些物业管理基本制度？

物业服务中涉及业主和业主组织的纠纷与案例分析

本章要点与学习目标

　　本章主要回顾了业主、业主大会及业主委员会相关的知识，重点列举了5个与业主和业主组织有关的典型案例，对案例进行了解读和分析，最后提出案例问题处理与解决的思路以供参考。

　　本章选取的物业服务中涉及业主和业主组织的案例，分别涉及业主身份的甄别与确定、物业服务管理中业主的权利与义务、房地产行政主管部门对物业服务企业的监管职责、业主大会召开的时间及形式、业主委员会解聘物业服务企业的权限等内容。通过对这些典型案例的导读与评析、法规的链接，要求学生从物业服务企业的角度，认识与业主方产生纠纷的原因；熟悉案例所适用的有关法律法规；熟练运用所学的各种基础理论来指导实践；面对此类纠纷，能够迅速找到具有针对性的解决办法。

3.1 业主与业主大会的基本知识

3.1.1 业主

根据《物业管理条例》《民法典》和最高人民法院《关于审理建筑物区分所有权纠纷案件具体应用法律若干问题的解释》（法释〔2009〕7号）的相关规定，物业管理意义上的业主，包括以下两类：一是法定业主，即依法登记取得或者依据生效法律文书继承、受遗赠以及合法建造房屋等事实行为取得物业专有部分所有权的人；二是事实业主，即基于与建设单位之间的商品房买卖民事法律行为，已经合法占有建筑物专有部分，但尚未依法办理所有权登记的人。业主可以是自然人，也可以是法人、非法人组织。

3.1.2 业主的权利与义务

1. 业主的权利

业主在区分所有建筑物中，享有专有部分的专有权（包括占有、使用、收益和处分的权利）、共有部分的共有权和共同管理权。在物业管理活动中，业主的共有权和共同管理权主要体现在以下方面：

（1）按照物业服务合同的约定，接受物业服务企业提供的服务；

（2）提议召开业主大会会议，并就物业管理的有关事项提出建议；

（3）提出制定和修改管理规约、业主大会议事规则的建议；

（4）参加业主大会会议，行使投票权；

（5）选举业主委员会委员，并享有被选举权；

（6）监督业主委员会的工作；

（7）监督物业服务企业履行物业服务合同；

（8）对物业共用部位、共用设施设备和相关场地使用情况享有知情权和监督权；

（9）监督物业共用部位、共用设施设备专项维修资金的管理和使用；

（10）法律、法规规定的其他权利。

2. 业主的义务

业主在物业管理活动中，履行下列义务：

（1）遵守管理规约、业主大会议事规则；

（2）遵守物业管理区域内物业共用部位和共用设施设备的使用、公共秩序和环境卫生的维护等方面的规章制度；

（3）执行业主大会的决定和业主大会授权业主委员会作出的决定；

（4）按照国家有关规定交纳专项维修资金；

（5）按时交纳物业服务费用；

（6）法律、法规规定的其他义务。

3.1.3 业主大会和业主委员会

1. 业主大会

业主大会是由建筑区域内全体业主组成，对物业管理重大事项作出决定，代表和维护建筑区域内全体业主合法权益的自治性组织。

业主大会应当代表和维护物业管理区域内全体业主在物业管理活动中的合法权益。

（1）业主大会的设立

业主可以设立业主大会，选举业主委员会。同一个物业管理区域内的业主，应当在物业所在地的区、县人民政府房地产行政主管部门或者街道办事处、乡镇人民政府的指导下成立业主大会，并选举产生业主委员会。但是，只有一个业主的，或者业主人数较少且经全体业主一致同意，决定不成立业主大会的，由业主共同履行业主大会、业主委员会职责。

业主大会、业主委员会成立的具体条件和程序，依照法律、法规的规定。地方人民政府有关部门、居民委员会应当对设立业主大会和选举业主委员会给予指导和协助。

（2）业主大会共同决定的事项及表决规则

下列事项由业主共同决定：

1）制定和修改业主大会议事规则；

2）制定和修改管理规约；

3）选举业主委员会或者更换业主委员会成员；

4）选聘和解聘物业服务企业或者其他管理人；

5）使用建筑物及其附属设施的维修资金；

6）筹集建筑物及其附属设施的维修资金；

7）改建、重建建筑物及其附属设施；

8）改变共有部分的用途或者利用共有部分从事经营活动；

9）有关共有和共同管理权利的其他重大事项。

表决规则：业主共同决定事项，应当由专有部分面积占比三分之二以上的业主且人数占比三分之二以上的业主参与表决。决定前款第6）项至第8）项规定的事项，应当经参与表决专有部分面积四分之三以上的业主且参与表决人数四分之三以上的业主同意。决定前款其他事项，应当经参与表决专有部分面积过半数的业主且参与表决人数过半数的业主同意。

（3）业主大会的决定的效力与业主撤销权

业主大会或者业主委员会的决定，对业主具有法律约束力。

业主大会或者业主委员会作出的决定侵害业主合法权益的，受侵害的业主可以请求人民法院予以撤销。

（4）业主大会的召开形式

业主大会会议分为定期会议和临时会议。

业主大会定期会议应当按照业主大会议事规则的规定召开。经20%以上的业主提议，业主委员会应当组织召开业主大会临时会议。

召开业主大会会议，应当于会议召开15日以前通知全体业主。

住宅小区的业主大会会议，应当同时告知相关的居民委员会。

业主委员会应当做好业主大会会议记录。

（5）业主大会议事规则

业主大会议事规则应当就业主大会的议事方式、表决程序、业主投票权确定办法、业主委员会的组成和委员任期等事项作出约定。

2．业主委员会

（1）业主委员会职责

业主委员会是业主大会的执行机构，履行下列职责：

1）召集业主大会会议，报告物业管理的实施情况；

2）代表业主与业主大会选聘的物业服务企业签订物业服务合同；

3）及时了解业主、物业使用人的意见和建议，监督和协助物业服务企业履行物业服务合同；

4）监督管理规约的实施；

5）业主大会赋予的其他职责。

（2）业主委员会委员的产生

业主委员会应当自选举产生之日起30日内，向物业所在地的区、县人民政府房地产行政主管部门备案。

业主委员会委员应当由热心公益事业、责任心强、具有一定组织能力的业主担任。

业主委员会主任、副主任在业主委员会委员中推选产生。

（3）对业主大会、业主委员会履职的要求

业主大会、业主委员会应当依法履行职责，不得作出与物业管理无关的决定，不得从事与物业管理无关的活动。

3.1.4　物业服务中涉及业主方的常见纠纷

物业服务中涉及业主方的常见纠纷主要有：

（1）物业服务企业向业主或使用人追索物业服务费及滞纳金的纠纷。

部分业主以收费依据不足、前期遗留问题、物业服务质量低下等原因为由拖欠物业服务费，以此作为"维护"自己权利的主要手段。这类案件在物业管理纠纷案件中占了大多数。

（2）业主委员会更替、业主或业委会选聘、解聘物业服务企业产生的纠纷，物业管理项目接、撤、管引起的纠纷。

此类纠纷目前较为突出，如前任和现任业主委员会对对方合法性的质疑、相关资料的交接发生的纠纷；新老物业服务企业交接不畅，前任物业服务企业不移交相应管理资料等。

（3）业主委员会、物业服务企业为纠正业主违反管理规约行为引发的纠纷。

如果业主、使用人不遵守法律、法规、管理规约，不能合理安全地使用物业，业主委员会、物业服务企业在督促其整改过程中，经常发生争议。

（4）因物业服务企业侵占业主共有物业引发的纠纷。

如物业服务企业擅自在电梯、屋顶、外墙等共用部位、共用设施设备设置广告、基站，擅自占有共有共用房屋，擅自出租共用场地等获取不当收益等，通常会与部分业主或业委会发生纠纷。

（5）因物业服务企业服务质量问题而引发的纠纷。

这方面的纠纷多源自物业服务企业的承诺没有兑现或没有完全兑现，业主对物业服务质量的预期与实际感受有反差等引发争议。

（6）业主或使用人要求物业服务企业赔偿在提供特约服务（如保管服务）中所造成的财产损失的纠纷。

小区内自行车、电动车、机动车被盗，有的属物业专门安排人员看管，有些发生在小区地面停放、无专人看管，此时若业主起诉物业服务企业未履行职责，要求赔偿，就会引发案例纠纷。

（7）因建设单位原因引发的纠纷。

主要体现在建设单位在物业交付过程中与购房业主发生争议，包括建设单位延迟交房、未移交或图纸资料移交不全，移交的设施、设备、建筑物及其附着物有瑕疵；建设单位未兑现减免物业服务费的承诺等。

3.2　案例分析

3.2.1　没有产权证也能成为业主吗？

1．案例导读

2010年11月，王女士购买了某小区的商品房一套，但建设单位因为手续不全等原因，迟迟未能给王女士办理房屋产权证。一年之后，王女士因楼内公共部分的使用问题与物业服务企业发生争议。该问题是原建设单位将楼道大厅隔出一间房作售楼处，该小区住宅均已销售完毕，但至今未拆除，还出租1年，出租收益不知去向。物业服务企业认为，王女士还没有取得房屋产权证，还不是真正意义上的业主，无权对该公共部分提出要求。那么，物业服务企业的观点是否合理？为什么？

2．案例焦点与分析

（1）争议焦点

本案例看似一个问题，但焦点问题却有两个：

1）建筑物共有部分的使用问题；

2）业主身份的确定问题。

（2）案例分析

这个问题，也是居住小区项目中的常见问题，属于非诉讼类纠纷或争议，王女士与物业服务企业各有困惑。他们各自的看法是：王女士认为自己是当然的业主，只是因为建设单位问题才没有办下产权证，所以有权对公共部分的使用提出自己的看法。而物业服务企业认为王女士没有取得房屋所有权证，还不是业主，所以无权对物业公共部分的使用提出意见。

在《物权法》与两部司法解释颁布前，经常会发生这类纠纷。尤其是业主身份的确定，到底什么样的人才能是业主，无论是业主还是物业服务企业，都有困惑之处；而共有部分的认定，在实践中也存在着各种各样的观点。该案例的问题在于，该案例的发生是在2010年11月后，《物权法》颁布已3年多，司法解释也已在此时颁布，物业服务企业所坚持的观点明显存在问题。所以，针对这类问题，物业服务企业应调整思路。

1）应确认该楼公共部分的使用是否存在问题

如果存在问题，不管王女士是不是业主，物业服务企业都应积极寻求解决该问题。王女士是否为该物业的业主或者产权人，不是物业服务企业拒绝解决问题的理由。本事件的实质是要解决建筑物共有部分的使用问题。

那么，一个小区或一栋住宅楼内的哪些地方属于共有部分？

根据《民法典》物权编的规定，法定共有部分包括建筑区划内的道路（属于城镇公共道路的除外）、绿地（属于城镇公共绿地或者明示属于个人的除外）、其他公共场所、公用设施和物业服务用房等。

最高人民法院《关于审理建筑物区分所有权纠纷案件具体应用法律若干问题的解释》（法释〔2009〕7号）对共有部分作出了更具体的解释：除法律、行政法规规定的共有部分外，建筑区划内的以下部分，也应当认定为物权法第六章所称的共有部分：（一）建筑物的基础、承重结构、外墙、屋顶等基本结构部分，通道、楼梯、大堂等公共通行部分，消防、公共照明等附属设施、设备，避难层、设备层或者设备间等结构部分；（二）其他不属于业主专有部分，也不属于市政公用部分或者其他权利人所有的场所及设施等。司法解释第（一）项实际上是包括建筑物的基本结构部分、公共通行部分、公共设施设备部分和公共空间等，其中为了便于解决审判实践中的纠纷，特别明确列举外墙面、屋顶、通道等属于共有部分。司法解释第（二）项按照"非特定权利人所有即为业主共有"的思路，作出了兜底性的规定，即不属于业主专有部分和市政公用部分或者其他权利人所有的，都应当认定为共有部分。

很明显，王女士提出的楼道大厅确属全体业主的共有部分。

共有部分任何人无权随意占用，即使是建设单位也不能占用更无权出租及用于经营。如果是物业服务企业出租，需经过业主大会同意，没有经过这个程序属于侵权行为。

物业服务企业利用公共部分经营所产生的收入，在扣除合理成本之后，属于业主共有，由业主共同决定收益的分配。实践中，业主可以以业主大会决议的形式决定将这部分收益用于业主公共事项或者补充住宅专项维修资金的不足，也可以把这部分收益按照业主大会决议的方法分配给业主。

2）业主的概念

"业主"是《民法典》物权编第六章中的基础性概念之一，但法律没有对此作出专门规定。本案中的王女士究竟算不算"业主"？

业主是在建筑物区分所有权制度下的一个法律概念，在物业管理中被广泛地使用。《物业管理条例》和《物权法》规定的"业主"是指"房屋的所有权人"或者"专有部分所有权人"。最高人民法院《关于审理建筑物区分所有权纠纷案件具体应用法律若干问题的解释》（法释〔2009〕7号）第一条第一款规定，依法登记取得，或者依据生效法律文书继承或者受遗赠，以及合法建造房屋等事实行为取得专有部分所有权的人，应当认定为业主。这是界定业主身份的一般规则。

而基于我国对房屋所有权实行登记生效主义，"房屋所有权人"或者"专有部分所有权人"以物权登记为准。

但是，在现实生活中，基于与建设单位之间的商品房买卖民事法律行为，房屋购买人在已经合法占有使用专有部分的情况下，仍未依法办理所有权登记的情形大量存在。在此情况下，如果仅以是否已经依法登记取得所有权作为界定业主身份的标准，将与现实生活产生冲突，并有可能对前述人群应当享有的权利造成损害。这部分人对共有部分的利用以及共同管理权的行使需求更为强烈，与其他业主之间的联系程度也更为直接和紧密，因此有必要对其"业主身份"问题进行特别规定[1]。

有鉴于此，最高人民法院《关于审理建筑物区分所有权纠纷案件具体应用法律若干问题的解释》（法释〔2009〕7号）第一条第二款进一步规定，基于与建设单位之间的商品房买卖民事法律行为，已经合法占有建筑物专有部分，但尚未依法办理所有权登记的人，可以认定为《物权法》第六章所称的业主。此处的"合法占有"应理解为建设单位已将房屋"交付"给买受人，至于是否入住，在所不论。

所以，很明显，王女士是属于"基于与建设单位之间的商品房买卖民事法律行为，已经合法占有建筑物专有部分，但尚未依法办理所有权登记的人"，也即司法解释所称的"业主"。这样的规定既可以有效地统一司法评价标准，也符合《民法典》物权编的规定精神，适应现实生活，同时还可以引导这部分人及时办理物权登记。

业主的权利之一是"对物业共用部位、共用设施设备和有相关场地使用情况享有知情权和监督权"。所以，王女士既然可以被认定为业主，就对物业共有部

---

[1] 最高人民法院民法典贯彻实施工作领导小组. 中华人民共和国民法典物权编理解与适用（上）[M]. 北京：人民法院出版社，2020：331.

分、共有设施设备使用与运行情况以及专项维修资金使用和管理情况等进行监督的权利。

3. 实务工作建议

从本案例来看，物业服务企业存在着概念不清、绕开实质、不愿直面现实的问题。同时也存在着服务与管理方式上的瑕疵。面对业主提出的问题，物业服务企业应首先确认共用部分的使用有无问题而非纠缠于王女士是否业主，其次要纠正对"业主"概念的错误认识。

（1）对业主提出的问题，如公共区域是否违法违约使用的问题，应认真检查，存在问题及时整改，以树立自己在业主心中懂法、守法、依规守约的形象。另外，对这类问题也应在平时自查自纠，即使业主没有提出，物业服务企业也应及时发现并解决。

（2）物业服务企业在工作中积极组织员工及时学习有关物业管理行业的新法律法规，做到解决问题以法律为准绳，心中有数从而避免工作被动。本案例中，就是应该及时学习《物权法》及司法解释，明确"业主"的概念，而不是一口否定其业主身份。

（3）确认此业主提出的问题并提出解决办法，对业主有交代。比如从建设单位手中收回该楼道大厅，恢复其共用属性；同时应协调解决该共用部分的出租收益问题，该归业主所有的也应及时收回，按规定由业主大会决定其收益的使用。

（4）纠正自己面对问题的态度和风格习惯，遇到问题时，不要顾左右而言他、躲避问题，显得既没有，也没有诚意。要直接面对，不要转移视线和焦点，要知道"问题若逃避，会产生更多更大的问题"的道理，避免今后再出现对此类问题认识上的偏差。

4. 法规链接

本案例涉及的主要法规如下：

（1）《中华人民共和国物权法》[①]

第二十八条　因人民法院、仲裁委员会的法律文书或者人民政府的征收决定等，导致物权设立、变更、转让或者消灭的，自法律文书或者人民政府的征收决定等生效时发生效力[②]。

第二十九条　因继承或者受遗赠取得物权的，自继承或者受遗赠开始时发生效力[③]。

[①] 此处所选录的《物权法》的相关法条，适用于案例事实发生之时，《中华人民共和国民法典》于2021年1月1日施行，《物权法》等法律被替代。后面凡是用到《物权法》进行链接的，皆同此理。

[②] 《中华人民共和国民法典》第二百二十九条对本条修改为："因人民法院、仲裁机构的法律文书或者人民政府的征收决定等，导致物权设立、变更、转让或者消灭的，自法律文书或者征收决定等生效时发生效力。"

[③] 《中华人民共和国民法典》第二百三十条对本条修改为："因继承取得物权的，自继承开始时发生效力。"

第三十条　因合法建造、拆除房屋等事实行为设立或者消灭物权的，自事实行为成就时发生效力[①]。

第三十一条　依照本法第二十八条至第三十条规定享有不动产物权的，处分该物权时，依照法律规定需要办理登记的，未经登记，不发生物权效力[②]。

第七十条　业主对建筑物内的住宅、经营性用房等专有部分享有所有权，对专有部分以外的共有部分享有共有和共同管理的权利[③]。

（2）《最高人民法院关于审理建筑物区分所有权纠纷案件具体应用法律若干问题的解释》

第一条　依法登记取得或者根据物权法第二章第三节规定取得建筑物专有部分所有权的人，应当认定为《物权法》第六章所称的业主。

基于与建设单位之间的商品房买卖民事法律行为，已经合法占有建筑物专有部分，但尚未依法办理所有权登记的人，可以认定为《物权法》第六章所称的业主。

第三条　除法律、行政法规规定的共有部分外，建筑区划内的以下部分，也应当认定为《物权法》第六章所称的共有部分：

（一）建筑物的基础、承重结构、外墙、屋顶等基本结构部分，通道、楼梯、大堂等公共通行部分，消防、公共照明等附属设施、设备，避难层、设备层或者设备间等结构部分；

（二）其他不属于业主专有部分，也不属于市政公用部分或者其他权利人所有的场所及设施等。

建筑区划内的土地，依法由业主共同享有建设用地使用权，但属于业主专有的整栋建筑物的规划占地或者城镇公共道路、绿地占地除外。

第七条　改变共有部分的用途、利用共有部分从事经营性活动、处分共有部分，以及业主大会依法决定或者管理规约依法确定应由业主共同决定的事项，应当认定为物权法第七十六条第一款第（七）项规定的有关共有和共同管理权利的"其他重大事项"。

（3）《物业管理条例》

第五十五条　利用物业共用部位、共用设施设备进行经营的，应当在征得相关业主、业主大会、物业服务企业的同意后，按照规定办理有关手续。业主所得收益应当主要用于补充专项维修资金，也可以按照业主大会的决定使用。

第六十六条　违反本条例的规定，有下列行为之一的，由县级以上地方人民政府房地产行政主管部门责令限期改正，给予警告，并按照本条第二款的规定处以罚款；所得收益，用于物业管理区域内物业共用部位、共用设施设备的维修、

[①] 《中华人民共和国民法典》第二百三十一条对本条没有作出修改。

[②] 《中华人民共和国民法典》第二百三十二条对本条修改为："依照本节规定享有不动产物权的，依照法律规定需要办理登记的，未经登记，不发生物权效力。"

[③] 《中华人民共和国民法典》第二百七十一条对本条没有作出修改。

养护，剩余部分按照业主大会的决定使用：

（一）擅自改变物业管理区内按照规划建设的公共建筑和共用设施用途的；

（二）擅自占用、挖掘物业管理区域内道路、场地，损害业主共同利益的；

（三）擅自利用物业共用部位、共用设施设备进行经营的。

3.2.2　业主可以自己决定把住宅用途的房屋改为经营性用途的房屋吗？

1. 案例导读

2019年3月，李某购买了某小区普通住宅二楼的一套房屋，将其改装成培训公司对外营业，主要培训内容是音乐。李某的邻居多次向物业服务企业投诉，认为培训公司白天营业产生的噪声影响了周围老人的休息，楼内社会人员往来的增多也给小区带来了安全隐患，要求制止李某的行为。李某辩称，自己之前已跟物业服务企业进行过沟通，并向物业服务企业缴纳了管理费，在自己的房屋内经营业务并无不妥。那么，你同意李某的观点吗？为什么？

2. 案例焦点与分析

（1）争议焦点

这个案例主要涉及居住功能的物业能否改变用途即"住改商"问题。李某单方面认为自己的房子自己说了算，另外也征得了物业服务企业的同意，应是合理合法的。

（2）案例分析

这是涉及邻里之间的矛盾纠纷，但与物业服务企业的管理缺失有一定关系。在生活中类似纠纷比较多。

李某的观点不对。"住改商"现象之所以会成为社会各界普遍关注的热点，其重要原因在于人们对居住的要求不再是简单的"有房可居"，而是越来越注重良好的居住环境和居住品质，安宁、安全、舒适成为大家共同追求的目标。在公众居住需求层次发生深刻变化的同时，由于"住""商"目的之迥然不同所导致的种种弊端日益凸显，两者之间的碰撞时有发生。房屋的使用用途是以房屋的特定用途来划分的。不同用途的房屋在设计上应遵循不同的标准和要求。居民住宅是以居住为目的的房屋，设计、施工都是按照居住标准进行，一般不得变更用途。如果擅自变更则有可能造成一定的安全隐患、破坏房屋结构、改变物业区域的整体外观以及改变居住功能，同时也可能影响到其他业主的生活居住环境，侵害其他业主的合法利益，违反法律的规定。

本案例涉及违法、违约和违规。

1）关于违法

《物权法》第七十七条规定，业主不得违反法律、法规以及管理规约，将住宅改变为经营性用房。业主将住宅改变为经营性用房的，除遵守法律、法规以及管理规约外，应当经有利害关系的业主同意。

根据该条规定，"住改商"有三个条件：①住改商须符合法规要求；②遵守规定并按规定办理住改商手续；③应取得"有利害关系的业主"的同意。

本案例不分析前两个条件。因为就算前两个条件具备，业主的"住改商"行为也得在第三个条件成立的情况下才能实施。

但第三个条件有两个问题需要解决：一是有利害关系业主的同意是需全部同意还是多数同意即可；二是如何确定有利害关系业主的范围。

关于第一个问题，《物权法》第七十七条规定"应当经有利害关系的业主同意"，此处到底是指全部有利害关系的业主同意还是多数同意，没有明确，实践中存在许多争议。

针对这种情况，《建筑物区分所有权解释》第十条规定，将住宅改变为经营性用房的业主以多数有利害关系的业主同意其行为进行抗辩的，不予支持。也就是说，"住改商"必须经有利害关系的全体业主同意才可进行，相关利害关系的业主具有"一票否决权"。

业主之所以要选择居住区而不是选择商住两用区居住，很大程度上正是因为业主们对于居住的要求本就包含了居住环境与居住质量，宁静、安全、舒适、不被打扰已成为居住的基本要求。正因为"住改商"往往对业主的这些居住要求构成侵害，《建筑物区分所有权解释》才在第十条中特别规定，"将住宅改变为经营性用房的业主以多数有利害关系的业主同意其行为进行抗辩的，不予支持。"因此，《物权法》规定的"经有利害关系的业主同意"不能理解为"经有利害关系的多数业主同意"，而应该理解为"经有利害关系的所有业主同意"。在公民个人权利的剥夺或限制上，是不能根据"少数服从多数"的民主原则来予以决定的。否则，就有可能形成"多数人的暴政"。

在《民法典》施行后，其第二百七十九条明确规定了"应当经有利害关系的业主一致同意"，《建筑物区分所有权解释》第十条规定得到了法律的确认。

关于第二个问题，"住改商"是对住宅法定用途的改变，是对既有秩序的破坏，为合理划定一个便于操作的有利害关系业主的认定标准，避免条件模糊带来适用上的困难，《建筑物区分所有权解释》综合考虑"住改商"纠纷的实际情况，将有利害关系业主的范围原则上确定为在本栋建筑物之内，该范围基本上有效涵盖了与"住改商"行为有利害关系的业主，在审判实务中也比较容易掌握和操作。此外，实践中确实有可能出现建筑区划内本栋建筑物之外的业主也与"住改商"行为存在利害关系的情况，但这部分业主的范围难以统一划定。为防止利害关系业主范围的无限制泛化，以及为了防止过于机械地认定"有利害关系的业主"，《建筑物区分所有权解释》第十一条明确了"有利害关系的业主"的两层范围：①本栋建筑物内的其他业主；②能证明其房屋价值、生活质量受到或者可能受到不利影响的其他业主，即本栋建筑物以外的业主认为自己与"住改商"有利害关系的，应当依法承担举证责任。

2）关于违约和违规

一般业主在签订商品房买卖合同时，会同时签订物业服务合同，并在该小区的管理规约上签字，以确认自己同意这些约定（如果是期房，会签订前期物业服务合同和临时管理规约）。正常情况下，这类合同和规约都会有"业主不得变动、改变物业的用途和结构，或在行使权利时不得发生与物业的使用性质相悖的行为"的规定或约定。因此，李某私自将住宅改为经营性用房的行为明显违反了合同或规约中的约定或规定。

本案中，李某将住宅改为培训公司进行经营，其他有利害关系的业主不仅没有同意，且多次向物业服务企业投诉，要求按照购房合同规定、恢复房屋住宅用途；李某将住宅改为培训公司进行经营的行为也使得外来人员增多，增加了其他业主等待电梯时间，影响了正常用户的出行，降低了物业服务企业的物业服务质量，提高了电梯使用的频率，会减少电梯的使用寿命，增加发生故障的概率，客观上导致电梯的维护成本增加；另外，该行为导致更多外来人员进出楼内，给住宅业主居住环境带来安全隐患。综上可以看出，李某的住宅不但没有按照其专有部分的原使用目的使用，损害了区分所有权人的共同利益，也妨害了物业服务企业的日常物业服务与管理。

3．实务工作建议

从上述的《物权法》《建筑物区分所有权解释》和《物业管理条例》相关法条中不难看出，业主对房屋的使用是有严格规定的。目前，部分业主在购置房屋后，就将房屋用途从住宅改成经营性用房，如果在不具备前述三个条件的情况下擅自更改，这种行为就违反了现行的国家法律法规的规定。

李某对自己"住改商"的行为感觉有理的原因还在于，物业服务企业没有阻止甚至还因为收了李某的管理费而默许了其行为。因此物业服务企业对这起行为负有很大责任。

那么，物业服务企业应该如何避免这类行为的发生呢？

（1）物业服务企业本身就应端正物业服务的理念，掌握有关国家法规，不能随意收费或正常收费而不管理。

（2）物业服务企业在与业主办理交接物业的相关手续时，为防患于未然，在业主入住前，就应建议建设单位或业委会《业主临时管理规约》或《管理规约》中对"住宅用房不能变更为经营性用房"进行明确的约定（具备前述三个条件的更改除外）。

（3）在业主装修审批过程中或是对外出租时，物业服务企业要明确告知业主按照国家法律法规规定，不能擅自将住宅用房变更成经营性用房。

（4）物业服务企业要安排人员加强现场的监督力度，一旦发现违法违规行为要及时劝告和制止，并要求恢复原状。

（5）物业服务企业根据出现的问题，在制止无效的情况下及时通报业主会员会和向有关行政管理部门报告。

（6）在业主整改后要检查是否合规。

4．法规链接

本案例主要涉及如下法规：

（1）《中华人民共和国物权法》

第七十一条 业主对其建筑物专有部分享有占有、使用、收益和处分的权利。业主行使权利不得危及建筑物的安全，不得损害其他业主的合法权益[①]。

第七十七条 业主不得违反法律、法规以及管理规约，将住宅改变为经营性用房。业主将住宅改变为经营性用房的，除遵守法律、法规以及管理规约外，应当经有利害关系的业主同意[②]。

（2）《最高人民法院关于审理建筑物区分所有权纠纷案件具体应用法律若干问题的解释》

第十条 业主将住宅改变为经营性用房，未按照物权法第七十七条的规定经有利害关系的业主同意，有利害关系的业主请求排除妨害、消除危险、恢复原状或者赔偿损失的，人民法院应予支持。

将住宅改变为经营性用房的业主以多数有利害关系的业主同意其行为进行抗辩的，人民法院不予支持。

第十一条 业主将住宅改变为经营性用房，本栋建筑物内的其他业主，应当认定为物权法第七十七条所称"有利害关系的业主"。建筑区划内，本栋建筑物之外的业主，主张与自己有利害关系的，应证明其房屋价值、生活质量受到或者可能受到不利影响。

第十四条 建设单位或者其他行为人擅自占用、处分业主共有部分、改变其使用功能或者进行经营性活动，权利人请求排除妨害、恢复原状、确认处分行为无效或者赔偿损失的，人民法院应予支持。

（3）《物业管理条例》

第四十六条 对物业管理区域内违反有关治安、环保、物业装饰装修和使用等方面法律、法规规定的行为，物业服务企业应当制止，并及时向有关行政管理部门报告。有关行政管理部门在接到物业服务企业的报告后，应当依法对违法行为予以制止或者依法处理。

3.2.3 房地产行政主管机关不履行监督管理职责怎么办？

1．案例导读[③]

2004年3月起，黎某等A小区业主就成都B物业管理有限公司（以下简称B物业公司）使用A小区业主的住房专项维修资金购买多种基金的情况，先后3次向

[①] 《中华人民共和国民法典》第二百七十二条对本条没有作出修改。

[②] 《中华人民共和国民法典》第二百七十九条对本条作出修改："业主不得违反法律、法规以及管理规约，将住宅改变为经营性用房。业主将住宅改变为经营性用房的，除遵守法律、法规以及管理规约外，应当经有利害关系的业主一致同意。"

[③] 选自110判裁案例：四川省成都市中级人民法院行政判决书（2005）成行终字第100号.

成都市房产管理局（以下称市房管局）投诉，要求市房管局就上述问题进行调查，并吊销B物业公司物业管理资质证书。此后，黎某等10人以成都市房管局接到投诉后不履行吊销B物业公司资质证书的法定职责为由，向成都市青羊区人民法院提起诉讼。青羊区法院判决结果认为，市房管局已完全履行了监督管理的职责，遂驳回了原告请求。原告黎某等10人不服原审判决结果，提起上诉。

2. 案例焦点与分析

本案的焦点是成都市房管局针对业主的提议是否履行了法定职责。

四川省成都市中级人民法院经审理查明，市房管局接投诉后，责令B物业公司将A小区业主住房专项维修资金归集到成都市住房专项维修资金专用账户，B物业公司于2004年4月27日至5月26日将住房专项维修资金6011843.32元归集到了成都市住房专项维修资金专用账户，但被上诉人对黎某等A小区业主的另一要求——吊销B物业公司资质证书的请求未作出处理和答复。

成都市中级人民法院认为：

首先，根据《物业管理条例》第五条、第四十九条、第六十三条的规定，市房管局具有监督管理物业管理活动及对物业管理活动的投诉进行处理的行政职责。这种法定职责具有不可处分性，因为这是代表国家行使监督管理物业管理的职责，不是市房管局的意志。因此，市房管局在收到黎某等10人的投诉后，应该积极履行该监督管理义务，对投诉内容依法调查处理，如果不履行即意味着不作为违法。

其次，黎某等10人对市房管局负有监督管理本行政区域内物业管理活动的行政职责无异议，但认为B物业公司使用住房专项维修资金购买开放式基金，属于高风险的投资，应属挪用住房专项维修资金的行为，根据《物业管理条例》第六十三条的规定，市房管局应对其作出吊销资质证书的行政处罚。市房管局未作出该行政处罚，属于不履行法定职责。

被告认为，其收到黎某等10人的三次投诉后，根据有关规定，进行了调查，并要求B物业公司限期将其代管的A小区业主住房专项维修资金归集到了成都市住房专项维修资金专用账户中，市房管局已履行了法定职责，其未作出吊销B物业公司资质证书的行为并不违法。

市房管局作为成都市房产行政主管部门，负有对本行政区域内物业管理活动进行监督管理和及时处理物业管理投诉的行政职责。市房管局在收到A小区业主要求查处B物业公司挪用住房专项维修资金以及要求吊销B物业公司资质证书的投诉后，按成都市人民政府第103号令《成都市城市住房专项维修资金管理暂行办法》第六条、第三十四条第二款的规定，即时责令并监督B物业公司将A小区业主住房专项维修资金6011843.32元归集到成都市住房专项维修资金专用账户，已经履行了一定的监督管理职责。但本案没有证据证明市房管局针对黎某等A小区业主反映的B物业公司挪用A小区业主住房专项维修资金购买多种基金一事进行了查处。行政程序公开原则要求行政机关在行使行政管理职责时应当公开、透明，对于投诉人投诉的问题应当及时进行处理，并将处理结果告知投诉人，因此市房管局未将B物业公司是否存在挪用A小区业主专项维修资金的行为以及是否应当对B物业公司给予行政处罚的查处结果告知黎某等A小区业主，属于行政程序不作为，故其不完全履行法定职责违法。原审判决认定市房管局已完全履行了监督管理的职责，属认定事实不清，应予撤销。由于B物业公司的行为是否构成挪用专项维修资金，是否应当给予吊销资质证书的行政处罚，属于市房管局的行政职责审查范围，而非行政审判范围。因此，上诉人黎某等10人要求法院责令市房管局作出吊销B物业公司资质证书的诉讼请求，法院不予支持。

中级人民法院判决：

（1）一审判决属认定事实不清，应予撤销。

（2）责令成都市房产管理局在本判决生效之日起30日内，对黎某等A小区业主反映的B物业公司挪用住房专项维修资金一事进行查处，并将查处结果告知投诉人黎某等A小区业主。

最终，市房管局因不履行房屋行政监督职责（对业主要求吊销B物业公司资质证书的请求未作出处理和答复）而承担了败诉后果。

3. 实务工作建议

这个发生在业主与房地产行政主管部门之间的投诉案例，看似与物业服务企业无关，但起因还是由物业服务企业而引起。案涉物业服务企业因违法挪用住宅专项维修资金用于投资国债被业主投诉，法院认定市房管局有未履行房屋行政监督职责的不作为行为，判决要求其对业主"吊销B物业公司资质证书的请求"作出处理和答复。类似案例警醒物业服务企业不能想当然开展工作，更不能为获得非法报酬铤而走险，一定要知法、用法、守法。

4. 法规链接

《物业管理条例》

第五条　国务院建设行政主管部门负责全国物业管理活动的监督管理工作。

县级以上地方人民政府房地产行政主管部门负责本行政区域内物业管理活动的监督管理工作。

第十一条　下列事项由业主共同决定：

……

（五）筹集和使用专项维修资金

……

第四十九条　县级以上地方人民政府房地产行政主管部门应当及时处理业主、业主委员会、物业使用人和物业服务企业在物业管理活动中的投诉。

第五十四条第二、三款　专项维修资金属于业主所有，专项用于维修保修期满后物业共用部位、共用设施设备进行的维修和更新、改造，不得挪作他用。

专项维修资金的收取、使用、管理的办法由国务院建设行政主管部门会同国务院财政部门制定。

第六十三条　违反本条例的规定，挪用专项维修资金的，由县级以上地方人民政府房地产行政主管部门追回挪用的专项维修资金，给予警告，没收违法所得，可以并处挪用数额2倍以下的罚款；物业服务企业挪用专项维修资金，情节严重的，并由颁发资质证书的部门吊销资质证书；构成犯罪的，依法追究直接负责的主管人员和其他直接责任人员的刑事责任。

3.2.4　业主大会一定要定期召开并采取集体讨论的形式吗？ ①

1. 案例导读

LJ花园住宅小区一期已经入住多年，最近一段时间，小区内的几部电梯经常出现故障。有部分业主提出希望把这几部电梯进行全面检修，更换部分零件，一来保障住户安全，二则可以保证住户的正常生活。于是，小区业主李某向业主委员会张主任提出书面申请，请求立即召开业主大会讨论此事。业主委员会张主任经与部分业主沟通后，有些业主认为，业主大会应该定期召开，召开临时会议会耽误他们的工作与休息，因此拒绝参加。由于召开业主大会集中讨论有一定的难度，业主委员会就采取了发放征求意见表的方式征求业主意见，结果得到了大多数业主的同意。就在开始停机检修的时候，有业主出来反对，声称检修工程没有召开业主大会讨论，违反了法律规定，属于违法行为，应该立即停止。但业主委员会认为已经书面征求了意见，大多数业主同意，无需集中召开业主大会，为此双方发生了争执。

2. 案例焦点与分析

（1）争议焦点

1）业主大会一定要定期召开吗？

2）业主有权提议召开业主大会临时会议吗？

3）业主大会会议必须采取集体讨论的形式吗？

（2）案例分析

1）根据《物业管理条例》第十三条的规定：业主大会会议分为定期会议和临时会议。业主大会定期会议应当按照业主大会议事规则的规定召开。经20%以上的业主提议，业主委员会应当组织召开业主大会临时会议。

所以，业主大会并不一定要定期召开。

2）根据《物业管理条例》第十二条规定：业主大会会议可以采用集体讨论的形式，也可以采用书面征求意见的形式；但是，应当有物业管理区域内专有部分占建筑物总面积过半数的业主且占总人数过半数的业主参加。业主可以委托代理人参加业主大会会议。其中，筹集和使用专项维修资金以及改建、重建建筑物及其附属设施事项的，应当经专有部分占建筑物总面积三分之二以上的业主且占总人数三分之二以上的业主同意（注：专有部分面积按照不动产登记证记载的面

---

① 蔡峰. 物业管理法规应用[M]. 北京：中国建筑工业出版社，2013：45-48.

积计算，尚未进行登记的，暂按测绘机构的实测面积计算；尚未进行实测的，暂按房屋买卖合同记载的面积计算；建筑总面积，按照前项的统计总和计算）；决定其他事项的，应当经专有部分占建筑物总面积过半数的业主且占总人数过半数的业主同意①。

业主大会或者业主委员会的决定，对业主具有约束力。在本案中，业主委员会虽然没有采用集体讨论的形式，但采用书面征求意见的形式是符合法律规定的，只要达到法定比例的多数业主的支持，该决定就应该对全体业主生效。部分业主认为没有召开业主大会集中讨论属于违法行为的认识是错误的。

但是，如果业主大会或者业主委员会作出的决定侵害业主合法权益的，受侵害的业主可以请求人民法院予以撤销。

3. 实务工作建议

（1）社区、物业服务企业应该针对业主开展《物业管理条例》等法律法规的宣传工作；

（2）业主大会应该在管理规约中约定召开业主大会临时会议的情况，在出现相关情况时，业主或业主委员会应及时要求或组织业主大会临时会议，在业主委员会书面征求意见的时候，业主一定要认真对待，行使好自己的权利，以维护全体业主的合法权益。

4. 法规链接

（1）《物业管理条例》

第十一条　下列事项由业主共同决定：

（一）制定和修改业主大会议事规则；

（二）制定和修改管理规约；

（三）选举业主委员会或者更换业主委员会成员；

（四）选聘和解聘物业服务企业；

（五）筹集和使用专项维修资金；

（六）改建、重建建筑物及其附属设施；

（七）有关共有和共同管理权利的其他重大事项。

第十二条　业主大会会议可以采用集体讨论的形式，也可以采用书面征求意见的形式；但是，应当有物业管理区域内专有部分占建筑物总面积过半数的业主且占总人数过半数的业主参加。

业主可以委托代理人参加业主大会会议。

业主大会决定本条例第十一条第（五）项和第（六）项规定的事项，应当经专有部分占建筑物总面积三分之二以上的业主且占总人数三分之二以上的业主同意；决定本条例第十一条规定的其他事项，应当经专有部分占建筑物总面积过半

---

① 《民法典》第二百七十八条对业主大会表决规则作出了修改。

数的业主且占总人数过半数的业主同意[①]。

业主大会或者业主委员会的决定，对业主具有约束力。

业主大会或者业主委员会作出的决定侵害业主合法权益的，受侵害的业主可以请求人民法院予以撤销。

第十三条　业主大会会议分为定期会议和临时会议。

业主大会定期会议应当按照业主大会议事规则的规定召开。经20%以上的业主提议，业主委员会应当组织召开业主大会临时会议。

（2）《中华人民共和国民法典》

第二百七十八条　下列事项由业主共同决定：

（一）制定和修改业主大会议事规则；

（二）制定和修改管理规约；

（三）选举业主委员会或者更换业主委员会成员；

（四）选聘和解聘物业服务企业或者其他管理人；

（五）使用建筑物及其附属设施的维修资金；

（六）筹集建筑物及其附属设施的维修资金；

（七）改建、重建建筑物及其附属设施；

（八）改变共有部分的用途或者利用共有部分从事经营活动；

（九）有关共有和共同管理权利的其他重大事项。

业主共同决定事项，应当由专有部分面积占比三分之二以上的业主且人数占比三分之二以上的业主参与表决。决定前款第六项至第八项规定的事项，应当经参与表决专有部分面积四分之三以上的业主且参与表决人数四分之三以上的业主同意。决定前款其他事项，应当经参与表决专有部分面积过半数的业主且参与表决人数过半数的业主同意。

第二百八十条　业主大会或者业主委员会的决定，对业主具有法律约束力。

业主大会或者业主委员会作出的决定侵害业主合法权益的，受侵害的业主可以请求人民法院予以撤销。

3.2.5 业主委员会解聘物业服务企业之诉[②]

1. 案例导读

2014年10月27日，北京市A房地产开发公司在北京市海淀区长春桥开发商住两用的项目小区。在销售房屋的同时，A房地产开发公司聘请了北京市B物业服务企业对该小区的物业进行前期物业管理，并与B物业服务企业签订了前期物业服务合同，期限为2014年11月1日至2017年11月1日。

2015年3月27日，由于该小区业主入住率逐渐提高，在众多业主的建议和组

---

① 《民法典》第二百七十八条对业主大会表决规则作出了修改。

② 徐运全. 物业管理法规实用案例[M]. 呼和浩特：内蒙古人民出版社，2016：93-98.

织下，该小区依法成立了业主大会并选举了业主委员会。业主委员会成立后，便召开业主大会，会议决定B物业服务企业继续履行《前期物业管理服务合同》中约定的事项，对该小区进行物业管理。2015年8月25日，B物业服务企业收到小区业主委员会解聘通知，解聘理由为不满意其提供的物业服务质量，而且小区已经另行选聘其他物业服务企业并签订了物业服务合同，现在要求B物业服务企业退出该小区的管理，并进行物业和相关资料的移交，以便其他物业服务企业顺利进入该小区开展物业管理。

B物业服务企业认为：其一，本公司已经与小区A房地产开发公司签订了前期物业服务合同，服务合同期限为3年，而且业主与建设单位在签订购房合同时，也同意本公司作为该小区的前期物业服务企业。现在物业服务合同尚未到期，小区业主委员会便另行选聘其他物业服务企业，其行为已经违反了《前期物业服务合同》的相关约定。而且，本公司已经根据《前期物业服务合同》的约定，提供了合格的物业管理服务，现小区业主委员会单方面解除合同，根据《合同法》的相关规定，理应承担违约责任。其二，根据《物业管理条例》第十一条的规定，选聘、解聘物业服务企业是业主大会履行的职责。小区业主委员会不具备法律主体资格，是没有权力解聘本物业服务企业的。B物业服务企业无奈之下于2015年9月10日依法向北京市海淀区人民法院提起诉讼。

（1）原告诉讼请求

原告B物业服务企业请求法院判令原告继续为小区履行前期物业服务合同，并要求被告小区业主委员会承担违约责任。

（2）被告辩称

被告小区业主委员会辩称，原告提供的前期物业服务质量太差，给业主带来了许多麻烦及生活上的不便，原告的行为已经违反了《前期物业服务合同》中相关的约定。小区业主委员会是由业主合法选举产生的，根据《物业管理条例》能够代表业主行使权利，有权解聘原告B物业服务企业。请求法院依法驳回原告的诉讼请求。

（3）法院认为

根据我国《物业管理条例》第十五条规定：业主委员会是业主大会的常设机构和执行机构，其行为应向业主大会负责；履行职责包括：（二）代表业主与业主大会选聘的物业服务企业签订物业服务合同；（三）及时了解业主、物业使用人的意见和建议，监督和协助物业服务企业履行物业服务合同等。第十一条第四款规定：选聘和解聘物业服务企业由业主共同决定。第二十六条规定：前期物业服务合同可以约定期限；但是，期限未满、业主委员会与物业服务企业签订的物业服务合同生效的，前期物业服务合同终止。因此，在本案中，原告B物业公司在物业服务合同期间未提供完善的物业管理服务，新成立的业主委员会可以根据《物业管理条例》的相关规定，解聘未尽职责的物业公司，另行聘请其他物业公司。

综上所述，在本案中，新成立的业主委员会要求原告B物业公司退出该小区的物业管理服务，并移交相关的物业管理资料，其要求是符合现行物业管理法律法规规定的，虽在物业服务合同期间，但并不构成单方违约。

（4）法院判决

在本案中，尽管原告B物业公司与建设单位之间签订了《前期物业服务合同》，业主与建设单位在签订购房合同时同意原告成为该小区前期物业服务企业。但是，2015年3月27日该小区已由业主选举产生了业主委员会，根据《物业管理条例》第十五条、第十一条的规定，小区业主委员会具有法律主体资格。该小区业主不满意原告B物业公司提供的物业服务质量，经本院调查核实，被告小区业主委员会提供的证据足以证明原告提供的物业管理服务水平极差。因此，被告决定解聘原告，并另行选聘其他物业公司从事该小区物业服务，是符合法律法规规定的，本院予以支持，驳回原告B物业公司的诉讼请求。

2．案例焦点与分析

《物业管理条例》和《民法典》均规定，解聘和选聘物业服务企业，是业主共同决定的事项之一，业主委员会是业主大会的执行机构，只有业主大会作出解聘物业服务企业的决定后，业主委员会才能根据业主大会决议向物业服务企业发出解聘通知。

从前述案情看，业主委员会组织业主大会决定续聘B物业服务企业，体现了业主意愿。后来，业主委员会未经业主大会表决，就决定解聘B物业公司，另行选聘其他物业服务企业从事小区物业服务，是否违反法定程序？法院的判决是否有值得商榷之处？

3．实务工作建议

（1）物业服务企业必须树立物业服务的初心，让业主满意，使物业增值，切实提高物业服务质量与管理水平。

（2）物业服务企业在日常物业服务管理过程中，必须与业主搞好关系，提高业主关系管理水平。

（3）物业服务企业对业主提出的意见及建议要"有求必应，快速反应"。

（4）业主委员会是业主大会的执行机构，其一切权力来源于业主大会的授权，未经业主大会作出决定，不能擅自作出解聘、选聘物业服务企业的决定。

4．法规链接

（1）《物业管理条例》

第十一条 下列事项由业主共同决定：

（一）制定和修改业主大会议事规则；

（二）制定和修改管理规约；

（三）选举业主委员会或者更换业主委员会成员；

（四）选聘和解聘物业服务企业；

（五）筹集和使用专项维修资金；

（六）改建、重建建筑物及其附属设施；

（七）有关共有和共同管理权利的其他重大事项。

第十五条 业主委员会是业主大会的执行机构，履行下列职责：

（一）召集业主大会会议，报告物业管理的实施情况；

（二）代表业主与业主大会选聘的物业服务企业签订物业服务合同；

（三）及时了解业主、物业使用人的意见和建议，监督和协助物业服务企业履行物业服务合同；

（四）监督管理规约的实施；

（五）业主大会赋予的其他职责。

（2）《中华人民共和国民法典》

第二百七十七条 业主可以设立业主大会，选举业主委员会。业主大会、业主委员会成立的具体条件和程序，依照法律、法规的规定。

地方人民政府有关部门、居民委员会应当对设立业主大会和选举业主委员会给予指导和协助。

第二百七十八条 下列事项由业主共同决定：

……

（四）选聘和解聘物业服务企业或者其他管理人。

复习思考题

1．物业服务中涉及业主方的常见纠纷有哪些？应如何避免纠纷的发生？

2．物业服务管理中解决业主方纠纷涉及的主要法律法规有哪些？

3．业主委员会有权力解聘物业服务企业吗？是实际工作中，物业服务企业如何搞好业主委员会的关系？

4．案例分析：

2021年9月16日，服务中心接到210业主反映楼下夹层的健身器在晨练时产生强烈的噪声影响到她正常休息，要求服务中心将健身器撤离或移至别处，客服员接到电话后，及时赶到二楼夹层查看当场操作，发现在健身时并没有噪声产生，但如果有人强力摇动就会发出"哐哐"的声音。因晨练时多半是在清晨，所以声音就相对较明显。

客服员在电梯口张贴"温馨提示"，希望健身爱好者自觉遵守相关规定，不要影响他人休息，同时安排维序员在晨练时到现场进行督促，通过几天下来，电话回访业主，可业主还是反映没有起色，并十分生气，要求撤掉健身器材。第一时间项目经理到现场查看，觉得健身器本来就不多，多数住户需要健身锻炼撤掉不现实；如果移到别处，有可能给其他业主带来同样的困扰，治标更要治本，立即召集工程人员到场，共同商议，想出可行性方案，后来维修工老林采用了最直接最传统的办法，就是将每处碰撞的地方加放一块软皮，两处间拉上一根强力绳，控制拉力和速度，经过反复的实践和观察，再实践再观察，不断地更新材料，最后通知业主现场确认。几个月来再未接到业主投诉了，使事件得到了有效的处理。

问题与思考：

（1）物业服务企业如何有效处理业主的投诉？

（2）如果你是物业管理项目经理，你有更好的处理办法吗？

4

前期物业管理中的
纠纷与案例分析

本章要点与学习目标

　　本章主要回顾了关于前期物业管理的有关知识，介绍了前期物业管理中的纠纷类型与纠纷原因，重点列举了5个典型案例，并对案例进行了解读和分析，最后提出案例问题处理与解决的思路以供参考。

　　本章选取的前期物业管理服务中的案例，分别涉及前期物业管理合同物业服务费纠纷、前期物业管理招标投标合同有效性纠纷、违法装修纠纷等方面的内容。通过对这些经典案例的导读、分析与思考，结合相关法律法规，要求学生能从物业服务企业的角度出发，认识纠纷产生的根本原因；熟悉并准确运用案例中所对应的有关法律法规知识；熟练运用所学的理论和法规知识指导物业服务的实践活动；掌握物业服务企业在前期物业管理中的应诉或投诉处理的方法，从而提高法规应用和物业服务水平，有效降低和规避此类纠纷的发生，减少风险与损失。

4.1 前期物业管理的基本知识

前期物业管理是整个物业管理的初始阶段和基础阶段。一般包括投标管理、管理机构的设立与人员的培训、管理制度的制定、物业的承接查验与接管、进户管理等。主要涉及的纠纷类型房屋交付纠纷、业主入住纠纷、装修管理纠纷等。

4.1.1 前期物业管理的含义

前期物业管理是指在业主、业主大会选聘物业服务企业之前，由建设单位选聘物业服务企业实施的物业管理。前期物业管理有法定的终止条件，即自业主委员会代表业主大会与选聘的物业服务企业签订的《物业服务合同》生效之日终止。

4.1.2 前期物业管理的内容

前期物业管理包括招标投标、业主和使用人关系管理、现场察看管理、管理模式与管理制度的拟定、合同管理等。

1. 前期物业管理的招标投标

我国物业管理法律法规确立的物业管理招标投标制度，目的是克服"建管不分"的弊端，引进物业管理市场竞争机制，降低物业管理成本，提高物业管理水平，确保前期物业管理健康有序发展[①]。

《物业管理条例》确立的物业管理招标投标制度包括倡导性规定和强制性规定两方面。倡导性规定是指"国家鼓励建设单位按照房地产开发与物业管理相分离的原则，通过招标投标的方式选聘物业服务企业"（《物业管理条例》第二十四条第一款）。强制性规定是指住宅物业的物业管理实行强制性招标投标与行政审批相结合的方式选聘物业服务企业，即"住宅物业的建设单位，应当通过招标投标的方式选聘物业服务企业；投标人少于3个或者住宅规模较小的，经物业所在地的区、县人民政府房地产行政主管部门批准，可以采用协议方式选聘物业服务企业"（《物业管理条例》第二十四条第二款）。

对物业服务企业来说，在前期物业管理阶段，通过投标活动来参与市场竞争，扩大物业管理业务，是必要的。物业服务企业可能是由建设单位组建的，或是独立组建的，或是房管所转换的，或各大系统组建，都应该不断发展扩大自身业务水平，提升竞争力，通过投标来承接物业管理业务。在投标过程中，必须进行可行性、可靠性、可盈利性分析。其中，可行性是指物业服务企业既要从自身的实际出发，考虑拟接管的物业与本企业的能力条件是否相符，该物业的接管能否发挥本企业的优势，做到扬长避短。又要考虑能否在该物业的管理权竞争中取胜，如果明知竞争对手实力比自己强大，就不必勉强竞争。可靠性是指该物业的建设是否有保证，业主的资信条件是否较好并能协作配合等，以免中标后，由于业主或建设方面

的原因，工作仍留有漏洞，造成今后的物业管理难以完善，给企业带来不应有的损失。可盈利性是指物业服务企业根据自己的经营目标，测算物业的管理能否给企业带来正常利益，或近期虽无利润但企业能在该地区打开新局面，争取更多的业务。

2．业主和使用人关系管理

物业管理的管理对象是物业，而服务对象是人，即业主和使用人。因此，物业服务企业既应与第一业主（建设单位）共同协商，又要与未来业主或使用人取得联系，听取意见。具体包括：

（1）听取业主或使用人对物业管理的要求、希望。

（2）了解业主或使用人对物业使用的有关安排、打算。

（3）参与售房部门同业主或使用人签约，并提供草拟的业主公约、装饰装修管理办法、门禁出入办法、停车场管理办法、管理费收取办法等物业辖区综合管理办法。

3．现场察看管理

前期物业管理的目的是为以后的管理和服务创造良好的条件，因此，物业服务企业应根据物业管理要求，对物业的规划设计及建筑施工提出合理建议。具体包括：

（1）审视工程土建构造、管线走向、出入线路、保安系统、内外装饰、设施建设、设备安装的合理性。重点察看消防安全设备、自动化设备、安全监控设备、通信设备、给水排水设备、空调设备、车库及公用泊位设备、电力设备、交通运输及电梯设备、服务设备等。

（2）对施工现场提出符合物业管理需要的建议方案，与建设单位磋商解决办法。

（3）在施工现场做好日后养护、维修的要点记录，图纸更改要点记录。

（4）参与工程验收，进行器材检查、外观检查、性能检查、功能测试、铭牌检查，并按整改计划督促整改。

4．管理模式与管理制度的拟定

物业服务企业在前期管理中要根据业主和使用人的希望与要求，设计日后的管理模式，制定相应的规章制度，其中还须与建设单位一起草拟有关文件制度。具体包括：

（1）协助建设单位草拟物业辖区的规章制度、临时管理规约、安全管理规定、装饰装修管理办法等。

（2）设置项目物业管理的组织机构，规定各部门人员岗位责任制度，编制住户手册、物业辖区综合管理办法等。

（3）制定上岗人员的培训计划，并实施计划。

5．前期物业服务合同管理

（1）前期物业服务合同的特点

1）前期物业服务合同是平等主体之间成立的民事合同，适用《民法典》合同编第二分编第二十四章对物业服务合同的专门规定，该章没有规定的，适用《民法典》合同编第一分编通则的规定。

2）前期物业服务合同的签约主体是建设单位和物业服务企业。

3）建设单位与物业买受人签订的买卖合同应当包含前期物业服务合同约定的内容。

4）前期物业服务合同有法定的终止条件。根据《物业管理条例》第二十六条规定，前期物业服务合同可以约定期限；但是，期限未满、业主委员会与物业服务企业签订的物业服务合同生效的，前期物业服务合同终止。

（2）前期物业服务的内容

《民法典》第九百三十八条第一款对物业服务合同内容作出的规定，也适用于前期物业服务合同。按照该条规定，前期物业服务合同的内容一般包括：

1）服务事项

根据建设部《前期物业服务合同（示范文本）》（建住房〔2004〕155号）第二条规定，前期物业服务的内容包括物业共用部位的维修、养护和管理；物业共用设施设备的运行、维修、养护和管理；物业共用部位和相关场地的清洁卫生，垃圾的收集、清运及雨、污水管道的疏通；公共绿化的养护管理；车辆停放管理；公共秩序的维护、安全防范等事项的协助管理；装饰装修管理服务；物业档案资料管理。

2）服务质量

前期物业服务合同应当对前述物业管理服务内容约定服务质量标准，一方面为物业服务企业提供一个明确的服务目标，另一方面也为业主对物业服务企业的服务提供一个考核和监督标准。中国物业管理协会颁布的《普通住宅物业管理服务等级标准（试行）》，为物业服务合同双方当事人确定物业服务等级、约定物业服务项目、内容和标准以及测算物业服务价格提供了参考依据。该标准确定了三个等级标准供合同当事人选择，有超过或者低于标准的，可以自行协商确定。

3）服务费用的标准和收取办法

物业服务费用是物业服务企业提供物业服务的对价，遵循合理、公开、费用与服务水平相适应的收费原则。

收费标准应区分不同的物业性质和特点分别实行政府指导价和市场调节价。前期物业管理阶段实行政府指导价。

业主应当按照前期物业服务合同的约定按时足额交纳物业服务费用。业主违反前期物业服务合同约定逾期不交纳服务费用的，建设单位应当督促其限期交纳；逾期仍不交纳的，物业服务企业可以依法追缴。业主与物业使用人约定由物业使用人交纳物业服务费用的，从其约定，业主负连带交纳责任。

纳入物业管理范围的已竣工但尚未出售，或者因开发建设单位原因未按时交给物业买受人的物业，物业服务费用由开发建设单位全额交纳。

4）维修资金的使用

住宅专项维修资金是指专项用于住宅共用部位、共用设施设备保修期满后的维修和更新、改造的资金。住宅专项维修资金管理实行专户存储、专款专用、所有权人决策、政府监督的原则。业主交存的住宅专项维修资金属于业主所有。

住宅业主（一个业主所有且与其他物业不具有共用部位、共用设施设备的除外）以及住宅小区内的非住宅或者住宅小区外与单幢住宅结构相连的非住宅的业主应当依法缴纳专项维修资金。商品住宅的业主应当在办理房屋入住手续前，将首期住宅专项维修资金存入住宅专项维修资金专户。未按规定交存首期住宅专项维修资金的，开发建设单位或者不得将房屋交付购买人。

业主大会成立前，商品住宅业主、非住宅业主交存的住宅专项维修资金，由物业所在地直辖市、市、县人民政府建设（房地产）主管部门代管。业主大会成立后，由业主委员会委托所在地一家商业银行作为本物业管理区域内住宅专项维修资金的专户管理银行，开立住宅专项维修资金专户，以物业管理区域为单位设账，按房屋户门号设分户账。

住宅专项维修资金划转业主大会管理前，需要使用住宅专项维修资金的，按照以下程序办理：（一）物业服务企业提出使用建议；（二）由业主讨论通过使用建议[①]；（三）物业服务企业组织实施使用方案；（四）物业服务企业持有关材料向所在地直辖市、市、县人民政府建设（房地产）主管部门申请列支；（五）建设（房地产）主管部门审核同意后，向专户管理银行发出划转住宅专项维修资金的通知；（六）专户管理银行将所需住宅专项维修资金划转至维修单位。

住宅专项维修资金划转业主大会管理后，需要使用住宅专项维修资金的，按照以下程序办理：（一）物业服务企业提出使用方案；（二）业主大会依法通过使用方案；（三）物业服务企业组织实施使用方案；（四）物业服务企业持有关材料向业主委员会提出列支住宅专项维修资金；（五）业主委员会依据使用方案审核同意，并报直辖市、市、县人民政府建设（房地产）主管部门备案；（六）业主委员会向专户管理银行发出划转住宅专项维修资金的通知；（七）专户管理银行将所需住宅专项维修资金划转至维修单位。

5）服务用房的管理与使用

建设单位应当按照规定在物业管理区域内配置必要的物业管理用房。

物业服务用房的所有权依法属于业主。未经业主大会同意，物业服务企业不得改变物业管理用房的用途。

物业服务合同终止时，物业服务企业应当将物业管理用房交还给业主委员会。

6）服务期限

前期物业服务合同可以约定期限；但是，期限未满、业主委员会与物业服务

---

① 2021年1月1日后，业主作出决议的条件按照《民法典》物权编的规定执行。

企业签订的物业服务合同生效的，前期物业服务合同终止。

7）服务交接

建设单位应当在物业交付使用15日前，与选聘的物业服务企业完成物业共用部位、共用设施设备的承接查验工作。承接查验的程序包括：（一）确定物业承接查验方案；（二）移交有关图纸资料；（三）查验共用部位、共用设施设备；（四）解决查验发现的问题；（五）确认现场查验结果；（六）签订物业承接查验协议；（七）办理物业交接手续。

物业承接查验协议应当对物业承接查验基本情况、存在问题、解决方法及其时限、双方权利义务、违约责任等事项作出明确约定。

建设单位在物业承接查验协议签订后10日内办理物业交接手续，向物业服务企业移交物业服务用房以及其他物业共用部位、共用设施设备。

8）物业服务企业公开作出的有利于业主的服务承诺

《民法典》第九百三十八条第二款规定，物业服务企业公开作出的有利于业主的服务承诺，为物业服务合同的组成部分。该规定扩充了物业服务企业的义务范围，增加了物业服务合同的内容。

物业服务企业的公开承诺作为物业服务合同的组成部分，应具备以下条件：一是承诺内容是物业服务企业真实意思表示且明确；二是承诺内容是公开作出的[①]；三是承诺对业主有利；四是承诺内容不违反法律、法规的相关规定，不违反公序良俗。符合以上条件的承诺，应认定为物业服务合同的组成部分，物业服务企业应当依照服务承诺履行服务义务，否则应承担违约责任[②]。

4.1.3 前期物业管理常见纠纷

1. 纠纷类型

主要涉及的纠纷类型可能有：

（1）交房屋交付纠纷；

（2）业主入住纠纷；

（3）装修管理纠纷；

（4）其他纠纷。

2. 纠纷产生原因

造成纠纷的原因主要有：

（1）建设单位遗留的房屋质量问题；

（2）小区配套设施不齐全问题；

（3）部分业主违法搭建问题；

---

① 本书认为，承诺在投标书上作出或者在物业管理区域内公示，可认定为公开作出。

② 最高人民法院民法典贯彻实施工作领导小组. 中华人民共和国民法典合同编理解与适用（四）[M]. 北京：人民法院出版社，2020：2561.

（4）住宅小区出现多家物业服务企业实施管理而互相推诿扯皮、管理混乱的问题等。

4.2 案例分析

4.2.1 某物业服务企业与某建设单位的物业服务合同纠纷上诉案[①]

1. 案例导读

原告：白山市江源区某物业服务有限公司（以下简称某物业公司）

被告：桦甸市某房地产开发有限责任公司（以下简称某房地产公司）

2013年6月26日，某物业公司与某房地产公司签订前期物业服务合同一份。合同未约定未售出房屋物业费用的收取，但合同第六章第十二条、第十三条第九款约定了双方应履行国家法律、法规、规章或《临时管理规约》规定的权利义务。根据国家发展和改革委员会和建设部2004年1月1日发布的《物业服务收费管理办法》第十六条"开发建设单位已竣工的纳入物业服务管理范围的房屋出售前应全额缴纳物业服务费"的规定，某物业公司认为：根据合同第七条约定，某物业公司按建筑面积0.40元/（m²·月）、非住宅房屋按建筑面积1.50元/（m²·月）向业主和物业使用人收取物业服务费，物业费用按年度收取，每年10月底前收完下一年度的物业服务费用，业主和物业使用人逾期交纳物业服务费的从逾期之日起按每日0.3%交纳违约金，某房地产公司应缴纳未出售房屋的物业费162906元（其中住宅类10519.17m²、非住宅类4842.75m²）、已出售的房屋欠缴的物业费23957元。同时，某房地产公司还应给付2014年11月1日至2015年3月31日的违约金64386.45元。根据《吉林省物业管理办法》的规定，某房地产公司应提供120m²的物业管理用房。

原告某物业公司请求法院判令某房地产公司给付物业服务费186863元、违约金64386.45元、交付120m²物业管理用房。

被告某房地产公司辩称：①根据《吉林省物业管理办法》第三十二条规定，物业用房产权为全体业主共有，某物业公司并非物业用房的所有人，因此主体不适格。②双方签订的前期物业服务合同，没有进行公开招标投标，也没有经过房地产主管部门的批准，不符合建设部《关于印发〈前期物业管理招标投标管理暂行办法〉的通知》第三条"住宅及同一物业管理区域内非住宅的建设单位，应当通过招标投标的方式选聘具有相应资质的物业管理企业，投标人少于3个或者住宅规模较小的，经物业所在地的区、县人民政府房地产行政主管部门批准，可以采用协议方式选聘具有相应资质的物业管理企业"和《白山市人民政府关于加强物业管理有关问题的通知》中第一条第三项"按照房地产开发与物业管理相分离

---

① 骆鑫，刘娅. 物业管理纠纷案例与实务[M]. 北京：清华大学出版社，2017.

的原则，实行建设与管理分业经营，一个物业管理区域由一个物业管理企业实施物业管理，应当通过招标投标方式选聘具有相应资质的物业管理企业，投标人少于3个或者住宅规模较小的，经房地产行政主管部门批准，可以采用协议方式选聘具有相应资质的物业管理企业，建设单位不得擅自选聘物业管理企业，物业管理企业也不得自接管物业"的规定。因此，双方签订的前期物业合同无效。③物业服务的等级及物业费的标准，没有经过房地产主管部门的审批，不符合《白山市区住宅小区物业管理服务政府指导价格》中第十条的规定，因此无效。④某物业公司没有物价局审批的"经营性收费许可证"，根据《白山市人民政府关于加强物业管理有关问题的通知》第七条第二项"未经批准任何单位不准收取任何费用"，因此，某物业公司不具有收费资格，也就不具备本案相应的民事权利能力。⑤因某物业公司无权向某房地产公司收取物业费，也就不存在违约金的问题。即使按照诉状中所称的违约金进行诉求，也因过分高于其实际受到的损失而不合理。⑥因双方签订的前期物业合同无效，所以双方形成的是无因管理关系，某物业公司若主张对自己已经完成的工作获得补偿，应当另行提起无因管理之诉，法院应当回其诉讼请求。

建设单位与没有通过招标投标的方式选聘方式选用的物业服务企业签订的前期物业合同是否有效？

（1）法院认为

被告某房地产公司主张其与某物业公司签订的前期物业服务合同未按照《前期物业管理招标投标管理暂行办法》的规定进行招标和投标，系《合同法》第五十二条规定的"违反法律、行政法规的强制性规定的合同无效的情形"（参见《民法典》第一百五十三条）。因为《前期物业管理招标投标管理暂行办法》系由建设部于2003年6月26日印发的行业管理规定，依照《中华人民共和国立法法》第六十五条第一款"国务院根据宪法和法律，制定行政法规"的规定，不属于行政法规。某房地产公司的此项主张是没有法律依据的，因而应当认定某物业公司与某房地产公司签订的前期物业服务合同是有效的。

某物业公司与某房地产公司签订的前期物业服务合同是当事人的真实意思表示，内容不违反法律、行政法规的强制性规定，合同有效。某房地产公司关于前期物业服务合同不符合《白山市人民政府关于加强物业管理有关问题的通知》中第一条第三项的规定合同无效的主张，不符合法律关于合同无效的规定情形。所以对某房地产公司关于前期物业服务合同无效的观点不予采纳。某物业公司是否办理收费许可不属本案审理范围。某物业公司提供物业服务后有权依照法律，法规、规章的规定收取物业服务费，依照《物业管理条例》第四十二条第二款"已竣工但尚未出售或者尚未交给物业买受人的物业，物业服务费用由建设单位交纳"的规定，某房地产公司应交纳未售出房屋和因买卖双方有争议而未办理入住手续的已售出房屋及已售出房屋的2013年10月1日至办理入住手续前的物业服务费。物业服务费的收费标准应为合同约定的住宅类0.40元/（m²·月）和物价部门批准的非住宅类1.00元/（m²·月）。经核算，某房地产公司应交纳未售出房屋物业服务费15243.76元、因买卖双方有争议而未办理入住手续的已售出房屋物业服务费14085.36元、已售出房屋的2013年10月1日至办理入住手续前的物业服务费1728.52元，合计183815.64元，因某房地产公司未交纳物业费，所以其应承担违约责任。由于合同约定的违约金过分高于造成的损失，某房地产公司可按中国人民银行发布的同期同类贷款利率承担违约责任。某物业公司主张从2014年11月1日计收至2015年3月31日未办理入住交接手续房屋物业费的违约金，不违反合同约定和法律规定，予以支持。某物业公司撤回要求某房地产公司交付120m²物业用房的请求，不违反法律规定，予以准许。

（2）法院判决

被告某房地产公司于本判决发生法律效力后10日内给付原告某物业公司物业服务费183815.64元；被告某房地产公司于本判决发生法律效力后10日内按中国人民银行发布的同期同类贷款利率给付2014年11月1日至2015年3月31日原告某物业公司物业服务费的违约金（计算违约金的物业服务费本金为166529.12元）。诉前保全申请费1750元由被告某房地产公司承担。案件受理费5068元，减半收取2534元，由被告某房地产公司承担。一审判决后，被告某房地产公司不服，向吉林省白山市中级人民法院提出上诉，要求改判，驳回原告某物业公司的全部诉讼请求。吉林省白山市中级人民法院终审判决：驳回上诉，维持原判。

2．案例焦点与分析

《民法典》第一百五十三条第一款规定："违反法律、行政法规的强制性规定的民事法律行为无效。但是，该强制性规定不导致该民事法律行为无效的除外。"本款规定的导致民事法律行为无效的强制性规定，是指效力性强制性规定，而不导致民事法律行为无效的强制性规定是指管理性强制性规定[①]。

作为行政法规的《物业管理条例》第二十四条第二款规定："住宅物业的建设单位，应当通过招标投标的方式选聘物业服务企业；投标人少于3个或者住宅规模较小的，经物业所在地的区、县人民政府房地产行政主管部门批准，可以采用协议方式选聘物业服务企业。"

前述《物业管理条例》第二十四条第二款规定属于效力性强制性规定还是属于管理性强制性规定？如果属于前者则将导致案涉前期物业服务合同无效，如果属于后者，将不导致合同无效。显然，审理本案的法院认为《物业管理条例》第二十四条第二款规定属于管理性强制性规定，因此判决该前期物业服务合同有效。

3．实务工作建议

虽然本案审理法院认定案涉前期物业服务合同有效，但本案的建设单位毕竟

---

① 如何区分效力性强制性规定和管理性强制性规定，可参考：最高人民法院民法典贯彻实施工作领导小组. 中华人民共和国民法典总则编理解与适用（下）[M]. 北京：人民法院出版社，2020：755-760.

没有通过招标投标的方式选聘物业服务企业，也没有经区人民政府房地产行政主管部门批准采用协议方式选聘物业服务企业，违反了《物业管理条例》第二十四条第二款的规定，留下争议隐患。建议作为物业服务企业，在与建设单位洽谈时，向建设单位提出采取招标投标方式或者采取协议方式报房地产行政主管部门批准，力争以合法方式接管物业管理项目。当然，参与投标，在竞争中取胜，其底气来源于自身综合实力的提高。

4. 法规链接

处理本案例纠纷涉及的法律法规有：

（1）《中华人民共和国民法典》

第五百零二条　依法成立的合同，自成立时生效，但是法律另有规定或者当事人另有约定的除外。

依照法律、行政法规的规定，合同应当办理审批手续的，依照其规定。未办理批准等手续影响合同生效的，不影响合同中履行报批等义务条款以及相关条款的效力。应当办理申请批准等手续的当事人未履行义务的，对方可以请求承担违反该义务的责任。

依照法律、行政法规的规定，合同的变更、转让、解除等情形应当办理批准等手续的，适用前款规定。

第一百五十三条　违反法律、行政法规的强制性规定的民事法律行为无效。但是，该强制性规定不导致该民事法律行为无效的除外。

违背公序良俗的民事法律行为无效。

（2）《物业管理条例》

第二十四条　国家提倡建设单位按照房地产开发与物业管理相分离的原则，通过招标投标的方式选聘物业服务企业。

住宅物业的建设单位，应当通过招标投标的方式选聘物业服务企业；投标人少于3个或者住宅规模较小的，经物业所在地的区、县人民政府房地产行政主管部门批准，可以采用协议方式选聘物业服务企业。

第四十一条　业主应当根据物业服务合同的约定交纳物业服务费用。业主与物业使用人约定由物业使用人交纳物业服务费用的，从其约定，业主负连带交纳责任。

已竣工但尚未出售或者尚未交给物业买受人的物业，物业服务费用由建设单位交纳。

4.2.2　张某诉北京LF物业管理有限公司等确认合同无效纠纷案[①]

1. 案例导读

原告（原审被告）：张某

---

① 骆鑫，刘娅. 物业管理纠纷案例与实务[M]. 北京：清华大学出版社，2017.

被告（原审原告）：北京LF物业管理有限公司（以下简称LF物业公司）

被告：北京某房地产开发有限公司

原告诉讼请求：

原告张某是YS小区的业主。北京某房地产开发有限公司是该小区的建设单位，该公司最初选聘的物业服务企业为北京SH物业管理有限公司（以下简称SH物业公司），2008年4月，北京某房地产开发有限公司与LF物业公司签订《北京市前期物业服务合同》，约定由LF物业公司为YS小区提供物业服务（LF物业公司于2009年5月31日成立，于2013年5月23日取得物业服务企业资质，被准予从事物业服务的时间为2010年11月5日）。2009年7月16日，北京某房地产开发有限公司与北京SH物业管理有限公司签订《北京市前期物业服务合同》，约定由SH物业公司为YS小区提供物业服务。2009年7月，SH物业公司终止了对YS小区的物业服务，北京某房地产开发有限公司选聘被告LF物业公司为YS小区提供物业服务，因被告无相关资质，故挂靠在SH物业公司名下提供物业服务。

被告LF物业公司在成立前就签订了2008年4月的《北京市前期物业服务合同》，系无照经营、无资质经营，违反了国家工商行政管理总局《合同违法行为监督处理办法》的有关规定，住房和城乡建设部《前期物业管理招标投标管理暂行办法》的有关规定，国务院《无照经营查处取缔办法》第二条"任何单位和个人不得违反法律、法规的规定，从事无照经营"等规定；被告LF物业公司挂靠SH物业公司开展经营活动，SH物业公司出借资质，违反了住房和城乡建设部《物业服务企业资质管理办法》的有关规定；北京某房地产公司未经招标投标即选聘LF物业公司提供物业服务，违反了《物业管理条例》第二十四条第二款"住宅物业的建设单位，应当通过招标投标的方式选聘具有相应资质的物业服务企业"等规定；SH物业公司将一个物业管理区域内的全部物业管理业务一并委托给被告LF物业公司，违反了《物业管理条例》第四十条"物业服务企业可以将物业管理区域内的专项服务业务委托给专业性服务企业，但不得将该区域内的全部物业管理一并委托给他人"等规定，上述行为，属《中华人民共和国合同法》第五十二条第五项"违反法律、行政法规的强制性规定"情形，故二被告于2008年4月签订的《北京市前期物业服务合同》违反法律、行政法规的强制性规定，且存在以欺诈手段订立合同、恶意串通损害广大业主利益，以合法形式掩盖非法目的等情况，构成《中华人民共和国合同法》第五十二条第（二）项、第（三）项、第（五）项所规定的无效要件，当属无效。

（1）原告诉求

请求法院判令：①LF物业公司与北京某房地产公司于2008年4月签订的《北京市前期物业服务合同》无效。②要求物业公司返还我已经支付的2009年8月1日至2014年7月31日期间的物业管理服务费8838元。

（2）被告LF物业公司辩称

我公司与北京某房地产开发有限公司签订了《北京市前期物业服务合同》，签订日期是在我公司成立之后，具体日期现已无法核实，张某并非我公司与北京某房地产开发有限公司签订的《北京市前期物业服务合同》的当事人，该合同亦不影响张某的权利义务，故张某与《北京市前期物业服务合同》无利害关系，另外《北京市前期物业服务合同》不具备《中华人民共和国合同法》规定的合同无效的要件，不应归于无效。对于张某所提各项合同无效的理由，均不能成为《北京市前期物业服务合同》无效的理由且北京市门头沟区人民法院已经作出（2015）门民初字753号生效民事判决，判决张某应当给付我公司2009年8月1日至2014年7月31日期间的物业管理服务费8838元。现张某起诉要求返还上述物业费属重复起诉。

综上，请求法院驳回张某的起诉。

被告北京某房地产开发有限公司称：

我公司的答辩意见与LF物业公司一致，我公司与物业公司签署的《北京市前期物业服务合同》载明的"2008年4月"的签订日期系笔误，请求法院驳回张某的全部诉讼请求。

（3）法院经审理查明

张某系北京市门头沟区YS某号楼某单元某室房屋业主。北京某房地产开发有限公司最初选聘的YS小区物业服务企业为SH物业公司。

2009年5月31日，被告LF物业公司成立。2010年11月5日，北京市住房和城乡建设委员会准予被告LF物业公司从事物业管理活动。LF物业公司与北京某房地产公司签订《北京市前期物业服务合同》，约定由LF物业公司为YS嘉园小区提供物业服务，期限为自2011年9月28日至业主委员会成立后代表业主大会与物业服务企业签订物业服务合同生效时止，该合同落款日期显示为2008年4月。

2009年7月16日北京某房地产开发有限公司与SH物业公司订立《北京市前期物业服务合同》，约定由SH物业公司为YS小区提供物业服务，合同期限自2009年8月1日至业主大会成立聘请新物业公司签订新物业服务合同生效时止。

2014年12月30日SH物业公司出具授权委托书，载明：2009年8月至2011年7月期间被告LF物业公司挂靠在SH物业公司名下，对YS小区实施服务和管理。2014年11月北京某房地产开发有限公司、SH物业公司出具证明，载明2009年7月SH物业公司终止了对YS小区的物业服务，撤出了该小区，为了使该小区的管理和服务不出现空白，北京某房地产开发有限公司依规选聘了被告LF物业公司为该小区的管理服务单位；此后双方正式签订《北京市前期物业服务合同》，对小区实施了管理和对业主的服务。由于当时被告LF物业公司的相关手续正在办理过程中，所以各项业务工作挂靠在SH物业公司名下，期间为业主开具的各类收费票据，均由SH物业公司提供，而实际对该小区实施事实服务和管理的责任主体是被告LF物业公司，具体挂靠时间段为2009年8月至2011年7月，2011年8月后由被告LF物业公司独立经营。

2015年4月20日，北京市门头沟区人民法院作出（2015）门民初字第753号民事判决，判决被告张某于本判决生效之日起七日内给付原告LF物业公司自2009年8月1日至2014年7月31日期间的物业管理服务费8838元。该判决已生效。

上述事实，有双方当事人的陈述、被告LF物业公司与某房地产开发有限公司签订的《北京市前期物业服务合同》《证明》《授权委托书》、（2015）门民初字第753号民事判决书等证据在案佐证。

2．案例焦点与分析

对张某持其诉称理由请求确认：①被告LF物业公司与某房地产开发有限公司签订的《北京市前期物业管理服务合同》无效的诉讼请求是否合理？②对于被告LF物业公司与某房地产公司在经营过程中发生的违反有关行政法规、部门规章的行为，是否影响涉案合同的效力？

（1）法院认为

物业管理招标制度是指建设单位为即将建造完成或者已经建造完成的物业寻找合适的物业服务企业，制定符合其管理要求和标准的招标文件，向社会或者若干特定的物业服务企业发出邀请，并根据众多的投标文件中按既定的标准选择最符合招标标准的投标人，委托其进行物业管理的制度。

在物业管理招标投标过程中，招标投标双方应该严格按照招标投标的程序要求和相关法律规范实施招标投标活动，实事求是，守信践诺，准确履行招标投标义务。

本案中，原告提出被告LF物业公司签订《北京市前期物业服务合同》违反了《物业管理条例》第二十四条第二款"住宅物业的建设单位，应当通过招标投标的方式选聘具有相应资质的物业服务企业"之规定，而《物业管理条例》属于行政法规，该条例第二十四条的规定属于管理性禁止规范，禁止的是一种交易方式而不是交易行为本身，所涉及事项亦不损害国家利益和社会利益，因此不应理解为足以导致合同无效的效力性禁止规范。

其次，对张某所提被告LF物业公司签订《北京市前期物业服务合同》违反了《物业管理条例》第四十条"物业服务企业可以将物业管理区域内的专项服务业务委托给专业性服务企业，但不得将该区域内的全部物业管理一并委托给他人"之规定，根据查明的事实，被告在其取得相应物业服务资质前系挂靠SH物业公司为YS小区提供物业服务，实际为YS小区提供物业服务的企业为被告，并不存在SH物业公司将物业服务业务一并委托给被告的情形，综上，原告的诉讼请求无法律依据。对于被告LF物业公司与某房地产公司签订在经营过程中发生的违反有关行政法规、部门规章的行为，应由行政主管机关对违反行政管理规定的违法行为予以处理。

（2）法院判决

依据《中华人民共和国合同法》第五十二条、《最高人民法院关于适用〈中华人民共和国合同法〉若干问题的解释（二）》第十四条之规定，判决如下：驳回张某的诉讼请求；案件受理费25元，由张某理负担。

3．实务工作建议

《合同法》第五十二条第（五）项规定，违反法律、行政法规的强制性规定的合同无效，最高人民法院的合同法解释（二）第十四条进一步解释，前述强制性规定是指效力性强制性规定。《中华人民共和国民法总则》（简称《民法总则》）把"合同无效"扩展至"民事法律行为无效"，继续沿用效力性强制性规定的表述，规定"违反法律、行政法规的强制性规定的民事法律行为无效，但是，该强制性规定不导致该民事法律行为无效的除外。"《民法典》第一百五十三条第一款完全吸收《民法总则》的规定。

解决本案争议关键是要判断被告LF物业公司与某房地产开发有限公司签订的《北京市前期物业管理服务合同》的行为是否违反法律、行政法规的效力性强制性规定，如果是，则该签订合同的行为无效；如果该签订合同的行为仅违反法律、行政法规的管理性强制性规定，则该签订合同的行为不必然无效。

审理本案的法院认为，《物业管理条例》第二十四条第二款"住宅物业的建设单位，应当通过招标投标的方式选聘具有相应资质的物业服务企业"之规定，属于管理性禁止规范，禁止的是一种交易方式而不是交易行为本身，所涉及事项亦不损害国家利益和社会利益，因此不应理解为足以导致合同无效的效力性禁止规范。

通过本案例，学员应学会区分效力性强制性规范和管理性强制性规范的区别，并应用于实践中的民事法律行为是否有效的分析中。

4．法规链接

处理本案例纠纷涉及的法律法规有：

（1）《中华人民共和国合同法》

第五十二条 有下列情形之一的，合同无效：

（一）一方以欺诈、胁迫的手段订立合同，损害国家利益；

（二）恶意串通，损害国家、集体或者第三人利益；

（三）以合法形式掩盖非法目的；

（四）损害社会公共利益；

（五）违反法律、行政法规的强制性规定。

（2）《最高人民法院关于适用〈中华人民共和国合同法〉若干问题的解释（二）》

第十四条 合同法第五十二条第（五）项规定的"强制性规定"，是指效力性强制性规定。

（3）《中华人民共和国民法典》

第一百四十三条 具备下列条件的民事法律行为有效：

（一）行为人具有相应的民事行为能力；

（二）意思表示真实；

（三）不违反法律、行政法规的强制性规定，不违背公序良俗。

第一百五十三条　违反法律、行政法规的强制性规定的民事法律行为无效，但是，该强制性规定不导致该民事法律行为无效的除外。

违背公序良俗的民事法律行为无效。

第五百零二条　依法成立的合同，自成立时生效，但是，法律另有规定或者当事人另有约定的除外。

依照法律、行政法规的规定，合同应当办理审批手续的，依照其规定。未办理审批等手续影响合同生效的，不影响合同中履行报批等义务条款以及相关条款的效力。应当办理申请批准等手续的当事人未履行义务的，对方可以请求其承担违反该义务的责任。

依照法律、行政法规的规定，合同的变更、转让、解除等情形应当办理批准等手续的，适用前款规定。

（4）《物业管理条例》

第二十四条　国家提倡建设单位按照房地产开发与物业管理相分离的原则，通过招标投标的方式选聘具有相应资质的物业服务企业。

住宅物业的建设单位，应当通过招标投标的方式选聘具有相应资质的物业服务企业；投标人少于3个或者住宅规模较小的，经物业所在地的区、县人民政府房地产行政主管部门批准，可以采用协议方式选聘具有相应资质的物业服务企业。

第四十条　物业服务企业可以将物业管理区域内的专项服务业务委托给专业性服务企业，但不得将该区域内的全部物业管理一并委托给他人。

4.2.3　冯某诉杭州市某区住房和城乡建设局处罚案[①]

1．案例导读

原告：冯某

被告：杭州市某区住房和城乡建设局

2015年1月13日，被告杭州市某区住房和城乡建设局作出西住罚决字（2015）第01号《行政处罚决定书》，载明：被告于2014年5月14日，接群众举报，至现场发现原告存在违法装修行为，遂予以立案调查。经查明，原告存在以下违法行为：北阳台增设卫生间，卫生间地面增加荷载，增加分隔，原有两卫隔成五卫，原告的行为违反了《住宅室内装饰装修管理办法》第五条第一款第（二）项、第七条规定。依据该办法第三十八条第（一）、（四）项规定，决定对原告处以罚款900元，责令拆除北阳台增设的卫生间，拆除增加的楼面荷载。被告在法定期限

---

① 骆鑫，刘娅. 物业管理纠纷案例与实务[M]. 北京：清华大学出版社，2017.

内向法院提供的用于证明被诉行政行为合法性的证据：①立案审批表、行政处罚事先告知审批表、行政处罚决定审批表，证明被告处罚的内部流程。②现场检查（勘验）笔录，证明被告对现场检查取证。③调查询问笔录，证明被告调查取证情况。④责令整改通知书、送达回证，证明被告发出责令整改通知书。⑤委托书、承诺书、身份证复印件、证明、房屋所有权证、图纸，证明原告为涉案房屋的装修人和实际使用人、房屋的设计情况。⑥行政处罚事先告知书、送达回证，证明被告发出行政处罚事先告知书。⑦行政处罚决定书、送达回证、票据，证明被告作出的行政行为的内容。

（1）原告诉讼请求

其对1602室装修时已按照《住宅室内装饰装修管理办法》规定进行开工申报，对1602室装修时增加的隔断使用的是符合标准的环保轻质砖，楼面高未超过8cm，且使用与楼下原设计装修一根管道，故其装修未增加楼面荷载。原告对北阳台增设卫生间时做了防水处理。被告在缺少技术鉴定的情形下，仅凭对现场的判断认定1602室增加楼面荷载，证据不足。原告积极配合被告调查，因此，原告于2015年4月9日向杭州市某人民法院起诉诉请判令，撤销被告杭州市某区住房和城乡建设局于2015年1月13日作出的西住罚决字（2015）第01号《行政处罚决定书》第二项。

（2）被告辩称

根据《住宅室内装饰装修管理办法》第五条第一款第（二）项及第七条规定，被告于2014年5月14日对1602室的违法装修一案启动了立案程序，并进行了调查。原告的装修行为存在以下违法内容：北阳台增设卫生间，卫生间地面增加荷载，增加分隔，原有两卫隔成五卫，被告在调查后于2014年10月20日发出《行政处罚事先告知书》，并于2015年1月13日根据《住宅室内装饰装修管理办法》第三十八条第（一）、（四）项规定对被告作出的处罚决定合法有效。原告主张的事实与理由无法成立。要求驳回原告的诉讼请求。

2. 案例焦点与分析

①冯某的装修行为是否违法？

②被告作出行政处罚决定的程序是否合法？

（1）法院认为

2014年2月18日，被告接群众举报称，原告在1602室装修过程中有违法装修行为，被告即于同日至现场查看，并未发现违法装修行为。2月20日，原告表示该房屋仅为自住并将依规进行装修。5月14日，被告再次接举报称，1602室装修过程中有违法装修行为。当日，被告予以立案，并对1602室装修进行实地调查，发现原告的房屋装修行为存在以下违法内容：在北阳台增设卫生间，卫生间地面增加荷载，增加分隔，将原设计两卫改为五卫。被告对现场进行拍照取证。7月31日，被告向原告进行了调查。8月12日，被告向原告送达西住罚责改通字（2014）第65号责令整改通知书，要求原告对上述问题于8月26日前完成整改。因原告未采取有效措施消除或减轻违法装修后果，10月20日，被告作出西住罚先告字（2014）第10号《行政处罚事先告知书》，原告未在规定期限内进行陈述、申辩，2015年1月13日，被告作出涉案行政处罚决定书，并向原告送达。原告在交纳了罚款后，诉至本院。

（2）法院判决

本案中，原告在对自家房屋进行装修时，将没有防水要求的阳台改为卫生间，在北阳台增设卫生间；未经原设计单位或具有相应资质等级的设计单位提出设计方案，即擅自超过设计标准或者规范，增加卫生间楼面荷载，增加分隔，将原设计两卫改为五卫。原告的行为严重违反了前述规定，因此，房屋所在城市的房地产行政主管部门有权责令改正，并处罚款。法院依照《中华人民共和国行政诉讼法》第六十九条之规定，判决如下：驳回冯某的诉讼请求；案件受理费50元，由冯某负担。

3．实务工作建议

随着我国经济持续快速发展和人民生活水平的不断提高，城市住宅室内装饰装修活动日益普遍，在这一过程中也出现了一些个人随意拆改建筑主体和承重结构等危及公共和人民生命财产安全的问题。根据《住宅室内装饰装修管理办法》的规定，并结合其他法律、法规的相关规定，通常情况下，业主个人在进行装修时不得采取以下的行为：

（1）未经有关单位的批准擅自改变房屋的用途的行为。

（2）破坏建筑物安全的各种行为，包括：

1）未经原设计单位或者具有相应资质等级设计单位提出设计方案，变动建筑主体和承重结构。

2）将没有防水要求的房间或者阳台改为卫生间、厨房间。

3）扩大承重墙上原有的门窗尺寸，拆除连接阳台的砖、混凝土墙体。

4）损坏房屋原有节能设施，降低节能效果。

5）未经批准，不得搭建建筑物、构筑物；改变住宅外立面，在非承重墙上开门、窗；拆改供暖管道和设施；拆改燃气管道和设施。

6）其他影响建筑结构和使用安全的行为。

（3）妨碍物业整体形象和市容的行为，包括：

1）搭建建筑物、构筑物。

2）改变住宅外立面，在非承重外墙上开门窗。

3）其他有损物业整体形象和市容市貌的行为。

（4）侵犯其他业主相邻权益的行为，如严重影响其他业主的生活安宁的行为、给其他业主物业造成损害的装修行为等。

（5）其他为法律、法规所禁止的装修行为。

其中，建筑主体是指建筑实体的结构构造，包括屋盖、楼盖、梁、柱、支撑、墙体、连接接点和基础等，承重结构是指直接将本身自重与各种外加作用力系统地传递给基础地基的主要结构构件和其连接接点，包括承重墙体、立杆、柱、框架柱、支、楼板、梁、屋架、悬索等。

上述禁止性行为属于强制性规范，任何装修人员都不得违反上述规定。物业服务企业发现装修人员有上述行为必须马上制止，通知整改，如果装修人员拒不整改的，物业服务企业应立即报告房屋所在地住房和城乡建设主管部门，由住房和城乡建设主管部门负责处理。给其他业主造成损失的，其他业主可以主张损害赔偿。

此外，还规定业主装饰装修房屋的，应当事先告知物业服务企业，虽然业主有权对自己的房屋进行装修或改造，但如果对业主不加以管理，就有可能会破坏房屋结构，侵犯其他用户的利益，或者因施工扰民影响其他用户的居住安宁和清洁。因此，物业服务企业有必要对用户的装修行为进行管理，以保护相邻业主、公共设施和环境卫生。《物业管理条例》第五十三条规定："业主需要装饰装修房屋的，应当事先告知物业服务企业。"《住宅室内装饰装修管理办法》第十三条也规定："装修人在住宅室内装饰装修工程开工前应当向物业服务企业或者房屋管理机构申报登记。"装修人向物业服务企业申报装修登记时，应该提交相关材料，一般包括房屋所有权证（或者证明其合法权益的有效凭证）申请人身份证原件及复印件；装饰装修设计方案；变动建筑主体或者承重结构的，须提交原设计单位或者具有相应资质等级的设计单位提出的设计方案，提交有关单位的批准文件及有关设计方案或施工方案；委托装饰装修企业施工的，必须提供该企业资质证书的复印件。

4. 法规链接

（1）《物业管理条例》

第五十二条　业主需要装饰装修房屋的，应当事先告知物业服务企业。

物业服务企业应当将房屋装饰装修中的禁止行为和注意事项告知业主。

（2）《住宅室内装饰装修管理办法》（建设部令第110号）

第四条　直辖市、市、县人民政府房地产行政主管部门负责本行政区城内的住宅室内装饰装修活动的管理工作。

第五条　住宅室内装饰装修活动，禁止下列行为：

（一）未经原设计单位或者具有相应资质等级的设计单位提出设计方案，变动建筑主体和承重结构；

（二）将没有防水要求的房间或者阳台改为卫生间、厨房间；

（三）扩大承重墙上原有的门窗尺寸，拆除连接阳台的砖、混凝土墙体；

（四）损坏房屋原有节能设施，降低节能效果；

（五）其他影响建筑结构和使用安全的行为。

本办法所称建筑主体，是指建筑实体的结构构造，包括屋盖、楼盖、梁、柱、支撑、墙体、连接接点和基础等。

本办法所称承重结构，是指直接将本身自重与各种外加作用力系统地传递给基础地基的主要结构构件和其连接接点，包括承重墙体、立杆、柱、框架柱、支墩、楼板、梁、屋架、悬索等。

第六条 装修人从事住宅室内装饰装修活动，未经批准，不得有下列行为：

（一）搭建建筑物、构筑物；

（二）改变住宅外立面，在非承重外墙上开门、窗；

（三）拆改供暖管道和设施；

（四）拆改燃气管道和设施。

本条所列第（一）项、第（二）项行为，应当经城市规划行政主管部门批准；第（三）项行为，应当经供暖管理单位批准；第（四）项行为应当经燃气管理单位批准。

第七条 住宅室内装饰装修超过设计标准或者规范增加楼面荷载的，应当经原设计单位或者具有相应资质等级的设计单位提出设计方案。

第八条 改动卫生间、厨房间防水层的，应当按照防水标准制订施工方案，并做闭水试验。

第十五条 物业管理单位应当将住宅室内装饰装修工程的禁止行为和注意事项告知装修人和装修人委托的装饰装修企业。

装修人对住宅进行装饰装修前，应当告知邻里。

第十八条 有关部门接到物业管理单位关于装修人或者装饰装修企业有违反本办法行为的报告后，应当及时到现场检查核实，依法处理。

第二十一条 任何单位和个人对住宅室内装饰装修中出现的影响公众利益的质量事故、质量缺陷以及其他影响周围住户正常生活的行为，都有权检举、控告、投诉。

第三十八条 住宅室内装饰装修活动有下列行为之一的，由城市房地产行政主管部门责令改正，并处罚款：

（一）将没有防水要求的房间或者阳台改为卫生间、厨房间的，或者拆除连接阳台的砖、混凝土墙体的，对装修人处5百元以上1千元以下的罚款，对装饰装修企业处1千元以上1万元以下的罚款；

（二）损坏房屋原有节能设施或者降低节能效果的，对装饰装修企业处1千元以上5千元以下的罚款；

（三）擅自拆改供暖、燃气管道和设施的，对装修人处5百元以上1千元以下的罚款；

（四）未经原设计单位或者具有相应资质等级的设计单位提出设计方案，擅自超过设计标准或者规范增加楼面荷载的，对装修人处5百元以上1千元以下的罚款，对装饰装修企业处1千元以上1万元以下的罚款。

4.2.4　刘某诉天津某置业有限公司等财产损害赔偿纠纷案[①]

1. 案例导读

原告：刘某

被告：天津某置业有限公司

被告：上海某物业管理有限公司天津分公司

被告：天津市某热电有限公司

被告：天津某建筑装饰工程有限公司

原告刘某于2013年12月至2014年3月与被告之一的天津某建筑装饰工程有限公司签订合同，对位于天津市红桥区HH花园某号的新房进行装修，2014年3月装修完成，期间为了卫生间贴瓷砖，施工人员将卫生间暖气片卸下，线路未拆改，暖气片未更换，施工完毕后装回。原告于2014年8月24日结婚并入住该套新房，2014年10月16日收到物业公司短信通知，称2014年10月19日至21日暖气打压试水，要求家中留人。原告于2014年10月19日至21日均留人在家观察暖气片漏水情况，2014年10月22日14点05分，原告接到物业公司电话，称楼下某室反映其家里门厅房顶滴水，怀疑原告家漏水，要求先将供热进水阀门关闭，原告同意并立刻回家查看，发现因卫生间暖气片严重漏水导致卫生间全部泡水，客厅几乎完全被水浸泡，当时楼下两位邻居也在现场目睹并协助原告立即进行处理，但由于水量过大、积水时间过长导致客厅地板大面积起鼓损坏，无法使用，主卧、次卧、厨房、卫生间门及鞋帽柜严重开裂影响使用，电视柜、餐桌、餐椅、沙发、茶几等家具均有不同程度损坏，无法正常使用。后经物业公司工作人员确认，事故确为暖气漏水导致。原告与邻居及物业公司工作人员沟通后得知，2014年10月22日，HH花园小区某号楼多家住户同时发生暖气漏水情况，与原告家情况相同。原告询问物业公司人员为何发生漏水，物业公司人员说试水是逐步加压的，22日水压大于19～21日，达到了最大，有可能导致漏水。原告在物业公司通知试水的期限内，按照物业公司要求家中留人观察，无漏水情况，并无过失。因此，原告将建设单位天津某置业有限公司、物业管理方上海某物业管理有限公司天津分公司、供暖方天津市某热电有限公司及装修公司天津某建筑装饰工程有限公司作为共同被告，起诉至天津市红桥区人民法院，天津市红桥区人民法院于2014年11月5日立案受理，依法适用简易程序，于2014年11月24日公开开庭进行了审理，后变更为普通程序，依法组成合议庭，于2015年1月14日、6月1日公开开庭进行了审理。

（1）原告诉讼请求

原告认为众被告相关责任体现在以下几个方面：①物业公司仅通知19～21日打压试水，未告知22日也进行打压试水并存在更大漏水风险，未尽到告知责任，

① 骆鑫，刘娅. 物业管理纠纷案例与实务[M]. 北京：清华大学出版社，2017.

对住户造成严重误导，导致我家遭受重大损失。②供暖公司在通知的打压试水日期后继续进行操作且未告知操作事项，导致多家同时发生漏水。③建设单位未履行《户内供热设施验收确认单》中规定的供热系统运行调试执行及监管责任，却根据其中霸王条款推卸责任，称暖气拆装后就对质量不再负责，但本人购买的新房为毛坯房，装修时必须给卫生间贴瓷砖，不可能不对暖气片进行拆装，此条款应为无效条款。④装修公司负责暖气的拆装，事发当天发现暖气的漏水部位系暖气片下部和进水口的接口漏水，原告认为装修公司安装暖气时接口没有接好。综上，被告的行为损害了原告的切身利益，致使原告蒙受了巨大的经济损失，对原告家的暖气漏水事故负有共同责任，应依法共同赔偿原告的全部经济损失，并承担原告处理解决此事所产生的全部相关费用，包括：家具损失费35181.9元（包含客厅地板4561.9元、主次卧和厨卫门12156元、鞋帽柜3358元、电视柜1018元、餐桌2380元、椅子四把2920元、沙发8095元、茶几693元）、误工费8070元、精神损失费3000元，退还本供暖期取暖费2174.25元、交通费1000元、电话费200元、其他经济损失2000元（结婚所购买的新婚的鞋、地垫等相关的物品被水浸泡），共计人民币51626.15元，请求法院依法裁决。

（2）被告天津某置业有限公司辩称

其公司已经按照商品房买卖合同的约定履行了交付房屋的义务，所交付房屋符合质量要求，对于原告家中发生的暖气漏水事故，并不存在过错，因此请求法院驳回原告的诉讼请求。

（3）被告上海某物业管理有限公司天津分公司辩称

在原告办理收房、装修申请手续期间，其公司已多次以书面确认的形式，告知原告在装修期间应注意的相关事项及应享有的权利和承担的义务，明确提示了原告装修时如需拆改暖气设备、设施的，应征得供暖单位批准，否则给自己或他人造成损失、损害，由拆改人自行承担全部责任；并提示原告在申请装修施工时，用的企业及人员应持有相关部门颁发的资质证书、上岗证或相关技术证书，对于原告与施工单位之间签署的装修施工协议中，双方也明确了对于室内供暖设施、设备在无相关管理部门审批的情况下，不得改动的条款。至此，原告在多方告知且有书面确认的情况下，仍然不按相关规定施工，致使此次室内供暖设施、设备漏水。其公司工作人员在此次暖气打压试修验漏水事件中尽到了物业服务的相关标准及责任义务，为此，不同意原告所提出的各项赔偿费用。

（4）被告天津市某热电有限公司辩称

原告所述其公司在通知的打压试水日期后继续进行操作，以及打压试水系逐步加压的事实不存在，从打压试水第一天直至供暖期结束一直都是固定的压力值。涉诉房屋交付使用未满两年，供暖设施的保修由建设单位负责，其公司对于原告损失的发生没有过错，不同意原告的诉讼请求。

（5）被告天津某建筑装饰工程有限公司辩称

在其公司与原告签订的装修合同中已经约定其公司对于对房内的暖气只负责

拆装，不负责维修及保养，且涉诉房屋在打压试水期间未发生漏水，其公司没有过错，不同意原告的诉讼请求。

2．案例焦点与分析

①原告在从事住宅内装饰装修活动时，是否有违规行为？

②被告天津某建筑装饰工程有限公司对于装修过程中是否有违规行为？

（1）法院认为

原告刘某与被告天津某置业有限公司于2013年1月26日签订《天津市商品房买卖合同》，由原告购买坐落天津市红桥区河北大街与子牙河南路东侧HH花园某号房屋，2015年1月15日，上述房屋所有权证书下发，登记所有人为原告刘某。2013年12月7日，原告对上述房屋交接验收，并在《房屋交接验收表——户内供热设施验收单的物品及资料移交清单》中签字确认。被告上海某物业管理有限公司天津分公司对上述房屋所在小区提供物业管理服务。2013年12月15日，原告与被告天津某建筑装饰工程有限公司签订《天津某家庭居室装饰装修工程施工合同协议条款》，同时，上述两方与被告上海某物业管理有限公司天津分公司签订《HH花园装修管理协议》，约定由天津某建筑装饰工程有限公司对涉诉房屋进行室内装修，施工期自2013年12月22日至2014年3月8日。在对涉诉房屋卫生间装修施工过程中，天津某建筑装饰工程有限公司对卫生间内的暖气片进行了拆卸及重新安装，未更换暖气设施。2014年10月16日，被告上海某物业管理有限公司天津分公司接天津市某热电有限公司通知，涉诉房屋所在小区将于2014年10月19日至21日进行打压试水，该物业公司于2014年10月16日张贴《关于暖气供水打压的通知》，并向小区业主发送短信通知。上述期间，打压试水如期进行。2014年10月22日，原告家中无人，涉诉房屋卫生间暖气片漏水，涉诉房屋客厅木质地板及主卧、次卧、卫生间、厨房门框开裂，鞋柜底部开裂，沙发、茶几、电视柜、餐桌、餐椅底部损坏。经原告与上海某物业管理有限公司天津分公司、天津某建筑装饰工程有限公司工作人员确认，漏水部位为暖气片下部与进水口的连接处。

庭审中，原告曾申请法院委托鉴定机构对暖气漏水原因进行鉴定，经法院司法技术辅助技术办公室查询，未有鉴定机构接受该项鉴定委托，该项鉴定未能进行，因四被告对原告主张的上述损失的价格有异议，均要求原告进行物价评估以确定其损失金额，原告为此向法院提出鉴定申请。法院依法对外委托天津××资产评估有限公司对涉诉房屋内的沙发、茶几、电视柜、餐桌、餐椅进行损失价值评估，该评估公司于2015年4月23日出具《××咨字（2015）第001号评估咨询报告》，评估结论为：

"在评估咨询基准日2015年4月9日，天津市红桥区人民法院委托评估咨询的实物资产的评估咨询价值为2627.33元；本评估询报告自评估咨询基准日起使用有效期为1年，即自2015年4月9日至2016年4月8日"，原告支付评估费3000元。法院依法对外委托天津市××房地产工程造价咨询有限公司对涉诉房屋客厅木质地板及主卧、次卧、卫生间、厨房门框开裂，鞋帽柜底部开裂进行损失评估，该公司于2015年4月29日出具《津××（2015）建鉴字第20号司法鉴定意见书》，鉴定意见为12501.7元。原告支付评估费4000元。第三次庭审中，原告表示对诉请中的家具损失费予以变更，以评估结论为准。

（2）法院判决

对于原告主张的各项损失，本院具体分析如下：

1）物品损失：原、被告双方对涉诉房屋内的沙发、茶几、电视柜、餐桌、餐椅损坏的评估价格2627.33元，以及客厅木质地板及主卧、次卧、卫生间、厨房门框开裂，鞋帽柜底部开裂的评估价格12501.7元均无异议，本院予以确认。

2）误工费：原告主张因今后更换和重新装修受损物品而发生的误工损失，尚未实际发生，本院不予支持。

3）精神损失费：原告该项请求于法无据，本院不予支持。

4）供暖费：原告因卫生间暖气漏水无法使用该暖气确属事实，在其正常交纳供暖费而无法享受到供暖服务的情况下主张该项损失较为合理，考虑原告在供暖期后期曾恢复暖气使用，参考原告提交的供暖费收据所载金额，本院酌情支持其该项损失1000元。

5）交通费：原告主张因处理暖气漏水及诉讼过程中所发生的交通费用，确系必然发生，本院予以支持；原告主张今后装修发生的交通费尚未实际发生，本院不予支持；结合本案实际情况，本院确认该项损失为300元。

6）电话费：原告主张该项损失无证据证实，本院不予支持。

7）其他经济损失：原告主张因暖气漏水将其购买的新鞋、地垫等物品浸泡，无法继续使用，但未提供相关证据证实该项损失的发生，本院不予支持。

上述损失共计16429.03元，应由被告天津某建筑装饰工程有限公司对原告予以全部赔偿。

综上，法院依照《中华人民共和国侵权责任法》（简称《侵权责任法》）第六条第一款、《中华人民共和国民事诉讼法》第六十四条、《最高人民法院关于适用〈中华人民共和国民事诉讼法〉的解释》第九十条的规定，判决如下：

1）自本判决书生效之日起15内日，被告天津某建筑装饰工程有限公司赔偿原告刘某经济损失16429.03元。

2）驳回原告刘某的其他诉讼请求。

案件受理费1091元，原告刘某负担751元，被告天津某建筑装饰工程有限公司负担340元；鉴定费7000元，由被告天津某建筑装饰工程有限公司负担。

3．实务工作建议

根据我国建设部于2002年3月5日颁布的《住宅室内装饰装修管理办法》第六条规定，装修人从事住宅室内装饰装修活动，未经批准，不得拆改供暖管道和设施，拆改供暖管道和设施的，应当经供暖管理单位批准。第三十三条规定，装修人擅自拆改供暖、燃气管道和设施造成损失的，由装修人负责赔偿。上述禁止性规定属于强制性规范，任何装修人员都不得违反上述规定。物业服务企业发现装修人员有上述行为的，必须马上制止，通知整改，如果装修人员拒不整改的，物业服务企业应立即报告给房屋所在地住房和城乡建设主管部门，由住房和城乡建设主管部门处理，给其他业主造成损失的，其他业主可以主张损害赔偿。

在装修的过程中，装修人和装饰装修施工单位应严格按照装修申报登记的内容组织施工。物业服务企业应严格按照住宅装饰装修管理服务协议的约定实施管理监督和服务工作，加强现场检查，发现装修人或者装饰装修施工单位有违反有关规定的行为，应当及时劝阻和制止；已造成事实后果或拒不改正的，应及时报告有关部门依法处理。对装修人或者装饰装修施工单位违反《物业装饰装修管理服务协议》的，应追究违约责任。

被告天津某建筑装饰工程有限公司作为具备相应资质的装修单位，在装修过程中拆装暖气片，应当按照上述规定进行操作，而在本案中，其拆装暖气片并未经过供暖管理单位的同意，违反了上述规定，具有过错，应当对其违规装修行为承担责任。

4．法规链接

（1）《物业管理条例》

第五十二条　业主需要装饰装修房屋的，应当事先告知物业服务企业。

物业服务企业应当将房屋装饰装修中的禁止行为和注意事项告知业主。

（2）《住宅室内装饰装修管理规定》

第六条　装修人从事住宅室内装饰装修活动，未经批准，不得有下列行为：

（一）搭建建筑物、构筑物；

（二）改变住宅外立面，在非承重外墙上开门、窗；

（三）拆改供暖管道和设施；

（四）拆改燃气管道和设施。

本条所列第（一）项、第（二）项行为，应当经城市规划行政主管部门批准；第（三）项行为，应当经供暖管理单位批准；第（四）项行为应当经燃气管理单位批准。

第三十三条　因住宅室内装饰装修活动造成相邻住宅的管道堵塞、渗漏水、停水停电、物品毁坏等，装修人应当负责修复和赔偿；属于装饰装修企业责任的，装修人可以向装饰装修企业追偿。

装修人擅自拆改供暖、燃气管道和设施造成损失的，由装修人负责赔偿。

4.2.5　隋某等与刘某等财产损害赔偿纠纷案[①]

1．案例导读

原告：隋某

原告：王某

---

① 骆鑫，刘娅. 物业管理纠纷案例与实务[M]. 北京：清华大学出版社，2017.

被告：刘某

被告：刘某某

隋某、王某系夫妻关系。2013年4月4日，隋某、王某购买了位于沈阳市和平区胜利南街某号某室商品住宅一套（建筑面积为135.62m²）。刘某、刘某某系夫妻关系，也购买了该处楼房的某室，位于隋某、王某家楼上。2014年3月下旬，隋某、王某发现刘某、刘某某为了将房屋原暖气片供暖改造为地热供暖，用风镐及电钻将其房屋楼板刨除掉很厚的一层，导致隋某、王某家中的楼板出现裂缝和酥裂，房屋的客厅、卧室等楼板受损。目前，该房屋楼板的厚度已经达不到原设计标准，楼板的承重结构已改变，造成严重的安全隐患。隋某、王某不敢对房屋装修入住，只好在外面租房居住，并且支付了案外人姜某装修违约金10000元。因此事隋某、王某多次找到刘某、刘某某进行协商均未解决。

（1）原告诉讼请求

隋某、王某为维护自己的合法财产权益，诉至法院，申请对本案涉案的破损楼板进行检测，进行加固工程施工方案、加固工程总造价预算的鉴定，鉴定费用由被告承担，并请求法院判令被告限期对本案的破损楼板进行修复，恢复原状，修复费用由被告承担。修复后的房屋应经过质量监督部门验收合格，并出具验收报告。验收费用由被告承担，请求判令被告赔偿隋某、王某因其私自铲地面使隋某、王某无法按期装修而损失的违约金10000元；请求判令被告支付隋某、王某房屋租赁费（自2014年3月10日起至法院判决确定的履行给付之日止），按照2000元/月计算；判令被告赔偿隋某、王某因未能入住涉案房屋而发生的物业费损失（2441元/年，从2014年3月10日计算至法院判决确定的给付之日）；判令被告赔偿隋某、王某因未能入住涉案房屋而发生的电梯费损失（144元/人·年，从2014年3月10日计算至法院判决确定的给付之日）；判令被告立即拆除位于沈阳市和平区胜利南街某号某房屋内的地热；判令被告赔偿隋某、王某复印费70元；供暖费暂不予主张；本案诉讼费用由被告承担。

（2）被告刘某、刘某某于第一次庭审中辩称

刘某、刘某某对隋某、王某增加的诉讼请求不同意，隋某、王某变更诉讼请求应该在有效期内提出，而且这些费用根本不存在，请求法院依法驳回。其他意见同2014年10月23日法庭组织双方询问时的意见。另外，近一年的时间也没看到隋某、王某家的破损程度，应经过司法程序做评估鉴定才能确定隋某、王某家是否有损失。隋某、王某已经放弃了权利，请求法院依法驳回隋某、王某的诉请。隋某、王某家根本没有进行装修，其提供的装修施工合同书是伪造的，也没有案外人姜某的身份证证明，无法确定真伪。隋某、王某提供的其房屋受损的照片，没有拍摄时间、没有地点、没有人物，与本案没有关联性，不能证明是刘某、刘某某给隋某、王某家造成损失的结果，事实上也不存在隋某、王某所举照片上反映的情况。对于隋某、王某举证的复印费收据，因系三联据，不能确定其真伪，隋某、王某应当有正式的税收发票，同时，该收

据也没有记载复印了什么材料，数额也不确定。对于隋某、王某提供的其他证据材料，刘某、刘某某亦均提出异议。刘某、刘某某的房屋现在没有进行任何装修，也没有实际入住。隋某、王某所述的由我们刨开地面施工安装地热的事实，我们不认可。总之，隋某、王某的诉求与事实不符，其没有证据证明刘某、刘某某将房屋装修造成其房屋塌裂的事实，请求法院依法驳回隋某、王某的诉讼请求。本案第二次庭审时，刘某、刘某某经依法传唤未到庭应诉，亦未提交书面答辩意见。

2．案例焦点与分析

①隋某、王某的诉求是否符合法律规定？有何依据？

②隋某、王某的10000元无法按期装修而损失的违约金应该由刘某、刘某某赔偿吗？

（1）法院认为

隋某、王某系夫妻关系，双方于2005年6月3日登记结婚。2013年4月4日，二人与沈阳STS房屋开发有限公司（以下简称STS公司）签订《商品房买卖合同》，约定隋某、王某购买STS公司开发建设的位于沈阳市和平区胜利南街某号某房屋（建筑面积135.62m²）一处，总价为875131元。2001年1月6日，隋某、王某开始办理上述房屋入住手续。2014年3月10日，隋某与案外人姜某签订《家庭居室装饰工程施工合同书》一份，约定由姜某对隋某、王某购买的沈阳市和平区胜利南街某号某房屋进行装修。

刘某、刘某某系夫妻关系，双方于2008年10月30日登记结婚。二人亦购买了STS公司开发建设的位于沈阳市和平区胜利南街某号某房屋，系隋某、王某所购房屋的楼上邻居。涉案楼房均系采用暖气片供暖方式，刘某、刘某某为将供暖方式改造为地热供暖，于2014年3月中旬在未经任何单位许可的情况下将其房屋地面层刨除约6cm，并铺设了地热管线。刘某、刘某某的上述刨除地面层的行为导致位于楼下的隋某、王某家中房屋顶棚出现明显裂痕，并伴随有灰浆砂砾脱落的情况出现。因存在安全隐患，隋某、王某无法继续对房屋进行装修和入住，导致其与案外人姜某签订的装修合同中止。隋某、王某亦因此租赁案外人郭某华位于沈阳市和平区长白路AT小区的房屋居住，房屋租金为每月2000元。

再查明：隋某、王某于2014年1月11日向其涉案房屋所在小区物业公司——XD物业管理（沈阳）有限公司交纳2014年1月15日至2015年1月14日期间的物业费2441元、电梯费288元。2015年5月22日，隋某、王某再次缴纳2015年1月15日至2016年1月14日期间的物业费2441元、电梯费144元。

上述事实，有各方当事人的当庭陈述笔录、商品房买卖合同书、契税发票、物业费及电梯费发票、照片、装修合同书、制作的询问笔录及现场查勘书面材料等证据在卷佐证，经庭审质证及审查，予以确认。

（2）法院判决

根据《中华人民共和国民事诉讼法》的规定，当事人有应诉答辩并对对方当事人提交的证据进行质证的权利。本案中，刘某、刘某某于本案第二次庭审时，经依法传唤，无正当理由拒不出庭应诉，视为其放弃了举证及质证的权利，根据隋某、王某提供的证据及其陈述意见，结合刘某、刘某某第一次庭审时发表的答辩意见等，对本案事实予以认定。

沈阳市人大常委会于2011年7月29日颁布并于同年1月1日起实施的《沈阳市民用建筑供热用热管理条例》第三十八条第一款规定："用户不得有下列行为：（一）擅自改动室内供暖设施；"本案中，隋某、王某与刘某、刘某某房屋之间的楼板属于共有部分，刘某、刘某某私自刨铲地面层，变动房屋承重结构，擅自改动室内供暖设施，致使隋某、王某的房屋受损，现隋某、王某要求刘某、刘某某拆除地热设施，恢复原状，符合法律规定，予以支持。关于刘某、刘某某辩称其从未对房屋进行过装修改动的意见，根据对刘某、刘某某于庭前制作的询问笔录，刘某、刘某某已自认其安装地热，并"刨开了地面"，同时结合对涉案房屋进行的现场查勘，对这一事实予以确认，故对刘某、刘某某的答辩意见，不予采信。

关于赔偿隋某、王某主张刘某、刘某某赔因其私自刨铲地面使隋某、王某无法按期装修而损失的违约金10000元这一情节，经向案外人姜某核实，其表示"涉案房屋的总装修款为49500元，该10000元系房屋装修预付款，等恢复装修，并装修完毕后，原告还需要支付39500元"，据此，可以认定上述10000元系隋某、王某向案外人支付的装修款中的一部分，而非隋某、王某所述的违约金损失故对隋某、王某的该项诉求不予支持。

关于隋某、王某主张的房屋租赁费损失，因刘某、刘某某的侵权行为导致隋某、王某无法继续装修房屋并入住，实际发生租房费损失，故应由刘某、刘某某承担赔偿责任。隋某、王某提交了租房协议及交纳租金的收条等，予以确认。对刘某、刘某某开始刨铲地面层的时间"2014年3月中旬"（确定为2014年3月15日）起至本案第二次庭审时（2015年6月17日）止期间的租房费用予以支持，结合沈阳市物价局、沈阳市房产局于2013年12月3日联合发布的沈价发（2013）70号《关于公布2014年-2015年沈价发（2013）70号沈阳市非住房租赁指导租金的通知》文件，对原告主张的租金计算标准2000元/月予以确认，所以，上述期间的房屋租金损失共计30200元。

关于隋某、王某主张的物业费、电梯费损失。因刘某、刘某某的侵权行为导致隋某、王某交纳物业管理费、电梯费但无法入住房屋，无法享受相应物业服务，发生实际损失，故应由刘某、刘某某承担赔偿责任。隋某、王某提供了物业费及电梯费发票予以佐证，予以确认。对刘某、刘某某开始刨铲地面层的时间"2014年3月中旬"（确定为2014年3月15日）起至本案第二次庭审时（2015年6月17日）止期间的物业费、电梯费损失予以支持。据此，隋某、王某主张的物业费损失应为3071.79元，隋某、王某主张的电梯费损失应为301.20元。

关于隋某、王某主张的复印费70元，隋某、王某提供了收款收据，并于庭审中提供了照片证据等，该费用系某、王某的实际损失，刘某、刘某某应予承担。

关于隋某、王某申请涉案楼板进行检测，对加固工程施工方案、加固工程总造价预算的鉴定，鉴定费用由刘某、刘某某承担的意见。因刘某、刘某某的侵权行为导致隋某、王某的房屋受损，而隋某、王某已主张刘某、刘某某拆除地热，并恢复原状，恢复原状所达到的标准应是涉案楼板结构设计总说明中的标准，而上述各项义务的履行已有明确标准，且均应由刘某、刘某某承担，由此，隋某、王某如再主张对涉案楼板进行检测，对加固工程施工方案、加工程总造价预算进行鉴定已无必要，为减轻各方当事人的诉累，本着经济合理、降低成本的原则，故对隋某、王某的该项申请不予准许，关于隋某、王某主张对修复后的房屋应经过质量监督部门验收合格，并出具验收报告，验收费用由刘某、刘某某承担的意见，本院认为，拥有相应资质的建筑维修单位对受损楼板进行修复后，即表明该维修项目具备验收条件，而无需再经质量监督部门验收并出具验收报告，且隋某、王某的该项主张事实上无法判决履行，故不予支持。

法院判决如下：

1）被告刘某、刘某某于本判决生效之日起15日内拆除位于沈阳市和平区胜利南街某号某房屋内的地热。

2）被告刘某、刘某某于本判决生效之日起70日内将位于沈阳市和平区胜利南街某号某房屋与某房屋共用的受损楼板恢复原状（以该楼板结构设计总说明标注的标准进行恢复）。

3）被告刘某、刘某某于本判决生效之日起15日内赔付原告隋某、王某房屋租赁费30200元。

4）被告刘某、刘某某于本判决生效之日起15日内赔付原告隋某、王某物业费3071.79元、电梯费301.20元。

5）被告刘某、刘某某于本判决生效之日起15日内赔付原告隋某、王某复印费70元。

6）驳回原告隋某、王某的其他诉讼请求。案件受理费950元，减半收取475元，由被告承担。

宣判后，被告刘某、刘某某不服一审判决，向辽宁省沈阳市中级人民法院提出上诉，二审查明的事实与原审法院认定的事实一致，作出了终审判决：驳回上诉，维持原判。

3. 实务工作建议

国务院于2000年1月30日发布的《建设工程质量管理条例》第十五条第二款规定："房屋建筑使用者在装修过程中，不得擅自变动房屋建筑主体和承重结构。"建设部于2002年3月5日以第110号令发布的《住宅室内装饰装修管理办法》第五条规定："住宅室内装饰装修活动，禁止下列行为：（一）未经原设计单位或者具有相应资质等级的设计单位提出设计方案，变动建筑主体和承重结构……本办法所称建筑主体，是指建筑实体的结构构造，包括屋盖、楼盖、梁、柱、支撑、墙体、连接接点和基础等。本办法所称承重结构，是指直接将本身自重与各种外加作用力系统地传递给基础地基的主要结构构件和其连接接点，包括承重墙体、立杆、柱、框架柱、支墩、楼板梁、屋架、悬索等。"第六条规定："装修人从事住宅室内装饰装修活动，未经批准，不得有下列行为：……（三）拆改供暖管道和设施……第（三）项行为，应当经供暖管理单位批准……"

本案中，隋某、王某与刘某、刘某某房屋之间的楼板属于共有部分，刘某、刘某某私自刨铲地面层，变动房屋承重结构，擅自改动室内供暖设施，致使隋某、王某的房屋受损，现隋某、王某要求刘某、刘某某拆除地热设施，恢复原状，赔偿原告相关损失，符合法律规定，予以支持。关于涉及的物业费、电梯费问题及原告提出的房屋租赁费等，因被告刘某、刘某某的侵权行为导致隋某、王某无法继续装修房屋并未入住，实际发生的物业费用及租房费损失，应由刘某、刘某某承担赔偿责任。

物业服务企业虽然在本案中没有被法院判决需要承担赔偿责任，但是，为了规范业主装饰装修活动的管理，遏制违规装修行为，减少或者避免业主装饰装修中的纠纷，在业主申请对其住宅进行装饰装修时，应该做好以下工作：

（1）严格按照《住宅室内装饰装修管理办法》的规定，将住宅室内装饰装修工程的禁止行为和注意事项告知装修人和装修人委托的装饰装修企业。

（2）与装修人和装饰装修企业签订住宅室内装饰装修管理服务协议。

（3）按照住宅室内装饰装修管理服务协议实施管理，发现装修人或者装饰装修企业有《住宅室内装饰装修管理办法》第五条行为的，或者未经有关部门批准实施第六条所列行为的，或者有违反第七条、第八条、第九条规定行为的，应当立即制止；已造成事实后果或者拒不改正的，应当及时报告有关部门依法处理。

（4）对装修人或者装饰装修企业违反住宅室内装饰装修管理服务协议的，追究违约责任。

4. 法规链接

（1）《中华人民共和国物权法》

第七十条　业主对建筑物内的住宅、经营性用房等专有部分享有所有权，对专有部分以外的共有部分享有共有和共同管理的权利。

第七十一条　业主对其建筑物专有部分享有占有、使用、收益和处分的权利。业主行使权利不得危及建筑物的安全，不得损害其他业主的合法权益。

（2）《中华人民共和国民法典》

第一千一百六十五条　行为人因过错侵害他人民事权益造成民事损害的，应当承担侵权责任。

依照法律规定推定行为人有过错，其不能证明自己没有过错的，应当承担侵权责任。

第一千一百六十七条　侵权行为危及他人人身、财产安全的，被侵权人有权要求侵权人承担停止侵害、排除妨碍、消除危险等侵权责任。

（3）《建设工程质量管理条例》

第十五条　涉及建筑主体和承重结构变动的装修工程，建设单位应当在施工前委托原设计单位或者具有相应资质等级的设计单位提出设计方案；没有设计方案的，不得施工。

房屋建筑使用者在装修过程中，不得擅自变动房屋建筑主体和承重结构。

（4）《住宅室内装饰装修管理办法》（建设部令第110号）

第五条　住宅室内装饰装修活动，禁止下列行为：

（一）未经原设计单位或者具有相应资质等级的设计单位提出设计方案，变动建筑主体和承重结构；

（二）将没有防水要求的房间或者阳台改为卫生间、厨房间；

（三）扩大承重墙上原有的门窗尺寸，拆除连接阳台的砖、混凝土墙体；

（四）损坏房屋原有节能设施，降低节能效果；

（五）其他影响建筑结构和使用安全的行为。

本办法所称建筑主体，是指建筑实体的结构构造，包括屋盖、楼盖、梁、柱、支撑、墙体、连接接点和基础等。

本办法所称承重结构，是指直接将本身自重与各种外加作用力系统地传递给基础地基的主要结构构件和其连接接点，包括承重墙体、立杆、柱、框架柱、支墩、楼板梁、屋架、悬索等。

第六条　装修人从事住宅室内装饰装修活动，未经批准，不得有下列行为：

（一）搭建建筑物、构筑物；

（二）改变住宅外立面，在非承重外墙上开门、窗；

（三）拆改供暖管道和设施；

（四）拆改燃气管道和设施。

本条所列第（一）项、第（二）项行为，应当经城市规划行政主管部门批准；第（三）项行为，应当经供暖管理单位批准；第（四）项行为应当经燃气管理单位批准。

第七条　住宅室内装饰装修超过设计标准或者规范增加楼面荷载的，应当经原设计单位或者具有相应资质等级的设计单位提出设计方案。

第八条　改动卫生间、厨房间防水层的，应当按照防水标准制订施工方案，并做闭水试验。

第九条　装修人经原设计单位或者具有相应资质等级的设计单位提出设计方案变动建筑主体和承重结构的，或者装修活动涉及本办法第六条、第七条、第八条内容的，必须委托具有相应资质的装饰装修企业承担。

复习思考题

1. 前期管理管理中容易产生哪些纠纷问题？如何解决？

2. 物业服务企业所管小区住户出现未经允许而改变房屋用途或破坏建筑安全的各类行为，物业服务企业应采取什么措施？

3. 前期物业管理纠纷中常用的法律法规有哪些？

4. 案例分析题

A物业服务企业为沈阳某小区提供物业服务管理，该楼各房间屋顶均安装了相应的供暖管道和设施。陈某系该15楼1503室业主，林某系该楼16层1603室业主，林某装修时擅自拆改供暖、燃气管道和设施，2020年12月25日17时许，卫生间暖气片漏水，客厅木质地板及主卧、次卧、卫生间、厨房门框开裂，鞋柜底部开裂，沙发、茶几、电视柜、餐桌、餐椅底部损坏，并渗漏到1503室，使业主陈某部分家具受损，陈某就此提起诉讼，要求林某、A物业企业赔偿经济损失。

问题与思考：

（1）该案件中物业服务企业需要承担法律责任吗？为什么？

（2）作为物业服务企业应该如何避免此类事件的发生？

5

物业服务合同
纠纷与案例分析

本章要点与学习目标

　　本章主要回顾了物业服务合同管理有关的知识，介绍了物业服务合同签订与执行中的纠纷类型与纠纷原因，重点列举了5个典型案例，对案例进行解读和分析，最后提出案例处理与解决的思路以供参考。

　　本章选取有关物业服务合同的案例，分别涉及合同纠纷诉讼时效、业主委员会签订合同的合法性、物业服务企业服务质量未达到服务合同约定、业主家中失窃而引发的物业服务企业责任问题等内容。通过对这些典型案例的导读与评析以及相关法规的链接，要求学生从物业服务企业的角度，认识问题产生的原因；熟悉分析案例适用的有关法律法规；面对物业服务合同管理中的各种民事纠纷，能够迅速找到具有针对性的解决办法。同时，学生应能掌握物业服务企业在物业服务合同纠纷中的应诉或对投诉的处理方法与技巧，有效规避和降低物业服务合同管理面临的风险与损失。

5.1 物业服务合同的基本知识

5.1.1 物业服务合同的概念

物业服务合同是物业服务人在物业服务区域内，为业主提供建筑物及其附属设施的维修养护、环境卫生和相关秩序的管理维护等物业服务，业主支付物业费的合同。物业服务人包括物业服务企业和其他管理人。物业服务合同的内容一般包括服务事项、服务质量、服务费用的标准和收取办法、维修资金的使用、服务用房的管理和使用、服务期限、服务交接等条款。物业服务人公开作出的有利于业主的服务承诺，为物业服务合同的组成部分。物业服务合同应当采用书面形式[①]。

需要注意的是，物业服务合同的签订主体一方是业主，另一方是物业服务企业或者其他物业管理人。业主可以是自然人、法人或其他组织。物业服务企业是指符合法律规定，依法向业主提供物业服务的民事主体。我国法律要求物业服务企业必须具有独立的法人资格[②]。其他管理人是指物业服务企业以外的、根据业主委托管理建筑区划内的建筑物及其附属设施的组织或者自然人。《民法典》将其他管理人与物业服务企业并列为物业服务的主体，赋予了相同的权利义务。聘请其他管理人对物业进行管理，是业主自治管理的一种实现形式[③]。

本书仅讨论涉及物业服务企业的物业服务合同，不涉及以其他管理人为主体的合同。

5.1.2 物业服务合同的特征

物业服务合同既具有民事合同的一般法律特征外，也有其自身的特征：

（1）物业服务合同的订立以当事人的相互信任为前提。基于重大误解签订的合同，当事人有权请求人民法院或者仲裁机构予以撤销；以欺诈、胁迫手段使对方在违背真实意思的情况下签订的合同，受欺诈方、受胁迫方可以请求人民法院或者仲裁机构予以撤销；一方利用对方处于危困状态、缺乏判断能力等情形，致使合同成立时显失公平的，受损害方有权请求人民法院或者仲裁机构予以撤销。

（2）物业服务合同是业主与物业服务企业双方意思表示一致的产物。此外，应当注意的是，物业服务合同中的业主是指业主群体，并非单个业主或部分业主。只有业主大会才具有选聘、解聘物业服务企业的权利，也只有业主大会才具有制定、修改物业管理区域内业主规约、业主大会议事规则等有关业主共同管理

---

① 《中华人民共和国民法典》第九百三十七条、第九百三十八条。

② 《物业管理条例》第三十二条第一款规定，从事物业管理活动的企业应当具有独立的法人资格。

③ 最高人民法院民法典贯彻实施工作领导小组. 中华人民共和国民法典合同编理解与适用（四）[M]. 北京：人民法院出版社，2020：2554.

的规章制度的权利①。

（3）物业服务合同是有偿合同。《物业管理条例》第七条规定，业主应按时交纳物业服务费用。国家发改委、建设部颁发的《物业服务收费管理办法》规定，物业服务收费应当遵循合理、公开以及费用与服务水平相适应的原则。物业服务收费应当区分不同物业的性质和特点分别实行政府指导价和市场调节价。业主与物业服务企业可以采取包干制或者酬金制等形式约定物业服务费用。业主应当按照物业服务合同的约定按时足额交纳物业服务费用或者物业服务资金。业主违反物业服务合同约定逾期不交纳物业服务费用或者物业服务资金的，业主委员会应当督促其限期交纳；逾期仍不交纳的，物业服务企业可以追缴②。

（4）物业服务合同既是诺成性合同又是双务合同。物业服务合同自双方达成协议时成立，故为诺成性合同；物业服务合同又是双务合同，即当事人互享权利，互负义务。

（5）物业服务合同是劳务合同。劳务合同的标的是一定的、符合要求的劳务，而不是物质成果或物化成果；合同约定的劳务是通过提供劳务的人的特定行为表现出来的。

5.1.3 物业服务合同的分类

根据《物业管理条例》的有关规定，物业服务合同可分为两类：一是前期物业服务合同，二是业主大会成立并授权业主委员会与其依法选聘的物业服务企业签订的物业服务合同，通常直接称为物业服务合同，以区别于前期物业服务合同。

1. 前期物业服务合同

前期物业服务合同，是指物业管理区域内的业主、业主大会选聘物业服务企业之前，由房地产建设单位依法通过公开招标的方式或者经物业所在地的区、县人民政府房地产行政主管部门批准采取协议方式选聘物业服务企业，与其选聘的物业服务企业签订的合同③。

2. 物业服务合同

物业服务合同是业主委员会代表全体业主与业主大会选聘的物业服务企业签订的合同，合同的主体是物业服务企业和业主大会。特殊情况下，只有一个业主的物业，由该业主与物业服务企业签订物业服务合同；业主人数较少且经全体业主一致同意，决定不成立业主大会的，由业主共同履行业主大会、业主委员会的职责，共同与物业服务企业签订物业服务合同。

---

① 特殊情况下，在业主大会成立之前，由建设单位代表全体业主依法选聘、解聘物业服务企业，制定业主临时规约。

② 《物业服务收费管理办法》（发改价格〔2003〕1864号）第五条、第六条、第九条、第十五条。

③ 《物业管理条例》第二十一条、第二十四条。

5.1.4 物业服务合同的主体

1. 物业服务企业

物业服务企业是指依法向业主提供物业服务、具有独立法人资格的组织。

2. 业主、业主大会和业主委员会

（1）业主

《物业管理条例》第六条规定："房屋的所有权人为业主"。《民法典》从建筑物区分所有权的角度定义业主，即对建筑物专有部分享有专有权、对专有部分以外的共有部分享有共有权和共同管理权的人是业主[①]。最高人民法院《关于审理建筑物区分所有权纠纷案件具体应用法律若干问题的解释》第一条对业主的范围作出了补充规定：依法登记取得或者根据物权法第二章第三节规定取得建筑物专有部分所有权的人，应当认定为物权法第六章所称的业主。基于与建设单位之间的商品房买卖民事法律行为，已经合法占有建筑物专有部分，但尚未依法办理所有权登记的人，可以认定为《物权法》第六章所称的业主。

（2）业主大会

业主大会是由物业管理区域内全体业主组成的自治机构。《物业管理条例》第八条规定："物业管理区域内全体业主组成业主大会。业主大会应当代表和维护物业管理区域内全体业主在物业管理活动中的合法权益。"

（3）业主委员会

《物业管理条例》第十五条规定："业主委员会是业主大会的执行机构"。业主委员会有权代表业主与业主大会选聘的物业服务企业订立物业服务合同，其本身不是合同主体。

5.1.5 物业服务合同常见纠纷

依照《民法典》第二百七十七条规定，业主可以设立业主大会，选举业主委员会。业主大会是区分所有权建筑物管理的最高权力机构；业主委员会是其执行机构，在业主大会授权的情况下具有一定的行为能力和诉讼行为能力。业主大会可以选聘物业服务企业对建筑物及其附属设施和相关场地进行管理，物业服务企业是受业主大会委托执行管理建筑物及其附属设施和相关场地事务的单位。因此，物业服务企业对小区的管理权来源于与业主大会签订的物业服务合同的约定。

在物业服务合同的订立和履行过程中，涉及业主、业主大会、业主委员会、房地产建设单位、物业服务企业等多个主体的关系。由于《物业管理条例》等法规、部门规章和地方性法规规定的模糊，以及物业服务合同关于权利义务约定的不清晰，在物业管理实践中会产生诸多纠纷。

---

① 参看《民法典》第二百七十一条。

1. 物业服务合同常见纠纷的类型

根据物业管理的范围和内容以及物业管理的特点来分析，其发生纠纷主要分为两大类型，即因合同的履行产生的物业管理纠纷和因侵权行为产生的物业管理纠纷。

（1）因合同履行产生的物业管理纠纷

因合同履行产生的物业管理纠纷主要是由当事人违约所引起的，主要包括：因服务质量不符合约定产生的物业管理纠纷、因服务内容产生的物业管理纠纷、因服务费用产生的物业管理纠纷、因解除或者终止物业服务合同产生的物业管理纠纷等。

1）物业服务质量纠纷

因物业服务企业提供的物业服务不符合物业管理行业规范或不符合物业服务合同约定的服务标准而引起的物业管理纠纷。例如：物业管理区域内共用设施设备未及时维修养护导致其处于不正常使用状态、区域内公共秩序混乱、交通道路不畅、安全防范不力、消防救灾不及时等。

2）物业服务内容纠纷

因物业服务企业没有按照规定或者物业服务合同约定的内容全面履行物业服务而引起的物业管理纠纷。例如，物业服务企业公开承诺的服务事项没有兑现等。

3）物业服务费用纠纷

因物业服务费标准发生争议或业主拖欠物业服务费而引起的物业管理纠纷，如物业服务企业未按物业服务合同约定或政府指导价标准收费，擅自扩大收费范围或提高收费标准、业主（或使用人）少交、欠交物业服务费等。

4）终止或解除物业服务合同纠纷

这类纠纷包括物业服务合同期满，业主另行选聘新的物业服务企业，原物业服务企业不愿意退出而产生的纠纷；物业服务合同期满前当事人一方有严重违约行为，导致另一方要求解除物业服务合同而产生的纠纷；或者出现法律法规规定或当事人约定终止的情形而引起的物业管理纠纷。如合同期满后物业服务企业拒绝退出阻止业主重新选聘其他物业服务企业、物业服务企业在合同期限内因重大违约业主要求解除合同、业主不履行物业服务合同义务或违约长期拖欠物业服务费用等。

（2）因侵权行为产生的物业管理纠纷

因侵权行为产生的物业管理纠纷主要包括：

1）改变公共建筑和共用设施用途，侵害业主合法权益。

2）擅自占用、挖掘物业管理区域内道路、场地，损害业主共同利益。

3）违规装饰装修侵害他人合法权益。

4）挪用专项维修资金。

5）损坏建筑物及其附属设施、设备。

6）其他侵权行为。例如：业主或物业服务企业侵占公共场地、通道私搭乱建建筑物；堆放物品堵塞消防通道或者疏散通道；在建筑物、构筑物公共部位上乱悬挂、乱张贴、乱涂写、乱刻画；未经批准在物业管理区域内、出口处摆摊设点等。

7）业主之间因排水、通行、通风、采光等问题发生的相邻关系纠纷。例如，下水道堵塞、阳台的封闭、楼道堆放物品、不当安装空调太阳能热水器等损害相邻业主利益的行为。

2. 物业服务合同常见纠纷的原因

在物业管理服务市场化进程中，物业服务合同因其复杂性、综合性、反复性而导致当事人在履行过程中易产生纠纷，且违约形式多变、复杂、隐晦，给司法审判带来一定困扰。

（1）业主及房屋使用人对合同的违约

1）业主对前期物业服务合同的拒绝履行

建设单位与房屋买受人签订房屋买卖合同时，已经将前期物业服务合同作为了买卖合同的构成部分，业主认可由建设单位签订的前期物业服务合同。业主以非前期物业合同的当事人为由，拒绝履行前期物业服务合同，如拒绝缴纳物业服务费。

2）物业使用人对物业服务合同的违约

物业服务合同中约定物业服务费由物业使用人缴纳的，从其约定，但业主要承担连带责任。物业使用人应当按合同约定缴纳物业管理费，不按时缴纳的，构成合同违约。

（2）物业服务企业对合同的违约

1）物业服务企业以停水停电相威胁催缴物业服务费

物业服务企业往往受有关部门委托代其收取水、电费，但也只是代收费用而已，有关部门并未授权物业服务企业能停止对业主供水、供电。因此，物业服务企业以停止对业主供水、供电方式催缴物业服务费造成业主损失，即构成侵权，应承担相应责任。

2）对承接查验义务的违反

为确保物业具备正常的使用功能，维护自身和业主的利益，物业服务企业有义务履行对物业的前期介入和承接查验工作，促使建设单位和施工企业按相关标准进行设计和建设，减少日后管理中的麻烦和开支。物业服务企业不履行物业承接查验义务，不经承接查验即接管物业，构成了合同违约或者构成了侵害业主合法权益的侵权行为。

3）对安全保障义务的违反

物业服务企业没有按照规定或者物业服务合同约定对业主的人身和财产承担安全保障义务，包括物业服务企业对违反小区安全管理行为的制止和报告义务以及防止小区内出现安全问题的协助义务。

5.2 案例分析

5.2.1 权利人主张权利需及时，诉讼时效届满后将丧失胜诉权

1．案例导读

某物业公司从2002年3月1日开始与开发商签订《物业管理委托合同》后一直为涉案小区提供物业管理服务至今。2004年1月17日，业主刘某与该物业公司签订《物业管理合同书》《委托银行代缴物业管理费协议》及《本业主（住户）承诺》，约定由该物业公司进行物业管理，物业管理费按照建筑面积每月每平方米0.8元收取，管理费缴交时间为每月10号，业主与管理公司签订委托银行收款协议，由银行划账，管理费按指定期限缴交，逾期按每日10元收取滞纳金。刘某自2004年收楼后至2009年12月一直有缴纳物业服务费，但从2010年1月开始，因对物业公司服务不满，故拖欠物业管理费至今未交。该物业公司遂于2016年10月11日提起诉讼，要求刘某支付2010年1月至2016年7月31日的物业管理费及违约金。

（1）争议焦点

物业公司主张刘某支付2010年1月至2016年7月31日的物业服务费及违约金是否超过法定诉讼时效。

（2）法院认为

法院经审理认为，双方签订物业管理合同合法有效，对双方均具有约束力。刘某作为业主享受了物业公司提供的物业服务，应当依约交纳物业服务费。物业公司向刘某主张2010年1月1日至2016年7月31日拖欠的物业管理费，但在刘某否认在本案应诉之前有收到过其催收物业管理费通知的情况下，物业公司未能提供充足有效的证据证实其在2016年10月11日向法院提起诉讼之前，有向刘某催收过物业管理费。故在2016年10月11日提起本案诉讼之前，物业公司因怠于向刘某行使主张拖欠物管费的权利，对于刘某拖欠其2010年1月1日至2013年10月10日的物业管理费的两年诉讼时效已届满，对于其该部分主张，法院不予支持。对于物业公司主张的刘某拖欠的2013年10月11日至2016年7月31日的物业服务费问题，刘某依约应交纳物业服务费。

（3）法院判决

刘某向物业公司支付2013年10月11日至2016年7月31日的物业服务费及其滞纳金，驳回物业公司其他诉讼请求。

2．实务工作建议

根据双方签订的《物业管理合同书》《物业管理委托合同》的内容，可以认定涉案小区的物业管理费系按月缴纳，因此涉案小区的物业管理费作为定期给付之债，每月定期形成。根据《中华人民共和国民法通则》（简称《民法通则》）第一百三十五条规定："向人民法院请求保护民事权利的诉讼时效期间为二年。法律

另有规定的除外①。"法律规定诉讼时效是对权利人及时行使权利的督促,权利人怠于行使权利,在诉讼时效届满后,权利人丧失胜诉权。该物业公司主张已经通过投递《欠费催款通知书》、上门催收、电话催收等方式向业主催收,认为诉讼时效已经中断,并为此提交了《欠费催款通知书》予以证明。根据《民法通则》第一百四十条"诉讼时效因提起提诉讼、当事人一方提出要求或者同意履行义务而中断。从中断时起,诉讼时效期间重新计算。"的规定②,该物业公司陈述其每月将《欠费催款通知书》投递到刘某楼下的邮箱,但其并未能提交证据予以证明,应承担举证不能的法律后果,因此诉讼时效并未中断,故法院认定刘某拖欠物业公司2010年1月1日至2013年10月10日期间的物业管理费超过诉讼时效,因此对该期间的物业服务费不予支持。

本案例告诉我们,当业主或者物业使用人欠费时,物业服务企业在催收的同时,应当保留中止诉讼时效的事实证据。

3. 法规链接

《中华人民共和国民法典》

第一百八十八条 向人民法院请求保护民事权利的诉讼时效期间为三年。法律另有规定的,依照其规定。

诉讼时效期间自权利人知道或者应当知道权利受到损害以及义务人之日起计算。法律另有规定的,依照其规定。但是,自权利受到损害之日起超过二十年的,人民法院不予保护,有特殊情况的,人民法院可以根据权利人的申请决定延长。

第一百九十五条 有下列情形之一的,诉讼时效中断,从中断、有关程序终结时起,诉讼时效期间重新计算:

(一)权利人向义务人提出履行请求;

(二)义务人同意履行义务;

(三)权利人提起诉讼或者申请仲裁;

(四)与提起诉讼或者申请仲裁具有同等效力的其他情形。

5.2.2 业主委员会更换"管家"需合法

1. 案例导读

涉案小区原由旧物业服务企业提供物业管理服务,合同期限至2013年6月30日止。2013年3月23日,业主委员会通知旧物业服务企业合同到期后不再续约,同年6月,业主委员会重新招聘新物业服务企业,并成立7人评审小组投票决定物业服务企业的选聘事项。涉案物业服务企业成功中标并与业主委员会签订了新的

---

① 《民法总则》将《民法通则》2年普通时效期间改为3年,于2017年10月1日起生效。《民法典》承继了《民法总则》的规定,第一百八十八条规定:"向人民法院请求保护民事权利的诉讼时效期间为三年。法律另有规定的,依照其规定。"

② 《民法典》第一百九十五条对诉讼时效作出了新的规定。

《物业服务合同》，合同期限自2013年7月1日至2015年6月30日。涉案物业服务企业进场时遭到旧物业服务企业和部分业主的阻挠，交接未能完成。

2．案例焦点与分析

（1）争议焦点

小区业主委员会重新招聘新物业服务企业，并成立7人评审小组投票决定物业服务企业的选聘事项，是否有效？

（2）法院判决

法院经审理认为，业主委员会在未经业主大会讨论同意的情况下，先自行决定合同期满后不续约并通知旧物业服务企业，违反了法律法规规定的民主议定程序。另外，业主委员会招聘物业服务企业的评审小组的组成与决定也未能征询业主大会的意见。因此，涉案小区业主委员会在续聘、选聘物业服务企业的问题上违反法律强制性规定，新的《物业服务合同》无效。

3．实务工作建议

根据《物业管理条例》有关规定，业主大会选聘、解聘、决定是否续聘物业服务企业，应当召开业主大会，经专有部分占建筑物总面积过半数的业主且占总人数过半数的业主同意，亦即"双过半"同意①。

本案中，在业主委员会与旧物业服务企业签订的旧的《物业服务合同》期限届满前的2013年3月23日，业主委员会在未经业主大会会议讨论，获得"双过半"同意的情况下，自行决定合同期满后不续约并通知旧物业服务企业，该决定违反了法律法规的强制性规定。另外，在选聘物业服务企业其他程序中，业主委员会也未能征询业主大会的意见。因此，一审、二审法院均认定涉案小区业主委员会在续聘、选聘物业服务企业的问题上违反法律强制性规定，新物业服务企业与涉案小区业主委员会签订的新的《物业服务合同》无效，判决驳回新物业服务企业要求履行合同的诉讼请求。

实务中，业主委员会侵害业主共有权和共同管理权的案例时有发生，此时，业主和物业服务企业都应该依据相关法律法规，制止业主委员会的侵权行为，维护自己的合法权益。

4．法规链接

（1）《物业管理条例》

第十一条　下列事项由业主共同决定：

（一）制定和修改业主大会议事规则；

（二）制定和修改管理规约；

（三）选举业主委员会或者更换业主委员会成员；

（四）选聘和解聘物业服务企业；

（五）筹集和使用专项维修资金；

---

① 《民法典》第二百七十八条修订了业主大会的表决规则，自2021年1月1日起生效。

（六）改建、重建建筑物及其附属设施；

（七）有关共有和共同管理权利的其他重大事项；

（八）选聘和解聘物业服务企业。

第十二条 业主大会会议可以采用集体讨论的形式，也可以采用书面征求意见的形式；但是，应当有物业管理区域内专有部分占建筑物总面积过半数的业主且占总人数过半数的业主参加。

业主可以委托代理人参加业主大会会议。

业主大会决定本条例第十一条第（五）项和第（六）项规定的事项，应当经专有部分占建筑物总面积三分之二以上的业主且占总人数三分之二以上的业主同意；决定本条例第十一条规定的其他事项，应当经专有部分占建筑物总面积过半数的业主且占总人数过半数的业主同意。

业主大会或者业主委员会的决定，对业主具有约束力。

业主大会或者业主委员会作出的决定侵害业主合法权益的，受侵害的业主可以请求人民法院予以撤销。

（2）《中华人民共和国民法典》

第二百七十八条 下列事项由业主共同决定：

（一）制定和修改业主大会议事规则；

（二）制定和修改管理规约；

（三）选举业主委员会或者更换业主委员会成员；

（四）选聘和解聘物业服务企业或者其他管理人；

（五）使用建筑物及其附属设施的维修资金；

（六）筹集建筑物及其附属设施的维修资金；

（七）改建、重建建筑物及其附属设施；

（八）改变共有部分的用途或者利用共有部分从事经营活动；

（九）有关共有和共同管理权利的其他重大事项。

业主共同决定事项，应当由专有部分面积占比三分之二以上的业主且人数占比三分之二以上的业主参与表决。决定前款第六项至第八项规定的事项，应当经参与表决专有部分面积四分之三以上的业主且参与表决人数四分之三的业主同意。决定前款其他事项，应当经参与表决专有部分面积过半数的业主且参与表决人数过半数的业主同意。

5.2.3 业主未签订前期物业服务合同，物业服务企业亦可以主张物业服务费

1. 案例导读

2009年5月21日，某物业的建设单位与旧物业服务企业签订了《前期物业服务合同》。2014年5月，前述《前期物业服务合同》到期后，该建设单位没有再继续选聘旧物业服务企业进行物业管理，而是选聘涉案物业服务企业进行管理，并

出具《委托书》，内容有："由于原物业服务企业与我司的合约期限于2014年5月31日到期，我司现正委派你司接管物管一职，全权负责处理包括停车管理、水电费代收代缴等所有物业管理日常事务。"2014年10月27日，涉案物业服务企业与旧物业服务企业签订了《物业管理交接协议书》，约定："（1）物业管理于2014年10月31日前移交，届时旧物业服务企业退出，由涉案物业服务企业接管；（2）2014年11月1日前的物业管理费、水电费及其他相关费用由旧物业服务企业收取，之后的由涉案物业服务企业收取……"新、旧物业服务企业还对物业的交接其他事宜进行了约定。涉案物业现尚未成立业主委员会，涉案物业服务企业也未与业主签订书面的物业服务合同。朱某是涉案物业某号房屋的所有权人，其认为涉案物业服务企业并没有与业主签订物业服务合同，因此无权向其收取物业服务费，便自2014年11月开始没有缴纳物业服务费。涉案物业服务企业遂诉至法院要求朱某支付欠缴的物业服务费。

2. 案例焦点与分析

（1）争议焦点

业主个人未签订书面前期物业服务合同，物业服务企业收取物业服务费是否合法。

（2）法院判决

法院经审理认为，建设单位与涉案物业服务企业虽然没有签订书面的物业服务合同，但从物业服务企业提交的《委托书》《物业管理交接协议书》、水电费发票、抄表记录等证据显示，建设单位事实上已委托涉案物业服务企业对涉案物业进行物业管理，而经法院现场勘查，物业服务企业确实为涉案物业提供公共设施设备维护、保安、卫生清洁、监控、车辆秩序管理等物业管理服务，可见物业服务企业已进场对涉案物业进行了实际管理。因此，建设单位与涉案物业服务企业已经形成了物业委托管理合同关系，而涉案物业业主委员会尚未成立，故该合同属于前期物业服务合同，即使物业服务企业没有与各业主签订物业服务合同，根据《物业管理条例》及《最高人民法院关于审理物业服务纠纷案件具体应用法律若干问题的解释》相关规定，上述《委托书》对涉案物业的业主具有约束力，物业服务企业作为物业服务提供方，在提供了相应的物业服务后有权向业主收取物业服务费，朱某应当承担支付物业服务费的责任。

3. 实务工作建议

本案中，有些业主认为自己并未与物业服务企业签订物业服务合同，因此不管是建设单位还是业主委员会与物业服务企业签订的物业服务合同都对其无约束力为由拒交物业服务费。对此，法律有明确的规定，建设单位依法与物业服务企业签订的前期物业服务合同，以及业主委员会与业主大会依法选聘的物业服务企业签订的物业服务合同，对业主具有约束力。

对业主的不理智维权行为，物业服务企业应当向业主宣传法律法规的相关规定，采取诉讼方式实在是不得已而为。

4. 法规链接

（1）《物业管理条例》

第二十一条　在业主、业主大会选聘物业服务企业之前，建设单位选聘物业服务企业的，应当签订书面的前期物业服务合同。

（2）《最高人民法院关于审理物业服务纠纷案件具体应用法律若干问题的解释》

第一条　建设单位依法与物业服务企业签订的前期物业服务合同，以及业主委员会与业主大会依法选聘的物业服务企业签订的物业服务合同，对业主具有约束力。业主以其并非合同当事人为由提出抗辩的，人民法院不予支持。

5.2.4　业主主张物业服务确存在质量问题的证明标准认定

1. 案例导读

2010年3月16日，某物业服务企业与建设单位某房地产有限公司签订《前期物业服务合同》，由该物业服务企业为涉案小区提供前期物业服务。黄某为涉案小区某房的业主，2012年8月22日与物业服务企业签订了《前期物业管理服务协议》，约定由该物业服务企业为小区提供物业服务。黄某认为物业服务企业没有履行门岗服务，没有实行24小时值守服务，没有保障公共环境卫生，没有履行公共设施的维护服务以及小区存在违章建筑等物业服务质量瑕疵问题而拒绝缴纳2013年12月至2016年6月的物业服务费。经物业服务企业合理催收，黄某仍未缴纳。物业服务企业遂诉至法院追缴黄某欠缴的物业服务费。

2. 案例焦点与分析

（1）争议焦点

黄某以服务质量为由拒交物业费是否合法。

（2）法院判决

法院经审理认为，关于物业服务的标准应当坚持质价相符的原则，即物业服务企业提供的服务的标准应与服务收费的标准相适应，虽然从黄某提供的证据反映物业服务企业的管理服务确实存在不足之处，但其未能充分证明物业服务企业提供的物业服务显著低于同类行业标准而致小区秩序混乱，亦未对物业服务企业提供服务情况的持续性予以证明，故黄某以服务质量为由拒交物业费，理据不足，法院不予支持。故此法院判决黄某应向物业服务企业支付欠缴的物业服务费。

3. 实务工作建议

按时足额交纳物业服务合同约定的物业服务费，是业主的法定义务，业主拒缴物业服务费的，应当具有充足的法定理由，并根据《民事诉讼法》第六十四条的规定对自己提出的主张提供证据。本案中，由于物业服务具有时间持续性和无法计量性等特点，业主不能单凭一张照片、一段视频就证明物业服务持续存在质量问题，而需要提供充分证据形成完整的证据链加以证明。若有证据证明物业服务企业已经提供物业服务，仅仅是某些环节、个别区域做得不够好，存在一般瑕疵，不构成根本性违约而较难成为业主拒交物业服务费的合法理由。

物业服务企业也应该反思，是否在提供物业服务过程中确实存在瑕疵，如有，应当立即采取措施予以改正。

4．法规链接

（1）《中华人民共和国民事诉讼法》

第六十四条　当事人对自己提出的主张，有责任提供证据。

（2）《中华人民共和国合同法》

第一百零七条　当事人一方不履行合同义务或者履行合同义务不符合约定的，应当承担继续履行、采取补救措施或者赔偿损失等违约责任[①]。

（3）《物业管理条例》

第三十五条　物业服务企业应当按照物业服务合同的约定，提供相应的服务。

物业服务企业未能履行物业服务合同的约定，导致业主人身、财产安全受到损害的，应当依法承担相应的法律责任。

（4）《最高人民法院关于审理物业服务纠纷案件具体应用法律若干问题的解释》

第六条　经书面催缴，业主无正当理由拒绝交纳或者在催告的合理期限内仍未交纳物业费，物业服务企业请求业主支付物业费的，人民法院应予支持。物业服务企业已经按照合同约定以及相关规定提供服务，业主仅以未享受或者无需接受相关物业服务为抗辩理由的，人民法院不予支持。

5.2.5　家中失窃，物业服务企业应承担责任的情形

1．案例导读

2003年2月13日，某物业服务企业与建设单位签订《物业管理委托合同》，约定：建设单位委托物业服务企业对涉案物业进行管理。签订上述《物业管理委托合同》后，物业服务企业进驻涉案小区，为涉案小区业主提供物业管理服务。涉案某房屋位于涉案小区中，属于张某所有，于2003年购买使用。涉案小区至今未成立业主委员会。2017年1月17日，江门市蓬江区发展改革和统计局出具《备案回执》及《物业服务收费备案表》，对物业服务企业管理小区服务收费进行备案，执行时间2015年6月。2007年1月10日，张某因家中失窃向江门市公安局江华派出所报警，公安机关出具《报警回执》给张某，该宗盗窃案件至庭审辩论终结之日止尚未侦破。张某因家中财物被盗及对物业服务企业服务质量不满意，与物业服务企业发生争议，未交纳2014年1月至2016年12月的物业服务费。物业服务企业遂诉至法院追缴物业费。

---

① 参见《民法典》第五百七十七条。

2．案例焦点与分析

（1）争议焦点

张某家中失窃能否作为拒付物业费的理由。

（2）法院判决

法院经审理认为，物业服务企业与建设单位签订的《物业管理委托合同》属于《前期物业管理合同》，该合同是物业服务企业管理涉案小区的合法依据。物业服务企业进驻涉案小区提供物业管理服务，张某作为小区业主接受物业服务企业的物业服务，应当支付对等的物业服务费。对张某关于物业服务企业没有提供合格的物业管理服务以致其家中被盗，不需支付物业服务费的主张，因物业服务企业承担的物业服务义务包括小区安保、小区卫生清洁、小区设备维修等，是一对多提供服务的性质，更着重保障小区业主共益性权利，其对单个业主房屋内财物的安全保障有一定的义务，但该义务不能与保管合同中保障物品安全义务对等，即在本案中张某的被盗不能直接构成在物业管理服务合同法律关系中拒付物业服务费的理由，尚需提供充分证据证明物业服务企业存在履行物业管理服务义务不合格行为，但张某仅对被盗一事提供了《报警回执》予以证明，并未提供任何证据证明物业服务企业在此事件发生中有履行物业管理服务义务不合格的行为，张某依法应承担举证不能的法律后果。因此法院认定张某应向物业服务企业支付拖欠的物业服务费。

3．实务工作建议

本案中，业主应当根据物业服务合同的约定交纳物业服务费。物业服务企业的安保义务源于法律相关规定和合同约定。法定的安保义务主要是在各地的物业管理条例中规定的物业服务企业对违反小区安全管理行为的制止义务以及防止小区内出现安全问题的协助的义务。若业主有充分证据证明物业服务企业存在违反约定或者法定安保义务，那么当物业服务企业向业主行使物业费请求权时，业主可以以物业服务企业未尽到安保义务，是对合同义务的不完全履行，属于以违约行为为由进行抗辩。然而物业服务企业不可能杜绝或者随时制止小区内一切损害的发生，因此不能苛求物业服务企业对这种不确定的危险承担过重的义务。只要物业服务企业尽到了合理范围内的注意义务、采取了合理的预防措施，物业服务企业就可以对业主因第三方侵害所遭受的损失免责。换言之，业主要对抗物业服务企业行使物业费请求权时，应提供充分的证据证明物业服务企业在事件中存在违法或者根本性违约行为，否则业主拒交物业服务费的抗辩将无法获得法院支持。

尽管在本案中，物业服务企业的诉讼请求得到法院的支持，但是，作为小区的物业管理单位，物业服务企业应当进一步从制度、技术、设备等方面加强对小区安全工作的维护力度，做好小区监控设备的日常维保工作，在日常管理服务过程中尽到谨慎注意义务，切实保一方平安。遇到类似事件，应当保护现场，并提供现场监控录像资料，协助公安机关破案。

4．法规链接

（1）《中华人民共和国民事诉讼法》

第六十四条　当事人对自己提出的主张，有责任提供证据。

（2）《物业管理条例》

第三十五条　物业服务企业应当按照物业服务合同的约定，提供相应的服务。

物业服务企业未能履行物业服务合同的约定，导致业主人身、财产安全受到损害的，应当依法承担相应的法律责任。

复习思考题

1．前期物业服务合同签订中容易产生哪些纠纷？如何避免此类风险？

2．如何看待业委会签订合同的合法性问题？

3．物业服务合同纠纷中，如何理解物业服务企业的物业管理责任边界问题？

4．案例分析题

某小区业主黄女士：年近七十，独居多年，是物业服务过程中较难沟通的业主之一。同一单元203室业主在其露台违章搭建雨篷，黄女士认为，该违建影响了她的生活，以此为由拒交物业费长达2年之久。为追缴管理费，服务中心配合城管部门已拆除203室的违章建筑。即便如此，此后与黄女士多次进行沟通，其仍然拒缴物业费。

问题与思考：

（1）黄女士拒缴物业费是否合法？为什么？

（2）物业服务企业应该如何处理该纠纷？

物业建筑与设施
设备管理中的纠纷
与案例分析

本章要点与学习目标

　　本章主要回顾了物业建筑与设施设备管理有关的知识，介绍了物业建筑与设施设备管理中的纠纷类型与纠纷产生原因，重点列举了5个典型案例，对案例进行了解读和分析，最后提出案例处理与解决的思路以供参考。

　　本章选取的物业建筑与设施设备管理中的案例，分别涉及业主下水道破裂、电梯事故伤人、业主装修改变房屋结构、消防设施管理不到位、小区公共设施安全问题等内容。通过对这些典型案例的导读与评析、法规的链接，要求学生从物业服务企业的角度，认识问题产生的原因；熟悉案例所对应的有关法律；熟练运用所学的各种基础理论来指导实践；面对物业建筑与设施设备管理中的各种民事纠纷，能够迅速找到具有针对性的解决办法。通过本章学习，学生应能掌握物业服务企业在物业建筑与设施设备管理中对诉讼的应诉或投诉处理的方法与技巧，从而提高物业服务水平，有效降低和规避从事物业建筑与设施设备管理所面临的风险与损失。

6.1 物业建筑与设施设备管理基本知识

物业建筑与设施设备管理是指物业服务企业对物业建筑及设施设备从运行使用、维修养护、技术改造等全过程实施专业、规范、标准化服务，确保房屋及设施设备功能的完善和正常运行，实现高效、可靠、节能和谐统一，营造安全、舒适、绿色、温馨的人居环境。

6.1.1 物业建筑与设施设备管理的基本范围

1. 房屋的种类与基本组成部分

（1）房屋种类的划分

1）按房屋结构的类型和材料可分为：砖木结构、混合结构、钢筋混凝土结构和其他结构；

2）按房屋承重受力方式可分为：墙承重结构、构架式承重结构、筒体结构或筒体框架结构承重及大空间结构承重等；

3）按房屋的层次和高度可分为：低层建筑、多层建筑和高层建筑（包括小高层、高层和超高层）；

4）按房屋的用途可分为：居住、商用、工业、办公、公共和其他。

（2）房屋的基本组成部分

1）主体结构——基础、承重构件（梁、柱、承重墙等）、非承重墙、屋面、楼地面等；

2）装饰装修——门窗、内外粉层、顶棚、细木装饰、内外饰材装修等；

3）设施设备——水卫、电气、暖通、空调、特殊设备（电梯等）、安防、消防、避雷、通信、有线电视、网络等。

2. 房屋共用部位的组成

一般包括：建筑物的基础、柱、梁、楼板、屋顶以及外墙、门厅、楼梯间、走廊、楼道、扶手、护栏、电梯井道、架空层及设备间等。

3. 共用设施与场地

一般包括：道路、绿地、人造景观、围墙、大门、信报箱、宣传栏、路灯、排水沟、渠、池、污水井、化粪池、垃圾容器、污水处理设施、机动车（非机动车）停车设施、休闲娱乐设施、消防设施、安防监控设施、人防设施、垃圾转运设施以及健身设施及物业服务用房等。

现代物业设施设备管理涉及的范围很广，本教材主要介绍建筑物内部设施设备管理包括：①给水排水系统；②供暖系统与燃气供应系统；③空调系统；④消防系统；⑤电梯系统；⑥供配电系统；⑦电气照明系统；⑧建筑防雷及安全用电系统；⑨建筑智能化系统等的组成、工作原理、运行操作及管理维护，并注意反映在建筑设施设备工程中采用的新技术、新材料和新工艺。

6.1.2 物业建筑与设施设备管理的基本内容

1．物业建筑及设施设备基础资料管理

（1）物业建筑及设施设备原始档案和技术资料；

（2）政府职能部门颁发的有关政策、法规、条例、规程、标准等强制性文件；

2．物业建筑及设施设备的运行管理

物业建筑及设施设备的运行管理包括技术运行管理和经济运行管理。

（1）技术运行管理

物业设施设备技术运行管理的主要任务是保证设施设备安全、正常运行，其内容包括建立合理的运行制度和运行操作规定、安全操作规程等运行要求或标准，建立定期检查运行情况和规范服务的制度等。

（2）经济运行管理

物业设施设备经济运行的主要任务是在设施设备安全、正常运行的前提下，节约能耗费用、操作费用、维护保养费用以及检查修理费用。其内容主要包括在物业设施设备运行管理过程中采用切实有效的节能技术措施和加强设备能耗的管理工作。

3．物业建筑及设施设备的维护管理

物业建筑及设施设备的维护管理主要包括维护保养和计划检修。设施设备管理的原则是"维护保养为主，计划检修为辅"。

（1）物业设施设备的维护保养

设备在使用过程中会发生污染、松动、泄漏、堵塞、磨损、震动、发热、压力异常等各种故障，影响设施设备正常使用，严重时会酿成设施设备事故。因此，应经常对使用的设施设备加以检查、保养和调整，使设施设备随时处于最佳的技术状态。

（2）物业设施设备的计划检修

实行计划检修，可以在设施设备发生故障之前就对它进行修理，使设施设备一直处于完好和正常使用状态。

根据设施设备检修的部位、修理工作量的大小及修理费用的高低，计划检修工作一般分为小修、中修、大修和系统大修四种。

4．物业建筑及设施设备更新改造管理

设备更新就是以新型的设施设备来替代原有的旧设施设备。设施设备达到了技术寿命或经济寿命，就必须更新。

设施设备改造就是应用先进科学技术，对原有的设施设备进行技术改进，提高设施设备的技术性能及经济特性。设施设备改造的主要途径有：

（1）对设施设备的结构作局部改进；

（2）增加新的零件和各种装置；

（3）对设备的参数、容量、功率、转速、形状和外形尺寸作调整。

5．物业建筑及设施设备配（备）件及材料管理

在物业管理实践中应做到：

（1）计划管理。严格按技术要求进行维修，使用前应列出使用计划，经批准后进行采购和领用。

（2）合理储备。应按设施设备维修计划及技术上要求合理储备，但应减少对企业流动资金的占用。

（3）节约开支。应尽量实施修复后再利用，减少因产品质量问题造成的浪费。

（4）管理规范。应设立备品、配件、材料管理库，建立备品、配件、材料使用的审批、采购、入库验收、领用、更换及按月核查制度。

6．物业建筑及设施设备固定资产管理

固定资产（Fixed Asset）的定义：2007年新会计准则对固定资产的认定价值限制取消，只要公司认为可以的且使用寿命大于一个会计年度的均可认定为固定资产。物业建筑及设施设备固定资产管理的原则是：

（1）保证固定资产的完整无缺；

（2）提高固定资产的完好程度和利用效果；

（3）正确核对固定资产的需要量；

（4）正确计算固定资产折旧额，有计划地提取折旧；

（5）进行固定资产投资的预测。

7．物业建筑及设施设备管理组织设计

（1）物业建筑及设施设备管理机构的设置

物业服务企业对设施设备管理工作所设的组织机构一般称为工程管理部，总工程师（或工程部经理）是设施设备管理部门的总负责人。组织机构的设置应根据实际情况（公司、人员、设备状况和所管物业的情况等）来确定，审慎考虑，并根据企业的发展、环境的变化做动态调整。

（2）物业建筑及设施设备管理岗位职责

1）总工程师（工程部经理）岗位职责；

2）专业技术负责人（工程师或技术主管）岗位职责；

3）领班岗位职责；

4）维修技术人员岗位职责；

5）材料保管员岗位职责；

6）资料员岗位职责。

总工程师（工程部经理）是对建筑物及其附属设施设备进行管理、操作、保养、维修，正常运行的总负责人。

（3）物业建筑及设施设备管理制度

1）生产技术规章制度：包括安全操作规程；物业设施设备承接查验制度；

物业设施设备维修保养规程等。

2）管理工作制度：包括岗位责任制度；运行管理制度；维修制度；其他制度等。

3）培养高素质的设施设备管理团队：包括加强培训，提升员工技能；技术人员要"一专多能"；熟悉物业设施设备，强化规范管理。

8. 物业建筑及设施设备管理风险

物业建筑及设施设备风险是指在物业设施设备使用及管理过程中，由于企业内部或者企业外部的各种因素所导致的应由物业服务企业承担的人为或意外损失。

（1）风险类型

按不同分类标准一般可分为：

1）按损失对象分类：人身风险、财产风险、责任风险。

2）按损失产生的原因：自然风险、人为风险（行为风险、技术风险、经济风险）。

3）按风险控制的程度分类：可控风险、不可控风险。

4）按产生风险的原因分类：静态风险、动态风险。

（2）物业建筑及设施设备风险管理的实施

物业设施设备风险的管理一般可以按以下简要步骤进行：识别风险→风险评估→风险处理→风险监控。

识别风险：即识别物业建筑及设施设备管理中的风险因素及其来源。

风险评估：即确定风险因素发生的可能性与影响程度。

风险处理：即对风险进行控制。

风险监控：即对风险的发展与变化情况进行全程监督。

6.1.3 物业建筑及设施设备管理常见纠纷

1. 房地产商遗留的房屋质量问题

物业建筑及设施设备管理实践发现，房地产商遗留房屋质量问题，造成业主和物业服务企业之间产生矛盾的案件大约占物业管理纠纷案件的10%～15%。

这类纠纷产生的原因主要表现在：房屋工程质量在使用过程中不能令业主满意，诸如房屋存在地面裂纹、烟道不畅、楼顶或卫生间渗水等，而建设单位又怠于履行维修义务，对其应负的维修责任采取一等、二拖、三推的态度，保修期一过就"甩包袱"。这样，业主在不能有效处理与建设单位之间纠纷时，将怨气撒到物业服务企业身上，以拒交物业费的方式维权。

2. 供暖温度不达标问题

供暖质量是个敏感问题，收供暖费可以说是令每个物业服务企业棘手的问题。供暖费对一些家庭来说是一笔不小的负担，可最让他们烦心的还是供暖温度达不到规定的最低16℃，进而引发了大量业主以拒交供暖费为手段的维权方式。

3. 电梯安全质量问题

在物业建筑及设施设备管理实践中，由于电梯自身质量问题或日久失修而产生的安全质量问题造成的人员伤亡或困人现象时有发生，一旦发生此类事件，将会引发纠纷。

4. 供水供电问题

供水供电问题主要是高层供水水质不达标问题、水压过高或过低问题；物业建筑漏水或室内排水不畅问题，下水道排水不畅问题；热水供应不及时或水温过高问题；小区排水系统管道堵塞问题等。

5. 消防设施设备安全问题

消防设施设备安全问题主要是火灾自动报警系统失灵导致人员伤亡和财产损失问题；室内消火栓给水系统故障导致人员伤亡和财产损失问题；自动喷水系统故障导致人员伤亡和财产损失问题；防火排烟设施设备（消防电梯、防火门、排烟防火阀、应急照明灯、火灾监控系统）故障或消防控制中心工作人员擅离职守导致人员伤亡和财产损失问题；灭火器自身质量不达标或过期失效导致人员伤亡和财产损失问题等。

6. 空调系统质量问题

空调系统质量问题主要是空调系统质量问题造成空调效果差，导致业主无法正常工作生活问题；空调系统噪声过大导致业主无法正常工作生活问题；空调系统漏电或因故失火导致人员伤亡或财产损失问题等。

7. 公共部位照明问题

公共部位照明问题主要是公共部位照明光亮度不够或没有及时维修，导致失窃或业主人员行走失足而受伤问题；应急照明灯（警卫值班照明、障碍照明）失修而导致影响紧急事件正常处置问题；室内照明供电系统故障而导致业主人员伤亡和财产损失问题等。

8. 安全用电问题

安全用电问题主要是电气系统故障或失火导致业主人员伤亡和财产损失问题；供电设备过负荷而导致业主电器等设施设备损坏问题；变配电室工作人员违规操作导致业主电器设施设备损坏问题；在高压变压器和线路位置没有设立醒目的警示牌业主人员触电死亡问题等。

9. 燃气供给系统问题

燃气供给系统问题主要是燃气管道及部件质量或失修问题而造成燃气泄漏，发生爆炸、火灾、中毒导致业主人员伤亡和财产损失问题；燃气系统供气压力过低或过高而影响业主工作生活问题等。

10. 物业建筑避雷安全不到位问题

物业建筑避雷安全不到位问题主要是物业建筑避雷设施设备质量不合格或失修而导致业主人员伤亡和财产损失问题；物业建筑避雷设施设备安装不合格（如接地不良）而导致业主人员伤亡和财产损失问题；应该安装避雷设施设备而没有

安装而导致业主人员伤亡和财产损失问题等。

11．物业建筑智能化运行质量问题

物业建筑智能化运行质量问题主要是物业建筑智能化设施设备运行质量不达标而导致业主人员伤亡和财产损失问题等。

12．相邻业主或物业服务企业设施设备管理维修不到位而引发的问题

相邻业主或物业服务企业设施设备管理维修不到位而引发的问题主要是相邻业主或物业服务企业设施设备管理维修不到位，而造成的邻里纠纷。或应该由物业服务企业按照规定及时维修，但没有及时维修而导致业主人员伤亡和财产损失问题等。

13．其他物业建筑及设施设备质量及管理不到位问题

其他物业建筑及设施设备质量及管理不到位问题主要是物业建筑及设施设备管理不到位、责任不明确，或工作人员素质低、违规操作，或擅自离岗（失职）等原因，而导致业主人员伤亡和财产损失问题等。

6.2　案例分析

6.2.1　业主下水道破裂导致经济损失赔偿案①

1．案例导读

（1）案情简介

2010年2月12日，被告罗某在北京市大兴区某小区购买了一套商品房，由于常年在外地做生意，一直没有搬入小区居住。2015年2月15日，业主张某向北京市大兴区某物业服务企业投诉，楼上业主罗某家中的下水道可能破裂，污水已经将自己家里的高档家具、木质地板以及房屋墙面浸泡，家里精致装修遭到严重破坏，给自己造成经济损失合计3万元。北京市大兴区某物业服务企业接到业主投诉后，随即安排工作人员前往业主张某家中调查落实。经证实后，物业服务企业负责人李某迅速打电话通知业主罗某，要求其尽快赶回小区，将自家破裂的下水道维修好。但被告罗某认为，自己没有在小区居住，下水道破裂与自己无关，不同意回小区修理。鉴于此种情况，为了防止业主张某的经济损失进一步扩大，物业服务企业负责人决定，从罗某家中的窗户进入房间，对破裂的下水道进行维修。但窗户封闭严密，物业服务企业的工作人员只好强行将窗户撬开，从而进入房间对破裂的下水管道进行维修。

张某认为，楼上下水道破裂，将自己家中的高档家具、木质地板、房屋墙面浸泡，给自己造成了经济损失。楼上业主罗某作为房屋的所有权人，给楼下相邻人造成经济损失应当承担赔偿责任。北京市大兴区某物业服务企业未尽物业管理

---

① 徐运全. 物业管理法规实用案例[M]. 呼和浩特：内蒙古人民出版社，2016：57–61.

职责，已经违反双方签订的物业服务合同规定的条款，对自己的经济损失应当承担连带责任。

鉴于此，张某与罗某、北京市大兴区某物业服务企业多次协商未果，于2015年3月24日依法向北京市大兴区人民法院提起诉讼。

（2）原告张某诉讼请求

要求被告罗某、被告北京市大兴区某物业服务企业共同承担自己的经济损失合计3万元，并承担本案诉讼费用。

（3）被告罗某辩称

自己购买小区后，一直没有实际居住，发生下水道破裂，属于建设单位提供的设施存有质量瑕疵，原告张某应该要求建设单位承担责任，不应由自己承担赔偿责任。更何况，物业服务企业将自己家中的窗户破坏，进入房间维修下水道，给自己也造成经济损失。因此，不同意承担原告张某的经济损失。

（4）被告北京市大兴区某物业服务企业辩称

本公司已经根据与业主之间签订的《物业管理服务合同》提供了合格的物业管理服务，对于业主自家家中出现的下水道破裂，对楼下业主造成经济损失，本公司是无法进行管理的，因为物业服务企业不可能整天挨家挨户进行下水道检测工作。更何况，物业服务企业接到原告张某投诉后，在第一时间内赶到事故现场，并及时做出妥善处理，将业主罗某家中破裂的下水道修好，对业主张某经济损失的扩大起到了防止作用。因此，本公司在此事件中，不存在任何过错行为，不同意承担原告张某的经济损失。而且，原告张某要求本公司承担赔偿责任没有法律事实和依据，请求法院依法驳回原告的诉讼请求。

2. 案例焦点与分析

①张某的经济损失应由谁承担赔偿责任？

②物业服务企业进入楼上业主家进行检查维修造成门窗破损的经济损失是否承担赔偿责任？

（1）案例分析

1）在本案中，当事人之间争议的第一个焦点问题是：楼上业主长期未入住，其房间下水管道破裂，给楼下业主造成经济损失，楼下业主的经济损失应该由谁来承担？对于这个问题，责任的承担者主要涉及建设单位、物业服务企业和楼上业主三方，但是，究竟应由谁承担楼下业主的经济损失，我们可以作如下分析：

首先，根据建设部颁发的《商品住宅实行质量保证书和住宅使用说明书制度的规定》的有关规定，房地产开发企业对住宅的墙面、厨房和卫生间地面、地下室、管道渗漏保修期不低于一年。在本案中，业主罗某购房时间已满五年，如果建设单位在其提供的《住宅质量保证书》中，没有对一年的保修时间予以延长，则建设单位不再承担赔偿责任。在实践中，建设单位的保修期一般不可能超过两年，因此，在本案中，被告罗某是没有法律依据要求建设单位承担责任的。

那么，在本案中，物业服务企业与楼上业主罗某究竟应由谁来承担责任？物业服务企业作为小区的"管家"，其服务范围所涉及的是小区的公共领域，是为小区的所有业主提供的，不具有特别针对性。在本案中，下水管道老化破裂问题发生在业主罗某房屋内，虽然不是业主罗某人为造成的，但由于房屋所有权归业主罗某所有，从物业管理的公共性质考虑，物业服务企业既没有权力私自打开业主房间进行检查，在没有业主授权的情况下，也不可能有能力了解每位业主对其房屋专有部分使用情况。因此，物业服务企业在此次事件中不存在有任何过错行为，不应承担原告张某的经济损失。

根据《物业管理条例》第五十五条规定："物业存在安全隐患，危及公共利益及他人合法权益时，责任人应当及时维修养护。"被告罗某作为房屋的所有权人，没有及时维修破裂的下水道给相邻人造成经济损失，理应承担赔偿责任。

2）在本案中，当事人争议的第二个焦点问题是：物业服务企业联系业主，业主却置之不理，楼下业主损失又在不断扩大的情形下，物业服务企业是否可以先行进入楼上业主家进行检查维修，以及给楼上业主造成门窗破损经济损失，物业服务企业是否承担赔偿责任？本案中，实际上涉及紧急避险问题①。本案中，物业服务企业在业主罗某置之不理的情况下，为了不使破裂的下水道给业主张某造成的经济损失继续扩大，而采取破窗进入维修下水道，应属于紧急避险行为。根据《最高人民法院关于贯彻执行〈中华人民共和国民法通则〉若干问题的意见（试行）》第一百五十六条规定："因紧急避险造成他人损失的，如果险情是由自然原因引起，行为人采取的措施有无不当，则行为人不承担民事责任。受害人要求补偿的，可以责令受益人适当补偿。"因此，楼下业主作为受益人，应对楼上业主遭受的门窗破损承担补偿责任。同时，若楼上业主也因此而避免了因水管老化破裂而使自家财产遭受更大的损失，那么，楼上业主也应承担部分损失。

（2）法院判决

北京市大兴区人民法院经审理认为，原告张某与被告小区物业服务企业之间签订的《物业管理服务合同》，属双方真实意思表示，其合同内容未违反法律法规规定，属合法有效的合同，应当受到法律保护。根据双方签订的物业管理服务合同约定，楼上管道维修义务并非物业服务企业的维修职责，因此，对于原告张某所遭受的经济损失物业服务企业不应该承担责任。原告要求物业服务企业承担赔偿责任没有法律依据，本院不予支持。在本案中，原告张某家中的高档家具、木质地板、房屋墙面遭到损害，是由于被告罗某家中的下水管道破裂所致。因此，原告张某遭受的经济损失与被告罗某的侵权行为之间具有直接的因果关系。被告罗某作为楼上房屋的所有权人，给相邻人造成经济损失，根据法律的规定，理应承担赔偿责任。被告罗某在本案中提出的抗辩理由均不成立，本院不予支

---

① 所谓的紧急避险，是指为了防止公共利益、本人或他人的合法权益免受正在遭受的紧急危险，不得已而采取的损害另一个较小利益的行为。

持。根据《中华人民共和国民法通则》第八十三条之规定[①]，判决如下：

1）由被告罗某承担原告张某经济损失3万元；

2）被告某物业服务企业不存在过错行为，不应承担赔偿责任。

3．实务工作建议

从物业建筑及设施设备管理的实践来看，因小区公共部分或业主房屋下水道破裂或堵塞而引发的纠纷比较多。为减少或避免此类事件的发生，物业服务企业要做好如下工作：

（1）在接管前期物业时，要严格认真检验小区物业排水系统管道的质量，如发现下水管道质量问题，必须立即要求建设单位按照建设部颁发的《商品住宅实行质量保证书和住宅使用说明书制度的规定》，维修到位。

（2）告知业主要认真阅读建设部颁发的《商品住宅实行质量保证书和住宅使用说明书制度的规定》，并及时查看房屋的下水管道是否存在质量问题，如有质量问题必须立即要求建设单位维修到位。

（3）告知业主在日常生活生产中注意保护下水管道，以免造成堵塞等问题。

（4）告知业主在日常生活生产中如发现下水管道存在异常情况，要及时修护。

（5）工程管理部要安排有经验和责任心的水工，负责下水管道的管理与巡查工作。

4．法规链接

处理本案例纠纷涉及的法律法规有：

（1）《中华人民共和国民法通则》

第八十三条 不动产的相邻各方，应当按照有利生产、方便生活、团结互助、公平合理的精神，正确处理截水、排水、通行、通风、采光等方面的相邻关系。给相邻方造成妨碍或者损失的，应当停止侵害，排除妨碍，赔偿损失[②]。

（2）《物业管理条例》

第五十五条 物业存在安全隐患，危及公共利益及他人合法权益时，责任人应当及时维修养护，有关业主应当给予配合。

责任人不履行维修养护义务的，经业主大会同意，可以由物业服务企业维修养护，费用由责任人承担。

（3）《商品住宅实行质量保证书和住宅使用说明书制度的规定》（一九九八年五月二十日建设部发布）

第三条 房地产开发企业在向用户交付销售的新建商品住宅时，必须提供《住宅质量保证书》和《住宅使用说明书》。《住宅质量保证书》可以作为商品房

---

① 案件事实发生于2015年，《民法总则》于2017年10月1日起施行，故法院判决以《民法通则》为依据。

② 《中华人民共和国民法典》第二百八十八条规定：不动产的相邻各方，应当按照有利生产、方便生活、团结互助、公平合理的原则，正确处理相邻关系。第二百八十九条规定：法律、法规对处理相邻关系有规定的，依照其规定；法律、法规没有规定的，可以按照当地习惯。

购销合同的补充约定。

第四条 《住宅质量保证书》是房地产开发企业对销售的商品住宅承担质量责任的法律文件，房地产开发企业应当按《住宅质量保证书》的约定，承担保修责任。

商品住宅售出后，委托物业管理公司等单位维修的，应在《住宅质量保证书》中明示所委托的单位。

第五条 《住宅质量保证书》应当包括以下内容：

①工程质量监督部门核验的质量等级；

②地基基础和主体结构在合理使用寿命年限内承担保修；

③正常使用情况下各部位、部件保修内容与保修期：屋面防水3年；墙面、厨房和卫生间地面、地下室、管道渗漏1年；墙面、顶棚抹灰层脱落1年；地面空鼓开裂、大面积起砂1年；门窗翘裂、五金件损坏1年；管道堵塞2个月；供热、供冷系统和设备1个供暖期或供冷期；卫生洁具1年；灯具、电器开关6个月；其他部位、部件的保修期限，由房地产开发企业与用户自行约定；

④用户报修的单位，答复和处理的时限。

第六条 住宅保修期从开发企业将竣工验收的住宅交付用户使用之日起计算，保修期限不应低于本规定第五条规定的期限。房地产开发企业可以延长保修期。

国家对住宅工程质量保修期另有规定的，保修期限按照国家规定执行。

第七条 房地产开发企业向用户交付商品住宅时，应当有交付验收手续，并由用户对住宅设备、设施的正常运行签字认可。用户验收后自行添置、改动的设施、设备，由用户自行承担维修责任。

6.2.2 电梯事故致人重伤物业服务企业和维保单位谁应担责？[①]

1. 案例导读

（1）案情简介

某物业服务企业为一小区提供物业管理服务，电梯公司与物业服务企业签订了一份电梯维护保养合同，合同期限自2019年1月1日至2019年12月31日。2019年3月3日上午9时30分许，小区3号楼2号电梯发生故障，物业服务企业立即向电梯维保公司报修，电梯维保公司接报后即派维保人员前往维修。同日11时10分左右，业主王某在一楼进入该电梯时，电梯在层门和轿门开启的情况下突然发生向上移动，王某被上升的电梯轿厢绊倒，上半身扑倒在轿厢内，下半身悬挂在轿厢外，随着电梯轿厢的继续上升，王某下半身被挤在轿厢地板和一楼层门的门楣之间，王某因此受伤。王某受伤后即被送往医院进行救治，经诊断王某骨盆及双侧下肢多发伤等。电梯事故发生后，质监局就该事故出具《电梯事故调查报告》，认

---

① 周心怡，赖新林. 物业管理典型判例解读精选[M]. 北京：中国建筑工业出版社，2016：103-105.

定该电梯事故主要原因为："电梯公司维保工作不到位，在执行《电梯维护保养规则》TSG T5002—2017中有关电梯制动器保养要求存在一定缺失"；次要原因为"企业服务企业在履行电梯安全管理主体责任上存在一定缺失。"关于该电梯事故的责任，该报告认定"电梯公司的维保工作不到位，对本起事故负主要责任"。

（2）原告诉讼请求

业主王某要求物业服务企业和电梯维保单位赔偿损失。

（3）被告物业服务企业辩称

本企业没有存在过错责任，应由电梯维保单位承担赔偿责任。

（4）被告电梯维保单位辩称

本单位没有存在过错责任，应由物业服务企业承担赔偿责任。

2. 案例焦点与分析

业主受伤，物业企业与电梯公司的责任如何分配？

（1）案例分析

本案是一起电梯安全事故引发的人身损害赔偿纠纷案件，焦点问题是物业服务企业、电梯维保单位应否负担赔偿责任。因为本案属于一般侵权案件，判断行为人应否承担赔偿责任，适用过错责任的归责原则。

1）物业服务企业存在过错

首先，质监局出具的《电梯事故调查报告》证实"电梯制动器保养存在缺失"，说明电梯管理不到位。

其次，本案中物业服务企业聘请电梯公司作为电梯维保单位对电梯进行日常维修保养，但电梯维保工作不到位，作为委托人的物业服务企业应当承担监督管理责任。

再次，物业服务企业对事故电梯没有设置警示标识提醒乘梯人，也没有派人盯守防范事故发生。

综上，物业服务企业不能证明其采取了合理的措施、履行了法律规定的义务来预防事故的发生，事故发生后即应承担相应的侵权责任。

2）电梯公司存在过错

电梯公司为本案小区电梯的维护保养单位，依法应当"在维护保养中严格执行国家安全技术规范的要求，保证其维护保养的电梯的安全技术性能，并负责落实现场安全防护措施，保证施工安全，对其维护保养的电梯的安全性能负责。接到故障通知后，应当立即赶赴现场，并采取必要的应急救援措施"。

在本案中，电梯公司存在如下过错：

其一，未尽维保义务，电梯制动器维保不到位。根据质监局出具的《电梯事故调查报告》，该电梯事故主要原因为："被告电梯公司维保工作不到位，在执行《电梯使用管理与维修保养规则》中有关电梯制动器保养要求存在一定缺失。"

其二，接到物业服务企业故障通知后，未采取必要的应急救援措施。事故的发生显然是由于电梯公司未做有效维修，未彻底排除安全隐患所致。此种情况下，电梯公司既没有采取紧急停梯做进一步排查，也没有建议物业服务企业与其共同采取必要的防范措施。

其三，电梯公司未完全履行与物业服务企业签订的《电梯维保合同》约定的义务。

3）业主、业委会、消防管理部门不存在过错

本案中，被告电梯公司主张原告、业委会、消防管理部门人员等对本案损害的发生亦存在一定的过错。电梯公司认为，业主委员会明知电梯老化严重未及时更换电梯也存在一定过错；消防人员救援不及时加重了原告的损伤；原告在搭乘电梯过程中本身也未尽到安全注意义务。

业委会作为业主大会执行机构，其无权直接决定更换电梯，也不具备判断电梯是否老化严重到更换的程度。从技术角度看，应当由电梯维保单位和物业服务企业提出相关建议。此外，更换电梯依法应当动用专项维修资金，而日常保养的费用由物业服务企业收取的物业费中支付。本案发生事故，物业服务企业报修，电梯公司到现场维修，结果还是发生了事故，应当认定电梯公司维保不到位。因此，认为业委会存在过错并应当承担赔偿责任缺乏法律依据。

原告在搭乘电梯时如无违反乘梯要求的行为，不能认为未尽到安全注意义务。《中华人民共和国特种设备安全法》的规定未明确救援响应时间。因此，主张原告和消防部门存在过错也缺乏事实和法律依据。

（2）法院判决

法院审理认为，电梯公司作为有资质的专业电梯维修保养单位，未能切实履行其保障乘客安全的义务，导致王某进入未正常运行的电梯并因此受伤，其对本案事故的发生存在主要过错，应承担侵权赔偿责任。物业服务企业作为小区物业管理单位，应对其实施物业管理范围内的配套设施、设备等的安全性负有相应义务，其委托电梯公司对故障进行维修，应对电梯公司维修电梯的行为进行监督和管理，但物业服务企业的负责电梯安全管理的人员未到修理现场实施对电梯维修工作的监督，也没有采取设立警示标志来保障乘坐电梯人员的安全，故物业服务企业对本案损害的发生亦存在一定的过错。根据物业服务企业与电梯公司对本案损害发生的过错程度，酌情确定电梯公司、被告物业服务企业分别按照70%、30%的责任比例对原告的损失承担赔偿责任。

3. 实务工作建议

（1）物业服务企业要建立电梯安全维修保养管理制度，并指定专人负责。

（2）因为电梯属于特种设备，物业服务企业应该在《电梯维保合同》中明确约定电梯维保公司的定期维保要求与责任，不能等到电梯出现故障才要求电梯维保公司来维修维保。

（3）一旦电梯出现故障，电梯维保公司到现场维修时段，物业服务企业应该指派专人到维修现场跟进安全管理事务，并第一时间在醒目位置设置安全警示牌，以确保电梯维修期间除电梯维修人员外，其他人不得使用电梯。

4．法规链接

（1）《中华人民共和国合同法》

第一百二十二条　因当事人一方的违约行为，侵害对方人身、财产权益的，受损害方有权选择依照本法要求其承担违约责任或者依照其他法律要求其承担侵权责任[①]。

（2）《中华人民共和国侵权责任法》

第三十七条　宾馆、商场、银行、车站、娱乐场所等公共场所的管理人或者群众性活动的组织者，未尽到安全保障义务，造成他人损害的，应当承担侵权责任。

因第三人的行为造成他人损害的，由第三人承担侵权责任；管理人或者组织者未尽到安全保障义务的，承担相应的补充责任[②]。

6.2.3　在装修过程中拆除承重墙并改变管道铺设相邻业主能否制止？[③]

1．案例导读

（1）案情简介

李某2019年购买了一套商品房。在搬入该房屋不久，李某即发现房屋的墙壁出现裂缝，水管也有漏水的问题。经过多方查找原因，李某发现问题出在楼上。原来，楼上住户郑某在装修房屋时，敲掉了承重墙、改变了房屋的建筑结构，还改变了原来的水管铺设路线。经过专业机构的检测，鉴定为郑某对房屋的改造和装修行为与李某房屋的受损存在因果关系，而且损害可能进一步扩大。李某与郑某进行协商，要求其恢复房屋原有的建筑结构和管道铺设路线，避免损害进一步扩大和危及房屋安全，但是，遭到郑某的拒绝，遂向人民法院提起诉讼。

（2）原告诉讼请求

原告李某提出，被告的装修行为违反国家强制性法律规范，给建筑物的安全和原告的财产造成了损害，请求人民法院判决其停止侵害、消除危险并赔偿原告的损失。

[①] 《中华人民共和国民法典》合同编没有与《合同法》第一百二十二条相对应的规定，《民法典》第五百五十七条规定："当事人一方不履行合同义务或者履行合同义务不符合约定的，应当承担继续履行、采取补救措施或者赔偿损失等违约责任。"第五百八十三条规定："当事人一方不履行合同义务或者履行合同义务不符合约定的，在履行义务或者采取补救措施后，对方还有其他损失的，应当赔偿损失。"

[②] 《中华人民共和国民法典》侵权责任编第一千一百九十八条对《侵权责任法》第三十七条规定作了以下修改："宾馆、商场、银行、车站、机场、体育场馆、娱乐场所等公共场所的经营者、管理者或者群众性活动的组织者，未尽到安全保障义务，造成他人损害的，应当承担侵权责任。因第三人的行为造成他人损害的，由第三人承担侵权责任；经营者、管理者或者组织者未尽到安全保障义务的，承担相应的补充责任。经营者、管理者或者组织者承担补充责任后，可以向第三人追偿。"

[③] 陈国强．法官说案——房产物业纠纷案例[M]．北京：中国经济出版社，2008：185-187．

（3）被告辩称

被告郑某提出，其装修行为与原告李某房屋出现的问题没有因果关系，未妨害原告权益，不同意原告的诉讼请求。

2. 案例焦点与分析

原告的财产损害是否与被告的装修行为有直接的因果关系。

（1）法院认为

本案是一起由于相邻业主房屋装修而引发的财产损害赔偿纠纷案件，事实上，被告房屋装修没有按照规定向物业服务企业申报登记，又擅自改变房屋承重墙及水管铺设路线。原告的房屋损害经过专业机构检测鉴定认为：被告对房屋的改造和装修行为是原告房屋受损存在因果关系。因此，原告向人民法院提起诉讼，要求被告恢复房屋原有的建筑结构和管道铺设路线，避免损害进一步扩大和危及房屋安全，并赔偿相关损失。人民法院认为原告的诉讼请求是依法有据的。

（2）法院判决

本案中，原告李某和被告郑某是上下楼邻居关系，为了原告李某房屋的居住质量和安全，被告郑某应在装修时承担一定的义务，避免使原告李某的房屋产生危险。但被告郑某不仅没有尽到应有的注意义务，反而敲掉了承重墙，改变墙体结构以及水管的铺设路线，损害了原告李某房屋的居住质量并危及了房屋的安全，因此，应当承担相应的法律责任。同时，被告郑某的行为也违反了法律的强制性规定。因此，被告郑某应该立即消除危险，恢复建筑结构原状，并且赔偿原告李某遭受的经济损失。

3. 实务工作建议

（1）物业服务企业应该宣传并告知（公告）业主，房屋装修前必须向物业服务企业提出申报登记，并按照规定提供相关装修方案（包括装修内容、部位）等资料。

（2）物业服务企业应当将住宅室内装饰装修工程的禁止行为和注意事项告知业主（装修人）。同时，要求业主（装修人）对住宅进行装饰装修前，应当告知邻里。

（3）物业服务企业应当与业主（装修人）签订住宅室内装饰装修管理服务协议。明确业主与企业服务企业双方的责任及违约责任。

（4）物业服务企业应当按照住宅室内装饰装修管理服务协议实施管理，发现业主（装修人）有违反规定行为的，应当立即制止；已造成事实后果或者拒不改正的，应当及时报告有关部门依法处理。对业主（装修人）违反住宅室内装饰装修管理服务协议的，追究违约责任。

4. 法规链接

（1）《中华人民共和国物权法》

第九十一条　不动产权利人挖掘土地、建造建筑物、铺设管线以及安装设备等，不得危及相邻不动产的安全①。

（2）《住宅室内装饰装修管理办法》（中华人民共和国建设部令第110号）

第五条 住宅室内装饰装修活动，禁止下列行为：

（一）未经原设计单位或者具有相应资质等级的设计单位提出设计方案，变动建筑主体和承重结构；

（二）将没有防水要求的房间或者阳台改为卫生间、厨房间；

（三）扩大承重墙上原有的门窗尺寸、拆除连接阳台的砖、混凝土墙体；

（四）损坏房屋原有节能实施，降低节能效果；

（五）其他影响建筑结构和使用安全的行为。

第六条 装修人从事住宅室内装饰装修活动，未经批准，不得有下列行为：

（一）搭建建筑物、构筑物；

（二）改变住宅外立面，在非承重外墙上开门、窗；

（三）拆改供暖管道和设施；

（四）拆改燃气管道和设施。

第十三条 装修人在住宅室内装饰装修工程开工前，应当向物业管理企业②或者房屋管理机构（以下简称物业管理单位）申报登记。

非业主的住宅使用人对住宅室内进行装饰装修，应当取得业主的书面同意。

第十五条 物业管理单位应当将住宅室内装饰装修工程的禁止行为和注意事项告知装修人和装修人委托的装饰装修企业。

装修人对住宅进行装饰装修前，应当告知邻里。

第十六条 装修人，或者装修人和装饰装修企业，应当与物业管理单位签订住宅室内装饰装修管理服务协议。

住宅室内装饰装修管理服务协议应当包括下列内容：

（一）装饰装修工程的实施内容；

（二）装饰装修工程的实施期限；

（三）允许施工的时间；

（四）废弃物的清运与处置；

（五）住宅外立面设施及防盗窗的安装要求；

（六）禁止行为和注意事项；

（七）管理服务费用；

（八）违约责任；

（九）其他需要约定的事项。

第十七条 物业管理单位应当按照住宅室内装饰装修管理服务协议实施管

---

① 自2021年1月1日起，《物权法》将被《民法典》所替代，《民法典》第二百九十五条规定沿用《物权法》第九十一条规定，未作修改。

② 国务院《物业管理条例》把"物业管理企业""物业管理公司""物业公司"等称谓统一称为"物业服务企业"，其后的法律法规和规范性文件均沿用此称谓。

理，发现装修人或者装饰装修企业有本办法第五条行为的，或者未经有关部门批准实施本办法第六条所列行为的，或者有违反本办法第七条、第八条、第九条规定行为的，应当立即制止；已造成事实后果或者拒不改正的，应当及时报告有关部门依法处理。对装修人或者装饰装修企业违反住宅室内装饰装修管理服务协议的，追究违约责任。

6.2.4 消防通道变成了停车位物业服务企业应该承担责任吗？[①]

1. 案例导读

（1）案情简介

消防通道变成了停车位，消防疏散楼梯内堆放废纸箱，LJ花园小区内发生火灾后消防车难以施救，消防人员难以进入现场，受损业主认为物业服务企业管理混乱，将物业服务企业告上法庭，要求赔偿损失7万元。

2019年6月27日上午10点左右，LJ花园小区一房屋（业主为陈先生）内发生火灾。物业服务企业没有及时报警，消防车赶到时，由于小区内道路及消防通道被停放的车辆，占道堵塞，消防车一时无法进入，无法靠近火灾现场进行扑救。在现场警务人员的指挥下，消防人员采取紧急措施使用楼下的消火栓，但结果却因为消火栓的水压不足以上到二楼，令施救人员束手无策，火势蔓延，将该房屋内所有物品烧成灰烬。

2019年7月6日，业主陈先生将该小区物业服务企业告上了法庭。陈先生认为，火灾虽然是由于本人室内引起的，但如果能够得到消防人员的及时扑救，损失不会扩大到如此业严重的程度。目前已经损失近13万元。而造成消防车不能进入火灾现场的真正原因，是由于小区道路、消防通道受堵所致。这都是由于物业服务企业管理混乱，不履行职责所致，因此，要求物业服务企业赔偿7万元的财产损失。

（2）原告诉讼请求

业主陈先生要求物业服务企业赔偿7万元的财产损失。

（3）被告辩称

物业服务企业认为没有过错，无需承担赔偿责任。

2. 案例焦点与分析

主要争议焦点在于业主陈先生自家发生火灾，由于消防通道被堵，造成火灾损失扩大，物业服务企业要不要承担赔偿责任。

（1）法院认为

1）《中华人民共和国消防法》第十六条规定："机关、团体、企业、事业等单位应当履行下列消防安全职责：（三）对建筑消防设施每年至少进行一次全面检测，确保完好有效，检测记录应当完整准确，存档备查；（四）保障疏散通道、安全出口、消防车通道畅通。……"物业服务企业违法行为有消防通道变为停车

---

① 蔡峰. 物业管理法规应用[M]. 北京：中国建筑工业出版社，2013：139–143.

场，允许业主在消防通道楼梯内堆放杂物。因为消防通道是物业区域内共用设施，有特殊的用途，物业服务企业应当对此行为进行制止。物业服务企业没有对这类消防隐患进行及时查处，导致当发生火灾时，消防车无法到达火灾现场，属于物业服务企业工作的失职。物业服务企业在自己的管理区域内，将消防通道改变用途，已侵犯业主对公共场所使用权。

2）《中华人民共和国消防法》第四十四条规定："任何人发现火灾都应当立即报警。"即火灾发生第一时间应及时报警，但本案中物业服务企业没有及时报警，不仅延误了最佳灭火时间，还导致业主损失增加。

3）法律明确物业服务企业承担的消防管理责任。《中华人民共和国消防法》第十八条规定："住宅区的物业服务企业应当对管理区域内的共用消防设施进行维护管理，提供消防安全防范服务。"本案中"消火栓的水压不足以上到二楼，令施救人员束手无策，火势蔓延。"很明显，物业服务企业没有尽到消防管理责任。

（2）法院判决

根据本案案情，法院审理认为：虽然导致业主陈先生房屋内财产烧毁的直接原因是业主陈先生自家起火，但物业服务企业消防管理不到位（消防通道被堵、消火栓水压不足等）是导致业主陈先生房屋内财产损失扩大的原因。因此，物业服务企业对业主陈先生因火灾导致的财产损失负有责任，应当赔偿业主陈先生6万元的财产损失费。

3．实务工作建议

（1）物业管理区域内按照规划建设的公共设施，是满足业主正常的生产、生活需求所必需的，其设计对于物业管理区域内来讲是一体的，因而其用途不得随意改变。如：消防通道必须保证畅通，不得堵塞、不得改作他用；楼梯不得堆放杂物等。

（2）物业服务企业必须严格遵守《中华人民共和国消防法》所规定的物业服务企业的相关消防管理职责。如：应当对管理区域内的共用消防设施进行维护管理，提供消防安全防范服务；确保消火栓供水水压的正常要求。

（3）加强对安保和消防人员的消防法律宣传教育与消防演练工作，并要制定"物业小区消防应急预案"。

（4）要加强对小区业主及居民的消防安全教育与宣传工作。认真贯彻"预防为主、防消结合的方针"。

4．法规链接

（1）《中华人民共和国消防法》

第十六条　机关、团体、企业、事业等单位应当履行下列消防安全职责：

（一）落实消防安全责任制，制定本单位的消防安全制度、消防安全操作规程，制定灭火和应急疏散预案；

（二）按照国家标准、行业标准配置消防设施、器材，设置消防安全标志，并定期组织检验、维修，确保完好有效；

（三）对建筑消防设施每年至少进行一次全面检测，确保完好有效，检测记录应当完整准确，存档备查；

（四）保障疏散通道、安全出口、消防车通道畅通，保证防火防烟分区、防火间距符合消防技术标准；

（五）组织防火检查，及时消除火灾隐患；

（六）组织进行有针对性的消防演练；

（七）法律、法规规定的其他消防安全职责。

单位的主要负责人是本单位的消防安全责任人。

第十八条　同一建筑物由两个以上单位管理或者使用的，应当明确各方的消防安全责任，并确定责任人对共用的疏散通道、安全出口、建筑消防设施和消防车通道进行统一管理。

住宅区的物业服务企业应当对管理区域内的共用消防设施进行维护管理，提供消防安全防范服务。

第四十四条　任何人发现火灾都应当立即报警。任何单位、个人都应当无偿为报警提供便利，不得阻拦报警。严禁谎报火警。

人员密集场所发生火灾，该场所的现场工作人员应当立即组织、引导在场人员疏散。

任何单位发生火灾，必须立即组织力量扑救。邻近单位应当给予支援。

消防队接到火警，必须立即赶赴火灾现场，救助遇险人员，排除险情，扑灭火灾。

（2）《物业管理条例》

第四十六条　物业服务企业应当协助做好物业管理区域内的安全防范工作。发生安全事故时，物业服务企业在采取应急措施的同时，应当及时向有关行政管理部门报告，协助做好救助工作。

（3）《消防安全责任制实施办法》（国办发〔2017〕87号）

第十八条　同一建筑物由两个以上单位管理或使用的，应当明确各方的消防安全责任，并确定责任人对共用的疏散通道、安全出口、建筑消防设施和消防车通道进行统一管理。

物业服务企业应当按照合同约定提供消防安全防范服务，对管理区域内的共用消防设施和疏散通道、安全出口、消防车通道进行维护管理，及时劝阻和制止占用、堵塞、封闭疏散通道、安全出口、消防车通道等行为，劝阻和制止无效的，立即向公安机关等主管部门报告。定期开展防火检查巡查和消防宣传教育。

（4）《机关、团体、企业、事业单位消防安全管理规定》（公安部令第61号）

第四条　法人单位的法定代表人或者非法人单位的主要负责人是单位的消防安全责任人，对本单位的消防安全工作全面负责。

第六条　单位的消防安全责任人应当履行下列消防安全职责：

（一）贯彻执行消防法规，保障单位消防安全符合规定，掌握本单位的消防安全情况；

（二）将消防工作与本单位的生产、科研、经营、管理等活动统筹安排，批准实施年度消防工作计划；

（三）为本单位的消防安全提供必要的经费和组织保障；

（四）确定逐级消防安全责任，批准实施消防安全制度和保障消防安全的操作规程；

（五）组织防火检查，督促落实火灾隐患整改，及时处理涉及消防安全的重大问题；

（六）根据消防法规的规定建立专职消防队、义务消防队；

（七）组织制定符合本单位实际的灭火和应急疏散预案，并实施演练。

第十条　居民住宅区的物业管理单位应当在管理范围内履行下列消防安全职责：

（一）制定消防安全制度，落实消防安全责任，开展消防安全宣传教育；

（二）开展防火检查，消除火灾隐患；

（三）保障疏散通道、安全出口、消防车通道畅通；

（四）保障公共消防设施、器材以及消防安全标志完好有效。

其他物业管理单位应当对受委托管理范围内的公共消防安全管理工作负责。

6.2.5　未成年人被小区内护栏杆扎伤物业服务企业需要承担赔偿责任吗？[①]

1．案例导读

（1）案情简介

2003年8月11日下午5时许，放学回家后的11岁女学生小雪（化名）在其居住的小区楼下与同学一起打网球时，因网球绳断开，致使网球被打到楼上一层平台上。小雪便攀登草坪边的70余cm高的钢筋护栏捡网球，但不慎脚下一滑，倒在了钢筋护栏上的尖头上，该护栏尖头扎进了她的胸部，后小雪被送往医院治疗。经诊断为"右胸部锐器心房贯通伤"，住院治疗后于当月23日出院，共计支付医院治疗费2.9万余元。

小雪父母认为，小雪受伤与物业服务企业管理不善有关，应该承担一定的赔偿责任，小雪（其父作为法定代理人）遂于2003年10月将该小区物业服务企业告上法院，要求被告物业服务企业赔偿医疗费、营养费、护理费、误工费、精神损失费等计26万元。

（2）原告诉讼请求

小雪父母认为，小雪受伤与物业服务企业管理不善有关，应该承担一定的赔偿责任。

（3）被告辩称

物业服务企业安装钢筋护栏杆是为了保护栏内绿地草坪，不允许人们进去践

---

① 王雨本．物业管理的纠纷与解决[M]．北京：中国社会出版社，2004：137-138．

踏。该女童小雪攀登70余cm高的护栏杆而被扎伤，小雪11岁了也应该知道危险性，因此也负有责任。作为小雪家长的监护人在本起伤害事件中没有起到监护的责任，更应该负主要责任。物业服务企业没有过错责任，无需承担赔偿责任。

2．案例焦点与分析

小雪（未成年人）自行攀登钢筋护栏杆而被扎伤，物业服务企业是否需要承担赔偿责任？

（1）法院认为

本案中，受伤女童小雪年仅11岁，属于限制行为能力人，因此其监护人对其负有监护责任和义务。根据我国《民法通则》第十八条第一款和第三款规定，监护人应当履行监护职责，保护被监护人的人身、财产及其他合法权益。监护人不履行监护职责或者侵害被监护人的合法权益的，应当承担责任。可见，原告小雪的父母应对小雪履行应有的监护义务，但小雪攀登钢筋护栏被扎伤其父母没有尽到监护责任。因此应对造成的严重伤害后果承担主要责任。此外，小雪已经年满11岁，虽是限制行为能力人，但其攀登70余cm高处时应该预见到有一定危险性，对自己被钢筋护栏杆扎伤，理应承担一定责任。

作为该小区的物业服务企业，在住宅小区内为保护绿地安装钢筋护栏杆时，应考虑到居民特别是未成年人的安全，但其没有进行充分的考虑。该护栏杆有70余cm高，而且留有10余cm的尖头，埋下了安全隐患。因此，物业服务企业主观上存在过失，客观上给小雪造成了身体上的严重伤害，而且其过失与小雪的身体伤害之间存在间接的因果关系，应负一定责任。依照我国《民法通则》第一百零六条第二款的规定："公民、法人由于过错侵害国家的、集体的财产、侵害他人的财产、人身的，应当承担民事责任。"因此，物业服务企业也应对小雪的人身伤害承担一部分责任。

（2）法院判决

法院依法作出如下判决：原告及原告的监护人应承担伤害后果的主要责任，即伤害后果的经济损失应自负主要责任，而被告物业服务企业对原告的人身伤害不承担主要责任，只应赔偿原告的部分损失。

3．实务工作建议

（1）加强保护绿地草坪的宣传教育，与业主（居民）签订《保护绿地草坪公约》，特别要求监护人要教育未成年人严禁攀登钢筋护栏杆。

（2）把钢筋护栏杆的尖头套上安全的保护套。

（3）在钢筋护栏杆上树立："危险！不可攀登！"等的安全警示牌。

（4）当然，作为长效机制还是要靠居民文明素质的提高，培养居民的社会公民意识。

4．法规链接

《中华人民共和国民法通则》

第十八条　监护人应当履行监护职责，保护被监护人的人身、财产及其他合法权益，除为被监护人的利益外，不得处理被监护人的财产。

监护人依法履行监护的权利，受法律保护。

监护人不履行监护职责或者侵害被监护人的合法权益的，应当承担责任；给被监护人造成财产损失的，应当赔偿损失。人民法院可以根据有关人员或者有关单位的申请，撤销监护人的资格[1]。

第一百零六条　公民、法人违反合同或者不履行其他义务的，应当承担民事责任。

公民、法人由于过错侵害国家的、集体的财产、侵害他人的财产、人身的，应当承担民事责任。

没有过错，但法律规定应当承担民事责任的，应当承担民事责任[2]。

复习思考题

1. 设施设备管理中容易产生哪些纠纷问题？如何避免纠纷的发生？

2. 物业服务企业所管小区、大厦外墙剥落砸伤行人、车辆，物业服务企业是否担责？怎样避免此类风险？

3. 物业设备设施管理纠纷中常用的法律法规有哪些？

4. 案例分析题

A物业服务企业为北京延庆某商住楼提供物业服务管理，该楼各房间屋顶均安装了烟感器和喷淋器。孟某系该楼3层312室业主，高某系该楼4层412室业主，高某利用412室经营拔罐理疗等美容养生项目，2019年12月16日16时许，高某屋内的喷淋器突然爆裂，向室内大量喷水，并渗漏到312室，使业主孟某部分家具受损，后A物业企业员工到现场进行了相应处置，喷淋器停止喷水。孟某就此提起诉讼，要求高某、A物业企业赔偿经济损失。

问题与思考：

（1）该案件中物业服务企业需要承担法律责任吗？为什么？

（2）作为物业服务企业应该如何避免此类事件的发生？

---

[1]　2021年1月1日后，关于监护人的职责和不履行监护职责应承担法律责任的规定，适用《中华人民共和国民法典》第三十四条，该条规定：监护人的职责是代理被监护人实施民事法律行为，保护被监护人的人身权利、财产权利以及其他合法权益等。

[2]　《民法通则》第一百零六条规定了民事责任，其中，第一款规定了合同违约责任，第二款规定了承担民事责任的过错责任，第三款规定了承担民事责任的无过错责任。《中华人民共和国民法典》把合同违约责任在合同编第八章中规定，在第一千一百六十五条、第一千一百六十六条规定了承担民事责任的过错责任、推定过错责任和无过错责任。

物业公共秩序
维护管理中的纠纷
与案例分析

本章要点与学习目标

　　本章主要回顾了物业公共秩序管理的相关知识，介绍了物业公共秩序管理中的纠纷类型与纠纷原因，重点列举了5个典型案例，对案例进行了解读和分析，最后提出案例处理与解决的思路以供参考。

　　本章选取的物业公共秩序管理案例，分别涉及治安管理、车辆管理、消防管理三方面内容。通过对这些典型案例的导读与分析，结合相关法律法规，要求学生能够从物业服务企业的角度，认识分析纠纷产生的原因；熟悉案例所对应的有关法律法规；熟练运用所学的基础理论来指导实践，掌握物业服务企业在公共秩序管理中产生诉讼的应诉方法或产生投诉的处理方法，从而提高物业服务水平，有效降低和避免公共安全事件的发生，减少损失。

7.1 物业公共秩序维护管理基本知识

7.1.1 物业公共秩序维护管理的含义

物业公共秩序维护管理是指在物业管理区域内，物业服务企业协助政府有关部门所进行的公共安全防范和公共秩序维护管理等服务活动，包括治安管理、消防安全管理和车辆道路管理等方面内容。

物业服务企业可以在企业内部设置公共秩序维护部对物业管理区域进行公共秩序管理，也可以通过服务外包，委托专业的保安公司来实施管理。公共秩序维护部由经理（或主管）、领班、秩序维护员等人员组成，一般下设门卫值守班、巡逻预防班、中心监控室、车辆管理班等，设有门卫、守护秩序维护员、巡逻秩序维护员、车辆管理员、监控员、防火安全员等岗位。不论由谁来管理，物业服务企业都应在物业项目管理处设置专门的机构，制定全面、详尽的公共秩序维护管理制度和作业程序，使该项业务做到有章可循、有章必循、执章必严、违章必究。

7.1.2 物业公共秩序维护管理的内容

物业公共秩序维护管理是物业管理条例赋予物业服务企业的职责与义务。《物业管理条例》第三十六条明确规定："物业服务企业应当按照物业服务合同的约定，提供相应的服务。物业服务企业未能履行物业服务合同的约定，导致业主人身、财产安全受到损害的，应当依法承担相应的法律责任。"《物业管理条例》第四十七条进一步明确物业服务企业的安全防范工作为："物业服务企业应当协助做好物业管理区域内的安全防范工作。发生安全事故时，物业服务企业在采取应急措施的同时，应当及时向有关行政管理部门报告，协助做好救助工作。物业服务企业雇请保安人员的，应当遵守国家有关规定。保安人员在维护物业管理区域内的公共秩序时，应当履行职责，不得侵害公民的合法权益。"因而，在公共秩序维护管理活动中，物业服务企业承担的角色是在物业管理区域内协助公安、消防、行政、执法等有关部门进行的管理服务活动。公共秩序服务的实施，一要以国家相关法规为准绳，二要以物业服务合同的约定为根据，明确相关各方的责任和义务，不得超越职权范围，不得违规操作。

物业公共秩序维护管理包括治安管理、消防安全管理和车辆道路管理等。

1. 治安管理

治安管理是依靠各种先进的设备与工具、训练有素的管理人员，为防止和制止任何危及或影响物业管理辖区内的业主或非业主使用人的生命财产与身心健康的行为与因素，确保业主或非业主使用人人身安全、财物不受损害、工作生活秩序正常而进行的管理工作。《物业管理条例》第二十条规定："业主大会、业主委员会应当配合公安机关，与居民委员会相互协作，共同做好维护物业管理区域内的社会治安等相关工作"，建设部2003年6月颁布的《业主大会规程》第三十四条也有相同规定。

治安管理的工作内容包括：出入管理，安防系统的使用、维护和管理，施工现场的管理，配合居委会和公安机关开展社区管理等工作。

（1）出入管理。实现人员、物品、车辆出入的有效管理。

（2）安防系统的使用、维护和管理。对物业管理区域内用于治安、消防、车辆管理及紧急呼叫安全防范的技术设备系统的使用、维护和管理。常用的安防系统有建筑防火及疏散设施、闭路监控系统、红外报警系统、自动消防监控系统、自动喷水与灭火系统、移动式灭火器材和其他灭火系统、消防给水系统、防烟及排烟设施、消防通信系统、门禁系统、自动呼救系统、道闸系统、煤气自动报警系统和巡更系统等。

（3）施工现场的管理。物业项目的施工现场管理应根据建设单位书面合同委托的具体要求，区分施工现场各单位的管理职责，制订相应方案，实现对人员、施工材料、设施设备、施工车辆的进出，以及施工区域划分分隔与物品存放的有效管理。

（4）配合公安机关、居委会等政府部门做好社区安全防范管理工作。物业服务企业在社区组织重大活动时，应及时知会辖区派出所及社区居委会，相互协调，避免发生意外事故。物业管理辖区内发生治安或意外事故时，应及时通知相关部门，并协助做好调查取证及善后处理工作。积极配合相关部门做好法律政策宣传教育工作。

物业管理区域内的治安管理工作，一般由物业服务企业的保安部负责，通过值班、看守和巡逻来完成。"责任重大、权力有限"是物业管理中治安管理的最大特点。

2. 消防安全管理

消防安全管理是指国家及企事业单位的有关组织及其人员针对火灾开展的预防、扑救、调查和处理，减少火灾危害，维护公共安全的一系列组织活动。

消防管理的工作内容包括：消防队伍的建立与培训、消防管理制度的制定、物业消防安全检查、动火安全管理和消防教育宣传培训、消防紧急预案和消防演习等。

（1）消防队伍的建立与培训。物业服务企业根据所管辖物业项目的类型、档次、数量，设立消防机构，组建相应的专职或兼职消防队伍，负责消防安全工作的管理、监督、检查和落实，进行消防值班、消防检查、消防培训、消防宣传、消防器材的管理与保养，协助公安消防队灭火等工作。

（2）消防管理制度的制定。消防制度包括消防安全责任制度、各种场所的消防要求规范、消防检查制度、各种消防设施设备的操作及维修保养制度、火警火灾应急处理制度、消防值班制度和消防器材管理制度、突发事件应急管理方案、消防演习方案等。

（3）物业消防安全检查。物业消防安全检查的内容主要包括：消防控制室、自动报警（灭火）系统、安全疏散出口、应急照明与疏散指示标志、室内消火栓、灭火器配置、机房、厨房、楼层、电气线路以及防排烟系统等场所。

（4）动火安全管理。动火前应检查现场有无消防安全隐患存在，有无落实安全防范措施。动火现场要指定安全负责人，物业服务人员应经常到现场检查动火情况，要求动火人员严格执行安全操作规程。动火作业后，动火人员、安全负责人和物业服务人员应检查并彻底清理现场火种。

（5）消防教育宣传培训。通过消防安全宣传教育，普及防火知识、灭火知识、疏散逃生知识，提高物业服务企业管辖区域内全民消防意识，增强业主或使用人预防、抗御火灾的意识与能力。

消防工作的方针是"预防为主，防消结合"。物业消防管理要以《中华人民共和国消防法》和《高层建筑消防管理规则》等规范性文件为准则，立足于火灾的预防，并从人力、物力、技术等多方面做好随时灭火的充分准备。物业服务企业的消防管理一般从属于保安部门。消防工作由公安机关实施监督。

3.车辆道路管理

车辆道路管理是指物业服务企业通过严格的制度和有效的措施，对物业管理辖区内车辆、道路和交通秩序进行管理，以建立良好的交通秩序、车辆停放秩序，保证车辆和行人安全的管理活动。

车辆道路管理的工作内容包括道路管理、交通管理、车辆管理、停车场管理。

（1）道路管理。道路由动态交通设施、静态交通设施和道路交通附属设施三部分组成。动态交通设施包括物业的各级道路；静态交通设施包括停车场、广场等；道路交通附属设施包括各种路名牌、分离墩、分道线、道路照明设施、绿化带、排水设施及防护设施等。

（2）交通管理。交通管理的任务是正确处理人、车、路的关系，做到人车分流，重点是机动车行车管理。物业服务企业除加强对司机和广大住户的宣传教育外，要制定居住区道路交通管理规定。其主要内容是：建立机动车通行证制度，禁止过境车辆通行；根据区内道路情况，确定部分道路为单行道，部分交叉路口禁止左转弯；禁止乱停放车辆，尤其在道路两旁；限制车速，铺设减速墩，确保行人安全。

（3）车辆管理。车辆管理包括对机动车和非机动车的管理。应坚持物业服务企业与公安交通部门管理相结合的原则。物业服务企业的主要职责是禁止乱停乱放和防止车辆丢失、损坏。

（4）停车场管理。停车场的管理要点主要有以下4个方面。①场内车位划分要明确。为安全有序地停放车辆，避免乱停乱放现象，停车场内应用白线框明确划分停车位。停车位分固定车位和非固定车位，大车位和小车位。车主必须按类使用车位，需经常停放的车辆，应办理使用固定车位的手续，外来车辆和临时停放的车辆有偿使用非固定车位。②场内行驶标志要清楚。场内行驶路线要用扶栏、标志牌、地上白线箭头指示清楚，进出口的标志要明确。③进出停车场管理要严格。车辆进入停车场要验证发牌，并做登记，驶离停车场时要验证收牌，对外来车辆要计时收费。在车辆进出高峰时，管理人员还要做好现场的车辆引导、行驶、停放与疏散工作。④车辆防盗和防损坏措施要得力。为避免在场内车辆被盗和被撞等事件的发生，一方面，管理人员要加强对车辆进入的登记与车况的检查，实行24小时值班制度和定期（如15分钟）巡查制度；另一方面，要教育提醒车主在场内要服从管理人员的指挥与安排，缓慢行驶，注意安全，按规定车位停放车辆，离开时锁好车门，调好防盗系统至警备状态，随身带走贵重物品。车辆道路管理的目的是建立良好的交通秩序、车辆停放秩序，确保业主的车辆不受损坏和失窃。不同的物业，车辆道路管理有不同的侧重点。

1）居住物业。居住物业应大力提倡步行空间的建立，为居民提供公共庭院和通行、娱乐的场所。还应发展公共交通，通过小区班车的形式为居民提供上下班、节假日集中出行服务。对于停车场的管理应注意扰民问题，停车场最好设在物业小区的四个边缘地带，这样既减少出行时间又保证了居住物业的安静、清洁。同时，要注意做好车辆的有序存放和保管，防止车辆被盗。

2）办公物业。办公物业的车辆道路管理的重点应放在车辆的调度工作上。物业服务企业应对物业中单位上下班情况进行了解统计，组织人力集中管理，统一调度，如对道路可采取定时单向通行等办法，充分利用上下班时的道路空间。同时，办公时间的车辆出入应采取登记的办法严格控制外来车辆的存放，对于单位车辆应采取定位存放的办法，以便进行合理有效的管理。

3）商业物业。对于一般商业物业，物业服务企业必须配合公交系统的车辆进行定线定站，双休日增加车辆等，为顾客提供方便。对于高档商业物业应主要做好物业停车场的建设和管理。必要时，物业服务企业可拥有自管班车，为顾客提供定线不定站的服务。

4）旅游物业。旅游物业客流量的季节性强、方向性强。物业服务企业应设立专门的由物业直达旅游地的旅游往返车辆，在旅游季节为游客提供出行的方便。旅游物业的管理者还应重视出租汽车的管理、停放、疏导工作。

5）工业物业。以仓库、厂房为主体的工业不同于上述四种物业，它的车辆管理主要集中在对货运车辆的管理上。要注意货运车辆的吨位、高度与道路条件的配合；并为货物的装卸提前做好准备，以减少货运车辆的停放时间，提高货运效率；值得一提的是工业物业夜间运输的问题，夜间运输可以提高运输效率，但物业服务企业应做好对道路辅助设施的管理，如对路标、照明设施进行日常的养护和维修。

7.1.3 物业公共秩序维护管理中的常见纠纷

1. 纠纷类型

物业服务企业在公共秩序维护管理过程中的纠纷类型与其服务内容有关，主要有以下三大类：

（1）治安管理纠纷常见于入室盗窃、共用设施伤人、高空坠物、宠物伤人、未设置告示牌或未采取安全措施造成他人损害等引起的纠纷。

（2）消防管理纠纷常见于堆放易燃易爆物品、私拉电线、露天安装插座、堵塞消防通道、消防配套设施不完备或维护不到位导致发生火灾时失去应有功能等引起的纠纷。

（3）车辆道路管理纠纷常见于停车位不足、停车位位置不合理造成使用不便、随意停放、交通秩序混乱、车辆被盗或被损毁、车辆管理服务费等引起的纠纷。

2．纠纷产生原因

（1）物业服务企业的服务意识差、服务不到位或不作为。

在实践中，部分物业服务企业没有正确把握自己的定位，认为自己是"管理者"而非"服务者"，观念上的错位造成部分物业服务企业没有树立为业主服务的意识。另外，一些物业服务企业服务不到位或不作为，也会引起业主的不满，从而激发双方的矛盾。如物业服务企业未尽安保义务，致使犯罪分子潜入小区，业主人身财产受到侵害；小区清洁人员在垃圾清运时由于不规范作业，导致清运垃圾车刮伤业主车辆。

（2）部分业主消费观念未转变，不了解物业管理行业及相关法律知识，民主法制观念单薄。

一些业主对物业管理服务的期望值，即对服务质量的要求有不合理的畸高。认为物业服务企业既然收了钱，就该无所不能，无所不精，家居生活大小事都该统统负责处理。一些业主对物业管理行业不了解，有意或无意地把原本不属于物业服务范围的服务事项牵扯到物业服务企业身上从而引发纠纷。例如当小区发生室内被盗，车辆被刮等事件，物业服务企业成为业主理所当然的索赔对象，但其实物业服务企业的责任需视是否违反物业服务合同的约定而定。还有一些业主并不缺乏一定的物业管理专业知识和相关法律知识，但其法制观念相当淡薄，在签订了管理规约、物业服务合同之后却不认真履行，如将车停在消防通道上，或已购买了车位，却乱停车占用他人车位等，有的甚至故意侵犯物业服务企业的合法权益。

（3）业主和物业服务企业思想观念错位。

从法律关系来说，物业服务企业与业主之间是提供服务与享受服务的合同关系，两者的法律地位是平等的。但在现实中，一些物业服务企业认为自己是小区管理者，业主是被管理的对象；而业主就认为自己是主人，物业服务企业是自己花钱雇来的仆人。业主与物业服务企业对双方之间的法律关系各有理解，由此产生的权利义务认识就大相径庭，这种观念上的巨大差异导致双方在相互沟通中产生了巨大障碍。

（4）业主和物业服务企业缺乏真诚有效的沟通。

面对众多业主对物业服务内容和标准的疑问，物业服务企业不通过有效的宣传主动与业主进行良性沟通，查找自身存在的问题，改进工作方式，而是采取诉讼解决，使矛盾直接升级。比如，业主之间因管道漏水、争抢车位、管线通过等所产生的纠纷往往要求物业服务企业解决，而物业服务企业又缺少处理业主相邻关系的知识和技巧，或者方法简单粗暴，缺乏真诚沟通，结果邻里纠纷转化为物业服务企业与业主的矛盾。

7.2 案例分析

7.2.1 未成年人小区内意外溺亡，物业服务企业和建设单位的责任如何划分？[①]

1. 案例导读

（1）案情分析

2014年5月20日13时左右，李某、汪某之子李某某（2007年10月22日出生，时年不足7周岁）在无监护人看管的情况下，在D小区景观水池边玩耍时，从防护栏空格钻入水池边缘，不慎落水，经抢救无效死亡。案发时李某某自2012年8月2日即在广东省中山市生活并自2012年9月1日～2014年3月6日期间在当地就读某幼儿园。

D小区为A公司开发建设，在事发的景观水池位置，县建设局审批的规划图中原设计为喷水广场，A公司变更规划设计，将其改为景观水池，事发时水池水位深达1.63m，该水池底部设有放水阀，可以控制水位。A公司选聘B公司担任D小区的物业管理公司，负责前期物业管理工作。事发时，在景观水池防护栏上设置有"水深危险，请勿攀爬"的警示标志。

事发后，A公司、B公司已通过司法所先期向李某、汪某夫妇支付了"补偿预付金"150000元。现因双方对赔偿金额仍存在争议，李某、汪某诉至法院，要求判令A公司、B公司连带赔偿300595元。

（2）原告李某、汪某诉讼请求

A公司违法建设具有重大安全隐患的水池，对于受害人的死亡有重大过错，依法应当承担责任。B公司作为小区的管理者，负有小区安全保障的注意义务，其在明知水池深达1.6m，防护栏间隙过大，而没有采取相应的措施，应当对受害人的死亡承担赔偿责任。要求判令A公司、B公司连带赔偿300595元。

（3）被告A公司辩称

A公司早就将事故小区的所有房屋出售完毕，并于2010年就已将上述小区管理之责移交给物业管理公司。A公司并未更改规划设计，原规划设计图中的喷水广场是对整个广场的叫法，在图纸上也非常明显的设计有水池，建成的景观水池

---

① 周心怡. 物业管理典型判例解读精选[M]. 北京：中国建筑工业出版社，2016：49-51.

周围也设置了相应的护栏和警示牌，尽到了相应的安全保障义务。请求法院驳回李某、汪某对A公司的诉讼请求。

（4）被告B公司辩称

B公司是小区的前期物业服务企业，职责是对小区内的房屋及配套设施设备和相关场地进行维修、养护，维护物业管理区域内的环境卫生和相关秩序，对小区内业主的人身安全没有法定的保障义务。请求法院驳回李某、汪某对B公司的诉讼请求。

2．案例焦点与分析

①建设单位与物业服务企业是否构成共同侵权？

②本案侵权责任应如何确定？

（1）法院认为

本案为一般侵权纠纷案件，适用过错责任原则。从本案事实和当事人双方提供的证据来看，监护人、建设单位与物业服务企业均有过错。

首先，作为家长放任不足7岁的孩子自己玩耍，本人未在场，也未委托其他成年人看管，监护人的放任行为致使孩子脱离监护人可观察、照顾、监护到的范围。显然孩子家长作为孩子的监护人，在事故中存在过错。

其次，建设单位与物业服务企业是否构成共同侵权？根据《中华人民共和国侵权责任法》第八条至第十四条之规定，侵权责任的最终承担方式包括连带责任与按份责任。具体而言连带责任系由各侵权行为人承担连带责任，包括：二人以上共同实施侵权行为；教唆、帮助他人实施侵权行为；二人以上分别实施侵权行为，但每个人的侵权行为足以造成全部损害的等情形。按份责任是指二人以上分别实施侵权行为，在能确定责任大小的前提下由人民法院判决侵权行为人各自承担相应份额的责任。

本案中建设单位与物业服务企业属于无意思联络的竞合侵权行为，具体体现为：建设单位在设计防护栏时违反国家《民用建筑设计通则》第6.6.3条"关于阳台、外廊、室内回廊、内天井、上人屋面及室外楼梯等临空处应设置防护栏杆的规定，文化娱乐建筑、商业服务建筑、体育建筑、园林景观建筑等允许少年儿童进入活动的场所，当采用垂直杆件作栏杆时，其杆件净距也不应大于0.11m"，物业服务企业在景观水池水位较高的情况下，未能及时排除安全隐患，但本案中建设单位与物业服务企业的责任并无意思联络行为，是可以区分的，也并非每一方的侵权行为都足以造成全部损害的发生，是分别实施侵权行为，故应确定各自责任大小，承担相应份额的责任即按份责任。

本案中，物业服务企业的责任在于未尽到足够的安全注意义务。如安装的防护栏间隙过大，应加装塑料板或设置警示标志并派人巡逻提醒业主；景观水池水位较高，应发挥排水阀作用控制水位。物业服务企业作为管理者未充分考虑、防止及消除小孩钻爬防护栏到达泳池的安全隐患，对李某某的死亡有过错。

（2）法院判决

李某、汪某怠于履行监护义务，放任不足7周岁的李某某在户外相对人少的中午时间在存在安全隐患的小区景观水池边玩耍，其本人未在场，也未委托其他成年人看管，对李某某的死亡存在重大过错。

A公司擅自改变规划设计，将原规划的小区喷水广场变更建设为景观水池，水池水位较深。在设计防护栏时违反国家《民用建筑设计通则》第6.6.3条"关于阳台、外廊、室内回廊、内天井、上人屋面及室外楼梯等临空处应设置防护栏杆的规定，文化娱乐建筑、商业服务建筑、体育建筑、园林景观建筑等允许少年儿童进入活动的场所，当采用垂直杆件做栏杆时，其杆件净距也不应大于0.11m"的规定，安装的防护栏间隙过大，致使李某某能够轻易钻入，并致其落水，对未成年人未能起到相应的安全防护作用，存在重大安全隐患，对本案的发生亦存在过错。

B公司担负着D小区的物业管理工作，负有小区内公共区域法定的安全保障方面的注意义务，其虽在景观水池防护栏上设置了警示标志，但在明知防护栏间隙过大未成年人可能钻入、景观水池设有排水阀可以控制水位的情况下，放任安全隐患的存在而不予排除，未尽到足够的安全注意义务，对李某某的死亡亦有过错。

综上，法院酌情认为，李某、汪某疏于履行未成年人的监护义务，应承担本案60%的责任。A公司应承担30%的过错责任，B公司应承担10%的过错责任。

3.实务工作建议

作为小区公共部位维护、保养的法定义务人，物业服务企业具体管理过程中应当采取一切必要的措施防止业主人身财产不受侵害，包括采取措施消除景观水池防护栏间隙过大的隐患、进行必要的安全警示、配备相关安保人员、建立安全巡视制度、突发事件应急处理制度等，并建立档案制度，做到有据可寻，避免管理不当的法律风险。在公共秩序管理中，建议做到：

（1）划分公共安全防范区域。可以针对物业项目内管理对象的不同，将公共安全防范区域划分成禁区、防护区、监视区，对不同区域实施不同级别的防范措施。

（2）设置秩序维护岗位，分为固定岗和流动岗。固定岗的职责主要是人员、物品、车辆的出入管理，出入口秩序维护，视频监控，消防报警装置监控等。固定岗一般均为24小时全天候值守。流动岗的职责主要是设施设备、场地、物品、人员的巡视，以及发生异常情况时的现场处置等。

（3）制定秩序维护方案。包括安全布防方案、巡逻方案、主要危险源方案、各类事件应急预案等。

（4）确保安防系统正常使用，事先准备应急资源。

（5）对业主进行安全防范教育宣传工作。常见的安全防范教育宣传包括火灾预防、火灾逃生知识、防盗防窃、高空坠物、宠物饲养、煤（燃）气使用常识、极端天气应对、卫生事件处置常识等。教育宣传工作的开展方式包括宣传海报、专项社区活动、项目广播、专项通知、温馨提示等。

（6）当紧急事件发生时，必须第一时间启动相应的应急预案。根据以人为本、减少危害、统指挥、分级负责、快速反应、协同应对的原则进行现场处置，并及时将相关信息上报相关政府部门。

（7）事件发生后，对事件发生造成的损害情况进行评估，制订恢复方案并组织实施，最后对事件进行总结，汲取教训。

4．法规链接

（1）《物业管理条例》

第二条　本条例所称物业管理，是指业主通过选聘物业服务企业，由业主和物业服务企业按照物业服务合同约定，对房屋及配套的设施设备和相关场地进行维修、养护、管理，维护物业管理区域内的环境卫生和相关秩序的活动。

第三十五条　物业服务企业应当按照物业服务合同的约定，提供相应的服务。

物业服务企业未能履行物业服务合同的约定，导致业主人身、财产安全受到损害的，应当依法承担相应的法律责任。

第四十六条　物业服务企业应当协助做好物业管理区域内的安全防范工作。发生安全事故时，物业服务企业在采取应急措施的同时，应当及时向有关行政管理部门报告，协助做好救助工作。

（2）《最高人民法院关于审理物业服务纠纷案件具体应用法律若干问题的解释》

第三条　物业服务企业不履行或者不完全履行物业服务合同约定的或者法律、法规规定以及相关行业规范确定的维修、养护、管理和维护义务，业主请求物业服务企业承担继续履行、采取补救措施或者赔偿损失等违约责任的，人民法院应予支持。

（3）《中华人民共和国侵权责任法》[①]

第六条　行为人因过错侵害他人民事权益，应当承担侵权责任。

根据法律规定推定行为人有过错，行为人不能证明自己没有过错的，应当承担侵权责任。

（4）《中华人民共和国民法典》[②]

第一千一百六十五条　行为人因过错侵害他人民事权益造成损害的，应当承担侵权责任。

---

① 2021年1月1日《中华人民共和国民法典》开始施行后，《侵权责任法》被《民法典》侵权责任编所替代。

② 此处选录了《中华人民共和国民法典》侵权责任编中与处理本案相关的部分法条，以供教学中研究、讨论。

依照法律规定推定行为人有过错，其不能证明自己没有过错的，应等承担侵权责任。

第一千一百六十六条　行为人造成他人民事权益损害，不论行为人有无过错，法律规定应当承担侵权责任的，依照其规定。

第一千一百七十二条　二人以上分别实施侵权行为造成同一损害，能够确定责任大小的，各自承担相应的责任；难以确定责任大小的，平均承担责任。

第一千一百七十九条　侵害他人造成人身损害的，应当赔偿医疗费、护理费、交通费、营养费、住院伙食补助费等为治疗和康复支出的合理费用，以及因误工减少的收入。造成残疾的，还应当赔偿辅助器具费和残疾赔偿金；造成死亡的，还应当赔偿丧葬费和死亡赔偿金。

（5）《最高人民法院关于审理人身损害赔偿案件适用法律若干问题的解释》

第十六条　下列情形，适用民法通则第一百二十六条的规定，由所有人或者管理人承担赔偿责任，但能够证明自己没有过错的除外：

（一）道路、桥梁、隧道等人工建造的构筑物因维护、管理瑕疵致人损害的；

（二）堆放物品滚落、滑落或者堆放物倒塌致人损害的；

（三）树木倾倒、折断或者果实坠落致人损害的。

前款第（一）项情形，因设计、施工缺陷造成损害的，由所有人、管理人与设计、施工者承担连带责任。

第十七条　受害人遭受人身损害，因就医治疗支出的各项费用以及因误工减少的收入，包括医疗费、误工费、护理费、交通费、住宿费、住院伙食补助费、必要的营养费，赔偿义务人应当予以赔偿。

受害人因伤致残的，其因增加生活上需要所支出的必要费用以及因丧失劳动能力导致的收入损失，包括残疾赔偿金、残疾辅助器具费、被扶养人生活费，以及因康复护理、继续治疗实际发生的必要的康复费、护理费、后续治疗费，赔偿义务人也应当予以赔偿。

受害人死亡的，赔偿义务人除应当根据抢救治疗情况赔偿本条第一款规定的相关费用外，还应当赔偿丧葬费、被扶养人生活费、死亡补偿费以及受害人亲属办理丧葬事宜支出的交通费、住宿费和误工损失等其他合理费用[①]。

第十八条　受害人或者死者近亲属遭受精神损害，赔偿权利人向人民法院请求赔偿精神损害抚慰金的，适用《最高人民法院关于确定民事侵权精神损害赔偿责任若干问题的解释》予以确定。

精神损害抚慰金的请求权，不得让与或者继承。但赔偿义务人已经以书面方式承诺给予金钱赔偿，或者赔偿权利人已经向人民法院起诉的除外。

---

① 　自2021年1月1日开始，侵权赔偿责任依照《民法典》第一千一百七十九条的规定执行。

7.2.2　高空抛物致人死亡物业服务企业应否承担赔偿责任?①②

1．案例导读

2006年5月31日下午5时40分左右，受害人小雨（化名）放学回家，途经位于深圳市南山区某道路交叉口处时，被高空落下的玻璃击中头部，经抢救无效死亡。案件发生后，深圳南山警方展开了长达数月的调查，但最终仍无线索。2006年7月，其父母向南山区人民法院提起民事诉讼，将事发地点某大厦北侧二楼以上的73户业主和大厦物业服务公司告上法庭，要求法院判决要求73户业主及物业服务企业共同承担人身损害的民事赔偿76万多元。南山区人民法院于2008年1月24日下达一审判决，73户业主不承担责任，物业服务企业承担30%责任。

原告及物业服务企业提起上诉，深圳市中级人民法院于2009年2月25日进行了二审审理，2010年4月30日，作出终审判决：物业服务企业不承担责任，73户业主每户补偿小雨父母4000元人民币。

（1）原告受害人父母诉讼请求

本案各被告作为该大厦物业的所有人或管理人，未尽到相关管理职责，致使玻璃脱落、坠落，造成受害人死亡的严重后果。因此，原告请求法院判令被告赔偿原告交通费1700余元、通信费300元、误工费1.8万余元、餐饮费300元、丧葬费1.6万余元、死亡赔偿金57万余元、精神抚慰金15万元、调查费3000余元，共计76万余元。

（2）被告业主及物业服务企业辩称

高空抛物属于人的行为，应由责任人承担由此造成的损失；业主及物业服务企业在这起高空坠物事件中没有过错。

2．案例焦点与分析

①高空抛物与高空坠物有何种区别？物业服务企业应分别承担何种法律责任？

②物业服务企业的安全防范协助义务有哪些内容？

（1）法院认为

1）高空抛物与高空坠物有何种区别？物业服务企业应分别承担何种法律责任？

高空抛物往往由具体的侵权行为人故意实施的侵权行为，而高空坠物则是由于建筑物使用人、管理人的不当行为导致侵权行为的发生，其主观上不存在故意。

物业服务企业作为建筑物的管理人在两种情况下应当承担不同的法律责任：在高空抛物情形下，应当首先由具体侵权行为人承担侵权责任，在无法确定侵权行为人的前提下物业服务企业承担相应的责任；在高空坠物的情形下，如果物业

① 曾洛川. "好来居"一案的法律思考[J]. 现代物业（上旬刊），2010（09）：58-61.
② 刘昌兵. "好来居高空抛物案"点评[J]. 中国物业管理，2008（03）：44-45.

服务企业没有尽到对房屋及配套设施的管理义务，应承担过错责任。

2）物业服务企业的安全防范协助义务包括哪些内容？

从物业服务的责任范围分析：《物业管理条例》第四十六条规定，物业服务企业应当协助做好物业管理区域内的安全防范工作。发生安全事故时，物业服务企业在采取应急措施的同时，应当及时向有关行政管理部门报告，协助做好救助工作。可见，物业服务企业仅对物业公共区域履行有限责任义务。

按照建筑物区分所有权的概念，业主物业的套内属专有部分，物业服务企业无权、无法也无义务将维护公共秩序的安全责任延伸至业主物业套内的法定专有部分。

具体到本案，公安部门已认定导致孩童被砸的玻璃物品为业主屋内的抛弃物，而不是物业外墙公共部位的脱落物。也就是说这是典型的业主或住户的个人行为引发的案件，超出了物业服务的责任范围。

从物业服务的合同履约的角度分析，《物业管理条例》三十五条规定，物业服务企业未能履行物业服务合同的约定，导致业主人身、财产安全受到损害的，应当依法承担相应的法律责任。由此可以看出，物业服务企业是否需要承担责任的核心问题在于物业服务企业是否履行了物业服务合同的约定。如果因物业服务企业的不履行合同约定的义务，如值班秩序维护员擅自离岗、对已发现的不安全情况放任不管、接到报警信号没有及时采取应对措施等过错行为，造成业主人身、财产损失的，物业服务企业应承担违约责任。

具体到本案，该物业服务企业一直很注重小区内禁止高空抛物的宣传，印发了"温馨提示"的宣传资料，内容包括提醒业主或用户不要在外阳台、厨房、卫生间窗台上摆放易坠落物品，以及不要有高空抛物的不良习惯。物业管理处大概每隔一个月就会换一张宣传资料，而且每层楼都有宣传不要高空抛物的公益广告。此外，该管理处有专门负责小区安全监督的工作人员，每天都会巡查楼层内部及观察楼层外部是否有容易坠落的物品，之后加以提示及宣传。应该说物业服务企业已经尽到安全防范协助义务。

本案的发生是业主个体的违法行为导致，孩童受害地点在物业管理服务范围之外。在物业服务合同的约定上没有要求物业服务企业制止业主实施侵权行为的类似条款。因此，本案中物业服务企业已经尽到合同义务，故无须承担赔偿责任。

（2）法院判决

一审法院认为：最高人民法院《关于民事诉讼证据的若干规定》第二条规定："当事人对自己提出的诉讼请求所依据的事实或者反驳对方诉讼请求所依据的事实有责任提供证据加以证明。没有证据或者证据不足以证明当事人的事实主张的，由负有举证责任的当事人承担不利后果。"原告依据《民法通则》第一百二十六条主张权利，必须举证证明明确的侵权人、损害后果、损害后果与侵权行为之间的因果关系，再由被告举证证明自己是否有过错，举证责任的确定不能因为原告无法举证而免除其举证责任。原告在无法完成举证证明具体侵权人的情况下，要求全体业主作为共同侵权人承担赔偿责任，没有法律依据，本院不予支持。被告物业服务企业作为涉案建筑的物业管理者，未能证明其及时履行了物业管理人的职责，故应该对原告的损害承担一定的赔偿责任，最终由本院酌定承担30%的赔偿责任。

二审法院判决撤销了一审判决，改判由该大厦北面73户使用人每户补偿受害人家属4000元人民币。

3. 实务工作建议

物业服务企业作为建筑物的管理人，其负有法定的安全保障义务，具体范围包括两个方面：

（1）"物"的安全保障义务，主要是指对小区公共设施、设备的维护、维修、保养，避免业主的人身及财产安全受到损害。

（2）"人"的安全保障义务，主要是指采取必要措施保障业主的人身安全不受侵害。即物业服务企业是否采取必要的措施制止侵权行为的发生是物业服务企业免于承担侵权责任的前提条件，如物业服务企业应对公共区域设施、设备及时进行维修保养，避免建筑物上物品坠落给他人造成损害，物业服务企业也需要采取相应的措施避免高空抛物的情况发生，包括对业主采取进行安全警示教育等措施。

（3）物业服务企业应增强风险意识，对于高空抛物及坠物事件，物业服务企业可采取以下措施：

1）尽到宣传和提醒的义务。日常工作中，要通过多种形式进行宣传教育，将高空抛物、坠物的危害或相关案例告知业主，引起业主重视，加强业主的自身素质。

2）注意公共区域的维护和养护。物业企业要做好建筑外墙的检查和日常养护，避免发生公共区域设施如外墙皮，公共区域玻璃，窗户等物坠落造成对业主的伤害。

3）在进行高空作业时做好防护措施。进行高空维修、清洗外墙面等高空作业时，做好防护措施，防止物品不慎坠落，在作业工作期间树立指示牌提醒路人绕道行走或安排专门人员引导行人。

4）采用相应的措施。如在一些高空抛物多发部位安装监控，及时摄录抛物人高空抛物的画面，作为警方破案以及自己免责的直接证据；设立"小心高空抛物"警示牌这样可以起到警示业主的作用，也可作为物业服务企业已经履行合理注意义务的证据。

5）一旦出现高空坠物、抛物伤害事件，物业服务企业要做好抢救伤员和现场保护区工作，依据现场情况及时报警，并协助有关部门做好证据保全工作。

4. 法规链接

（1）《物业管理条例》

第三十五条 物业服务企业应当按照物业服务合同的约定，提供相应的服务。

物业服务企业未能履行物业服务合同的约定，导致业主人身、财产安全受到损害的，应当依法承担相应的法律责任。

第四十六条 物业服务企业应当协助做好物业管理区域内的安全防范工作。发生安全事故时，物业服务企业在采取应急措施的同时，应当及时向有关行政管理部门报告，协助做好救助工作。

（2）《中华人民共和国民法通则》

第一百二十六条 建筑物或者其他设施以及建筑物上的搁置物、悬挂物发生倒塌、脱落、坠落造成他人损害的，它的所有人或者管理人应当承担民事责任，但能够证明自己没有过错的除外①。

（3）《中华人民共和国侵权责任法》

第八十七条 从建筑物中抛掷物品或者从建筑物上坠落的物品造成他人损害，难以确定具体侵权人的，除能够证明自己不是侵权人的外，有可能加害的建筑物使用人给予补偿②。

7.2.3 小区发生火灾事故如何确定责任承担主体？③

1. 案例导读

2013年12月2日5时许，深圳市罗湖区某小区某楼302房发生火灾，烧毁房内家具、家电、衣物等物品，烧损301房大门，过火面积约40m²。许某为该楼402房住户，在疏散逃生过程中被烧伤。经罗湖分局消防监督管理大队调查及现场勘验后作出《火灾事故认定书》，认定：起火部位位于某该楼302房北面客厅（饭厅）东北角三层木架第二层位置；起火原因可排除防火、外来火源、物品自燃、遗留火种等，不排除该起火部位位置电器故障引起火灾。各方当事人确认火灾最后由某该楼住户及现场人员某物业服务企业工作人员张某扑灭，消防车在火灾扑灭前未到现场。

被告胡某、汪某系罗湖区路某该楼某302房产权登记所有人，两被告于2000年购买该套房屋，其自述该房屋初始装修时间为1994年，购买房屋后未再重新装

---

① 《中华人民共和国民法典》第一千二百五十四条把《民法通则》第一百二十六条规定修改为："建筑物、构筑物或者其他设施及其搁置物、悬挂物发生脱落、坠落造成他人损害，所有人、管理人或者使用人不能证明自己没有过错的，应当承担侵权责任。所有人、管理人或者使用人赔偿后，有其他责任人的，有权向其他责任人追偿。"

② 《中华人民共和国民法典》第一千二百五十四条把《侵权责任法》第八十七条修改为："禁止从建筑物抛掷物品。从建筑物抛掷物品或者从建筑物上坠落的物品造成他人损害的，由侵权人依法承担侵权责任；经调查难以确定具体侵权人的，除能够证明自己不是侵权人的外，有可能加害的建筑物使用人补偿后，有权向侵权人追偿。物业服务企业等建筑物管理人应当采取必要的安全保障措施防止前款规定的情形发生；未采取必要的安全保障措施的，应当依法承担未履行安全保障义务的侵权责任。发生本条第一款规定的情形的，公安等机关应当依法及时调查，查清责任人。"

③ 周心怡. 物业管理典型判例解读精选[M]. 北京：中国建筑工业出版社，2016：64-66.

修。被告李某自2007年10月开始租赁罗湖区某小区某楼302房并一直居住至本案火灾事故发生时，未再重新装修。

某物业公司深圳分公司系涉案小区的物业服务企业。火灾发生时，该公司未安排值班人员晚上值班。据悉，原本小区安排的是24小时保安巡视值班，后其自行变更为保安白天值班、夜晚不值班。在变更保安值班方式后并未减少收取物业服务费用。小区消防通道被案外人堵塞，阻碍消防救援。某物业公司深圳分公司委托某消防工程有限公司对小区的消防设施进行维修保养，包括消防水池、消防管道阀门、室内消火栓等。被告某物业公司深圳分公司系被告某物业服务企业下属的没有独立法人资格的分支机构。

（1）原告许某诉讼请求

起诉五被告连带赔偿原告住院医疗费30628.07元，伙食补助费1750元，护理费7800元，交通费4460.2元，营养费5000元，精神损失费10000元。

（2）被告胡某、汪某辩称

根据罗湖分局消防监督管理大队对火灾事故的认定，起火原因为某号楼302房北面客厅（饭厅）东北角三层木架第二层位置电器故障引起火灾，实际确定了起火物件为租户李某家的木架上放置的电器，责任在于李某。

（3）被告李某辩称

出租人汪某、胡某的房屋年久失修，设备老化，特别是电气、电线早已过了使用年限，存在严重的安全隐患。李某在租用该房屋时，并没有与胡某、汪某约定转移该房屋的消防安全责任。责任在于汪某、胡某和物业服务企业。

（4）被告某物业公司深圳分公司辩称

原审适用过错推定责任正确。在有新证据可查明事故主要责任的情况下，应当在分清主次过错，内部按份承担责任，外部连带承担责任。

2. 案例焦点与分析

本案中业主、物业使用人、物业服务企业如何划分责任？

（1）法院认为

从我国立法精神来看，建筑物的产权人、使用人对建筑物具有安全管理的权利和义务。涉案房屋的业主汪某、胡某作为出租方，应当确保房屋在出租时符合安全使用的标准，包括电线、电路的安全。李某作为该房屋的占有人和实际使用人，承租涉案房屋长达六年之久，对于房屋的安全管理义务，理应较之汪某、胡某有更高的要求。消防部门已认定起火点位于涉案房屋木架第二层，而该木架及第二层的电器均系李某自行购置并摆放，其对此具有直接且完整的管理职责。

对于物业服务企业的责任问题，某物业公司深圳分公司作为涉案小区的物业管理单位，应当善尽管理职责，确保小区内出现的危险因素在第一时间得到发现、控制或避免。涉案火灾发生于凌晨，许某所住房屋与火灾发生地点并非同一楼层，火势蔓延至许某房屋尚需一定的条件和时间，如火灾从起火到发展成灾害的过程中能被及时发现，或者在火灾不能及时扑救的情况下组织楼房内住户有序、有效地逃生，许某的损失极有可能被降低甚至避免。小区原本安排的是24小时保安巡视值班，后来物业服务企业自行变更为保安白天值班、夜晚不值班，在变更保安值班方式后并未减少收取物业服务费用。虽然其主张已经将该变更情况公知于小区住户，但并未提交证据证实，李某、汪某、胡某、许某等小区用户对此亦均不认可，且对该变更情况存在较大意见。涉案小区的消防通道被案外人长期用作他途。某物业公司深圳分公司在对小区长期的管理过程中，对此应当知情，并应就此积极与案外人或相关部门协调、反映消防通道被堵塞的情形以寻求解决方案。即使该消防通道处于小区红线图以外，超出了某物业公司深圳分公司的管理范围，其亦应在小区管理范围内另行设置消防通道，以确保小区在发生事故时救援力量能够及时赶到实施救助。某物业公司深圳分公司无论从发现火灾、疏导住户免受损失、还是对扑灭火灾的促进作用上，均存在管理过错。而该过错是造成火灾的非同层住户许某受伤的重要因素。

（2）法院判决

涉案房屋的业主汪某、胡某作为出租方，应当确保房屋在出租时符合安全使用的标准。李某作为该房屋的占有人和实际使用人，应当在确保安全的情况下合理使用该房屋。某物业公司深圳分公司对于火灾事故的发现、控制和疏导，均存在一定的管理过失。据此，法院认定许某因本案所受损失为40224.07元。李某应在本判决生效之日起五日内赔偿许某损失40224.07元，汪某、胡某应对李某的上述赔偿义务在16089.63元范围内承担补充清偿责任，某物业有限公司深圳分公司应对李某的上述赔偿义务在24134.44元范围内承担补充清偿责任；某物业管理有限公司应对被告某物业有限公司深圳分公司的赔偿义务承担补充清偿责任。

3. 实务工作建议

消防管理就是消除和预防火灾，对火灾隐患进行整改和治理，维护业主人身、财产安全。物业服务企业应有较强的安全责任意识，在消防管理中注意以下几个方面问题：

（1）加强消防值班和巡逻，及时发现并消除火警隐患。

（2）定期检查和更换消防器材。应指定专人对消防装备进行统一管理，建立消防设备保管台账，避免器材丢失和随便动用。发现消防器材破损、泄漏、变形或工作压力不够时，应对器材进行维修和调换申购。每月对消防器材进行一次全面统计，对已失效、损坏的器材应进行重新配置。

（3）加强对员工和业主的消防教育培训，让员工和业主掌握火灾火警的应对步骤，报警、灭火器材选用等常识和必要的逃生技能。

（4）建立健全消防应急处理制度，依法每年安排消防演习。物业服务企业负责人为消防责任人，项目消防管理人员为消防安全管理人员。上述人员均应参加消防主管部门的消防安全培训，并获取相应的消防安全资格证。在消防专业训练工作中可以邀请消防主管部门派员指导，同时做好工作记录存档以备主管部门抽查。

4. 法规链接

（1）《中华人民共和国侵权责任法》

第六条　行为人因过错侵害他人民事权益，应当承担侵权责任。

根据法律规定推定行为人有过错，行为人不能证明自己没有过错的，应当承担侵权责任[①]。

第七条　行为人损害他人民事权益，不论行为人有无过错，法律规定应当承担侵权责任的，依照其规定[②]。

第十二条　二人以上分别实施侵权行为造成同一损害，能够确定责任大小的，各自承担相应的责任；难以确定责任大小的，平均承担赔偿责任[③]。

第十六条侵害他人造成人身损害的，应当赔偿医疗费、护理费、交通费等为治疗和康复支出的合理费用，以及因误工减少的收入。造成残疾的，还应当赔偿残疾生活辅助具费和残疾赔偿金。造成死亡的，还应当赔偿丧葬费和死亡赔偿金[④]。

（2）最高人民法院《关于审理人身损害赔偿案件适用法律若干问题的解释》

第十七条　受害人遭受人身损害，因就医治疗支出的各项费用以及因误工减少的收入，包括医疗费、误工费、护理费、交通费、住宿费、住院伙食补助费、必要的营养费，赔偿义务人应当予以赔偿。受害人因伤致残的，其因增加生活上需要所支出的必要费用以及因丧失劳动能力导致的收入损失，包括残疾赔偿金、残疾辅助器具费、被扶养人生活费，以及因康复护理、继续治疗实际发生的必要的康复费、护理费、后续治疗费，赔偿义务人也应当予以赔偿。受害人死亡的，赔偿义务人除应当根据抢救治疗情况赔偿本条第一款规定的相关费用外，还应当赔偿丧葬费、被扶养人生活费、死亡补偿费以及受害人亲属办理丧葬事宜支出的交通费、住宿费和误工损失等其他合理费用。

第十八条　受害人或者死者近亲属遭受精神损害，赔偿权利人向人民法院请求赔偿精神损害抚慰金的，适用《最高人民法院关于确定民事侵权精神损害赔偿责任若干问题的解释》予以确定。精神损害抚慰金的请求权，不得让与或者继

---

① 本条规定了过错责任和推定过错责任原则。《中华人民共和国民法典》第一千一百六十五条对《侵权责任法》第六条修改为："行为人因过错侵害他人民事权益造成损害的，应当承担侵权责任。根据法律规定推定行为人有过错，其不能证明自己没有过错的，应当承担侵权责任。"

② 本条规定了无过错责任原则。《中华人民共和国民法典》第一千一百六十六条对《侵权责任法》第七条修改为："行为人造成他人民事权益损害，不论行为人有无过错，法律规定应当承担侵权责任的，依照其规定。"

③ 《中华人民共和国民法典》第一千一百七十二条对《侵权责任法》第十二条修改为："二人以上分别实施侵权行为造成同一损害，能够确定责任大小的，各自承担相应的责任；难以确定责任大小的，平均承担责任。"

④ 《中华人民共和国民法典》第一千一百七十九条对《侵权责任法》第十六条修改为："侵害他人造成人身损害的，应当赔偿医疗费、护理费、交通费、营养费、住院伙食补助费等为治疗和康复支出的合理费用，以及因误工减少的收入。造成残疾的，还应当赔偿辅助器具费和残疾赔偿金。造成死亡的，还应当赔偿丧葬费和死亡赔偿金。"赔偿项目增加了营养费和住院伙食补助费。

承。但赔偿义务人已经以书面方式承诺给予金钱赔偿，或者赔偿权利人已经向人民法院起诉的除外。

第十九条　医疗费根据医疗机构出具的医药费、住院费等收款凭证，结合病历和诊断证明等相关证据确定。赔偿义务人对治疗的必要性和合理性有异议的，应当承担相应的举证责任。医疗费的赔偿数额，按照一审法庭辩论终结前实际发生的数额确定。器官功能恢复训练所必要的康复费、适当的整容费以及其他后续治疗费，赔偿权利人可以待实际发生后另行起诉。但根据医疗证明或者鉴定结论确定必然发生的费用，可以与已经发生的医疗费一并予以赔偿。

第二十一条　护理费根据护理人员的收入状况和护理人数、护理期限确定。护理人员有收入的，参照误工费的规定计算；护理人员没有收入或者雇佣护工的，参照当地护工从事同等级别护理的劳务报酬标准计算。护理人员原则上为一人，但医疗机构或者鉴定机构有明确意见的，可以参照确定护理人员人数。护理期限应计算至受害人恢复生活自理能力时止。受害人因残疾不能恢复生活自理能力的，可以根据其年龄、健康状况等因素确定合理的护理期限，但最长不超过二十年。受害人定残后的护理，应当根据其护理依赖程度并结合配制残疾辅助器具的情况确定护理级别。

第二十二条　交通费根据受害人及其必要的陪护人员因就医或者转院治疗实际发生的费用计算。交通费应当以正式票据为凭；有关凭据应当与就医地点、时间、人数、次数相符合。

第二十三条　住院伙食补助费可以参照当地国家机关一般工作人员的出差伙食补助标准予以确定。受害人确有必要到外地治疗，因客观原因不能住院，受害人本人及其陪护人员实际发生的住宿费和伙食费，其合理部分应予赔偿。

第二十五条　残疾赔偿金根据受害人丧失劳动能力程度或者伤残等级，按照受诉法院所在地上一年度城镇居民人均可支配收入或者农村居民人均纯收入标准，自定残之日起按二十年计算。但六十周岁以上的，年龄每增加一岁减少一年；七十五周岁以上的，按五年计算。受害人因伤致残但实际收入没有减少，或者伤残等级较轻但造成职业妨害严重影响其劳动就业的，可以对残疾赔偿金作相应调整。

第三十五条　本解释所称"城镇居民人均可支配收入""农村居民人均纯收入""城镇居民人均消费性支出""农村居民人均年生活消费支出""职工平均工资"，按照政府统计部门公布的各省、自治区、直辖市以及经济特区和计划单列市上一年度相关统计数据确定。"上一年度"，是指一审法庭辩论终结时的上一统计年度。

7.2.4 物业服务企业是否应对小区丢失的车辆承担赔偿责任？ [1]

1. 案例导读

（1）案情简介

孟某居住在某小区89号602室，位于小区西北角，该住宅小区由某物业服务企业提供物业管理服务。2004年3月14日，孟某购买二轮摩托车一辆，价格为8000元。2005年8月17日早晨9时许，孟某向公安机关报案，称其摩托车停放在楼下被盗，车辆全部行车证照及发票等材料随车一并丢失。

孟某对丢失车辆进行了登报挂失、支付登报服务费200元，并补办了驾驶执照、支付办照培训费18元。因公安机关对盗窃案侦破未果，孟某遂以某物业服务企业对小区的安全管理有疏漏为由，于2005年9月26日提起诉讼要求某物业服务企业赔偿丢失摩托车损失9000元。

法院对该小区的监控、录像设施现场勘验查明，小区的值班保安，不能正常操作使用监控、录像设备，录像设备未曾使用过，监控器及监控探头不能完全正常使用，只能对小区东侧和东南侧的物业、道路、大门等实施监控，而对小区北侧、西侧的范围无法实施监控，设备上多数功能按钮失灵，无法正常使用。

（2）原告孟某诉讼请求

某物业服务企业对小区的安全管理有疏漏，要求某赔偿丢失摩托车损失9000元。

（3）被告某物业服务企业辩称

原、被告双方仅是物业管理协议，双方不存在保管合同关系。被告收取的是物业服务费用，不是保管费。即使丢失车辆，被告也不应该承担保管责任。原告的车辆进出不需要经过被告同意，也不受被告控制，是否在小区内被盗也无法证实。被告只是负责小区清扫、一般性的小区安全巡逻、24小时值班、不定期的巡逻，也有监控设施，被告对小区安全措施是到位的，所以被告在物业管理过程中没有过失和不当，请求法院驳回原告的诉讼请求。

2. 案例焦点与分析

①对事发前丢失车辆是否停入了小区车棚的事实，应由谁承担举证责任？

②物业服务企业应否承担赔偿责任？

（1）法院认为

1）对事发前丢失车辆是否停入了小区车棚的事实，应由谁承担举证责任？

在审理中，孟某提供了如下证据：公安机关接收案件回执单、摩托车立案（未破）证明以及当晚两位值班保安"孟某摩托车在小区停放被盗"内容的证言，上述证据的内容之间能够相互印证。孟某作为在该小区居住的业主，在其向物业服务企业交纳了物业管理费后，即有理由相信其会将车辆停回其居住的小区。孟

---

[1] 江苏省南京市中级人民法院（2006）宁民四终字第501号。

某在提供了上述证据后，就已经穷尽了对这一事实的举证能力。被告作为该小区的物业管理单位，并未就孟某摩托车进出、停放小区的行为实行过相关的管理措施，或给孟某发放过任何凭据，致使孟某无法提供"案发当晚摩托车已停入小区"的直接证据，让孟某对此问题承担举证责任将会显失公平。被告作为对小区进出车辆制定并实施管理措施的主体，是创设该举证条件的一方，也就是说，其对创设该举证条件负有义务，所以应由其对"案发当晚孟某车辆是否停入小区"的事实承担举证责任。

2）物业服务企业应否承担赔偿责任？

在本案中，被告作为小区的物业管理单位，虽未与小区业主签订书面物业服务合同，但孟某长期向被告交纳物业管理费，被告一直履行着对该小区物业管理服务的义务，双方之间已建立了事实上的物业服务法律关系。由于双方没有书面约定各自的权利义务，故被告的管理责任依据相关法律规定以及向业主公示的管理规范为标准。

在被告向业主公示的《车辆行驶停放管理规定》中，对除汽车以外小区业主的车辆进出规定了较为详细的管理方法和措施，但其却从未按此规定中确定的义务对车辆采取过登记或出入卡等相关管理措施；另外，在小区监控器、探头等物业共用安全防范设施出现故障，不能完全正常工作时，未及时维护；在业主为小区安全防范配备了物业共用录像设备的情况下，其未加以利用；被告在该小区的值班人员，对每日监控录像设备的运行情况和安全监控状况未曾做过记载，在法院对小区进行现场勘验时，值班人员却不会操作监控设备，无法对小区实行正常监控。

被告未能全面、恰当地履行对小区物业服务的义务，在小区车辆管理和安全防范上均存在疏漏，履行管理维护共用设施、协助管理公共秩序、安全防范等义务时是有瑕疵的，故依据《物业管理条例》第三十五条的规定，对孟某车辆被盗造成的损失，被告应承担相应的赔偿责任。

（2）法院判决

孟某对摩托车系在小区被盗这一事实，已经穷尽了举证能力。被告并未对除汽车以外进出、停放小区的其他车辆采取任何可以确认车辆停入事实的管理措施，或给孟某发放过任何车辆进出凭据，被告作为创设该举证条件的一方，应对"案发当晚原告车辆是否停入小区"的事实承担举证责任，其不能提供反证，故应当推定摩托车在小区内丢失的法律事实。孟某作为业主与被告之间已建立了事实上的物业服务法律关系，被告应依法履行对小区物业共用部位和物业共用设施设备的日常维护和管理义务，以及对其物业管理区域内公共秩序、安全防范的协助管理等义务。被告在履行义务时存在疏漏和瑕疵，由此给孟某造成的财产损失应依法承担相应的赔偿责任，综合各方面因素，由被告承担孟某全部损失的60%较为适当。被告于本判决生效之日起十日内赔偿孟某损失3970.8元；诉讼费470元由双方当事人各负担一半。

3. 实务工作建议

小区内车辆被剐蹭甚至被盗窃等问题时有发生，物业服务企业应当从自身管理入手，识别、评估并控制相关风险：

（1）加强车辆进出管理。做到车辆进出有登记、凭卡凭证进出。

（2）做好加强车辆引导和停放管理工作。车管员应根据不同情况将车辆依次引导至个人固定车位、指定车位、访客车位等地停放，禁止占用消防通道、人行通道、小区出入口等地方停放。车辆停放后应提醒业主锁好门窗，妥善保管、随身携带贵重物品。

（3）加强停车场及周边巡查。一要做好常规巡查，发现可疑人员，立即上报并采取有效防范措施；二要做好节假日、夜间等重点时段的巡查。

（4）强化技防措施。有监控设备的要用好监控设备，并妥善保管影像资料；如尚未安装监控设备，可考虑申请住宅专项维修资金安装监控设备。

（5）采取必要的应急措施。发生车辆损毁等事件时，一要及时报警，配合公安部门做好调查；二要注意收集和保管相关证据，包括车辆出入记录、巡查记录、监控影像等；三要及时上报情况，征询律师专业意见。

（6）通过公众责任保险转移风险。

4. 法规链接

（1）《物业管理条例》

第三十五条　物业服务企业应当按照物业服务合同的约定，提供相应的服务。

物业服务企业未能履行物业服务合同的约定，导致业主人身、财产安全受到损害的，应当依法承担相应的法律责任。

（2）《中华人民共和国民法典》

第九百四十二条　物业服务人应当按照约定和物业的使用性质，妥善维修、养护、清洁、绿化和经营管理物业服务区域内的业主共有部分，维护物业管理区域内的基本秩序，采取合理的措施保护业主的人身、财产安全。

7.2.5 突发暴雨致车库车辆被淹物业服务企业能否以不可抗力为由主张免责？

1. 案例导读

（1）案情简介

胥某系鄂AFV×××号小型轿车的车主，居住在武汉市某小区某栋-×-×××房。某房产公司是武汉市该小区的建设单位。该小区地下建有人防工程，战时作为防空设施，和平时期作为地下车库使用。2009年11月，某房产公司将该小区公共部位、设施、设备及物业管理用房整体（包括地下车库在内）移交给小区业主委员会。某物业服务企业系由该小区业主委员会聘请，为该小区提供物业管理服务。

2012年8月，胥某向某物业服务企业缴纳2012年8月1日至2013年10月31日期间机动车车位租金、泊车服务费共3648元，其中泊车服务费每车每月96元，由某物业服务企业收取，车位租金每月每车位184元，由某房产公司收取。胥某将车停放在该小区内的停车位上，但未与某物业服务企业、某房产公司签订书面车位租用协议和泊车服务协议。

2013年7月6日，胥某将鄂AFV×××号小型轿车停放在该小区地下车库的停车位上。当天夜晚，武汉市发生大暴雨天气，该小区因雨量过大而发生地面积水向小区地下车库倒灌现象，当时地下车库内停放有包括该小型轿车在内的数十辆机动车。某物业服务企业使用沙袋堵水，因水势太大未果，但某物业服务企业、某房产公司未及时通知车主车库积水。该小区地下车库内因积水不能及时排出，至第二天早上，地下车库已被深约8m的积水灌满，停放在地下车库内的数十辆机动车全部被淹没。2013年7月10日，胥某的小型轿车因泡水受损，从该小区地下车库被拖送至武汉市洪山区某汽车维修美容经营部进行清理、维修，用去拖车费及清晒费1100元、修理费53840元。在损失发生后，双方就赔偿事宜未能协商一致，故胥某诉至法院。

（2）原告胥某诉讼请求

某房产公司作为地下车库的开发建设单位和出租人，未能尽到保障出租物安全使用和对出租物进行维修养护的义务；某物业服务企业作为泊车服务的提供方和专业的物业服务企业，在暴雨来临时未能及时采取防范水灾的预防措施，未及时通知车主迁车避险，也未采取及时有效措施排水救险。某物业服务企业、某房产公司在车辆被淹没顶后的三天内，均未采取有效措施进行抢救，导致了损失扩大，对上诉人胥某车辆严重受损负有不可推卸的过错责任。请求某物业服务企业、某房产公司连带赔偿机动车停泊被淹后的牵拖费1100元、修理费53840元、应退泊车租用费816元、应退泊车服务费320元，共计56076元。

（3）被告某物业服务企业辩称

由大暴雨导致的雨水倒灌入车库而形成的水灾构成法律上的不可抗力。某物业服务企业与胥某之间成立事实上的泊车服务合同法律关系。依据合同的约定，车辆的保管由车主自行承担，而胥某作为车主，对于自有车辆负有保管责任的义务，应注意自然天气可能对自己财物的影响，其消极的放任行为对于车辆受损存有重大过错，应由胥某承担全部责任。某物业服务企业没有法定及约定通知业主迁车避险以及协助保障服务对象所停泊车辆安全的义务。胥某所说的拖车、维修等费用不应由某物业服务企业来承担。

（4）被告某房产公司辩称

某房产公司与胥某仅仅是车辆场地租用关系，且某房产公司已经履行法定义务，胥某的车辆受损与某房产公司没有因果关系。某房产公司没有对车辆维护的义务，对车辆抢救不是某房产公司应尽的义务。地下车库属于人防工程，是不能进行买卖的，所有权虽是挂在我公司名下，但我们将所有设备整体移交给某物业服务企业使用。胥某对受损车辆也有责任。某房产公司不应承担任何赔偿责任。

2. 案例焦点与分析

①极端天气是否构成不可抗力？

②物业服务企业在本案中是否要承担赔偿责任？

（1）法院认为

1）极端天气是否构成不可抗力？

不可抗力是指人们不能预见、不能避免并不能克服的自然、社会现象客观情况。按照通说，典型的不可抗力主要有以下两类：①自然灾害。自然灾害是我国立法和学术界认同的最典型的不可抗力现象，具体包括地震、海啸、台风、洪水、泥石流等。②社会异常事件。社会异常事件是社会中团体政治行为引致的事件，如战争、武斗冲突、罢工、劳动力缺乏、骚乱、暴动等。由于现代科学技术的发展，本案中武汉地区的大暴雨虽然不能避免和阻止，但在一定程度上能够预测，并可提前采取防范措施防止或减少其危害，其危害后果并非不可避免或者不可完全避免。而且，夏季暴雨导致雨水倒灌进入地下车库的情况并非首次发生，某物业服务企业作为专业的物业服务单位，应当结合该小区的实际情况，对该风险有相应认识和预防措施。由此可见，本案中发生的大暴雨，并不构成法律上的不可抗力情形。

2）物业服务企业在本案中是否要承担赔偿责任？

胥某与某房产公司、某物业服务企业虽然未签订书面的车位租赁协议、泊车服务协议，但是，其使用车位，向某房产公司缴纳车位租金，向某物业服务企业缴纳泊车服务费，某物业服务企业、某房产公司予以接受。因此，胥某与某房产公司间成立事实上的车位租赁合同，与某物业服务企业间成立事实上的泊车服务合同。

某房产公司交付地下车位供胥某使用，履行了租赁合同的基本义务。虽然提供车位，但并不对地下车库进行控制和管理，因此胥某要求某房产公司赔偿损失不合理。从2013年7月6日夜间发生大暴雨，积水倒灌入地下车库时，某物业服务企业仅采用沙袋堵水的情况看，其准备不足，预防措施不到位。在水势不能阻止时，某物业服务企业有义务通知泊车人采取迁车等避险措施，但其未及时通知泊车人。某物业服务企业未能及时采取免灾的预防措施或通知业主迁车避险等避险措施，造成胥某财产损失，故某物业服务企业应向胥某承担一定的赔偿责任。另外，胥某作为车主，其对于自有车辆负有保管责任的主要义务，也应注意自然天气可能对自己财物的影响，其自身对于车辆受损存有重大过错。

（2）法院判决

胥某作为车主，其对于自有车辆负有保管责任的主要义务，因未注意自然天气可能对自己财物的影响，其自身对于车辆受损存有重大过错。某房产公司只负责提供地下车位，并不对地下车库进行控制和管理，因此对于此次因暴雨导致业主车辆受损事件不承担责任。某物业服务企业未能及时采取免灾的预防措施或通知业主迁车避险等避险措施，造成胥某财产损失，故某物业服务企业应向胥某承担一定的赔偿责任。

综合案情，法院酌定某物业服务企业对胥某的损失承担20%的赔偿责任。根据胥某提交的车辆维修清单和票据，其损失为54940元（维修费53840元＋拖车及清晒费1100元）。某物业的服务企业应向胥某赔偿10988元（54940元×20%）。

3. 实务工作建议

从目前的司法实践来看，不可抗力有严格的适用条件，针对物业管理过程中，发生暴雨、火灾等导致业主财产受损的情况，物业服务企业作为管理者，一般难以"不可抗力"为由，免除赔偿责任。但在具体责任划分的问题上，一般法院会根据物业服务企业在安全保障方面履行相关义务的程度，来确定物业服务企业应当承担的责任。所以，物业服务企业在进行车辆管理时，一方面要在物业服务合同中对相关的风险责任条款进行明确的约定，以此作为车辆管理的依据，有效降低法律风险。另一方面，物业服务企业要做好以下几项工作：

（1）根据停车场的特点和存在的隐患问题与开发商、人防和市政做好协调工作，明确多方责任，将问题提前化解掉，防止类似涌水倒灌、人防门无权使用的问题的发生。

（2）做好日常制度建设，还应制定详尽的事故抢修措施和方案，出现紧急情况，可以及时动员各方力量减少损失。

（3）做好物资、设备、工具的准备工作，备有必需的抢险工具，如储存适量沙包或挡板，防止溢水流入停车场、电梯、用户住房内及设备房。

（4）做好给水排水系统的维护保养、巡视检查工作，做到"防患于未然"，尽量提前发现事故隐患，避免事故发生。

（5）定期对员工进行培训和演练，一旦事故发生，能在最短时间到达事故现场，以最快的方式排除故障，避免造成损失。

4. 法规链接

（1）《中华人民共和国合同法》

第一百零七条 当事人一方不履行合同义务或者履行合同义务不符合合同约定的，应当承担继续履行、采取补救措施或者赔偿损失等违约责任[1]。

第一百二十二条 因当事人一方的违约行为，侵害对方人身、财产权益的，受损害方有权选择依照本法要求其承担违约责任或者依照其他法律要求其承担侵权责任[2]。

第二百一十六条 出租人应当按照约定将租赁物交付承租人，并在租赁期间

---

[1] 《中华人民共和国民法典》合同编第五百七十七条承继了《合同法》本条规定。

[2] 《中华人民共和国民法典》把本条内容归入侵权责任法编。

保持租赁物符合约定的用途①。

（2）《中华人民共和国侵权责任法》

第六条　行为人因过错侵害他人民事权益，应当承担侵权责任。

根据法律规定推定行为人有过错，行为人不能证明自己没有过错的，应当承担侵权责任②。

（3）《中华人民共和国民法通则》

第一百三十四条承担民事责任的方式主要有：

（一）停止侵害；

（二）排除妨碍；

（三）消除危险；

（四）返还财产；

（五）恢复原状；

（六）赔偿损失；

（七）赔礼道歉；

（八）消除影响、恢复名誉。以上承担民事责任的方式，可以单独适用，也可以合并适用。

人民法院审理民事案件，除适用上述规定外，还可以予以训诫、责令具结悔过、收缴进行非法活动的财物和非法所得，并可以依照法律规定处以罚款、拘留③。

（4）《中华人民共和国民事诉讼法》

第六十四条　当事人对自己提出的主张，有责任提供证据。

当事人及其诉讼代理人因客观原因不能自行收集的证据，或者人民法院认为审理案件需要的证据，人民法院应当调查收集。

人民法院应当按照法定程序，全面地、客观地审查核实证据。

第一百四十二条　法庭辩论终结，应当依法作出判决。判决前能够调解的，还可以进行调解，调解不成的，应当及时判决。

---

① 《中华人民共和国民法典》合同编第七百零八条规定："出租人应当按照约定将租赁物交付承租人，并在租赁期限内保持租赁物符合约定的用途。"把"租赁期间"修改为"租赁期限内"。

② 《中华人民共和国民法典》第一千一百六十五条将本条修改为："行为人因过错侵害他人民事权益造成损害的，应当承担侵权责任。根据法律规定推定行为人有过错，其不能证明自己没有过错的，应当承担侵权责任。"

③ 《中华人民共和国民法典》总则编第一百七十九条把本条修改为：承担侵权责任的方式主要有：（一）停止侵害；（二）排除妨碍；（三）消除危险；（四）返还财产；（五）恢复原状；（六）修理、重作、更换；（七）继续履行；（八）赔偿损失；（九）支付违约金；（十）消除影响、恢复名誉；（十一）赔礼道歉。

法律规定惩罚性赔偿的，从其规定。

本条规定的承担民事责任的方式，可以单独适用，也可以合并适用。

复习思考题

1. 物业服务企业实施物业公共秩序维护管理的主要依据是什么?

2. 物业服务企业在公共秩序维护管理方面承担何种职责?

3. 物业公共秩序维护管理中发生纠纷原因有哪些?

4. 案例分析题

2019年10月19日晚上19: 15,某小区消防中心控制室响起火警警报,讯息显示22号楼602室有火情,当值值班员立即通知巡逻岗前往现场查证。巡逻岗接报后马上携带灭火器到达现场,透过门缝可见室内的火光。巡逻岗人员立即将现场情况报告当班值班班长,班长将现场情况火速与22号楼602室业主电话联系,19: 20在通过服务中心的录音电话获得业主的电话授权同意后,值班班长与赶到现场的其他维序人员一道将22号楼602室房门破开,19: 22成功将火扑灭。同时班长和巡逻岗留待现场等业主到场处理。事先经查,22号楼602室正在进行二次装修,装修工人下工回家时没有把手持搅拌器电源切断,导致线路起火,幸亏物业服务人员及时发现并处置得当,火灾仅烧毁一台搅拌器,没有造成更大的损失。业主对物业服务人员的及时救助感激万分并把一面写有"秩序维护员倾情服务,为了业主利益在奉献"的锦旗赠予服务中心维序部。

问题与思考:

(1)该案件说明了什么?

(2)对物业服务企业消防管理有何实务启示?

物业公共环境
服务中的纠纷与
案例分析

本章要点与学习目标

　　本章主要回顾了与公共环境服务有关的知识，介绍了物业公共环境服务中的纠纷类型与纠纷原因，重点列举了3个典型案例，对案例进行了解读和分析，最后提出案例处理与解决的思路以供参考。

　　本章选取的物业公共环境服务中的案例，分别涉及污染防治、清扫保洁、绿化管理等内容。通过对这些典型案例的导读与评析、法规的链接，要求学生从物业服务企业的角度，认识问题产生的原因；熟悉案例所对应的有关法律；熟练运用所学的各种基础理论来指导实践；面对公共环境服务中的各种民事纠纷，能够迅速找到具有针对性的解决办法。通过本章学习，学生应能掌握物业服务企业在公共环境服务中的应诉或投诉处理的方法与技巧，从而提高物业服务水平，有效降低和规避从事公共环境服务所面临的风险与损失。

8.1 物业公共环境服务基本知识

8.1.1 物业公共环境服务的含义

物业公共环境，是指物业管理区域内业主可以共同使用的地方。它与城市里的公共场所、公用地方有着明显区别，不可混为一谈。

物业公共环境服务，是指在物业公共环境这一特定范围内的污染防治、清扫保洁、绿化养护等服务。

物业公共环境服务的目的是为业主和使用人创建一个整洁、舒适、幽美、文明的生活和工作环境。

8.1.2 物业公共环境服务的内容

根据公共环境服务和专业化物业管理的要求，物业公共环境服务的内容主要包括污染防治、清洁管理、绿化管理。

1. 污染防治

污染防治包括环境污染和污染防治。前者是现象，后者是根据该现象提出的各种措施和治理行动。环境污染包括大气污染、水体污染、噪声污染、固态废弃物污染以及日常生活垃圾污染。

物业公共环境中的污染主要以噪声污染、固态废弃物污染以及日常生活垃圾污染居多。

物业环境污染防治的重点一般因物业类型的不同而不同。如工业小区以工业污染物为防治重点，住宅小区则以日常生活垃圾作为防治重点。

2. 清洁管理

清洁管理是指通过清、扫、擦、拭、抹等专业性操作，维护所有公共区域和共用部位的清洁卫生，保护物业公共环境的一种服务活动。

清洁管理主要业务范围包括平面清洁、垂直清洁、物业辖区范围内的日常生活垃圾的收集、分类和清运。具体包括：楼外公共区域清洁、楼内公共区域清洁、垃圾收集与处理、管道疏通、外墙清洗、化粪池清洗、泳池清洁、清洁拓荒、冬季除雪除冰等。

清洁管理主要工作内容包括制定清洁管理规章制度、搞好卫生设施建设和做好环卫宣传工作等。

物业清洁管理模式包括外包管理和自行作业。外包是将清洁工作交由专业清洁公司具体实施，物业服务企业仅配设监管人员。外包模式的管控重点是监督检查外包清洁公司的工作质量并按合同对其进行考核与管理。自行作业是由物业服务企业自行招聘清洁工在物业管理区域内自行实施清洁服务工作。自行作业模式除了要监督检查清洁工作质量外，更加要注意清洁操作技术及清洁流程的管控。

物业环境的清洁检查也因物业类型的不同而不同。如多层住宅小区、高层住宅小区、写字楼、商业物业等，有各自不同的检查重点。

在清洁工作中，物业服务企业也要牢记不同材质保洁、不同季节保洁时的注意事项。

3．绿化管理

绿化是栽种绿色植物（树木、花卉、草皮等）以改善自然环境和人民生活条件的服务活动。绿化有制氧、杀菌、调节气温、防粉尘、减噪声、防风沙、产生负离子、吸附有害气体、防止自然灾害等功能。

绿化管理主要业务范围包括公共绿化、共用设施和共用建筑的绿化以及家庭庭院绿化。

绿化管理主要工作内容包括绿地的建设、绿化的日常养护、园林绿化的翻新改造、花木种植、园林绿化灾害预防、绿化管理规章制度的制定与落实等。

物业绿化管理的运作模式有完全自主管理模式、自己管理+特种作业外包管理模式、外包管理模式等几种。

绿化工作的基本要求包括：制定绿化工作标准、加强监督检查、维持植物正常生长、加强枯枝黄叶的清理及绿化保洁工作，及时对妨碍业主、物业使用人活动的绿化植株进行改造，减少人为践踏对绿化造成的危害；创建社区环境文化、加强绿化保护宣传、建立绿化档案等。

不同物业类型绿化管理要求也不同。比如酒店及会所、普通住宅、高档住宅、学校、医院、市政及大型公共场所，都有各自绿化管理的重点。

住宅小区绿化管理的规定主要包括：

（1）人人有权利和义务管理与爱护花草树木。

（2）不损坏和攀折花木。

（3）不准在树木上敲钉拉绳晾晒衣物。

（4）行人或车辆不得跨越、通过绿化地带，不得破坏绿地栅栏。

（5）不往绿地倾倒污水或投扔杂物。

（6）不在绿化范围内堆放物品、停放车辆。

（7）不在树木上及绿化带内设置广告牌。

（8）不在绿地内违章搭建。

（9）不损坏绿化的围栏设施和建筑小品。

（10）人为造成花木或其保护设施损坏的，根据有关主管部门规定进行赔偿或处罚，若为无民事行为能力人所为，由监护人负责赔偿。

在物业服务企业公共环境服务的工作中，上述三个内容是层层递进的：污染的防治是为了事先预防；清扫保洁是为了净化空间；绿化养护与管理是为了美化生活。

8.1.3　物业公共环境服务中的常见纠纷

物业公共环境服务是物业服务的常规组成部分。就行业特点来讲，一方面从事公共环境服务的物业工作者大多年龄大、文化程度比较低，在物业服务过程中，缺乏必要的法律常识及与人沟通的技巧，容易产生安全隐患或者面对各种纠纷出现无所适从的情况。另一方面，在物业公共环境中接受服务的业主也各有不同诉求，如何面对并解决好这类诉求，是物业服务企业必须面对的问题。

物业服务企业在公共环境服务过程中的纠纷类型与其服务内容有关，主要有以下三大类：

1．环境污染纠纷

常见于废弃物和日常生活垃圾污染；有毒、有害物质排放；发出超出规定标准的噪声等引起的纠纷。

2．清洁服务中的纠纷

常见于堆放杂物；饲养宠物；随意排水；乱挪垃圾桶；油烟滋扰；乱倒垃圾；在建筑物、构筑物上乱张贴、涂写、刻画等引起的纠纷。

3．绿化养护中的纠纷

常见于强占绿地、擅自封闭共用园地或小路、种植蔬菜、私砍树木、毁坏绿化等引起的纠纷。

8.1.4 常见纠纷的产生原因

上述类型的纠纷所产生的原因一般有以下几种：

1．物业服务企业服务不到位、管理失误或不作为产生的纠纷

如物业服务企业对服务区域内的环境污染、清洁卫生、绿化等未尽管理职责，造成物业环境恶化；垃圾桶摆放位置不合适造成业主互呛或业主与物业服务企业争执；业主堆放杂物影响通行物业服务企业久拖不管；业主在小区管辖内出现意外伤害等，都是造成纠纷的原因。

2．物业服务企业与业主观念不一致产生的纠纷

如业主认为物业服务企业应拒绝小区内饲养宠物或禁止跳广场舞，否则就是未尽到管理和服务的责任，其实，对业主的某些行为，物业服务企业只有劝阻、制止、提醒及适当管理的权利，而无限制、禁止或罚款的权利。但业主却坚持认为，物业服务企业有权利杜绝这类问题。所以，这种观念上的差异也会造成很多纠纷。

3．业主不服从物业服务监管产生的纠纷

如业主认为自己栽的树或自己家门前的树，自己就有权处置，完全不服从物业服务企业的监管与服务，物业服务企业在沟通上会花费很多时间，沟通不好，也会产生很多纠纷。

当全体业主将维护物业服务区域环境的管理权交给物业服务企业后，该权利行使的主要途径是对业主实施人的管理。若个别业主实施了妨害物业服务与管理的行为，那么，这既可能是违反物业服务合同的违约行为，也可能是一种侵权行为。

针对业主违反服务合同或者违反法律、法规而实施的妨害物业服务环境的行为，物业服务企业有权提起诉讼，请求业主承担恢复原状、停止侵害、排除妨害等相应民事责任。

4. 业主与业主之间不和谐产生的纠纷

如业主擅自占用小区通道扩大自己地盘或者封闭共用小道、随意排水影响邻居的生活等，都会造成邻里之间的纠纷。

物业管理的各类法规中明确列出了物业使用中的各种禁止行为。对违反强行性禁止规范的行为人，不仅业主、使用权人、居民、业主委员会、物业服务企业都有权劝阻、制止和举报，而且有关行政主管部门的执法监察机构也有权依法予以行政处罚。

8.2 案例分析

8.2.1 小区业主在小区一楼底商浴池门口滑倒摔伤谁应担责？

1. 案例导读

2018年2月1日上午，大连某小区业主于某下楼去超市买东西，经过小区浴池门口，突然摔倒，造成左腿胫骨骨折、脚踝三处粉碎性骨折紧急入院手术治疗，住院一月之余。该业主是在毫无防备的情况下摔倒的。业主家人在现场发现，平时必经的道路上结了厚厚的一层冰，该业主正是摔在了这段冰面上。当天天气非常晴朗，之前一段时期内大连也没有下雪，不过气温较低一直处于零下5度左右。周边的街道十分整洁干爽，没有一点冰。平时天天走的这段路却突然结了冰。这儿的冰到底是哪里来的呢？经过调查得知，该处冰面是浴池员工向外泼水形成。而浴池是该小区一楼底商建筑的一部分，归属该小区的物业服务企业管理，于某认为浴池泼水是经常性行为，但物业服务企业就没管过；事发当天，物业服务企业在此处及周边也没有任何警示、提醒或风险告知。于某认为，双方侵犯了他在必经的小区道路上安全通行的权利，对他摔伤的后果负有不可推卸的责任。于某出院后向浴池和物业服务企业讨要说法，但被拒绝。于是，于某将双方一并告上法庭，要求双方共同承担侵权责任，并承担医院手术费用、医药费用73000元、住院期间的护理费用5000元、住院伙食补助费620元、护具费用600元、交通费450元，以及于某卧床休息半年内不能上班的误工费用36600元（其月工资为6100元），另外，经征询医院，次年将再次进行手术从腿中取出钢板，预计住院手术费用、医药、误工、交通等费用15000元，共计131270元。

2. 案例焦点与分析

（1）案例焦点

于某摔伤造成的严重后果到底是谁的责任？

三方都认为，于某的受伤后果与己无关。物业服务企业认为明显是浴池的责任，自己不应担责；浴池负责人认为是业主自己不小心造成，浴池也不应担责。

于某认为在正常的道路上行走受此意外伤害，自己不应担责。

那么案例的主要焦点是：物业服务企业对浴池的泼水行为是否很好地履行了监督和管理的义务？如果是，则主要由浴池承担责任；如果否，则与浴池共同承担责任。

（2）案例分析

本案为一般侵权纠纷案件，适用过错责任原则。从本案事实和当事人双方提供的证据来看，浴池与物业服务企业均有过错。

很明显，浴池的泼水人是直接侵权行为主体，他应该能预见到寒冷天气下泼水的危害，但他仍然向小区人行道路上泼水，给行人带来了严重的安全隐患。即使不是零下天气，也不能随便向道路上泼水，因为道路湿滑也容易造成业主或行人的行路安全。浴池的行为侵犯了业主或其他行人在每天必经之路上安全通行的权利。经查，大连市物业管理条例、该小区的物业服务合同及业主管理规约中都有关于"在物业管理区域内不得有下列行为：……，违反规定倾倒垃圾、污水和抛掷杂物，……"等的规定，说明该浴池既违反了当地关于物业管理的规定，也违反了对小区业主有约束的物业服务合同和业主管理规约。

判定物业服务企业是否应当承担赔偿责任的核心在于，物业服务企业在提供服务时是否按照物业服务企业与业主之间签订的物业服务合同来提供相应的服务。一般来讲，维护物业区域内的环境卫生是物业服务合同的一项基本内容，物业服务企业必须履行保洁义务，为业主提供一个安全、舒适的小区环境，若在合同履行过程中存在不当行为，就要承担相应的法律责任。对此，《物业管理条例》第三十六条第二款规定，物业服务企业未能履行物业服务合同的约定，导致业主人身、财产安全受到损害的，应当依法承担相应的法律责任。本案被告中的物业服务企业，有法定义务维护区域内环境卫生，提供安全、舒适的小区环境。

本案中，物业服务企业的过错主要包括：

1）管理不到位。浴池管理人员往人行道上泼水的事情也许不是一天两天了（之前因天气好，所泼污水直接被路面吸收才没酿成事故），根据大连市物业管理条例第四十二条的规定，有"违反规定倾倒垃圾、污水和抛掷杂物"行为的，"物业服务企业应当及时劝阻、制止，督促改正"；但物业服务企业却一直没有发现浴池违反物业管理条例、业主管理规约及公共道德的做法，或者发现过却不予劝阻、制止和督促改正，甚至都没有意识到浴池的行为已经侵犯了业主或行人安全通行的权利。所以，物业服务企业的物业服务存在疏于管理问题；另外，物业服务企业在明显容易出现隐患的地方没有警示牌，没有提醒和告知业主该处存在何种风险，这也是管理不到位的表现。

2）清洁卫生工作不到位。物业服务企业是小区的物业管理单位，承担着包括卫生清扫、秩序维护等服务职能。浴池属于小区建筑的底商，其门前区域的环境经常被清洁人员忽视，基本是越过而行。作为小区行人道路的一部分，物业服务企业应当注意到一楼各业户门前或有油污污染地面，或有脏水乱泼现象，或有乱堆乱放行为等，物业服务企业都应及时派清洁工进行清理，但是物业服务企业并没有及时发现和清理，也未及时采取积极的防范措施，从而导致该事故发生。所以物业服务企业应承担相应的责任。

当然，受害人于某对于事故发生亦存在一定过错。虽说这段路几乎天天走，但再平坦的路也应当注意看着脚下，于某作为成年人却未能充分注意，因此也应承担部分责任。

（3）法院判决

法院经审理认为：原告于某损害结果的发生与浴池泼水存在着直接的因果关系，被告浴池不能免责；与该小区的物业服务企业疏于管理也存在着一定的因果关系，被告物业服务企业也不能免责。因此，对原告于某的经济损失，该浴池应承担主要责任，物业服务企业承担次要责任。同时，原告于某系完全民事行为能力人，应该注意脚下的路面，其在行走中不慎摔伤，主观上存在疏忽大意的过失，亦应承担一定责任。

法院判决：对原告于某的经济损失，浴池承担60%，物业服务企业承担30%，于某个人自行承担10%。对原告于某提出的住院医疗医药费、护理护具费用、就医交通费等赔偿要求，法院根据其提供的与此有关的合法票据、医院对于某的休养期的认定及对未来钢板拆除手术的合理预期，认定本次人身损害造成的经济损失为115800元。按照上述判决，浴池承担69480元，物业服务企业承担34740元，原告于某自行承担11580元。判决后，各方均没有提起上诉。

3. 实务工作建议

实务中，物业服务企业应当做好以下工作：

（1）加强日常安全管理，控制危险发生

凡是物业服务企业要承担赔偿责任的地方，多为安全风险的重灾区。哪些地方对业主的人身、财产可能带来损害，物业服务企业就应当预先识别和防范。必须把安全管理摆在突出的位置，有时甚至要放在经营的前面，因为一次赔偿可能就会让一年的利润顷刻化为乌有。与本案类似的事件还有：居民拖地后喜欢将拖把挂在阳台外晾干，但在冬天就有可能夜里结冰，导致行人走在楼下滑倒；若白天融化，会导致楼下晒的衣被遭殃；住宅门面房、楼下车库等地方的居民经常将污水泼在路面上……这些问题平时就应多注意巡查、识别风险并采取防范措施。为防患于未然，物业服务企业应认真对照物业服务合同，严格依约服务，平时要经常巡视、观察，及时发现这类事件，张贴警示或进行劝阻，履行谨慎注意义务，及时提醒防范；否则，一旦发生事故，物业服务企业也要承担责任。

（2）加强宣传引导，培育业户的公德意识、风险防范意识

尤其对平时就有损人习惯的业主加强监督。同时，加强员工培训、提高员工综合素质和责任心；制定严密制度，强化检查落实。

（3）适当外包服务，在承担责任后可追究外包单位的违约责任

物业服务企业可以根据物业管理项目的具体情况，将清洁卫生、绿化养护服

务、秩序维护服务外包给专业单位，并与专业服务单位签订外包协议，明确双方权利义务。服务外包后，物业服务企业要注重对外包单位的服务监管。当然，按照"合同相对性"原理，服务外包后，物业服务企业仍应承担《物业服务合同》约定的义务和责任，在承担责任后可以根据外包合同的约定要求外包单位承担违约责任。

（4）通过购买物业管理责任险和公众责任险，转嫁部分风险

物业管理责任险能在一定程度上保障物业服务企业及其工作人员，为其在经营过程中由于疏忽、过失或意外事故造成第三者伤害提供经济补偿，是物业服务企业转嫁其管理中的过失责任的风险手段。

其中，疏忽是指应当注意且能够注意却没有注意，构成法律上的侵权（本案存在疏忽）；过失是指应当预见却没有预见，或者预见到了却轻信能够避免（本案亦存在过失）；意外事故是指日常生活、生产的疏忽大意、失职、犯罪等原因而造成的事故，如失火、爆炸、碰撞等，意外事故必须是非所预见、非所愿意、非所期待的事故，亦即危险的发生一般应事起仓促、猝不及防或事故的发生纯属偶然，非始料所及或事故发生虽属意料之内但不能确知其必然发生或确定其发生时间。

物业管理责任险的保险责任，是指在保险单明细表列明的范围内，因被保险人（物业服务企业）管理上的疏忽或过失而发生意外事故，造成第三者的人身伤亡或财产损失，依法应由被保险人承担的经济赔偿责任；公众责任险的保险责任，是指被保险人在保险单明细表列明的范围内，因经营业务发生意外事故，造成第三者的人身伤亡或财产损失，依法应由被保险人承担的经济赔偿责任。

购买上述保险时，物业服务企业一定要注意保险产品的"霸王条款"，这些除外责任保险条款对于物业服务企业是不利的，应当看清楚和计算好之后再做决定。还要注意如果购买上述保险，在保险范围内是否涵盖外包服务。

4．法规链接[①]

（1）《中华人民共和国民法通则》

第六条　民事活动必须遵守法律，法律没有规定的，应当遵守国家政策[②]。

第七条　民事活动应当尊重社会公德，不得损害社会公共利益，破坏国家经济计划，扰乱社会经济秩序[③]。

第八十三条　不动产的相邻各方，应当按照有利生产、方便生活、团结互助、公平合理的精神，正确处理截水、排水、通行、通风、采光等方面的相邻关系。给相邻方造成妨碍或者损失的，应当停止侵害，排除妨碍、赔偿损失[④]。

---

① 此处所选录的《民法通则》《侵权责任法》《物权法》的相关法条，适用于案例事实发生之时，案件事实发生在《民法典》施行之后的，适用《民法典》的规定。

② 参见《民法典》第八条。

③ 同上。

④ 参见《民法典》第二百八十八条。

第一百一十六条　公民、法人违反合同或者不履行其他义务的，应当承担民事责任①。

公民、法人由于过错侵害国家的、集体的财产，侵害他人财产、人身的，应当承担民事责任②。

第一百三十一条　受害人对于损害的发生也有过错的，可以减轻侵害人的民事责任③。

第一百四十三条　承担民事责任的方式主要有：

1. 停止侵害；

2. 排除妨碍；

3. 消除危险；

4. 返还财产；

5. 恢复原状；

6. 修理、重作、更换；

7. 赔偿损失；

8. 支付违约金；

9. 消除影响、恢复名誉；

10. 赔礼道歉。

以上承担民事责任的方式，可以单独适用，也可以合并适用④。

（2）《中华人民共和国侵权责任法》

第三条　被侵权人有权请求侵权人承担侵权责任⑤。

第六条　行为人因过错侵害他人民事权益，应当承担侵权责任。

根据法律规定推定行为人有过错，行为人不能证明自己没有过错的，应当承担侵权责任⑥。

第十二条　二人以上分别实施侵权行为造成同一损害，能够确定责任大小的，各自承担相应的责任；难以确定责任大小的，平均承担赔偿责任⑦。

第十六条　侵害他人造成人身损害的，应当赔偿医疗费、护理费、交通费等为治疗和康复支出的合理费用，以及因误工减少的收入。造成残疾的，还应当赔偿残疾生活辅助具费和残疾赔偿金。造成死亡的，还应当赔偿丧葬费和死亡赔偿金⑧。

---

① 参见《民法典》第五百七十七条。

② 参见《民法典》第一千一百六十五条。

③ 参见《民法典》第一千一百七十三条。

④ 参见《民法典》第一百七十九条。

⑤ 参见《民法典》第一百二十条。

⑥ 同②。

⑦ 参见《民法典》第一百七十七条。

⑧ 参见《民法典》第一千一百七十九条。

第二十二条 侵害他人人身权益，造成他人严重精神损害的，被侵权人可以请求精神损害赔偿①。

第二十六条 被侵权人对损害的发生也有过错的，可以减轻侵权人的责任②。

（3）《中华人民共和国物权法》

第九十二条 不动产权利人因用水、排水、通行、铺设管线而利用相邻不动产的，应尽量避免对相邻不动产权利人造成损害。造成损害的，应当给予赔偿③。

（4）《物业管理条例》

第三十五条 物业服务企业应当按照物业服务合同的约定，提供相应的服务。

物业服务企业未能履行物业服务合同的约定，导致业主人身、财产安全受到损害的，应当依法承担相应的法律责任。

8.2.2 小区健身队跳广场舞噪声扰民惹纠纷应如何处理？

1. 案例导读

大连开发区某花园小区建筑面积约15万m²，小区中心是一个广场，广场周围有十几栋居民楼、几百户居民。小区的广场方便孩子们在此玩耍，也方便邻里沟通和夜晚纳凉，起初很受欢迎。但近年来，小区的大妈们成立了老年健身队，晚上利用该广场跳舞，后来发展到早上也跳。由于队伍的壮大，公放音响的分贝也在提高，加上跳舞人的高声谈话，慢慢地影响到了小区居民的睡眠、孩子的学习以及上班族的正常休息，以致到小区物业服务企业投诉的人逐渐增多。投诉者认为跳广场舞的业主侵害了他们的休息权，打扰了他们正常的生活，甚至看电视都听不清声音……他们强烈要求物业服务企业制止健身队的扰民行为，并要求健身队停止健身活动，不然他们会自行采取行动。但健身队的老人们认为，健身活动是公民自由，任何人无权干涉，现在国家提倡全民健身，居民有自己的健身权，不能因为少数业主休息，就要求其他人一起休息，从而侵害他们的健身权；再说小区的广场是大家的，小区管理规约和物业服务合同中也没有专门规定不许在小区广场跳舞，既然我们交物业费了，就有权利在广场上跳舞，其他人无权制止。最终物业服务企业虽出面协调，但基本无效。

看似都有道理的两方说法，让物业服务企业十分为难。物业服务企业到底该怎么办呢？

2. 案例焦点与分析

（1）案例焦点

本案例的焦点是：业主利用小区广场跳广场舞时，物业服务企业是否有权

---

① 参见《民法典》第一千一百八十三条。

② 参见《民法典》第一千一百七十三条。

③ 参见《民法典》第二百九十六条。

制止？

（2）案例分析

本案例属于公共秩序被干扰、部分业主噪声扰民的邻里关系纠纷，这类投诉类纠纷还有另外的情形，比如：业主（租户）间因生活习惯、因装修、因饲养宠物、因油烟等滋扰产生的纷争。

本纠纷案例没有直接违法（跳舞并不违法，而是跳舞产生的噪声可能违法）、没有违规（小区管理规约未对此有规定）、没有违约（所签的物业服务合同里也未有相关规定），但却是只考虑自己需要而不顾他人感受产生的纠纷，基本属于有违公德、却无法简单用"对、错"来判断和解决的纠纷。

这样的案例在全国不胜枚举。广场舞大妈们有的在公园跳，有的在马路上跳，有的在篮球场跳，有的随便找块空地就跳（包括马路边空地、小区广场、居民楼下空地等）。正向看，这是业主或居民的健身行为，积极锻炼身体，减轻家庭和社会的负担，是好事；但反向看确实构成了扰民。被扰者中，文明些的，找舞者们劝说或沟通；不愿意直接沟通的，就去向物业服务企业投诉；在沟通不了或物业服务企业解决不了时，忍无可忍的业主也会采取不文明的行为，比如向广场舞场地上扔鸡蛋、水弹、浇水、泼油、扔鞭炮，或干脆带着喇叭、音响到舞场中对着放。

类似案例在全国，有被投诉到物业服务企业的，有被告向法院的，有被申诉到街道的，也有被报警到110的……广场舞引发的风波一直没有停歇过。所以，解决的路径也各有不同。

2016年，全国各级环保部门共收到环境噪声投诉52.2万件。其中，工业噪声类占10.3%，建筑施工噪声类占50.1%，社会生活噪声类占36.6%，交通运输噪声类占3.0%[①]。

本案例只讨论发生在小区里的广场舞带来的噪声纠纷（社会生活噪声类），分析物业服务企业应该如何处理这类事件。

首先，双方的做法都有合理的一面。一方面看，小区里的广场空间贴近居民、灵活方便、经济实惠，有着收费体育场馆无法替代的优势，在此适当地锻炼身体，不仅利于提高居民身体素质，还能改善冷漠的邻里关系。跳舞健身，缓解疲劳，让心情调整到愉悦状态也"无可厚非"；但另一方面看，热闹的舞曲，不是对所有人都是美好的享受，反对噪声污染，争取安静的生活环境也"理所当然"。当老年健身队的行为的确影响了其他业主的休息权和安宁权时，被另一部分业主要求停止如此健身活动，停止扰民行为，也在情理之中。从这一点来说，物业服务企业处理起来的确棘手。

其次，合理的要求不能以牺牲另一方的权利来满足。休息权与健身权之间应

---

① 可见，社会噪声污染已是所有噪声污染中的第二大问题。见中华人民共和国环境保护部《2017年中国环境噪声污染防治报告》，2017-06-01。

该有所平衡。休息权属于公民的基本权利，一旦受到侵害，直接影响的是人们的身体健康，甚至是生命安全；健康权、生命权也属于公民最基本的权利，是人们生活、生存最基本的保障，应得到保护。但是，健身权虽然与身体健康有关，但这种权利保障的目的是提高公民的生活质量，如果牺牲一方最基本的生存条件而去保障另一方生活质量的提高，于情于法都说不过去。

因此，居民的休息权和健身权两者都需要得到保护，但是不存在绝对的权利，正常情况下一方权利的行使应不影响大多数人的权利行使，个人的自由应不损害他人的自由。如果对别人造成了侵害，就是权利滥用，属于不法行为。

城市生活本来就是热闹的，有些人喜欢运动，有些人喜欢安静，如何让广场舞能和居民和谐相处是目前广大民众最值得思考的问题，大家能互相理解最好。但不能互相理解时，物业服务企业怎么办？物业服务企业是否有权制止广场舞行为呢？

第三，物业服务企业一般无权制止这类行为，只能劝解、沟通、疏导，首先要以现行的法律规定（虽然较少）来约束噪声制造方遵守法律，同时以心理学知识来引导当事双方体恤对方的感受。

1）物业服务企业的管理权是有界限的。小区业主之间产生的纠纷，不是都得物业服务企业来解决。具体到本案，虽然健身队活动地点位于小区公共区域内，属于物业服务企业的管理职责范围内的问题，但在处理该问题时，物业服务企业却不能以健身队的活动破坏了公共秩序为由要求健身队停止活动。因为其诉求不符合法律规定，没有明文规定不允许业主在小区广场跳舞。

目前，业主之间最为常见的纠纷是相邻权纠纷，如正常通风、通行、采光、噪声等纠纷。受到这类侵权的业主常常将责任推向物业服务企业，要求物业服务企业制止侵害或赔偿损失等。

但是，物业服务企业对于业主的相邻权纠纷不一定负有法律责任。理由如下：

①受害业主与公司之间不存在房屋毗邻的情况；

②物业服务企业并非侵害业主权益的直接责任人。

因此，受害业主不能以侵害相邻权为由要求物业服务企业承担管理职责，物业服务企业不能强行制止，更谈不上由物业服务企业对此损失进行赔偿。只有在物业服务企业与业主之间存在合同约定或物业服务企业处于特殊情境下而负有约定或者法定的义务时，物业服务企业才对业主之间的相邻权纠纷负有管理的职责。所以，对于被扰业主遇到的问题，物业服务企业可以进行劝说，但没有强行制止的权利。

2）管理权有界限，不代表物业服务企业可以完全不管。物业服务企业多次出面进行调解和劝说，说明已履行了自己应负的管理职责。双方无视不等于物业服务企业不作为。不过，物业服务企业虽然已作为，但管理不力显得束手无策，说明其管理手段和方法尚有距离，工作没有做到位。

比如，由于没有签订小区业主管理规约，没有体现有关是否允许在小区广场跳舞的内容（或类似内容），在物业服务合同中也没有相应条款规定，使得物业服务企业的劝阻没有依据，从而没有效力。

3）物业服务企业应借助法律规定以及心理学知识，通过劝解和沟通来调整双方的诉求。

对跳广场舞这类行为，宜疏不宜堵。简单禁止不但难以执行，就算强力执行也容易引发更多社会矛盾。

调整诉求需要运用法律和心理学知识进行，没有依据说服不了双方；不懂业主心理打动不了双方。

①从法律上看，跳广场舞本身并不违法，但是如果跳广场舞时播放的音乐，超出了国家规定的分贝，就构成了《中华人民共和国噪声污染防治法》[①]中的社会生活噪声污染，属于违法行为。我们常说的广场舞扰民，指的是跳广场舞时播放超出国家规定的高分贝音乐扰民。《中华人民共和国噪声污染防治法》第六十四条明确规定："禁止在噪声敏感建筑物集中区域使用高音广播喇叭，但紧急情况以及地方人民政府规定的特殊情形除外。在街道、广场、公园等公共场所组织或者开展娱乐、健身等活动，应当遵守公共场所管理者有关活动区域、时段、音量等规定，采取有效措施，防止噪声污染；不得违反规定使用音响器材产生过大音量。公共场所管理者应当合理规定娱乐、健身等活动的区域、时段、音量，可以采取设置噪声自动监测和显示设施等措施加强管理。"

也就是说，除了紧急情况和特殊情况，在城市市区噪声敏感建筑物集中区域内是禁止使用高音广播喇叭的。

如果跳广场舞时，在城市市区噪声敏感建筑物集中区域内使用了高音广播喇叭；或者在城市市区街道、广场、公园等公共场所组织娱乐、健身等活动，使用音响器材，产生干扰周围生活环境的过大音量的；或者家庭室内发出严重干扰周围居民生活的环境噪声的，根据《中华人民共和国噪声污染防治法》第八十二条的规定，由地方人民政府指定的部门说服教育，责令改正；拒不改正的，给予警告，对个人可以处二百元以上一千元以下的罚款，对单位可以处二千元以上二万元以下的罚款。同时根据《中华人民共和国噪声污染防治法》第八十六条第一款的规定，受到噪声侵害的单位和个人，有权要求侵权人依法承担民事责任。所以当广场舞播放的音乐达到噪声污染[①]时，可以向有关部门举报和投诉，由有关部门进行处罚。

如前所述，在城市市区噪声敏感建设物集中区域内是禁止使用高音广播喇叭的。那些为了制止广场舞而自费买高音炮的业主所采取的"以噪制噪"的手段，也违反了《中华人民共和国噪声污染防治法》，属于违法行为，也一样是要承担

---

① 按照国家《声环境质量标准》的要求，本案例属于1类声环境功能区，即以居民住宅、医疗卫生、文化教育、科研设计、行政办公为主要功能，需要保持安静的区域。所以，夜间声音应不超45dB，白天应不超55dB。"夜间"是指晚十点至次日早晨六点之间的期间，其他时间是白昼。

法律责任的。

放藏獒恐吓、采取泼油报复广场舞者，都属于违法行为。轻者，属于扰乱社会治安管理的行为，要受到治安管理处罚；重者，如果造成伤害，会构成以危险方法危害公共安全罪、故意伤害罪等，是要受到刑事处罚的。如果对广场舞大妈造成人身损害，责任应该由自己承担，因为这属于故意伤害行为。虽然扰民的广场舞者有过错，但其承担噪声污染的法律责任，不能因为广场舞者有过错，就可以随意伤害广场舞者的人身权利。所以当我们遇到扰民的广场舞时，一定要用法律手段维权，而不要采取过激的手段，否则受到法律处分的人就有可能变成自己。所以，采取极端行为，有可能从维权者变成违法者，得不偿失。

②从心理学上说，同一小区的业主并不是天然的仇人，抬头不见低头见，大家都希望好好相处，生活才能变得愉快。但后期有些事情的发生并不是大家故意难为谁，只是各持己见、不换位思考所造成。双方都要求自己的权益却忽视了对方的权益。在广场舞扰民这件事上，最好是让跳舞的业主去体验想休息的业主的感受；让不跳舞的业主多理解老年人的生活。

处理小区广场舞噪声的最好方式，就是以邻里关系作为一个切入点，维持邻里关系，彼此理解，各退一步，这样大家才能有好的生活环境。所以，加强劝导管理、呼吁各方相互理解是比较好的选择。

3. 实务工作建议

物业服务企业在处理此类事件时应有以下思路：

首先，提高认识，无论业主还是物业服务企业都要认识到噪声的危害。

广场舞具有体育锻炼的价值，经常进行排舞练习，心血管和呼吸系统都能得到良好的锻炼，改善心肺功能，加速新陈代谢过程，促进消化，消除大脑疲劳和精神紧张，从而达到增强体质，增进健康，延缓衰退，提高人体的活动能力等良好的健身作用。

但是，在跳广场舞时产生的噪声却可能导致另一部分业主神经系统、心血管系统、消化系统出现问题，也可能会出现头晕、头疼、耳鸣、失眠、记忆力减退、心跳加快、心律不齐、血压升高等现象。所以，前面说过，居民的休息权和健身权两者都需得到保护，但并不存在绝对的权利，正常情况下一方权利的行使应不影响大多数人的权利行使，个人的自由应不损害他人的自由。如果对别人造成了侵害，就是权利滥用，属于不法行为。

按照国家标准规定，住宅区的噪声，白天不能超过55分贝，夜间应低于45分贝，若超过这个标准，便会对人体产生危害。这些危害有：①干扰人们的生活和休息、工作和学习；②损害听觉；③影响人们的健康；④影响工作效率；此外，强烈的噪声还会损坏建筑物、影响自动化机器设备和仪器的精密度。

其次，物业服务企业在小区内能够沟通解决的，可采取以下措施解决：

（1）加大对广场舞组织者的宣传工作，以法沟通

根据《中华人民共和国噪声污染防治法》和《中华人民共和国治安管理处罚

法》、国家体育总局等各专项通知的相关规定要求，号召大家文明健身，遵守社会公德，不可将自身的健康娱乐建立在他人的痛苦之上。物业服务企业应告知业主在享受广场舞的愉悦时，也可能违反了法律、法规，必要时公安部门也会依法前来执法，社会文明进步需要法制保障。

《中华人民共和国噪声污染防治法》第十条第三款规定：国家鼓励基层群众性自治组织、社会组织、公共场所管理者、业主委员会、物业服务人、志愿者等开展噪声污染防治法律法规和知识的宣传。

（2）帮助有娱乐要求的老人，合理设置广场舞场地

规劝他们走出小区，可选择公园、街边小游园、闲置场地、体育馆、展览中心等去跳舞；也可在有关部门的批准下，将大型立交旁的绿地和其他有条件的绿地加以改造，作为广场舞和居民休闲运动的场地。

（3）广泛听取专业人士建议，改良广场舞音乐设备

走出去没有场地、又不能在本小区停止跳广场舞的，可以向跳舞者推广低音量、多音箱的露天音响设备，确保音量低并且音乐全覆盖等；最佳的方式是佩戴无线耳机（蓝牙耳麦等）收听音乐。

（4）规定双方接受的合适的跳舞时间

比如可以定为早上8点～10点、晚上7点～9点的时间段，并且保持音量不影响环境。

（5）争取双方的相互理解、互相包容，共同寻求解决之道

广场舞噪声问题，并非一两个人，一天两天就能解决的问题。物业服务企业只能不断地磨合、沟通，让双方相互包容和理解，慢慢地寻求解决之道。

第三，如果物业服务企业经过沟通也解决不了的，可以做以下工作：

（1）落实相关部门，开展专项工作

如向上级反映，建立由社区、公安、城管、环保、物业等部门组成的管理组织，制定管理规定或"广场舞公约"，要求组织广场舞时需向当地管理组织申报备案，明确广场舞的活动时间、地点、人数规模、音响分贝、负责人、与居民住宅区间隔距离等。另外需加强监督管理，对违反管理规定，随意变更时间、地点，噪声扰民被人举报的，根据《中华人民共和国噪声污染防治法》，执法部门可采取没收工具及罚款的处理。由社区牵头，责任到人，加强管理。

（2）承担起物业服务企业的社会责任，向有关部门呼吁解决老年人跳舞场地的需求

党的十九大报告中指出，中国特色社会主义进入新时代，我国社会的主要矛盾已经转化为人民日益增长的美好生活需要和不平衡不充分的发展之间的矛盾。

事实上，广场舞问题的根源也是人民日益增长的美好生活需要与社会公共资源发展的不平衡不充分之间的矛盾。

当物业服务企业把目光局限在当事双方时，就只能陷入当事双方在对错问题上的口水战；当把目光抬高，就能发现管理方的缺位也是不可忽视的；当把目光

再抬高一些，看到了长久以来对广场舞的种种争议后，大家就会发现社会各界一直没有正视老年人普遍存在的合理的需求，反而集体漠视了他们。

所以，物业服务企业有责任向政府呼吁，引起政府相关部门的注意，从而增加城市公共资源的配置。只有城市管理者多运用智慧，在未来的项目开发、城市布局方案中，合理规划公共空间，给老人们以去处，才能从根本上化解矛盾。提升全民素质，鼓励全民健身，物业服务企业也可以做出相应贡献。

（3）交给主管部门、依法举报或投诉，寻求法律上的解决

生态环境主管部门或者其他负有噪声污染防治监督管理职责的部门是广场舞噪声的主管部门。2017年11月，国家体育总局也下发通知对此类健身活动提出了管理要求。当问题解决不了时，可以寻求主管部门的帮助，这些主管部门可根据我国2022年6月5日施行的《中华人民共和国噪声污染防治法》来管理和处理这些行为。该法对恼人的夜间施工噪声、机动车轰鸣疾驶噪声、娱乐健身音响音量大、邻居宠物噪声扰民等问题都作出了相应规定，力图创造还静于民、守护和谐安宁的生活环境。

该法第三十一条规定，"任何单位和个人都有权向生态环境主管部门或者其他负有噪声污染防治监督管理职责的部门举报造成噪声污染的行为。生态环境主管部门和其他负有噪声污染防治监督管理职责的部门应当公布举报电话、电子邮箱等，方便公众举报"。

该法相较之前的《中华人民共和国环境噪声污染防治法》具有更强的可操作性。

4. 法规链接

本案例主要涉及如下法规：

（1）《中华人民共和国噪声污染防治法》

第二条 本法所称噪声，是指在工业生产、建筑施工、交通运输和社会生活中所产生的干扰周围生活环境的声音。

本法所称噪声污染，是指超过噪声排放标准或者未依法采取防控措施产生噪声，并干扰他人正常生活、工作和学习的现象。

第八条 国务院生态环境主管部门对全国噪声污染防治实施统一监督管理。

地方人民政府生态环境主管部门对本行政区域内的噪声污染防治实施统一监督管理。

各级住房和城乡建设、公安、交通运输、铁路监督管理、民用航空、海事等，在各自职责范围内，对建筑施工、交通运输和社会生活噪声污染防治实施监督管理。

基层群众性自治组织应当协助地方人民政府及其有关部门做好噪声污染防治工作。

第九条 任何单位和个人都有保护声环境的义务，同时依法享有获取声环境信息、参与和监督噪声污染防治的权利。

排放噪声的单位和个人应当采取有效措施，防止、减轻噪声污染。

第十条 各级人民政府及其有关部门应当加强噪声污染防治法律法规和知识的宣传教育普及工作，增强公众噪声污染防治意识，引导公众依法参与噪声污染防治工作。

新闻媒体应当开展噪声污染防治法律法规和知识的公益宣传，对违反噪声污染防治法律法规的行为进行舆论监督。

国家鼓励基层群众性自治组织、社会组织、公共场所管理者、业主委员会、物业服务人、志愿者等开展噪声污染防治法律法规和知识的宣传。

第十四条 国务院生态环境主管部门制定国家声环境质量标准。

县级以上地方人民政府根据国家声环境质量标准和国土空间规划以及用地现状，划定本行政区域各类声环境质量标准的适用区域；将以用于居住、科学研究、医疗卫生、文化教育、机关团体办公、社会福利等的建筑物为主的区域，划定为噪声敏感建筑物集中区域，加强噪声污染防治。

声环境质量标准适用区域范围和噪声敏感建筑物集中区域范围应当向社会公布。

第二十二条 排放噪声、产生振动，应当符合噪声排放标准以及相关的环境振动控制标准和有关法律、法规、规章的要求。

排放噪声的单位和公共场所管理者，应当建立噪声污染防治责任制度，明确负责人和相关人员的责任。

第二十三条第二款 地方人民政府生态环境等部门应当加强对噪声敏感建筑物周边等重点区域噪声排放情况的调查、监测。

第三十条 排放噪声造成严重污染，被责令改正拒不改正的，生态环境主管部门或者其他负有噪声污染防治监督管理职责的部门，可以查封、扣押排放噪声的场所、设施、设备、工具和物品。

第三十一条 任何单位和个人都有权向生态环境主管部门或者其他负有噪声污染防治监督管理职责的部门举报造成噪声污染的行为。

生态环境主管部门和其他负有噪声污染防治监督管理职责的部门应当公布举报电话、电子邮箱等，方便公众举报。

第三十二条 国家鼓励开展宁静小区、静音车厢等宁静区域创建活动，共同维护生活环境和谐安宁。

第五十九条 本法所称社会生活噪声，是指人为活动所产生的除工业噪声、建筑施工噪声和交通运输噪声之外的干扰周围生活环境的声音。

第六十条 全社会应当增强噪声污染防治意识，自觉减少社会生活噪声排放，积极开展噪声污染防治活动，形成人人有责、人人参与、人人受益的良好噪声污染防治氛围，共同维护生活环境和谐安宁。

第六十一条 文化娱乐、体育、餐饮等场所的经营管理者应当采取有效措施，防止、减轻噪声污染。

第六十四条 禁止在噪声敏感建筑物集中区域使用高音广播喇叭，但紧急情况以及地方人民政府规定的特殊情形除外。

在街道、广场、公园等公共场所组织或者开展娱乐、健身等活动，应当遵守公共场所管理者有关活动区域、时段、音量等规定，采取有效措施，防止噪声污染；不得违反规定使用音响器材产生过大音量。

公共场所管理者应当合理规定娱乐、健身等活动的区域、时段、音量，可以采取设置噪声自动监测和显示设施等措施加强管理。

第六十九条 基层群众性自治组织指导业主委员会、物业服务人、业主通过制定管理规约或者其他形式，约定本物业管理区域噪声污染防治要求，由业主共同遵守。

第七十条 对噪声敏感建筑物集中区域的社会生活噪声扰民行为，基层群众性自治组织、业主委员会、物业服务人应当及时劝阻、调解；劝阻、调解无效的，可以向负有社会生活噪声污染防治监督管理职责的部门或者地方人民政府指定的部门报告或者投诉，接到报告或者投诉的部门应当依法处理。

第八十二条 违反本法规定，有下列行为之一，由地方人民政府指定的部门说服教育，责令改正；拒不改正的，给予警告，对个人可以处二百元以上一千元以下的罚款，对单位可以处二千元以上二万元以下的罚款：

（一）在噪声敏感建筑物集中区域使用高音广播喇叭的；

（二）在公共场所组织或者开展娱乐、健身等活动，未遵守公共场所管理者有关活动区域、时段、音量等规定，未采取有效措施造成噪声污染，或者违反规定使用音响器材产生过大音量的；

（三）对已竣工交付使用的建筑物进行室内装修活动，未按照规定在限定的作业时间内进行，或者未采取有效措施造成噪声污染的；

（四）其他违反法律规定造成社会生活噪声污染的。

第八十六条 受到噪声侵害的单位和个人，有权要求侵权人依法承担民事责任。

对赔偿责任和赔偿金额纠纷，可以根据当事人的请求，由相应的负有噪声污染防治监督管理职责的部门、人民调解委员会调解处理。

国家鼓励排放噪声的单位、个人和公共场所管理者与受到噪声侵害的单位和个人友好协商，通过调整生产经营时间、施工作业时间，采取减少振动、降低噪声措施，支付补偿金、异地安置等方式，妥善解决噪声纠纷。

第八十七条 违反本法规定，产生社会生活噪声，经劝阻、调解和处理未能制止，持续干扰他人正常生活、工作和学习，或者有其他扰乱公共秩序、妨害社会管理等违反治安管理行为的，由公安机关依法给予治安管理处罚。

违反本法规定，构成犯罪的，依法追究刑事责任。

第八十八条 本法中下列用语的含义：

（一）噪声排放，是指噪声源向周围生活环境辐射噪声；

（二）夜间，是指晚上十点至次日早晨六点之间的期间，设区的市级以上人民政府可以另行规定本行政区域夜间的起止时间，夜间时段长度为八小时；

（三）噪声敏感建筑物，是指用于居住、科学研究、医疗卫生、文化教育、机关团体办公、社会福利等需要保持安静的建筑物。

（2）《中华人民共和国治安管理处罚法》

第五十八条　违反关于社会生活噪声污染防治的法律规定，制造噪声干扰他人正常生活的，处以警告；警告后不改正的，处二百元以上五百元以下罚款。

（3）《声环境质量标准》GB 3096—2008[①]

该标准规定了五类声环境功能区的环境噪声限值及测量方法。评价指标为昼间、夜间监测点次的达标率。各类声环境功能区的环境噪声限值见表8-1。

各类功能区环境噪声限值　　单位：dB（A）　　　　表8-1

功能区	0类	1类	2类	3类	4a类	4b类
昼间	≤50	≤55	≤60	≤65	≤70	≤70
夜间	≤40	≤45	≤50	≤55	≤55	≤60

说明：

0类声环境功能区：指康复疗养区等特别需要安静的区域。

1类声环境功能区：指以居民住宅、医疗卫生、文化教育、科研设计、行政办公为主要功能，需要保持安静的区域。

2类声环境功能区：指以商业金融、集市贸易为主要功能，或者居住、商业、工业混杂，需要维护住宅安静的区域。

3类声环境功能区：指以工业生产、仓储物流为主要功能，需要防止工业噪声对周围环境产生严重影响的区域。

4类声环境功能区：指交通干线两侧一定距离之内，需要防止交通噪声对周围环境产生严重影响的区域，包括4a类和4b类两种类型。4a类为高速公路、一级公路、二级公路、城市快速路、城市主干路、城市次干路、城市轨道交通（地面段）、内河航道两侧区域；4b类为铁路干线两侧区域。

按照前述《中华人民共和国噪声污染防治法》的规定："夜间"是指晚上十点至次日早晨六点之间的期间，一天中的其他时间是白昼。

（4）国家体育总局《关于进一步规范广场舞健身活动的通知》[②]

该通知对广场舞健身活动提出四个"不"：

1）不得在烈士陵园等庄严场所开展广场舞健身活动；

---

① 如果是营业性文化娱乐场所和商业经营活动中产生的噪声污染，则适用于《社会生活环境噪声排放标准》，该标准规定的边界噪声排放限值和测量方法，适用于对营业性文化娱乐场所、商业经营活动中使用的向环境排放噪声的设备、设施的管理、评价与控制。

② 国家体育总局，2017-11-7发布。

2）不得通过广场舞健身活动非法敛财、传播封建迷信思想；

3）不得因广场舞健身活动产生噪声影响周边学生上课和居民正常生活；

4）不得因参加广场舞健身活动破坏自然生态、环境卫生和公共场地设施，扰乱社会治安、公共交通等公共秩序。

（5）《大连市物业管理条例》①

第四十二条　在物业管理区域内不得有下列行为：

（八）堆放易燃、易爆、剧毒或者含有放射性物质的物品，排放有毒、有害物质或者超过规定标准的噪声；

（九）法律、法规、规章和管理规约禁止的其他行为。

有前款所列行为之一的，物业服务企业应当及时劝阻、制止，督促改正；拒不改正的，应当及时向有关行政管理部门报告。有关行政管理部门在接到报告后，应当依法对违法行为予以制止或者依法处理。

8.2.3　业主在小区被狗咬了物业服务企业有无责任？

1. 案例导读

2014年，业主陈某在长沙市某小区带自己的宠物狗散步时，遇到刘某带其饲养的两条狗同样在小区散步。陈某走到7栋楼下游泳池边时，被刘某的一条黄狗咬伤。事故发生后，刘某拒绝承担责任并准备逃离，陈某打110报警，并向小区保安求助，要求保安协助拦住刘某，但刘某迅速逃跑并将咬人的黄狗送走。陈某伤势比较严重，被小区邻居随即送往医院诊治。陈某分别于当年4月至5月期间5次接种狂犬病疫苗。后期公安机关、社区虽多次调解，刘某却一直拒绝承担赔偿责任，他认为是陈某自己没有尽到小心防备的义务。而陈某认为，除了狗主人刘某要承担责任之外，物业服务企业也因管理不当应当承担相应的责任，于是将刘某及小区物业服务企业一并告上法庭，请求判令刘某和物业服务企业共同赔偿各项损失人民币20640元。

（1）被告刘某辩称

原告被狗咬伤与被告无关，被告当时只是恰好在小区遛狗；原告的各项赔偿请求不符合法律规定，赔偿数额超出法定标准。

（2）被告物业服务企业辩称

1）原告防范意识不强。原告被狗咬伤时正值狗的兴奋性增加、活动增力、烦躁不安、犬声粗大、眼睛发亮时期；然而，原告也遛狗，当几条不相识的狗相遇后兴奋度增加，在刘某两条狗与原告的狗聚拢并撕咬原告的狗时，原告对刘某两条狗发出呵斥声音和驱赶行为，此时作为成年人的原告疏于防范，被狗咬伤。

2）物业服务企业已尽其所能不应担责任。事发前我公司已经对养犬的相

---

① 2009年10月1日起施行。

关法规、政策进行了宣传。事发后我公司保安也立即到场进行了处置，同时在被告不承认过错的情况下积极报警，并积极调取相关监控录像协助查询案件事实，且积极参与相关部门组织的调解，另我公司在原告受伤后还对原告进行过慰问。综上，无论在事前还是在事后，我公司都做了大量的工作，尽到了应尽的责任，原告被狗咬伤并非我公司的管理过失所致，我公司不应对原告损失承担责任。

那么宠物狗在小区内咬人，责任如何区分？物业服务企业到底该不该承担责任？今后又该如何正确处理小区养狗的问题呢？

2．案例焦点与分析

（1）案例焦点

小区业主被宠物狗咬伤，责任如何区分？物业服务企业是否担责？

（2）案例分析

本案例属于在小区公共区域内业主饲养的宠物伤害他人的民事纠纷。小区里业主饲养的宠物五花八门：狗、猫、鸽子、鸡、鸭等。引申思考，小区住户不仅担心宠物伤人、叫声扰民，也担心宠物粪便污染环境、宠物掉毛影响环境卫生，增加清洁工作量。另外，小区也存在禽流感传播和发生狂犬病的潜在危险。

近年来，因为饲养宠物的人越来越多，违规饲养宠物引发的社会问题也越来越突出。类似本案例中宠物狗袭人事件是其中比较典型的案例。

与此同时，被咬者或曾经受袭者对狗进行报复的也逐渐增多[①]。物业服务企业在小区环境、卫生、人身安全方面的工作越来越难做。

违规饲养宠物引发的问题主要有两种表现：一是宠物主人不遵守有关规定带来的，如不按时为狗注册、打疫苗、办证，随时随地随意遛狗，遛狗不拴绳、随地便溺甚至放养，不约束训导狗在公共场合的行为，干扰邻里生活等；二是在他人的挑逗下，宠物造成他人损害。其中，第二种情况，因为是挑逗人或第三者人为造成的本人或他人损害，责任清楚，一般与物业服务企业无关。但第一种情况，由于随意遛狗、遛狗不拴绳、放养，涉及管理、教育、劝阻等方面的因素，一旦出现宠物伤人、吓人事件，在实行物业服务的区域里，受损害人往往就会让物业服务企业也承担连带责任。对此物业服务企业该怎么办？

有人建议，严禁在小区内养狗，就会从根本上解决这类问题。但这需要小区内所有业主达成不养狗的共识，且必须在业主入住之初就通过《临时管理规约》或者《管理规约》进行严格约定，禁止小区住户养狗。如果地方政府有禁止养狗的规定就更具备操作性，这样，物业服务企业便可以理直气壮地进行管理，甚至可以通过政府执法部门进行处理，以达到"一劳永逸"的目的。但是，这种方法是不可行的，目前国家没有法令禁止养狗，物业服务企业也不是执法部门，不可

---

① 2018年11月17日大连半岛晨报报道，一小区20多只宠物狗疑似被毒死，附近中毒的狗已达120余只，原因就是宠物狗伤人引起。

采取强制措施，否则更容易引发矛盾。且从国家和地方的各种规定来看，物业服务企业有权制定关于饲养宠物的规定，但没有拒绝业主养宠物的权利，只要业主不违反养宠物的相关规定也未影响到他人的生活，物业服务企业就不能拒绝业主养宠物。况且凡事有利有弊，养狗人士认为，宠物狗是一份精神寄托，具有像家人一样的陪伴功能，可爱、讨人喜欢。宠物对老人尤其是空巢老人尤为重要，这个理由管理者也不能忽视。

既然无法限制养狗，那么，小区内出现狗伤人、吓人、袭人等事件的时候要依法办事，分清责任。

1）看宠物狗主人

看其有没有为宠物办理全饲养证件，如果无，饲养的行为就是违规的；如果有，作为狗主人，因未照看好宠物造成伤人事件应承担主体责任。其应承担的主体责任包括两个，一是侵权责任；二是行政责任。

①侵权责任

我国《侵权责任法》第七十八条规定："饲养的动物造成他人损害的，动物饲养人或者管理人应当承担侵权责任……"

从该法条规定可知，首先，饲养的动物造成他人损害的，动物饲养人或者管理人应当承担侵权责任，该责任类型属于无过错责任，即只要是饲养的动物造成他人损害的，无论该动物的饲养人或管理人是否有过错均应承担赔偿责任。因此，对于饲养动物致人损害的案件，受害人只要找到动物的饲养人或管理人即可要求其承担赔偿责任。

其次，关于举证责任的分配问题。受害方承担的举证责任包括：受到损害的事实；损害结果是由侵害方所饲养或管理的动物造成的。实践中一般的证明应有事件发生的录音、录像、报警后的询问笔录，正规医院的诊断证明以及证人证言等。根据《最高人民法院关于民事诉讼证据的若干规定》第四条第（五）项的规定，由动物饲养人或管理人就受害人有过错或者第三人有过错承担举证责任。有证据证明的可以适当减轻或免除自己所应承担的赔偿责任。

再次，此类案件应赔偿的项目主要包括：医疗费、伙食补助费、护理费、交通费、营养费、误工费等；造成残疾的，还应赔偿残疾赔偿金、被抚养人生活费；造成他人死亡的，还应赔偿死亡赔偿金，被抚养人生活费和丧葬费等。

②行政责任

《中华人民共和国治安管理处罚法》第七十五条规定："驱使动物伤害他人的，处5日以上10日以下拘留，并处200元以上500元以下罚款；情节较轻的，处5日以下拘留或500元以下罚款。"从该条可以看出，动物饲养人或管理人应承担的行政责任为罚款和拘留。

2）看被咬的业主

同样，根据我国《侵权责任法》第七十八条规定："饲养的动物造成他人损害的，动物饲养人或者管理人应当承担侵权责任，但能够证明损害是因被侵权人故意或者重大过失造成的，可以不承担或者减轻责任。"即如果被咬业主没有伤害或刺激狗的行为，那么被咬业主不需要承担责任；但如果被咬业主对狗做出刺激行为而造成事故，如故意挑逗致害动物被咬伤，动物饲养、管理人可免责或减轻责任。

《侵权责任法》第八十三条规定："因第三人的过错致使动物造成他人损害的，被侵权人可以向动物饲养人或者管理人请求赔偿，也可以向第三人请求赔偿。动物饲养人或者管理人赔偿后，有权向第三人追偿"。即若因第三人的过错造成损害，比如甲人挑逗乙人的宠物犬致丙人被咬伤，则应当由甲人承担赔偿责任；或者由乙人赔偿后再向甲人追偿。

3）再看物业服务企业

这里有两种情况，一种是针对有主人的宠物狗伤人事件。之前物业服务企业是否有相应的规约或制度说明养狗的要求，或者物业服务企业是否在小区内张贴了文明养狗的温馨提示；事件发生时，物业服务企业是否能够证明自己已采取措施制止损害的发生，对受害人是否及时给予了救助等。是，则物业服务企业没有责任。另一种是针对无主流浪狗在小区内伤人的事件，比如，由于物业服务企业保安的疏忽导致外面的野狗在小区内伤人，物业服务企业就需要承担责任，换句话说，在无法找到动物饲养人或管理人的情况下，受害人可以物业服务企业存在安全防范过错为由，要求物业服务企业承担损害赔偿责任。

（3）本案例的实际审理结果

法院认为，原告提交的报警案件登记表、社区情况说明、监控视频资料等证据及证人黄某、陈某的证言，足以证实被告刘某饲养的狗咬伤了原告，另被告未提供有效证据证明此次事件中原告自身存在故意或重大过失，故原告由此产生的损失应由被告刘某予以赔偿。另，物业服务企业此前对养宠物的相关法规、政策及安全事宜进行了有效宣传，并于事后积极协助原告及相关部门处理本次动物伤人事件，其依法不应承担饲养动物致人损害的法律责任。

综上，原告的各项损失合计为13549.27元，应由被告刘某赔偿。据此，依照《中华人民共和国侵权责任法》第七十八条，《最高人民法院关于审理人身损害赔偿案件适用法律若干问题的解释》第十七条、第十八条、第十九条、第二十条、第二十二条、第二十四条①之规定，判决如下：一、限被告刘某于本判决生效后七日内支付原告赔偿款合计13549.27元；二、驳回原告的其他诉讼请求。

3．实务工作建议

如果遇到小区内宠物致人损害的案件，物业服务企业应该如何处理与解决呢？

首先，事件发生时，物业服务企业应当履行如下义务：

---

① 《最高人民法院关于审理人身损害赔偿案件适用法律若干问题的解释》的上述条款是该案赔偿款的计算依据。

（1）对进入小区的流浪狗进行管理和控制，防止流浪狗致人损害案件的发生。

（2）提供小区视频等证据资料帮助寻找宠物饲养人或管理人。

（3）查询宠物主人是否为狗办理了相关证件或符合养狗规定、是否有允许养犬证明，是否打了防疫针，致人伤害时是否牵了狗绳及符合遛狗的要求等；查询被咬人是否有逗弄狗或激化狗的行为。

（4）在可能的情况下采取措施制止损害的发生。

（5）必要的情况下协助报警。

（6）对受害人采取必要的救助措施。

如果尽到了以上义务，物业服务企业可以不承担责任。但如果物业服务企业怠于履行上述义务，受害人可以请求人民法院判决物业服务企业承担补充赔偿责任。

其次，事件发生前，物业服务企业应未雨绸缪，在小区里及早定下规矩，促使养狗者自律。

"没有规矩，不成方圆"，养狗也是如此。小区内养狗成患的，肯定是没有一定之规，或者执行不力。制定养狗的规矩，居民委员会有责任、小区业主委员会有责任，物业服务者也应当主动为之。要规定好小区可以养什么样的狗、不可以养什么样的狗、怎样养狗等。如制定宠物管理公约或者规定，内容包括主管部门办理养犬证、办理登记、携带宠物到户外活动必须遵守相关规定等。同时必须对一些无视居民人身安全、公共卫生、放任宠物乱叫乱窜、随地便溺的主人采取必要的惩戒措施，明确宠物伤人或者破坏环境卫生等情况下饲养人、管理人的责任承担等。

第三，借鉴先进经验。

某小区的做法不妨借鉴学习。

该小区常住居民约800户，饲养的狗约有130只之多。过去小区居民因为这些狗产生了不少分歧与矛盾，但现在这种矛盾已经不存在了。该小区物业服务企业的做法是：

（1）召开讨论会，且不止一次

让养狗"支持派"和"反对派"双方都派代表参加，各抒己见，最后达成了共识：首先，确定养宠物是个人爱好，但不能影响他人生活。其次，成立小区养犬协会，让养犬者自治自律。同时，协会统一办理养狗手续，处理狗的防病治病问题，帮助协调和解决养狗纠纷。因狗产生的纠纷交给养犬协会处理，协会的人批评养犬户时，养犬户容易接受。

（2）制定相关的适合本小区的养狗管理规章，规范养狗遛狗等条件

特别明确了"五个一"，即：给狗打一针防疫针、挂上一张小牌（载明主人、住址、防疫等情况），遛狗时牵一根绳子、备一只"方便"袋、戴一个小口罩。"四不"，即：不允许狗在小区里随地大小便，不应乘坐电梯（如确有困难非携狗

乘电梯的，主人应将其抱起或装入口袋），不养大型狗（烈性狗），小孩不要牵大狗等。这样，养狗居民觉得合情合理，不养狗的也感到没有太多妨碍，大家相安无事，纠纷减少了很多。

物业服务企业平时在日常工作中要做到温馨提示，提醒养狗的业主注意以上事项。如果物业服务企业日常做到了提醒，有记录，一般可以不承担责任。

（3）加强宣传引导，做好服务

因宠物狗能够给人类带来情感慰藉，导致养狗的人越来越多。对于养狗这件事，"堵"是行不通的，物业服务企业可以采用"疏"的方式。宣传动物的主人意识，主人应负起责任来。负责任主要是指两个方面：一方面是对自己饲养的动物负责：作为动物的主人要保障动物的健康、了解它的习性、科学合理地喂养和训练它、预防动物疾病的传播；另一方面是对社会负责：遵守城市管理条例、维护社区环境卫生、不打扰其他社区居民。有人说，有什么样的主人就会有什么样的狗。物业服务企业还可以将管理融入服务中，专门请专家对养狗者进行培训，让养狗者知道怎么培训、教育、管理宠物狗。

（4）及时协调，依法化解因养狗而产生的矛盾纠纷

虽然工作到位会减少纠纷，但不会杜绝纠纷。发生矛盾纠纷，业主往往会想到要找物业服务企业。所以物业服务人员要迎上去做工作，不逃避不放弃，将小区的问题在小区内解决，促进邻里和睦，小区和谐。对不能解决的要引导业主诉诸法律途径。

总之，要解决小区养狗引发的问题，物业服务企业要尽到自己责任，宠物的主人要提高自己的素质，其他人也要多些谅解。只要多方努力，小区人与人、人与动物、人与自然和谐相处的局面就会形成。

4. 法规链接

本案例涉及如下法规：

（1）《中华人民共和国物权法》

第八十三条　业主应当遵守法律、法规以及管理规约。

业主大会和业主委员会，对任意弃置垃圾、排放污染物或者噪声、违反规定饲养动物、违章搭建、侵占通道、拒付物业服务费等损害他人合法权益的行为，有权依照法律、法规以及管理规约，要求行为人停止损害、消除危险、排除妨害、赔偿损失。业主对侵害自己合法权益的行为，可以依法向人民法院提起诉讼[①]。

[①]　《中华人民共和国民法典》第二百八十六条对《物权法》本条作出了重大修改："业主应当遵守法律、法规以及管理规约，相关行为应当符合节约资源、保护生态环境的要求。对于物业服务企业或者其他管理人执行政府依法实施的应急处置措施和其他管理措施，业主应当予以配合。业主大会或者业主委员会，对任意弃置垃圾、排放污染物或者噪声、违反规定饲养动物、违章搭建、侵占通道、拒付物业费等损害他人合法权益的行为，有权依照法律、法规以及管理规约，请求行为人停止侵害、排除妨碍、消除危险、恢复原状、赔偿损失。业主或者其他行为人拒不履行相关义务的，有关当事人可以向有关行政主管部门报告或者投诉，有关行政主管部门应当依法处理。"

（2）《中华人民共和国侵权责任法》

第七十八条 饲养的动物造成他人损害的，动物饲养人或者管理人应当承担侵权责任，但能够证明损害是因被侵权人故意或者重大过失造成的，可以不承担或者减轻责任。

第七十九条 违反管理规定，未对动物采取安全措施造成他人损害的，动物饲养人或者管理人应当承担侵权责任。

第八十条 禁止饲养的烈性犬等危险动物造成他人损害的，动物饲养人或者管理人应当承担侵权责任。

第八十二条 遗弃、逃逸的动物在遗弃、逃逸期间造成他人损害的，由原动物饲养人或者管理人承担侵权责任。

第八十三条 因第三人的过错致使动物造成他人损害的，被侵权人可以向动物饲养人或者管理人请求赔偿，也可以向第三人请求赔偿。动物饲养人或者管理人赔偿后，有权向第三人追偿[①]。

第八十四条 饲养动物应当遵守法律，尊重社会公德，不得妨害他人生活。

（3）《中华人民共和国民法通则》

第六条 民事活动必须遵守法律，法律没有规定的，应当遵守国家政策[②]。

第七条 民事活动应当尊重社会公德，不得损害社会公共利益，破坏国家经济计划，扰乱社会经济秩序[③]。

第一百二十七条 饲养的动物造成他人损害的，动物饲养人或者管理人应当承担民事责任；由于受害人的过错造成损害的，动物饲养人或者管理人不承担民事责任；由于第三人的过错造成损害的，第三人应当承担民事责任[④]。

（4）《中华人民共和国治安管理处罚法》

第八条 违反治安管理的行为对他人造成损害的，行为人或者其监护人应当依法承担民事责任。

第七十五条 饲养动物，干扰他人正常生活的，处警告；警告后不改正的，或者放任动物恐吓他人的，处200元以上500元以下罚款。

驱使动物伤害他人的，依照本法第四十三条第一款的规定处罚：

殴打他人的，或者故意伤害他人身体的，处5日以上10日以下拘留，并处200元以上500元以下罚款；情节较轻的，处5日以下拘留或500元以下罚款。

---

① 参见《民法典》侵权责任编第九章内容。

② 《中华人民共和国民法典》第十条对《民法通则》第六条作了如下修改："处理民事纠纷，应当依照法律；法律没有规定的，可以适用习惯，但不能违背公序良俗。"

③ 《中华人民共和国民法典》第八条对《民法通则》第七条作了如下修改："民事主体从事民事活动，不得违反法律，不得违背公序良俗。"

④ 《中华人民共和国民法典》把饲养动物损害责任规定在侵权责任编第九章，从第一千二百四十五条至一千二百五十一条共7个条文。

（5）《物业管理条例》

第四十五条　对物业管理区域内违反有关治安、环保、物业装饰装修和使用等方面法律、法规规定的行为，物业服务企业应当制止，并及时向有关行政管理部门报告。

有关行政管理部门在接到物业服务企业的报告后，应当依法对违法行为予以制止或者依法处理。

第四十六条　物业服务企业应当协助做好物业管理区域内的安全防范工作。发生安全事故时，物业服务企业在采取应急措施的同时，应当及时向有关行政管理部门报告，协助做好救助工作。

物业服务企业雇请保安人员的，应当遵守国家有关规定。保安人员在维护物业管理区域内的公共秩序时，应当履行职责，不得侵害公民的合法权益。

第四十七条　物业使用人在物业管理活动中的权利义务由业主和物业使用人约定，但不得违反法律、法规和管理规约的有关规定。

物业使用人违反本条例和管理规约的规定，有关业主应当承担连带责任。

（6）《长沙市城市养犬管理规定》①

第七条　养犬者应当符合下列条件：

（一）有合法身份证明；

（二）有完全民事行为能力；

（三）有固定住所且住所在禁止养犬区域以外。

第八条　饲养犬只应当取得《长沙市城市养犬许可证》。

第十三条　经许可养犬的单位和个人，必须遵守下列规定：

（一）在准养犬颈部佩戴公安机关发放的犬牌；

（二）犬只进入户外时，应束以犬链并由成年人牵领，且携犬人应随身携带该犬只的有效许可证明和免疫证明；

……

（六）犬只在户外排泄粪便的，携犬人应当立即清除。

第十五条　犬只咬伤他人，养犬者应立即将伤者送医院诊治，并依法承担民事赔偿责任。

第十六条　对疑似狂犬的，养犬者应主动控制或捕杀犬只。无法控制或捕杀犬只的，养犬者应立即向公安机关和动物防疫监督机构报告。

发现狂犬病疫情时，任何单位和个人应当及时向动物防疫监督机构和疾病预防控制机构报告。动物防疫监督机构和疾病预防控制机构应当相互通报疫情，及时采取紧急防疫扑疫措施。

第十九条　犬只在户外排泄粪便携犬人未予清除的，由城市管理行政执法机

---

① 即长沙市人民政府令第100号，经2006年3月23日市第12届人民政府第63次常务会议通过，自2006年5月1日起施行。

关责令携犬人当场清除，并可处50元的罚款。

第二十条 养犬人应在犬只被暂扣七日内携有效证件或补办有效证件，到公安机关领取犬只；逾期未领取的，犬只由公安机关予以处理。

依照本规定被暂扣的犬只，由公安机关在指定的场所予以寄养，养犬者应交纳犬只寄养费用，具体收费标准由物价部门确定。

第二十一条 未佩戴犬牌且无人牵领的户外犬只，一律视为野犬，由公安机关予以捕杀。

第二十二条 其他违反本规定的行为，由相关部门依照法律、法规进行处罚。

第二十三条 拒绝、阻碍国家工作人员依法执行职务，构成治安处罚的，由公安机关依法予以处罚；构成犯罪的，依法追究刑事责任。

第二十四条 从事犬只管理的机关及其工作人员不履行应尽职责，玩忽职守、滥用职权、徇私舞弊的，给予行政处分；构成犯罪的，依法追究刑事责任。

复习思考题

1．物业公共环境服务中经常发生哪些纠纷？分析纠纷产生的原因。

2．物业服务企业所管小区，大风刮倒危树砸坏私人财物、楼前绿地变私家花园、外墙清洗致车（人）损害等，物业服务企业有无责任？怎样避免此类风险？

3．处理物业公共环境服务纠纷常用的法律法规有哪些？

4．案例分析题

某小区业主入住已有三年，多数业主在如下三个方面投诉较集中：

（1）某小区一至入夏蚊子就突然增多，物业服务企业对小区公共区域及小区周边进行了灭蚊消杀处理，但蚊害依然严重；

（2）业主宠物随地排泄污染环境现象频现；

（3）小区内业主拔掉花草改种蔬菜互相效仿。

问题与思考：

（1）物业服务企业处理业主投诉一般程序。

（2）解决上述三个问题的主要措施。

物业资金管理中的
纠纷与案例分析

本章要点与学习目标

　　本章主要回顾了与物业资金管理有关的知识，介绍了物业资金管理中的纠纷类型与纠纷原因，重点列举了5个典型案例，对案例进行了解读和分析，最后提出案例处理与解决的思路以供参考。

　　本章选取的物业资金管理中的案例，分别涉及物业管理启动资金、物业专项维修基金、物业服务收费、经营性收入等内容。通过对这些典型案例的导读与评析、法规的链接，要求学生从物业服务企业的角度，认识问题产生的原因；熟悉案例所对应的有关法律、法规；熟练运用所学的各种基础理论来指导实践；面对物业资金管理中的各种民事纠纷，能够迅速找到具有针对性的解决办法。通过本章学习，学生应能掌握物业服务企业在物业资金管理中的应诉或投诉处理的方法与技巧，从而规范物业服务企业的资金管理行为，提高对物业资金的管理水平，有效降低和规避物业资金管理所面临的纠纷与损失。

9.1 物业资金管理基本知识

9.1.1 物业资金管理的内涵

物业资金是为保持物业及附属设施设备的状态完好和使用安全，充分发挥其各项功能以满足需要而投入的货币总和。

物业资金的管理是物业服务企业对物业资金的筹措、使用、运作所进行的财务管理活动的完整过程。

物业资金管理的对象是物业服务企业所能支配或将要支配的物业管理资金。

物业资金管理的目的是物业服务企业有计划、低成本、最大限度地筹集物业管理资金和提高该资金的运用效率和运用效果，保证物业管理工作的高效开展。

9.1.2 物业管理资金的来源

1. 物业维修资金

物业维修资金是用于物业保修期满后物业共用部位、共用设施设备的维修、更新改造的专项资金。共用部位和公共设施设备的大修，电梯、水泵等设备的大修和更新改造资金需求量均比较大，临时募集难以落实，应事先建立专项资金，否则，物业维修计划难以实现，特别是房屋及其附属设施设备需要紧急抢修时就会发生困难。此项资金，《物业管理条例》称为"专项维修资金"[①]，《民法典》称为"维修资金"[②]。

物业维修资金属全体业主所有，应当以物业管理区域为单位设账，按房屋门牌号设分户账；未划定物业管理区域的，以幢为单位设账，按房屋门牌号设分户账，不能挪作他用。业主大会成立前，物业维修资金由物业所在地直辖市、市、县人民政府建设（房地产）主管部门代管，委托所在地一家商业银行作为专户管理银行并开立物业维修资金专户[③]。业主大会成立后，由业主大会委托所在地一家商业银行作为本物业管理区域内物业维修资金的专户管理银行，开立物业维修资金专户；业主委员会应当通知所在地直辖市、市、县人民政府建设（房地产）主管部门，所在地直辖市、市、县人民政府建设（房地产）主管部门在收到通知之日起30日内通知专户管理银行将该物业管理区域内业主交存的维修资金账面余额划转至业主大会开立的维修资金账户，并将有关账目等移交业主委员会[④]。

业主分户账面维修资金余额不足首期交存额30%的，应当及时续交。成立业主大会上的，续交方案由业主大会决定。未成立业主大会的，续交的具体管

[①] 见《物业管理条例》第五十三条。

[②] 见《民法典》第二百八十一条。

[③] 见《住宅专项维修资金管理办法》（建设部、财政部令第165号）第十条。

[④] 见《住宅专项维修资金管理办法》（建设部、财政部令第165号）第十五条。

理办法由直辖市、市、县人民政府建设（房地产）主管部门会同同级财政部门制定[①]。

2. 物业管理服务费

物业管理服务费是业主与物业服务企业在物业管理服务合同中约定的、业主向物业服务企业缴纳的管理服务费用。物业管理服务费是保证日常物业管理工作正常运转的主要资金来源。物业管理服务费包含下列内容：

（1）公共性服务收费。公共性服务是为全体业主（或使用人）提供的常规服务，是一种共享性或普惠性的服务，比如：设备以及管辖区域内公共设施的管理、运行和保养；设置保安岗位，进行安全值班巡逻；公共楼道、公共场所的清扫保洁；绿化完好，定期整治，保持优美环境等。

（2）业主专项服务收费。此类服务是指物业服务企业根据业主的委托为业主（或使用人）提供物业服务合同约定以外的服务项目，根据双方约定收取的服务报酬。如对业主房屋专有部分的修缮等。

物业管理区域内供水、供电、供气、供热、通信、有线电视等单位应当向最终用户收取有关费用。物业服务企业接受委托代收前款费用的，不得向业主收取手续费等额外费用。

（3）特约服务收费。此项服务是为满足业主或使用人需要提供的个别服务。随着物业使用者生活水平的不断提高，常规服务项目已不能满足其需要，人们往往会提出许多特殊的服务需求，物业服务企业应创造条件尽可能给予满足，同时也是企业扩大业务范围、增加业务项目、提高经济效益的一条途径。目前，在经济发达地区，高标准物业用户或普通物业用户中收入水平比较高的群体中这种情况很普遍。特约服务范围很广，几乎涵盖物业使用过程的各方面，比如：写字楼内部清洁、提供膳食、商务中心服务、票务服务；家居清洁、照顾儿童、家教、护理病人、买菜、煮饭、洗衣；礼仪服务、搬运和家电维修等。此类服务是"谁受益，谁付钱"，服务费用没有统一的收费标准，基本上是各物业服务企业与被服务者双方约定。

3. 经营性收入

（1）利用物业共用部位、共用设施设备进行经营的收益

物业服务企业在业主大会作出决议委托其利用物业共用部位、共用设施设备进行经营产生的收入，在扣除合理成本之后，属于业主共有[②]。根据《物业管理条例》第五十四条，业主所得收益应当主要用于补充专项维修资金，也可以按照业主大会的决定使用。

（2）物业服务企业拓展经营的收益

物业服务企业可利用自身的优势，依靠可靠的信息来源，开展物业代租代

---

① 见《住宅专项维修资金管理办法》（建设部、财政部令第165号）第十七条。

② 见《民法典》第二百八十二条。

销、代办产权转让等中介服务；承接工程装饰、居室装潢；受有关部门的委托办理储蓄、邮电等业务；开办建材购销、商业贸易等，作为企业赢利的手段之一。

9.1.3 物业管理资金的使用要求

1. 物业维修资金的使用要求

物业维修资金的使用范围是物业共用部位、共用设施设备保修期满后的维修、更新和改造。物业维修资金在使用与管理上有以下要求：

（1）在业主办理房屋权属证书时，商品房销售单位将代收的维修资金移交给当地房地产行政主管部门代管。物业在保修期内不得使用维修资金。

（2）住宅专项维修资金划转业主大会管理前，需要使用住宅专项维修资金的，按照以下程序办理：（一）物业服务企业根据维修和更新、改造项目提出使用建议；没有物业服务企业的，由相关业主提出使用建议；（二）住宅专项维修资金列支范围内专有部分占建筑物总面积三分之二以上的业主且占总人数三分之二以上的业主讨论通过使用建议；（三）物业服务企业或者相关业主组织实施使用方案；（四）物业服务企业或者相关业主持有关材料，向所在地直辖市、市、县人民政府建设（房地产）主管部门申请列支；其中，动用公有住房住宅专项维修资金的，向负责管理公有住房住宅专项维修资金的部门申请列支；（五）直辖市、市、县人民政府建设（房地产）主管部门或者负责管理公有住房住宅专项维修资金的部门审核同意后，向专户管理银行发出划转住宅专项维修资金的通知；（六）专户管理银行将所需住宅专项维修资金划转至维修单位。

（3）住宅专项维修资金划转业主大会管理后，需要使用住宅专项维修资金的，按照以下程序办理：（一）物业服务企业提出使用方案，使用方案应当包括拟维修和更新、改造的项目、费用预算、列支范围、发生危及房屋安全等紧急情况以及其他需临时使用住宅专项维修资金的情况的处置办法等；（二）业主大会依法通过使用方案；（三）物业服务企业组织实施使用方案；（四）物业服务企业持有关材料向业主委员会提出列支住宅专项维修资金；其中，动用公有住房住宅专项维修资金的，向负责管理公有住房住宅专项维修资金的部门申请列支；（五）业主委员会依据使用方案审核同意，并报直辖市、市、县人民政府建设（房地产）主管部门备案；动用公有住房住宅专项维修资金的，经负责管理公有住房住宅专项维修资金的部门审核同意；直辖市、市、县人民政府建设（房地产）主管部门或者负责管理公有住房住宅专项维修资金的部门发现不符合有关法律、法规、规章和使用方案的，应当责令改正；（六）业主委员会、负责管理公有住房住宅专项维修资金的部门向专户管理银行发出划转住宅专项维修资金的通知；（七）专户管理银行将所需住宅专项维修资金划转至维修单位。

（4）在保证住宅专项维修资金正常使用的前提下，可以按照国家有关规定将住宅专项维修资金用于购买国债。利用住宅专项维修资金购买国债，应当在银行间债券市场或者商业银行柜台市场购买一级市场新发行的国债，并持有到期。利用业主交存的住宅专项维修资金购买国债的，应当经业主大会同意；未成立业主大会的，应当经专有部分占建筑物总面积三分之二以上的业主且占总人数三分之二以上业主同意。利用从公有住房售房款中提取的住宅专项维修资金购买国债的，应当根据售房单位的财政隶属关系，报经同级财政部门同意。禁止利用住宅专项维修资金从事国债回购、委托理财业务或者将购买的国债用于质押、抵押等担保行为[①]。

2. 物业服务费用的使用要求

（1）严格执行政府规定或者合同约定的收费标准。实行政府指导价的，具体收费标准由业主与物业服务企业根据规定的基准价和浮动幅度在物业服务合同中约定。实行市场调节价的，收费标准由业主与物业服务企业在物业服务合同中约定。物业服务企业应当按照政府价格主管部门的规定实行明码标价，在物业管理区域内的显著位置，将服务内容、服务标准以及收费项目、收费标准等有关情况进行公示[②]。

（2）严格执行规定的或者合同约定的物业服务成本核算。实行物业服务费用包干制的，物业服务费用的构成包括物业服务成本、法定税费和物业管理企业的利润。实行物业服务费用酬金制的，预收的物业服务资金包括物业服务支出和物业服务企业的酬金。物业服务成本或者物业服务支出构成一般包括：管理服务人员的工资、社会保险和按规定提取的福利费等；物业共用部位、共用设施设备的日常运行、维护费用；物业管理区域清洁卫生费用；物业管理区域绿化养护费用；物业管理区域秩序维护费用；办公费用；物业管理企业固定资产折旧；物业共用部位、共用设施设备及公众责任保险费用；经业主同意的其他费用。物业共用部位、共用设施设备的大修、中修和更新、改造费用，应当通过专项维修资金予以列支，不得计入物业服务支出或者物业服务成本[③]。

（3）实行物业服务费用酬金制的，预收的物业服务支出属于代管性质，为所交纳的业主所有，物业管理企业不得将其用于物业服务合同约定以外的支出。物业服务企业应当向业主大会或者全体业主公布物业服务资金年度预决算并每年不少于一次公布物业服务资金的收支情况。业主或者业主大会对公布的物业服务资金年度预决算和物业服务资金的收支情况提出质询时，物业服务企业应当及时答复[④]。

---

① 在2021年1月1日生效的《民法典》第二百七十八条对业主共同事项的表决规则作出了重大修改。

② 见《物业服务收费管理办法》（发改价格〔2003〕1864号）第七条、第八条以及《物业服务收费明码标价规定》（发改价检〔2004〕428号）相关内容。

③ 见《物业服务收费管理办法》（发改价格〔2003〕1864号）第十一条。

④ 见《物业服务收费管理办法》（发改价格〔2003〕1864号）第十二条。

9.1.4 物业资金管理中的常见纠纷

物业管理资金筹措是物业管理的基础，是物业管理正常运作的保障。物业的启动、维护、修缮、改造、更新和管理，需要投入一定的人力、物力和财力，因此，物业管理的各项资金筹措和落实到位就显得迫切和重要。然而，由于物业管理行业在我国仍然处于初步发展的阶段，存在物业管理服务收费难、服务收费标准不合理、开发建设单位侵占维修资金、物业服务企业挪用维修资金等诸多的物业资金管理纠纷。

1. 纠纷类型

物业服务企业在物业资金管理过程中的纠纷类型与其资金来源有关，主要有以下四大类：

（1）物业专项维修资金纠纷

物业专项维修资金纠纷主要是物业共用部位和共用设施设备的维修和更新改造资金由谁承担而引发的纠纷。目前普遍存在的现状是：建设单位能省则省，能拖则拖，占用专项维修基金；物业服务企业挪用专项维修基金；购房者（业主）以各种理由拒交维修资金等，致使许多住宅小区的共用部位、共用设施设备得不到及时维修养护，大修、改造、更新就更谈不上了。推诿扯皮的现象使一些住宅小区出现了一年新、二年旧、三年破的状况，令人扼腕疼惜。

（2）物业管理服务费纠纷

物业管理服务费纠纷主要是物业服务企业向业主或使用人追索物业管理费及滞纳金的纠纷。部分业主以收费依据不足、前期遗留问题、物业管理质量低下等原因为由拖欠物业管理费，以此作为"维护"自己权利的主要手段。这类纠纷在物业管理纠纷中占了大多数。

（3）经营性收入纠纷

经营性收入纠纷主要是物业服务企业利用产权归全体业主所有的物业共用部位进行经营或出租并独占其获得的收入而引发的与业主之间的纠纷。诸如小区共用部位的出租营利纠纷。物业服务企业擅自将小区物业的共用部位出租用于设置广告位等进行营利，造成了物业服务企业与业主之间的利益纠纷。

（4）小区内停车收费纠纷

小区内停车收费纠纷主要是物业服务企业向拥有私家车的业主收取的小区车位费、道路维护费、进门费等的纠纷。由于物业服务企业所收取的上述费用往往系自行制定而未经过物价部门批准，虽然有的经过业主委员会同意，但是由于无相应的法律、法规或规章为依据，因此争议较大，纠纷不断。

2. 纠纷产生原因

（1）物业服务企业工作不力

一是服务质量不高。小区内安全排查不到位、卫生清洁不到位、设施设备维护不到位、绿化亮化不到位等。二是纠纷解决不力。小区内业主车辆受损、财物丢失、共用设施伤人、个别业主乱搭乱建等问题难以得到解决。三是收费不合理。物业服务企业收费透明度较低、收费标准高低不等、没有相关收费依据等。

（2）相关行政主管部门监管不力

一是组织协调不力。小区物业管理是一项系统工程，涉及规划、城管、建设、供电等多个部门，物业管理行政主管部门与其他分管部门、街道、社区工作未充分协调，未形成齐抓共管的工作合力。二是司法部门支持不够。业主拒交物业费，物业服务企业只有起诉至法院，没有其他更有效的途径，且诉讼程序复杂，成本高，执行难，周期长，最终只会形成两败俱伤的局面。

（3）开发建设遗留问题

一是规划变更。房屋格局和小区环境与业主购房时不一致，如某住宅小区违规加层，小区处于无物业管理状态，业主代表多次到市、区政府上访甚至堵塞公路交通。二是房屋和配套欠缺。小区房屋质量差，配套设施不健全，业主无法找到建设单位，把这些责任归于物业服务企业。

（4）业主的消费和责任意识淡薄

一是缺乏消费意识。业主缴费意识差，导致物业服务企业资金困难，继而造成服务质量不高，物业服务便进入恶性循环。二是缺乏责任意识。业主委员会成员对物业管理知识了解甚少，缺乏工作热情。且业主委员会难以召开，导致业主与物业服务企业难于沟通，为小区正常管理埋下隐患。

（5）现行法律法规不健全

现行物业管理法律制度及配套文件尚不健全。诸如业主大会和业主委员会的法律地位设计上存在局限性，使业主大会的运作出现协调成本高、沟通过程难的缺陷，由于缺乏对业主委员会的有效制约和监督，民主协商和少数服从多数的原则没有得到充分体现。

9.2　案例分析

9.2.1　小区更换电梯是物业服务企业掏钱还是业主买单？[①]

1. 案例导读

佛山市某小区于2008年建成，小区内建筑都是中高层建筑，需要用电梯上下楼，小区内某栋楼自2012年电梯损坏后一直没维修，直到最近，业主向物业服务企业反映，希望物业服务企业可以出面修理电梯，而物业服务企业认为电梯损坏严重，需要直接更换新电梯，但费用需相关业主承担。对此部分业主表示不满，他们认为在买房时已经交了3000元住宅专项维修资金，而且每月也按时交了

---

① 杨伟. 小区更换电梯是物业掏钱还是业主买单？

物业管理费，所以电梯更换的费用应该由物业服务企业承担；而物业服务企业则认为，业主虽然在购房时缴纳了一定的住宅专项维修资金，但是此费用仅用于对公共设施的维修和保养，如果只是对电梯进行维修，要经过双三分之二的业主同意，业主委员会可以向房管局申请此部分资金。但如果要买部新电梯，除非业主可以提供相关证明，电梯的损坏是由物业服务企业的重大过错造成的，否则此费用由业主自己承担。

2. 案例焦点与分析

（1）案例焦点

本案例的焦点是：该电梯的更换费用应该从住宅专项维修资金中列支还是应该由物业服务企业承担？

（2）案例分析

1）涉案电梯更新费用应在住宅专项维修资金中列支

《物业管理条例》第五十三条规定："住宅物业、住宅小区内的非住宅物业或者与单幢住宅楼结构相连的非住宅物业的业主，应当按照国家有关规定交纳专项维修资金。专项维修资金属业主所有，专项用于物业保修期满后物业共用部位、共用设施设备的维修和更新、改造，不得挪作他用。"

国家发展改革委、建设部《物业收费管理办法》（发改价格〔2003〕1864号）第十一条规定，实行物业服务费用包干制的，物业服务费用的构成包括物业服务成本、法定税费和物业管理企业的利润。实行物业服务费用酬金制的，预收的物业服务资金包括物业服务支出和物业管理企业的酬金。物业服务成本或者物业服务支出构成一般包括：管理服务人员的工资、社会保险和按规定提取的福利费等；物业共用部位、共用设施设备的日常运行、维护费用；物业管理区域清洁卫生费用；物业管理区域绿化养护费用；物业管理区域秩序维护费用；办公费用；物业管理企业固定资产折旧；物业共用部位、共用设施设备及公众责任保险费用；经业主同意的其他费用。该条第四款还明确规定，物业共用部位、共用设施设备的大修、中修和更新、改造费用，应当通过专项维修资金予以列支，不得以物业服务费中计入物业服务支出或者物业服务成本。

根据以上规定，专项维修资金是专项用于物业保修期满后物业共用部位、共用设施设备的维修和更新、改造的资金，物业服务企业收取的物业服务费仅能用于法定的项目，本案中的电梯更新费用，依法应当在专项维修资金中予以列支，不计入物业服务支出或者物业服务成本。

当然，使用专项维修资金，必须符合法定程序。依照建设部、财政部发布的《住宅专项维修资金管理办法》（建设部、财政部令第165号）规定，住宅专项维修资金的使用程序，区分划转业主大会管理前和划转业主大会管理后两种情况，前一种情况应当经住宅专项维修资金列支范围内专有部分占建筑物总面积三分之二以上的业主且占总人数三分之二以上的业主讨论通过使用建议；后一种情况应当由业主大会依法通过使用方案。

2）物业服务企业的责任

《物业管理条例》第三十五条规定，物业服务企业应当按照物业服务合同的约定，提供相应的服务。物业服务企业未能履行物业服务合同的约定，导致业主人身、财产安全受到损害的，应当依法承担相应的法律责任。《最高人民法院关于审理物业服务纠纷案件具体应用法律若干问题的解释》（法释〔2009〕8号）第三条规定，物业服务企业不履行或者不完全履行物业服务合同约定的或者法律、法规规定以及相关行业规范确定的维修、养护、管理和维护义务，业主请求物业服务企业承担继续履行、采取补救措施或者赔偿损失等违约责任的，人民法院应予支持。

根据上述规定，如果物业服务企业没有按照物业服务合同的约定履行对设施设备维修、养护、管理和维护义务的，依法应当承担违约责任，而这种违约责任包括"继续履行、采取补救措施或者赔偿损失"，并非承担本应由住宅专项维修资金列支的电梯更换费用。

3．实务工作建议

（1）物业服务企业应当按照《物业服务合同》的约定，履行对房屋及其附属设施设备的维修、养护和管理义务，对电梯、消防设施设备等委托专业单位进行维保的，应该切实履行对维保单位的监管责任。

（2）物业服务企业应当熟悉并准确掌握专项维修资金的使用范围和使用程序。在住宅专项维修资金的定义中，"维修""更新""改造"概念的内涵与外延，《物业管理条例》和《住宅专项维修资金管理办法》等法规没有作出明确的界定，由此会产生争议。相对"更新""改造"而言，"维修"的概念更加模糊。行内有大修、中修和小修之说，普遍认为大修、中修应在专项维修资金中列支，小修在物业服务费中列支。但何为小修，存在多种说法。我们建议，应在《物业服务合同》中明确约定物业服务企业在房屋及其设施设备维修责任范围。例如，有些物业服务合同以金额为界定标准，约定一定金额以下的小修由物业服务企业在收取的物业服务费中承担，超过一定金额的维修，依照规定的程序申请在专项维修资金中列支。

（3）当设施设备出现故障时，如该设施设备委托了专业公司负责维保的，物业服务企业应当立即通知维保公司，监督维保公司及时进行维修；需要使用专项维修资金的，住宅专项维修资金划转业主大会管理前，物业服务企业应当提出使用方案，由住宅专项维修资金列支范围内专有部分占建筑物总面积三分之二以上的业主且占总人数三分之二以上的业主讨论通过使用建议后，组织实施使用方案，并持有关材料向所在地直辖市、市、县人民政府建设（房地产）主管部门申请列支；住宅专项维修资金划转业主大会管理的，物业服务企业应当提出使用方案，由业主大会依法通过使用方案后，由物业服务企业组织实施使用方案并持有关材料向业主委员会提出列支住宅专项维修资金。

本案中的电梯自2012年损坏后一直没有维修，实为不正常。

4．法规链接

本案例涉及如下法规：

（1）《物业管理条例》

第三十五条　物业服务企业应当按照物业服务合同的约定，提供相应的服务。

物业服务企业未能履行物业服务合同的约定，导致业主人身、财产安全受到损害的，应当依法承担相应的法律责任。

第五十三条　住宅物业、住宅小区内的非住宅物业或者与单幢住宅楼结构相连的非住宅物业的业主，应当按照国家有关规定交纳专项维修资金。

专项维修资金属于业主所有，专项用于物业保修期满后物业共用部位、共用设施设备的维修和更新、改造，不得挪作他用。

专项维修资金收取、使用、管理的办法由国务院建设行政主管部门会同国务院财政部门制定。

（2）《住宅专项维修资金管理办法》

第二条　商品住宅、售后公有住房住宅专项维修资金的交存、使用、管理和监督，适用本办法。

本办法所称住宅专项维修资金，是指专项用于住宅共用部位、共用设施设备保修期满后的维修和更新、改造的资金。

第三条　本办法所称住宅共用部位，是指根据法律、法规和房屋买卖合同，由单幢住宅内业主或者单幢住宅内业主及与之结构相连的非住宅业主共有的部位，一般包括：住宅的基础、承重墙体、柱、梁、楼板、屋顶以及户外的墙面、门厅、楼梯间、走廊通道等。

本办法所称共用设施设备，是指根据法律、法规和房屋买卖合同，由住宅业主或者住宅业主及有关非住宅业主共有的附属设施设备，一般包括电梯、天线、照明、消防设施、绿地、道路、路灯、沟渠、池、井、非经营性车场车库、公益性文体设施和共用设施设备使用的房屋等。

第十八条　住宅专项维修资金应当专项用于住宅共用部位、共用设施设备保修期满后的维修和更新、改造，不得挪作他用。

第二十二条　住宅专项维修资金划转业主大会管理前，需要使用住宅专项维修资金的，按照以下程序办理：

（一）物业服务企业根据维修和更新、改造项目提出使用建议；没有物业服务企业的，由相关业主提出使用建议；

（二）住宅专项维修资金列支范围内专有部分占建筑物总面积三分之二以上的业主且占总人数三分之二以上的业主讨论通过使用建议；

（三）物业服务企业或者相关业主组织实施使用方案；

（四）物业服务企业或者相关业主持有关材料，向所在地直辖市、市、县人民政府建设（房地产）主管部门申请列支；其中，动用公有住房住宅专项维修资金的，向负责管理公有住房住宅专项维修资金的部门申请列支；

（五）直辖市、市、县人民政府建设（房地产）主管部门或者负责管理公有住房住宅专项维修资金的部门审核同意后，向专户管理银行发出划转住宅专项维修资金的通知；

（六）专户管理银行将所需住宅专项维修资金划转至维修单位。

第二十三条　住宅专项维修资金划转业主大会管理后，需要使用住宅专项维修资金的，按照以下程序办理：

（一）物业服务企业提出使用方案，使用方案应当包括拟维修和更新、改造的项目、费用预算、列支范围、发生危及房屋安全等紧急情况以及其他需临时使用住宅专项维修资金的情况的处置办法等；

（二）业主大会依法通过使用方案；

（三）物业服务企业组织实施使用方案；

（四）物业服务企业持有关材料向业主委员会提出列支住宅专项维修资金；其中，动用公有住房住宅专项维修资金的，向负责管理公有住房住宅专项维修资金的部门申请列支；

（五）业主委员会依据使用方案审核同意，并报直辖市、市、县人民政府建设（房地产）主管部门备案；动用公有住房住宅专项维修资金的，经负责管理公有住房住宅专项维修资金的部门审核同意；直辖市、市、县人民政府建设（房地产）主管部门或者负责管理公有住房住宅专项维修资金的部门发现不符合有关法律、法规、规章和使用方案的，应当责令改正；

（六）业主委员会、负责管理公有住房住宅专项维修资金的部门向专户管理银行发出划转住宅专项维修资金的通知；

（七）专户管理银行将所需住宅专项维修资金划转至维修单位。

（3）《最高人民法院关于审理物业服务纠纷案件具体应用法律若干问题的解释》

第三条　物业服务企业不履行或者不完全履行物业服务合同约定的或者法律、法规规定以及相关行业规范确定的维修、养护、管理和维护义务，业主请求物业服务企业承担继续履行、采取补救措施或者赔偿损失等违约责任的，人民法院应予支持。

物业服务企业公开作出的服务承诺及制定的服务细则，应当认定为物业服务合同的组成部分。

9.2.2　业主拒交物业费是否基于正当理由要依据诚实信用原则判断①

1. 案例导读

杨某是JS小区顶楼住户，因屋顶漏雨等原因，从2016年开始拒绝交纳物业费。该小区物业服务企业将杨某诉至法院，要求交纳2016年1月1日至2016年12月

---

① 额尔古纳市人民法院网. 关于物业服务合同纠纷法律适用若干问题的调研报告.

31日期间的物业费。

（1）原告诉讼请求

原告即小区物业服务企业要求杨某交纳2016年1月1日至2016年12月31日期间的物业费。

（2）被告辩称

被告提出，因为屋顶漏雨等问题长期没有解决，所以从2016年开始拒绝交纳物业费。

2．案例焦点与分析

屋顶漏雨能否成为业主拒交物业费的正当理由。

（1）案例分析

我国《物业管理条例》第七条规定，业主应当按时交纳物业费。《最高人民法院关于审理物业服务纠纷案件具体应用法律若干问题的解释》第六条规定，经书面催交，业主无正当理由拒绝交纳或者在催告的合理期限内仍未交纳物业费，物业服务企业请求业主支付物业费的，人民法院应予支持。根据本条规定，业主拒交物业费应当有"正当理由"。

何为"正当理由"？前述司法解释第六条并没有进行解释，从合同法的角度看，合同一方抗辩权所赖以产生的法律基础是诚实信用原则，在合同中赋予一方抗辩权就是诚实信用原则的具体体现。在司法实践中，判断业主拒交物业费是否基于正当理由，主要通过审查业主的拒交行为是否基于诚实信用原则而作出判断。从另外一个层面上讲，这实质也涉及司法审判中遇到的价值评判问题。人民法院在审理民事案件时，必须考虑法律到底要保护什么价值，这个价值与其他价值是否有冲突，有什么冲突，哪个价值更为重要，更需要获得法律的支持与保护等，只有这样，法院的判决才可以使法律规定的实质内容以一定价值观的形式凸现，才能得出合理、可接受、社会上有效的、符合公平的结果。并且，司法裁判中对"正当理由"的认定还要从严把握，一般限于物业服务企业不履行物业服务合同，或者履行合同存在重大瑕疵。

本案例中，被告杨某所提抗辩属房屋质量问题，属于商品房买卖合同法律关系中的问题，与本案物业服务合同纠纷并非同一法律关系，故其抗辩理由不成立。实践中，业主往往混淆了房屋买卖合同关系与物业服务合同关系的区别，前者是建设单位在出售房屋中与房屋买受人之间形成的权利义务关系，后者是业主与其所选聘的物业服务企业之间形成的物业服务权利义务关系，两种法律关系不可混淆。保修期内以及保修期内没修好的房屋裂缝、墙面或楼顶防水等属于商品房买卖合同法律关系中建设单位的责任，不能作为拒绝交纳物业费的正当理由。

（2）法院判决

法院经审理查明，被告杨某所住小区业主委员会于2016年1月1日与原告新健康物业服务企业签订《物业服务合同》，双方约定由原告从2016年1月1日起为该小区所有业主提供物业服务，物业服务费为每平方米每年5.5元。被告杨某的住宅面积为110m²。2016年1月1日至2016年12月31日期间欠付物业费为605元。

被告杨某所住小区的业主委员会与原告新健康公司签订的《物业服务合同》真实有效，应受法律保护，该合同对被告亦有约束力。被告未按约定交纳物业服务费属违约行为，应承担相应的民事责任。被告杨某辩称小区屋顶漏雨等问题，不属本案物业服务合同纠纷法律关系调整范围，其抗辩理由不成立，本院不予采纳。故依据《中华人民共和国合同法》第四十四条第一款、第六十条、第一百零七条，《最高人民法院关于审理物业服务纠纷案件具体应用法律若干问题的解释》第六条及《物业管理条例》第四十二条第一款规定，被告杨某应向原告新健康物业服务企业支付2016年1月1日至2016年12月31日期间的物业服务费605元。

3．实务工作建议

按照合同约定交纳物业管理费是业主应承担的一项基本合同义务，但实践中此类纠纷的发生原因十分复杂，因此，处理此类纠纷要从实际出发，分不同情况作出处理：

属于业主无理拒绝交费情形的，应由业主委员会责成业主按照合同约定交纳物业管理费，并承担延期交费的违约责任；物业服务企业也可以以诉讼的方式予以追缴。

如果是因为物业服务企业提供的服务质量达不到合同约定标准致使业主拒绝交费的，有人认为，此种情况属于物业服务企业违约在先，业主拒绝交费属于行使合同履行中的抗辩权的行为，是依法采取的自我救济手段，这种情况下，可根据物业服务企业提供现行服务的质量状况，适当减少业主的应交服务费（但应交的维修费用不在此限）。也有人认为，根据《最高人民法院关于审理物业服务纠纷案件具体应用法律若干问题的解释》第三条规定，物业服务企业不履行或者不完全履行物业服务合同约定的或者法律、法规规定以及相关行业规范确定的维修、养护、管理和维护义务，需承担继续履行、采取补救措施或者赔偿损失等违约责任，业主不能直接拒缴或者减交物业服务费，否则，将侵害其他业主的合法权益。本书认为第二种观点比较符合物业服务费的本质。

对于确因公共费用的分摊不合理导致业主拒绝交费引起的纠纷，应当按照政府主管部门的有关规定，在合理确定各个业主应分摊费用的基础上，责成相关业主支付其应分摊的物业管理费用和维修费用。

如果属于物业服务企业擅自扩大收费范围、提高收费标准、重复收费情形，业主有权拒付；已经收取的，应退还给相关业主。

此外，在处理此类纠纷过程中，还应特别注意审查物业服务企业的收费标准是否经过物价部门审核，是否明码标价；对特殊服务收费，业主及物业服务企业之间是否在合同中有约定；对合同约定物业收费可以预收的，其预收期限是否符合法律规定等。

4．法规链接

本案例涉及如下法规：

（1）《中华人民共和国合同法》

第四十四条第一款　依法成立的合同，自成立时生效。法律、行政法规规定应当办理批准、登记等手续生效的，依照其规定[①]。

第六十条　当事人应当按照约定全面履行自己的义务。

当事人应当遵循诚实信用原则，根据合同的性质、目的和交易习惯履行通知、协助、保密等义务[②]。

第一百零七条　当事人一方不履行合同义务或者履行合同义务不符合约定的，应当承担继续履行、采取补救措施或者赔偿损失等违约责任[③]。

（2）《最高人民法院关于审理物业服务纠纷案件具体应用法律若干问题的解释》

第三条　物业服务企业不履行或者不完全履行物业服务合同约定的或者法律、法规规定以及相关行业规范确定的维修、养护、管理和维护义务，业主请求物业服务企业承担继续履行、采取补救措施或者赔偿损失等违约责任的，人民法院应予支持。

物业服务企业公开作出的服务承诺及制定的服务细则，应当认定为物业服务合同的组成部分。

第六条　经书面催交，业主无正当理由拒绝交纳或者在催告的合理期限内仍未交纳物业费，物业服务企业请求业主支付物业费的，人民法院应予支持。物业服务企业已经按照合同约定以及相关规定提供服务，业主仅以未享受或者无需接受相关物业服务为抗辩理由的，人民法院不予支持。

（3）《物业管理条例》

第七条　业主在物业管理活动中，履行下列义务：

（一）遵守管理规约、业主大会议事规则；

（二）遵守物业管理区域内物业共用部位和共用设施设备的使用、公共秩序和环境卫生的维护等方面的规章制度；

（三）执行业主大会的决定和业主大会授权业主委员会作出的决定；

（四）按照国家有关规定交纳专项维修资金；

（五）按时交纳物业服务费用；

（六）法律、法规规定的其他义务。

[①]　《中华人民共和国民法典》第五百零二条第一款对《合同法》第四十四条第一款修改为："依法成立的合同，自成立时生效，但是法律另有规定或者当事人另有约定的除外。"

[②]　《中华人民共和国民法典》第五百零九条对《合同法》第六十条修改为："当事人应当按照约定全面履行自己的义务。当事人应当遵循诚实信用原则，根据合同的性质、目的和交易习惯履行通知、协助、保密等义务。当事人在履行合同过程中，应当避免浪费资源、污染环境和破坏生态。"

[③]　《中华人民共和国民法典》第五百七十七条承继了《合同法》第一百零七条，未作修改。

第四十二条　县级以上人民政府价格主管部门会同同级房地产行政主管部门，应当加强对物业服务收费的监督。

9.2.3　物业服务企业存在违约情形可否酌情核减物业费？[①]

1．案情导读

陈某家住XF花园小区，因小区楼道卫生差、楼道堆放杂物、服务人员没有在小区进行巡视、楼道电线乱扔乱放等原因拒绝交纳物业费。该小区物业企业将陈某诉至法院，要求被告陈某给付2013年11月5日至2014年11月5日期间的物业费495元（其中含楼道电费15元）。

（1）原告诉讼请求

原告即小区物业服务企业要求被告陈某给付2013年11月5日至2014年11月5日期间的物业费495元（其中含楼道电费15元）。

（2）被告辩称

被告陈某提出，小区存在楼道卫生差、楼道堆放杂物、服务人员年龄偏大、没有在小区进行巡视、楼道电线乱扔乱放等问题而拒绝交纳物业费。

2．案例焦点与分析

本案例的焦点是：物业服务企业存在违约情形，是否可以酌情核减物业费。

（1）法院查明

法院经审理查明，2013年11月5日，原告F物业服务企业与被告陈某所住小区的业主委员会签订《物业管理委托合同》，双方约定由原告从合同签订之日起为学府花园小区所有业主提供物业服务，物业服务费为每平方米每年5元；逾期交费的，每逾期一天按应缴物业管理费用的5‰交纳滞纳金。被告陈某的住宅面积为95.93m²，欠交物业费480元。同时，通过被告陈某提供的电子照片证据及法官现场勘验记录查明，被告陈某所住小区卫生状况不佳、部分水暖管道外包破损未进行修复。

（2）法院判决

原告F物业服务企业与被告陈某所住小区的业主委员会签订的《物业管理委托合同》真实有效，应受法律保护，该合同对原被告双方均有约束力。被告未按约定交纳物业服务费属违约行为，应承担相应的民事责任。通过电子照片等证据反映出原告F公司对涉案小区的服务在楼道卫生、水暖管道外包的破损进行维修养护等多方面存在不足，物业服务企业提供的物业服务不符合合同约定，应核减相应的物业服务费，根据公平原则，酌减被告应交物业费的10%，即被告陈某仍应向原告F物业服务企业交纳物业费432元。故依据《中华人民共和国合同法》第四十四条第一款、第六十条第一款、第一百零七条和《物业管理条例》第四十二条第一款之规定，判决被告陈某给付原告物业管理有限责任公司2013年11

---

① 额尔古纳市人民法院网. 关于物业服务合同纠纷法律适用若干问题的调研报告.

月5日至2014年11月5日期间的物业服务费432元。

（3）案例讨论

1）从物业管理法的角度看，业主是否享有拒付物业服务费的抗辩权，没有明确

物业服务费是业主对于物业服务人按照物业服务合同约定提供建筑物及其附属设施的维修养护、环境卫生和相关秩序的管理维护等物业服务所应支付的对价。根据《物业管理条例》第四十一条第一款规定，业主负有根据物业服务合同的约定向物业服务人交纳物业服务费用的义务。

当物业服务人提供的服务不符合合同约定或者所提供的服务存在瑕疵的情况下，业主是否享有拒付物业服务费的抗辩权？《物业管理条例》没有规定。根据《最高人民法院关于审理物业服务纠纷案件具体应用法律若干问题的解释》第三条第一款规定，物业服务企业提供的服务不符合要求的，应当承担继续履行、采取补救措施或者赔偿损失等违约责任，对于是否可以减免物业服务费同样没有明确规定。根据该司法解释第六条规定，业主拒绝交纳物业服务费须有正当理由，但何为正当理由，没有进一步界定。

2）从合同法的角度看，法律没有明确业主具有拒付物业服务费抗辩权

《民法典》合同编第五百二十五条至第五百二十七条分别规定了同时履行抗辩权、先履行抗辩权和不安抗辩权。其中，同时履行抗辩权是指合同双方当事人互负债务没有先后顺序，应当同时履行。一方在对方履行之前有权拒绝对方的履行请求；一方在对方履行债务不符合约定时有权拒绝对方相应的履行请求。先履行抗辩权是指双方当事人互负债务有先后顺序，应当先履行债务的一方未履行的，后履行的一方有权拒绝其履行请求；先履行一方履行债务不符合约定的，后履行一方有权拒绝其履行请求。不安抗辩权是指应当先履行债务的一方当事人，有确切证据证明对方经营情况恶化、转移财产、抽逃资金以逃避债务、丧失商业信誉、有丧失或者可能丧失履行债务能力的其他情形的，可以中止履行债务。

业主拒付物业服务费属于那种抗辩权？首先，一般情况下，不存在不安抗辩权的特征，可予以排除。其次，物业服务企业提供的服务具有长期性、持续性的特点，并非一次性交易，业主支付物业服务费往往是在合同履行期间以月度甚至年度为周期缴纳，双方合同义务的履行状态互相交织，难以区分双方履行义务的先后顺序，这种情况与先履行抗辩权当事人债务有先后履行顺序的特征并不相符，显然也不属于先履行抗辩权。最后，同时履行抗辩权最突出的法律特征是合同双方均享有抗辩权。如果业主享有拒付物业服务费的抗辩权，则物业服务企业也应对等地享有不提供物业服务的抗辩权。但是，按照《物业管理条例》第七十七条的规定，物业服务企业不得以部分业主拖欠物业服务费为由减少物业服务内容或者降低物业服务质量和标准。该条规定实质上是限制了物业服务企业的抗辩权。既然不是合同双方均享有抗辩权，不宜认定业主拒付物业服务费的抗辩

权属于同时履行抗辩权。

综上，业主以物业服务有瑕疵为由拒付物业服务费，没有法律的直接规定，其抗辩权也不属于《民法典》合同编所规定的三种抗辩权中的任何一种抗辩权。

司法实践中，也有人民法院支持业主以物业服务企业提供的服务质量不符合合同约定为由要求减免物业服务费的，例如本案例即是，但更多的法院不支持业主的这种请求。因为物业服务企业不履行或者不完全履行物业服务合同约定的，依照《最高人民法院关于审理物业服务纠纷案件具体应用法律若干问题的解释》第三条规定，业主可请求物业服务企业承担继续履行、采取补救措施或者赔偿损失等违约责任，而不是请求减免物业服务费；如果物业服务企业未能履行物业服务合同的约定，导致业主人身、财产安全受到损害的，依照《物业管理条例》第三十五条规定，业主可请求物业服务企业承担相应的法律责任。

3）从物业服务费的本质看，减免个别业主的物业服务费，将损害全体业主的合法权益。

3. 实务工作建议

（1）物业服务企业应严格按照《物业服务合同》约定履行义务，以避免因服务质量而产生的纠纷。为提高物业服务质量，物业服务企业应当引进ISO9001质量管理标准、ISO 14000环境管理标准和OHSAS 18000职业健康安全管理标准等，建立相关服务质量管理制度，培训员工并贯彻实施。

（2）物业服务企业应当建立业主投诉处理程序，认真对待业主的每一项投诉，对合理的有效投诉，认真整改并及时回访。

（3）物业服务企业应当建立业主满意度调查制度，定期开展业主满意度调查活动，虚心听取、科学分析业主的意见，不断改进。

4. 法规链接

本案例涉及如下法规：

（1）《中华人民共和国合同法》

第四十四条　依法成立的合同，自成立时生效。

法律、行政法规规定应当办理批准、登记等手续生效的，依照其规定[①]。

第六十条　当事人应当按照约定全面履行自己的义务。

当事人应当遵循诚实信用原则，根据合同的性质、目的和交易习惯履行通知、协助、保密等义务[②]。

第一百零七条　当事人一方不履行合同义务或者履行合同义务不符合约定的，应当承担继续履行、采取补救措施或者赔偿损失等违约责任[③]。

---

① 《中华人民共和国民法典》第五百零二条第一款对《合同法》第四十四条第一款修改为："依法成立的合同，自成立时生效，但是法律另有规定或者当事人另有约定的除外。"

② 《中华人民共和国民法典》第五百零九条在吸收了《合同法》第六十条内容的基础上，增加了第三款："当事人在履行合同过程中，应当避免浪费资源、污染环境和破坏生态。"

③ 《中华人民共和国民法典》第五百七十七条完全吸收了《合同法》第六十一百零七条的内容。

（2）《物业管理条例》

第三十五条 物业服务企业应当按照物业服务合同的约定，提供相应的服务。

物业服务企业未能履行物业服务合同的约定，导致业主人身、财产安全受到损害的，应当依法承担相应的法律责任。

第四十一条 业主应当根据物业服务合同的约定交纳物业服务费用。业主与物业使用人约定由物业使用人交纳物业服务费用的，从其约定，业主负连带交纳责任。

已竣工但尚未出售或者尚未交给物业买受人的物业，物业服务费用由建设单位交纳。

（3）《最高人民法院关于审理物业服务纠纷案件具体应用法律若干问题的解释》

第三条 物业服务企业不履行或者不完全履行物业服务合同约定的或者法律、法规规定以及相关行业规范确定的维修、养护、管理和维护义务，业主请求物业服务企业承担继续履行、采取补救措施或者赔偿损失等违约责任的，人民法院应予支持。

物业服务企业公开作出的服务承诺及制定的服务细则，应当认定为物业服务合同的组成部分。

第六条 经书面催交，业主无正当理由拒绝交纳或者在催告的合理期限内仍未交纳物业费，物业服务企业请求业主支付物业费的，人民法院应予支持。物业服务企业已经按照合同约定以及相关规定提供服务，业主仅以未享受或者无需接受相关物业服务为抗辩理由的，人民法院不予支持。

9.2.4 小区业主对涉及共有权及共同管理权事项的费用情况享有知情权[①]

1. 案例导读

2015年，小区业主孙某起诉业委会，要求公布维修资金筹集使用情况、业委会所有决定、决议和会议记录、与物业服务企业的合同、共有部分使用及收益情况、停车费收支分配和车位处分情况、各年度财务收支账目、凭证等。

原告孙某是南京市鼓楼区××小区×幢×单元×室房屋的所有权人。2014年4月4日，被告××小区业委会于小区公告栏张贴《关于目前业委会账户资金情况的说明》，主要内容为：2014年1月27日业委会代表小区收取过街通道征地补偿款2334820元，为使公共收益保值增值，业委会工作人员于2014年2月26至28日通过网上银行分四笔合计260万借用个人账户购买两支货币基金，后应法院要求，于

---

① 案例索引：江苏南京鼓楼区法院（2015）鼓民初字第4041号"孙某与某业主委员会业主知情权纠纷案"，见《孙庆军诉南京市清江花苑小区业主委员会业主知情权纠纷案》，载《最高人民法院公报·案例》（201512/230：30）；另见《孙庆军诉南京清江花苑业委会业主知情权纠纷案》，载《江苏省高级人民法院公报》（201506/42：31）。

2014年4月3日申请赎回，4月4日本金260万元及收益10443.12元均已归入业委会公共账户，特予以公示。后被告在小区公告栏对2013年度、2014年度的业委会收支情况进行公示，2013年度收支一览表载明收支各5项；2014年度收支一览表载明收入3项、支出4项。2015年7月11日，被告在小区公告栏张贴公告，告知全体业主：小区物业服务企业变更及2014年业委会财务收支账目等信息已公布，如业主对有关信息需要进一步了解，请到业委会办公室询问和查阅。

2012年12月14日，上届××小区业委会与无锡市H物业管理有限公司（以下简称H公司）签订《××小区物业服务合同》，委托其对小区物业进行管理。该物业服务合同已在小区公告栏张贴。2015年3月15日，被告××小区业委会向H公司发函催缴2014年度公共收益，H公司答复称，将于2015年3月30日前将2014年度公共收益情况提交并公示，具体欠缴金额及结算日期将与被告商定后实施。2015年6月19日，被告在小区公告栏张贴《物业变更公示》，告知小区业主：接H公司通知，因其面临破产，推荐江苏Q物业服务公司（以下简称Q公司）进行托管。后被告与Q公司签订物业服务合同，并在小区公告栏公布《物业服务合同》。原告孙庆军因要求被告公开相关信息，与被告产生纠纷，诉至法院，要求判如所请。

庭审中，被告××小区业委会举证招标时间为2013年7月的××小区屋面、墙体防水工程的开标、评标公示、招标文件、中标通知书、维修资金申请使用征询意见表及部分公摊明细等涉及维修资金使用情况的文件。原告孙庆军对此认可，但认为被告应公布全部维修资金的情况，而非专项维修资金的情况。

（1）原告诉讼请求

××住宅小区业主原告孙某起诉业委会，要求公布维修资金筹集使用情况、业委会所有决定、决议和会议记录、与物业服务企业签订的合同、共有部分使用及收益情况、停车费收支分配和车位处分情况、各年度财务收支账目、凭证。

（2）被告辩称

被告××小区业委会举证招标时间为2013年7月的××小区屋面、墙体防水工程的开标、评标公示、招标文件、中标通知书、维修资金申请使用征询意见表及部分公摊明细等涉及维修资金使用情况的文件。

2. 案例焦点与分析

小区业主是否对涉及共有权及共同管理权事项的费用情况享有知情权。

（1）法院认为

根据《中华人民共和国物权法》第七十三条的规定，建筑区划内的道路，属于业主共有，但属于城镇公共道路的除外。建筑区划内的绿地，属于业主共有，但属于城镇公共绿地或者明示属于个人的除外。建筑区划内的其他公共场所、公用设施和物业服务用房，属于业主共有。这条规定明确规定业主是建筑物区分所有人。根据《中华人民共和国物权法》第七十九条的规定，建筑物及其附属设施的维修资金，属于业主共有。经业主共同决定，可以用于电梯、水箱等共有部分的维修。维修资金的筹集、使用情况应当公布。前述两条规定明确赋予了业主对于维修资金相关情况，享有知情权。然而，在司法实践中，小区在管理及共有利益归属等方面存在的问题较多，根据《关于审理建筑物区分所有权纠纷案件具体应用法律若干问题的解释》第十三条的规定，业主请求公布、查阅下列应当向业主公开的情况和资料的，人民法院应予支持：（一）建筑物及其附属设施的维修资金的筹集、使用情况；（二）管理规约、业主大会议事规则，以及业主大会或者业主委员会的决定及会议记录；（三）物业服务合同、共有部分的使用和收益情况；（四）建筑区划内规划用于停放汽车的车位、车库的处分情况；（五）其他应当向业主公开的情况和资料。

因此，业主作为建筑物区分所有人，享有知情权，享有了解本小区建筑区划内涉及业主共有权及共同管理权等相关事项的权利，业主委员会应全面、合理公开其掌握的情况和资料。本案中原告孙某作为业主，可以向被告××小区业委会主张公布由被告掌握的情况和资料。

关于原告孙某请求公布××小区建筑物及附属设施的维修资金筹集使用情况的主张，建筑物及附属设施的维修资金属于业主共有，用于住宅共有部位、共用设施设备保修期满后的维修及更新改造，业主有权了解其使用情况。被告××小区业委会作为小区全体业主的代表对小区进行管理，对于维修资金的筹集及使用情况应当知晓，而且资金是否由其直接掌握不影响其对维修资金情况的公布。被告向法院提交的2013年××小区屋面、墙体防水工程等资金使用情况，仅为部分资金的使用情况，并非全部维修资金的筹集、使用情况。故对原告的该项诉请，予以支持。关于原告要求公布本届业主委员会所有决定、决议和会议记录的主张。业委会作出的决定、决议和会议记录与业主的权利紧密相关，应予公开，并提供业主查阅。在本案审理过程中，被告虽已提交了相关会议纪要等证据，但并未在小区向全体业主公布，故对原告的该项诉请，予以支持。

关于原告要求公布本届业委会与物业服务企业之间签订的《物业服务合同》和共有部分的使用及收益情况的主张，被告在小区公告栏已经张贴与H公司、Q公司所签订的《物业服务合同》，原告亦可通过被告办公室查阅上述《物业服务合同》，因此对于原告该项主张，不予支持。小区共有部分使用和收益与业主的利益亦密切相关，虽存在H公司未及时上缴公共收益等问题，但是被告作为全体业主代表应及时追缴，保障业主的合法权利，并将目前的使用和收益情况及时公布。

关于原告要求公布本小区停车费收支分配和车位处分情况的主张，小区共有停车位，即规划外的车位，虽由物业服务企业代管，但仍归属小区全体业主共有，业主对于小区共有部分停车费的收支分配及停车位处分情况享有知情权。被告应及时联系物业服务企业，及时公布上述信息。故对于原告的该项主张，予以支持。

关于原告主张公布本届业主委员任期内的各年度财务收支账目、收支凭证的主张，小区财务收支与小区业主具体利益息息相关，业委会应予公布。被告虽在小区公告栏公布了2013年度及2014年度的收支一览表，但项目较少且不尽详细，后被告虽在庭审中提供账目明细表及凭证，但并未履行公布的义务，因此对于原告的该项主张，予以支持。

（2）法院判决

综上，依照《最高人民法院关于审理建筑物区分所有权纠纷案件具体应用法律若干问题的解释》第十三条，《中华人民共和国民事诉讼法》第六十四条以及《最高人民法院关于适用〈中华人民共和国民事诉讼法〉的解释》第九十条之规定，南京市鼓楼区人民法院于2015年9月16日作出（2015）鼓民初字第4041号民事判决：

被告南京市××小区业主委员会于本判决生效之日起三十日内在小区公告栏内或公共区域内张贴公布本届业主委员会成立以来××小区建筑物及附属设施的维修资金筹集、使用情况；被告南京市××小区业主委员会于本判决生效之日起三十日内在小区公告栏内或公共区域内张贴公布本届业主委员会成立以来业主委员会的决定、决议和会议记录；被告南京市××小区业主委员会于本判决生效之日起三十日内在小区公告栏内或公共区域内张贴公布本届业主委员会成立以来（每半年一次）××小区共有部分的使用及收益情况；被告南京市××小区业主委员会于本判决生效之日起三十日内在小区公告栏内或公共区域内张贴公布本届业主委员会成立以来××小区停车费收支分配及车位处分情况；被告南京市××小区业主委员会于本判决生效之日起三十日内在小区公告栏内或公共区域内张贴公布本届业主委员会成立以来各年度财务收支账目明细、收支凭证；驳回原告其他诉讼请求。

3. 实务工作建议

（1）业主委员会应当建立工作档案管理、财务管理、定期接待、信息公开、印章管理、专职工作人员、突发应急事故处理等制度，对小区内物业服务费用、公共收益、代收代缴费用等信息实行定期公布，保障全体业主的知情权，形成公开、透明的业主监督机制。需要定期公布的项目主要包括维修资金筹集使用情况、业委会所有决定、决议和会议记录、与物业服务企业订立的合同、共有部分使用及收益情况、停车费收支分配和车位处分情况、各年度财务收支账目、凭证等。

（2）如《物业服务合同》约定物业共用部位、场地、共用设施设备委托物业服务企业经营的，其经营收益扣除合理的管理成本和合理利润后的余款，属于业主的公共收益，主要用于补充维修资金，也可以用于业主大会决定的其他用途，物业服务企业对业主委托管理的公共收益应依法独立建账，定期公布，接受业主的监督。

4. 法规链接

本案例涉及如下法规：

（1）《物业管理条例》

第五十四条 利用物业共用部位、共用设施设备进行经营的，应当在征得相关业主、业主大会、物业服务企业的同意后，按照规定办理有关手续。业主所得收益应当主要用于补充专项维修资金，也可以按照业主大会的决定使用。

（2）《关于审理建筑物区分所有权纠纷案件具体应用法律若干问题的解释》

第十三条 业主请求公布、查阅下列应当向业主公开的情况和资料的，人民法院应予支持：

（一）建筑物及其附属设施的维修资金的筹集、使用情况；

（二）管理规约、业主大会议事规则，以及业主大会或者业主委员会的决定及会议记录；

（三）物业服务合同、共有部分的使用和收益情况；

（四）建筑区划内规划用于停放汽车的车位、车库的处分情况；

（五）其他应当向业主公开的情况和资料。

（3）《中华人民共和国民事诉讼法》

第六十四条 当事人对自己提出的主张，有责任提供证据。

当事人及其诉讼代理人因客观原因不能自行收集的证据，或者人民法院认为审理案件需要的证据，人民法院应当调查收集。人民法院应当按照法定程序，全面地、客观地审查核实证据。

（4）《中华人民共和国物权法》

第七十三条 建筑区划内的道路，属于业主共有，但属于城镇公共道路的除外。建筑区划内的绿地，属于业主共有，但属于城镇公共绿地或者明示属于个人的除外。建筑区划内的其他公共场所、公用设施和物业服务用房，属于业主共有[①]。

第七十九条 建筑物及其附属设施的维修资金，属于业主共有。经业主共同决定，可以用于电梯、水箱等共有部分的维修。维修资金的筹集、使用情况应当公布[②]。

（5）最高人民法院关于适用《中华人民共和国民事诉讼法》的解释（法释〔2015〕5号）

第九十条 当事人对自己提出的诉讼请求所依据的事实或者反驳对方诉讼请求所依据的事实，应当提供证据加以证明，但法律另有规定的除外。

在作出判决前，当事人未能提供证据或者证据不足以证明其事实主张的，由负有举证证明责任的当事人承担不利的后果。

---

① 《中华人民共和国民法典》第二百七十四条承继了《物权法》第七十三条规定，未作修改。

② 《中华人民共和国民法典》第二百八十一条对《物权法》第七十九条修改为："建筑物及其附属设施的维修资金，属于业主共有。经业主共同决定，可以用于电梯、屋顶、外墙、无障碍设施等共有部分的维修、更新和改造。建筑物及其附属设施的维修资金的筹集、使用情况应当定期公布。紧急情况下需要维修建筑物及其附属设施的，业主大会或者业主委员会可以依法申请使用建筑物及其附属设施的维修资金。"

9.2.5 停车费纠纷案，业主告物业服务企业乱涨价

1. 案例导读

广州某住宅小区的建设单位是广州某房地产开发有限公司，其选聘的广州某物业服务企业，被业主指在停车场地无产权证明、无出示消防验收合格证书的情况下，强行经营，并拒绝与业主约定收费标准。2014年8月和2015年8月底，该小区的停车场收费历经两次升价，幅度达100%，月保费由400元/月涨为800元/月。第一次是2014年的8月份，从400元/月涨至500元/月。2015年8月24日，物业服务企业突然贴出通知，以广东省发改委公布《关于放开住宅小区、商业配套、露天停车场停车保管服务收费等有关问题的通知》为由，称小区地下负一、负二、负三层停车场是属于广州市某房地产公司的产权，要求从2015年9月1日起，小区停车月保费由原来500元/月提升至800元/月。并在2015年9月7日再次发出通知，说明如果不按涨价后的费用交月保费，就取消业主月保车位的资格。这一事件成了小区业主维权的导火索。

从2015年9月起，该小区业主一直通过各种形式维护权益，在街道、公安机关等部门的介入下，业主与物业服务企业曾召开三次协调会，协调会上，包括发改委、街道等部门都要求小区物业服务企业在广州市相关实施细则出台之前，暂时恢复原价。但是，在三次协调会后，小区物业服务企业仍旧强行涨价，引致业主怒斥"出尔反尔"。在双方纠纷期间，屡屡出现业主被取消月保资格拒交临保费用被落闸禁止放行、拒交月保费车主停车入库被物业服务企业保安员锁车等事件。

2015年底，业主台先生一纸诉状递至越秀区人民法院，状告小区物业服务企业涨价行为违法。被告两度提出法院管辖权异议均被法院依法驳回。2016年4月22日，小区停车费纠纷一案在广州市越秀区人民法院开庭审理。

2. 案例焦点与分析

本案例的焦点在于建设单位是否拥有小区车位产权、是否有权委托物业服务企业调整停车收费标准，停车服务费（部分比例）是否属物业服务费的内容，是否适用《物业管理条例》等几个方面。实质上，案件涉及的是两个核心问题：小区车位产权归属和物业服务企业提价的依据。

（1）法院审理

原告台先生的诉求共有两项，分别是请求法院确认被告将小区月保收费由500元调整至800元的行为违法，以及恢复月保费至500元水平，并恢复原告月保车位的资格。基于第一条诉求，台先生向法院递交了其在"阳光家缘"网站（广州市国土资源和房屋管理局官方网站）查询到的涉案小区地下车库的情况。"结果显示，地下车位全部为'未纳入预售'，及'被查封'和'抵押'等状态。"并且在房管局查册显示，地下车位并未进行初次确权。

同时，台先生指出，此前物业服务企业公示的小区负一层至负三层车位的所

谓"产权证明文件"，只不过是2007年前后房屋建设规划文件，与产权证明无关。台先生认为，以上情况，可以充分说明金宝怡庭地下车位产权并未进行产权登记程序明确产权。按照发改委此前对文件的解读，住宅小区车位停车费定价权只会出现在以下情况——业主共有产权和产权不明晰的车位，其调价应经过"双过半"业主的同意，而非建设单位和物业服务企业单方面说了算；只有产权完全属于建设单位的车位，才可以实行市场调节价。

同时，台先生还指出，小区物业服务企业所谓的公示期仅仅为7天。"发改委下文是在去年8月15日。去年8月24日，物业服务企业就已经贴出通知要涨价，通知内注明了涨价时间为去年9月1日，根本达不到要求的30天公示期。"台先生认为，就程序上来说，小区车位涨价的做法也不合法。

对于产权问题，被告方某物业服务企业强调，车位确实属于建设单位，即某房地产开发有限公司所有，故受产权人委托，某物业服务企业有权根据483号文的规定，调整价格。至于产权证明问题，被告指出"相关职能部门多次确认了权属，但均未对被告的涨价行为表达异议，充分证明了涨价行为合法合理。"被告还介绍，小区车位产权属于大确权，且已经有十个车位出售给了业主并办理了产权证。"同时，如果房管部门网站上可以查询到'被查封'的状态，恰恰说明这些车位是已经确认了产权归属的，否则法院不可能对其进行查封。"

被告在法庭上同时补充说，小区物业服务企业每个月要对车位进行相应的维护和管理，实际经营情况为每月支出高达15万元，如果按照此前的广东物业管理费实际情况收取（政府限价每月500元），则每月亏损为十万元。"广东省发函要求放开小区停车收费，也就是483号文，就是考虑到小区物业的实际运营情况，如果一味按照旧情况，则无法经营下去，业主将享受不到相应的服务。如果原告认为定价过高，原告可以选择到其他车位停放。"被告还指出，被告的收费标准，已经是所在片区中收费"最为低廉"的公司。"小区业主高达400多位，车位只有159个，如果车主不及时如期缴纳月保费，即视为放弃月保车位权利，我们不再签订合同，有关这一点我们已充分告知，不存在任何隐瞒。"

但这一说法遭到了台先生的反驳。"如果被告称其目前处于亏损状态，就应该在《物业管理条例》等相关法律法规允许的情况下改善服务质量，提高自身素质，想办法增收节支来改善公司的运营状况。而不是因为物业服务企业亏损了，就逼着要求业主多交钱。这样是不合理不合法的。物业服务企业是否亏损，与停车费是否要上涨之间，不存在必然联系。"

庭审中，双方均表示不愿接受调解，法院宣布择日再审。

（2）案例分析

房屋买受人一般在买房的时候，都会考虑到停车的问题，而且，由于小区内的停车位有限，经常会因为停车产生纠纷，那么，小区停车费纠纷如何处理呢？

首先，要弄清楚小区停车位的产权归属。

　　《物权法》第七十四条规定："建筑区划内，规划用于停放汽车的车位、车库应当首先满足业主的需要。建筑区划内，规划用于停放汽车的车位、车库的归属，由当事人通过出售、附赠或者出租等方式约定。占用业主共有的道路或者其他场地用于停放汽车的车位，属于业主共有。"本条规定了小区内停车场的归属权问题。

　　《最高人民法院关于审理建筑物区分所有权纠纷案件具体应用法律若干问题的解释》第六条规定，建筑区划内在规划用于停放汽车的车位之外，占用业主共有道路或者其他场地增设的车位，应当认定为物权法第七十四条第三款所称的车位。

　　依据《物权法》和司法解释的上述规定，小区停车场的所有权情况分为以下几种情况：

　　1）如果建设单位将规划的整个停车场以车位形式出售或赠送给业主，则各个车位属于购买或接受赠与的业主所有，停车场内的公共部分，如车道，属于所有拥有车位所有权的业主共有。

　　2）如果建设单位将停车场的车位出租给业主，则停车场的所有权归建设单位享有，而使用权归承租车位的业主享有，业主交纳的费用是车位的使用费，该费用的标准由业主和建设单位在合同中具体约定。

　　3）如果建设单位在出售房屋时，将停车场的建设费用分摊到每个业主，即业主所付的房价中实际包含了停车场的分摊费用，则停车场的所有权应归全体业主共有，对于停车场的使用和收费标准由业主大会在管理规约中约定，但应优先满足业主的停车需要。停车场的收益应归全体业主共有，主要用于停车场的维修养护，也可按照业主大会的决定使用。

　　4）在规划用于停放汽车的车位之外，利用业主共有道路或者其他场地增设的车位，属于全体业主共有。

　　其次，明确物业服务企业是否有权利收取小区停车费。

　　到底物业是否有权向业主收取停车费？需要考察停车费的性质。小区停车费的性质有两种，一种是车位使用费，另一种是车场管理费。两种费用的收费依据与收费主体是不同的。

　　车位使用费的收费主体是车位权属人，如果车位属建设单位的，则由建设单位收取车位使用费，建设单位也可以委托物业服务企业代收；如果车位属于业主所有的，则业主无需缴纳车位使用费。车场管理费是物业服务企业按照《物业服务合同》约定对停车场进行管理和服务的对价，包括车场管理员（保安员）的人工成本、车场设施设备维修养护费用、清洁保洁费用、相关税费和合理的利润等。

　　根据《物权法》第七十三条规定，小区内的道路、绿地、公用设施和物业服务用房，属于业主共有。第七十四条规定，占用业主共有的道路或者其他场地用于停放汽车的车位，属于业主共有。因此，在小区规划停车位以外，占用业主共有的道路或者其他场地用于停放汽车的车位，属于业主共有，物业服务企业代为收取这部分停车位的停车费用的，可在扣除合理的管理成本和合同约定的管理酬金后计入业主共有资金范围，主要用于补充维修资金，也可以由业主大会决定其用途。

业主对其停放的车辆有保管要求的，应和物业服务企业另行订立车辆保管合同，明确双方权利义务，另行缴纳车辆保管费①。

基于上述关于小区停车位归属的分析，总结如下：

首先，在第一种情况下，物业服务企业是没有权利收取车位使用费的。因为此时各个车位属于购买或接受赠与的业主所有，停车场内的公共部分属于所有拥有车位所有权的业主共有。

其次，在第二种情况下，物业服务企业经过建设单位的授权之后是可以代替建设单位向业主收取车位使用费的，但此时的收费标准也不是由物业服务企业决定，而是由业主和建设单位在租赁合同中具体约定。

再次，在第三种情况和第四种情况下，停车位的所有权应归全体业主共有，停车位的使用和收费标准由业主大会在管理规约中约定。

但是，无论哪种情况，物业服务企业均有权依照物业服务合同约定标准向停车业主收取停车管理费，这是物业服务企业对停车场提供物业管理服务的对价。

就本案而言，车位产权归属或是官司输赢的决定性因素。因为如确定车位无确权，就应归为业主共有产权和产权不明晰的车位，调价按规定则应经"双过半"业主同意，而非建设单位和物业服务企业单方面决定。只有产权完全属建设单位的车位，才可实行市场调节价。

由此观之，在业主与物业服务企业的矛盾发展到对簿公堂以及不少小区业主维权而与物业服务企业矛盾激化的背景下，健全落实相关法律法规，推动所有小区成立业主大会，选举产生业主委员会，实际上已经刻不容缓。

此外，从本案停车纠纷案中反映出的另一个值得关注的问题是，《物权法》对于小区公共配套的规定比较模糊，业主的公共物权并不是非常明确，这在之前的一些小区纠纷中也有所体现，甚至导致政府部门介入调解时也会感到困惑，不同部门间给出不同的意见。因此，有必要推动相关法律法规进一步完善和细化，明确业主的公共物权，把小区内部的权利边界划分清楚，从源头上避免矛盾的产生。

3. 法规链接

本案例涉及如下法规：

（1）《中华人民共和国物权法》

第七十三条 建筑区划内的道路，属于业主共有，但属于城镇公共道路的除

---

① 建设部印发的《前期物业服务合同（示范文本）》（建住房〔2004〕155号）第十条："乙方应与停车场车位使用人签订书面的停车管理服务协议，明确双方在车位使用及停车管理服务等方面的权利义务。"《江苏省物业管理条例》第六十四条第四款规定："业主对汽车停放有保管要求的，应当与物业服务企业另行签订保管服务合同。"

外。建筑区划内的绿地，属于业主共有，但属于城镇公共绿地或者明示属于个人的除外。建筑区划内的其他公共场所、公用设施和物业服务用房，属于业主共有①。

第七十四条 建筑区划内，规划用于停放汽车的车位、车库应当首先满足业主的需要。

建筑区划内，规划用于停放汽车的车位、车库的归属，由当事人通过出售、附赠或者出租等方式约定。

占用业主共有的道路或者其他场地用于停放汽车的车位，属于业主共有②。

（2）《最高人民法院关于审理建筑物区分所有权纠纷案件具体应用法律若干问题的解释》

第六条 建筑区划内在规划用于停放汽车的车位之外，占用业主共有道路或者其他场地增设的车位，应当认定为物权法第七十四条第三款所称的车位。

（3）《物业管理条例》

第二十四条 国家提倡建设单位按照房地产开发与物业管理相分离的原则，通过招标投标的方式选聘具有相应资质的物业服务企业。

第五十四条 利用物业共用部位、共用设施设备进行经营的，应当在征得相关业主、业主大会、物业服务企业的同意后，按照规定办理有关手续。业主所得收益应当主要用于补充专项维修资金，也可以按照业主大会的决定使用。

（4）广东省发展和改革委员会文件（粤发改价格〔2015〕483号）《关于放开住宅小区、商业配套、露天停车场停车保管服务收费等有关问题的通知》

各地级以上市发展改革局（委）、住房城乡建设局（委）、房管局，深圳市市场监管局、顺德区发展规划和统计局：

根据《国家发展改革委关于放开部分服务价格意见的通知》（发改价格〔2014〕2755号）和《广东省定价目录（2015年版）》（粤府办〔2015〕42号）规定，我省放开部分机动车停放保管服务收费。为规范机动车停放保管服务收费行为，维护停车保管服务行业市场秩序，现就有关问题通知如下：

一、住宅小区机动车停放保管服务收费实行市场调节价，具体收费标准由物业服务企业、停车服务企业等停车场经营者（以下简称停车场经营者）与业主或使用人通过合同或其他方式约定。

上述住宅小区机动车停放保管服务收费是指停车场经营者接受车位所有权人、业主大会或业主委员会及其他合法单位或组织等的委托，按照停车服务合同或其他约定，向住宅小区业主或使用人提供停车场地、设施、停车秩序管理以及

---

① 《中华人民共和国民法典》第二百七十四条承继了《物权法》第七十三条规定，未作修改。

② 《中华人民共和国民法典》对《物权法》第七十四条分拆成两个条文，其中第二百七十六条对应《物权法》第七十四条第一款，第二百七十五条对应《物权法》第七十四条第二款和第三款，文字上均未作修改。

保管服务所收取的费用。停车场经营者已收取机动车停放保管服务费的，不得向车位使用人重复收取车位物业服务费。

二、商场、娱乐场所、宾馆酒店、写字楼、物流园区、专业市场等配套停车场，以及政府列管停车场以外的露天停车场机动车停放保管服务收费实行市场调节价。停车场经营者可根据建设经营成本、市场供求和竞争状况、社会承受能力等因素依法自主确定收费标准，其中与住宅小区共用停车场的机动车停放保管服务收费按本通知第一条确定和调整。

三、机动车辆因交通违法、肇事等原因被公安交通管理部门拖曳至指定停车场产生的机动车停放保管服务收费，按照停车场分类实行不同的价格管理形式。

四、鼓励商场、娱乐场所、宾馆酒店、写字楼、物流园区、专业市场等配套停车场，居民小区停车场以及政府列管停车场以外的露天停车场设置机动车免费停放时限。

五、停车场经营者应当严格遵守《中华人民共和国价格法》《中华人民共和国物权法》等法律法规，自觉规范收费行为，严格执行明码标价有关规定，在经营场所醒目位置公示收费项目、收费标准和投诉举报电话等信息，主动接受社会监督；不得采取价格欺诈等不正当手段，损害消费者合法权益；不得利用优势地位强制服务、强制收费，或只收费不服务、少服务多收费；不得在标价之外收取任何未予标明的费用。

六、县级以上人民政府应明确机动车停放保管服务的管理部门及相关责任。停车场行业主管部门要建立健全停车服务规范，完善行业准入和退出机制，协同各部门加强对停车服务行为的市场监管。物业服务行业主管部门要建立健全物业服务企业经营行为规范，拓宽业主协商渠道，大力培育业主自治组织，提高业主话语权，指导监督物业服务企业经营服务活动，积极维护物业服务企业和业主的合法权益。价格主管部门要畅通价格投诉热线，加强对辖区内机动车停放保管服务收费价格巡查和监督检查，防止市场主体滥用定价权，严肃查处各种价格违法行为，维护价格水平和价格秩序稳定。各相关部门要高度重视、密切配合、各司其职、各负其责，完善应对突发事件的工作预案，做好政策宣传和舆论引导，澄清不实报道，稳定社会预期，确保国家和省停车场收费政策和措施落实到位。

七、本通知自2015年8月15日起执行。省发展改革委及（原）省物价局与本通知规定不符的，以本通知为准。各地级市价格主管部门要按照本通知要求，抓紧清理废止本地区出台的相关价格文件，组织召开价格政策提醒告诫会，加强停车服务收费水平的监测，及时向社会公布具有代表性的住宅小区、商业配套及政府列管停车场以外的露天停车场价格水平。请各地于10月底前将贯彻落实本通知有关情况书面报送省发展改革委（价格管理处）。

广东省发展改革委　广东省住房城乡建设厅

2015年8月10日

复习思考题

1．处理物业管理资金使用纠纷常用的法律法规有哪些？

2．物业管理资金使用方面常见的纠纷有哪些？应如何避免纠纷的发生？

3．物业管理服务费纠纷产生的原因是什么？

4．案例分析

建设单位销售房屋的《商品房买卖合同》"交付日期"上约定"出卖人应当在2012年6月1日前，依照国家和地方人民政府的有关规定，将具备下列第三种条件（该商品房经分期综合验收合格），并符合本合同约定的商品房交付买受人使用"。

建设单位在2012年1月份完成了项目的综合验收并完善了项目相关配置，1月底给业主邮寄《交房通知书》，通知业主于2012年2月25日至28日期间办理交房手续。

少部分业主未在建设单位邮寄的《交房通知书》上的日期内来交房，而是按《商品房买卖合同》中约定的6月1日前，到5月下旬来交房，业主拒绝交纳3~5月份的物业服务费，而建设单位也不愿承担3~5月份的物业服务费。

问题与思考：

（1）"交房时间"的确定以什么为依据？

（2）《物业管理条例》对业主缴纳物业管理费有哪些规定？

物业综合事务
管理中的纠纷与
案例分析

本章要点与学习目标

　　本章主要回顾了与物业服务机构设置、招标投标、租赁管理、不同类型物业等内容有关的知识，介绍了物业综合事务中的纠纷类型与纠纷原因，重点列举了5个典型案例，对案例进行了解读和分析，最后提出案例处理与解决的思路以供参考。

　　本章选取的物业综合事务中的案例，分别涉及物业服务机构、招标投标、租赁管理、专项维修资金使用等内容。通过对这些典型案例的导读与评析、法规的链接，要求学生从物业服务企业的角度，认识问题产生的原因；熟悉案例所对应的有关法律；熟练运用所学的各种基础理论来指导实践；面对物业综合事务中的各种民事纠纷，能够迅速找到具有针对性的解决办法。通过本章学习，学生应能掌握物业服务企业在综合事务中的应诉或投诉处理的方法与技巧，从而提高物业服务管理水平，有效降低和规避从事物业综合事务管理中所面临的风险与损失。

10.1 物业综合事务管理基本知识

10.1.1 物业服务机构设置

物业管理，是指业主通过选聘物业服务企业，由业主和物业服务企业按照物业服务合同约定，对房屋及配套的设施设备和相关场地进行维修、养护、管理，维护相关区域内的环境卫生和秩序的活动。

物业服务企业，是指依法成立、具有独立企业法人地位，依据物业服务合同从事物业管理相关活动的经济实体。

在业主、业主大会选聘物业服务企业之前，建设单位选聘物业服务企业的，应当签订书面的前期物业服务合同。前期物业服务合同可以约定期限；但是，期限未满，业主委员会与物业服务企业签订的物业服务合同生效的，前期物业服务合同终止。业主委员会应当与业主大会选聘的物业服务企业订立书面的物业服务合同。物业服务合同应当对物业管理事项、服务质量、服务费用、双方的权利义务、专项维修资金的管理与使用、物业管理用房、合同期限、违约责任等内容进行约定。

物业服务企业应当按照物业服务合同的约定，提供相应的服务。物业服务企业未能履行物业服务合同的约定，导致业主人身、财产安全受到损害的，应当依法承担相应的法律责任。

10.1.2 物业管理招标投标

1. 物业管理招标

物业管理招标，是指招标人（包括物业所有权人、业主委员会、建设单位等），在为其物业选择物业服务人时，通过向社会公开其所制订的管理服务要求和标准的招标文件，由多家物业服务企业竞投，从中选择最佳物业管理人，并与之订立物业服务合同的活动。包括了开标、评标、定标的过程。根据《中华人民共和国招标投标法》相关规定，招标活动中必须遵循"公开、公平、公正和诚实信用"的原则。

物业管理招标的方式有：①公开招标；②邀请招标；③协商招标（又称为议标）。

物业管理招标程序一般包括准备、实施和结束三个阶段。

物业管理招标文件一般包括以下内容：投标邀请函、用户需求书、投标须知、合同书格式、投标文件格式等。其中，投标邀请函包括招标人、项目编号及项目名称、招标内容及需求、投标人资格要求、招标文件发售时间、递交投标文件时间及地址、投标截止时间及开标时间、投标保证金及其缴纳方式等。用户需求书包括总体要求、物业服务费用及收费方式、服务要求、服务内容和质量标准、人员配备、服务期限、履约保证金等。投标须知包括一般规定（招标文件组成、投标费用、保密事项、关联企业投标的限制、招标文件澄清与答疑、分公司投标的规定、踏勘现场等）、投标文件构成、编写、投标报价、联合体投标、投标人资格证明文件、投标保证金、投标截止时间和投标有效期、投标文件数量和签署、投标文件的提交以及开标、评标（含商务评审、服务评审、报价评审）、定标的规定、异议、合同的订立与履行等。合同书格式给出招标人和中标人订立的物业服务合同格式。投标文件格式规定了投标文件的具体内容及顺序，包括投标人相关商务资料、物业服务方案、机构设置和服务流程、应急预案、人员培训等。

2．物业管理投标

物业管理投标是指符合招标文件规定的资格要求的物业服务企业根据招标文件中确定的各项管理服务要求与标准，根据国家有关法律、法规与本企业的实力，编制投标文件，参与投标活动。

物业管理投标原则：①真实性原则；②正当竞争原则。

物业管理投标的准备阶段：①取得从业资格；②筹措资金；③收集招标物业相关资料；④进行投标可行性分析。

物业管理投标的实施阶段：①购买、阅读招标文件；②投标前调查与现场考察；③制定管理服务方案，设定物业服务组织机构；④制定资金计划；⑤标价试算；⑥标价评估与调整；⑦办理投标保函；⑧封送标书、保函。

投标书的主要内容：①介绍本物业服务企业的概况和经历，提供招标书规定的商务资料以证明本企业符合招标人的资格要求；②分析招标物业的特点和管理要点提出本企业提供物业服务的组织架构、人员构成、物业服务方案以及人员培训、成本预算等；③投标报价；④招标文件要求的其他内容。

编制投标文件应注意的事项：①确保填写无遗漏，无空缺，全面响应招标文件的内容；②不得任意修改填写内容；③填写方式规范；④不得改变标书格式；⑤计算数字必须准确无误；⑥报价合理；⑦包装整洁美观。

确定合理利润率：利润不能太高，在行业实践中，利润率通常是实际发生的管理费用的5%～15%。

3．物业管理定标后的工作

中标后的合同签订与实施。

（1）合同的签订步骤：签订前谈判、签订谅解备忘录、发送中标函、签订合同书。

（2）合同自签订之日起生效，业主与物业服务企业均应依照合同规定行使权利、履行义务。

（3）未中标的总结。

未中标的企业可能存在以下问题：①准备工作不充分；②成本预算不准确导致估价不准或者报价策略失误；③物业管理方案不完善；④商务文件不完备或者企业未达到招标人设定的资格条件；⑤投标文件格式不符合规定；⑥未完全响应招标文件的要求；⑦存在其他不符合招标文件规定的问题。

（4）招标投标资料的整理与归档。

①招标文件；②附件及图纸；③澄清和修改招标文件的书面文件；④投标文件及标书；⑤来往信件；⑥其他重要资料。

10.1.3　租赁管理

1．租赁物业的管理内容

物业租赁管理是指物业服务企业受业主和使用人委托，为其寻找承租人，并进行洽商、签约，以及签约后依据合同规范承租人行为、收缴租金、维护租赁物业等的活动。

物业租赁的主体：出租人和承租人。房租是出租方让渡房屋使用权的价格，是物业租赁的核心问题。

租赁物业的管理内容：①物业租赁的基本条件；②租金管理；③租赁关系管理；④衡量物业租赁经济效果的指标。

2．租赁物业管理程序

租赁物业管理程序包括：

（1）业主放盘，委托授权；

（2）寻找潜在承租人；

（3）承租人资格的审查；

（4）合同条款谈判；

（5）签订租赁合同及备案；

（6）核查物业；

（7）提供有效的租赁服务；

（8）收缴租金；

（9）续签合同；

（10）租赁关系解除与终止。

10.1.4　物业类型

1．住宅小区物业

住宅小区是指按照城市统一规划进行综合开发、建设，达到一定规模，基础设施配套比较齐全，相对封闭、独立的居住区域。

（1）住宅小区的特点

居住功能为主，相对封闭独立；人口密度高，人口结构复杂。

（2）住宅小区物业管理的要求

服务第一、方便群众的原则；统一经营，综合管理的原则；有偿服务，合理收费的原则管理运作。

2．写字楼物业

写字楼是指供政府机构的行政管理人员和企事业单位的职员办理行政事务和

从事业务活动的大厦。现代写字楼一般具有现代化的设备、智能化的设施，由办公用房、辅助用房和交通系统三部分组成。

（1）写字楼的特点

建筑规模大，机构和人员集中；建筑档次高，设备先进；地理位置优越，交通便利；使用时间集中，人员流动性大；功能齐全，设施配套。

（2）写字楼物业管理的要求

要求确保设备能完好运行，正常使用；要求加强安全管理，提供安全保障，对高层和超高层办公楼宇的消防安全有严格的要求；要求保持环境优雅、整洁。

3．商业物业

商业物业是指能同时供众多零售商和其他商业服务机构使用，用于从事各种经营服务活动的大型收益性物业。

（1）商业物业的特点

建筑空间大，装饰设计有特色；设施齐全；客流量大。

（2）商场物业管理的要求

要求树立商场的良好形象；需要确保商场的安全性，特别是对消防设施、消防通道、疏散通道等消防安全有严格的要求；要确保顾客消费的便利性；要确保设备、设施的可靠性。

4．工业物业

工业物业是指对自然资源或农产品、半成品等进行生产加工，以建造各种生产资料、生活资料的生产活动的房屋及其附属的设备、设施和相关场所。

（1）工业物业的特点

投资大，投资回收期长；非流动性；工业设备的功能容易过时；对周围环境容易产生污染；建筑独特，基础设施齐全。

（2）工业物业的物业管理要求

对治安保卫、消防工作和环境保护等有严格要求；要求加强对重点设施设备的管理；对保洁、绿化等常规性服务要求高标准；对物业管理的专业性要求强。

5．其他物业的主要类型

（1）文化类物业；

（2）体育类物业；

（3）传媒类物业；

（4）卫生类物业；

（5）餐饮类物业；

（6）交通类物业；

（7）娱乐类物业；

（8）宗教类物业等。

10.1.5 物业综合事务管理中的常见纠纷

1. 物业综合事务中的纠纷类型

（1）物业服务企业与业主（业主委员会）之间的纠纷；

（2）物业服务企业招标投标事务中的纠纷；

（3）物业租赁管理中出租人与承租人之间的纠纷。

2. 物业综合事务中的纠纷原因

（1）自治权益与营利权益的冲突

物业服务企业是自负盈亏的营利性企业法人，在物业管理服务经营过程中，一般前期投入较大，只有较长的经营期限和较大规模的物业管理才可以保证物业服务企业取得的商业利益。而业主总是希望能够得到更好的物业服务水平，这就会导致业主方自治权益与物业服务企业的营利权益发生冲突。

（2）因物业管理专项维修基金管理而产生的纠纷

按照《物业管理条例》的规定，物业专项维修基金属于全体业主共有和管理使用，但在物业服务管理实践中，物业服务企业或业主委员会经常发生因物业专项维修基金的使用问题、挪用问题而产生纠纷。

（3）因物业租赁管理期限、租金及合同条款问题而产生纠纷

在物业租赁管理实践中，经常产生因物业租赁管理期限、租金及合同条款问题而产生纠纷。问题在于双方的法律意识淡薄、契约精神缺失而造成的。

10.2 案例分析

10.2.1 物业服务企业对于地下车库进行控制及收益是否合法？[①]

1. 案例导读

曹先生系乙新村小区业主。该小区由乙花园、丙花园、丁花园三个小区合并而成，上海市乙新村业主委员会（以下简称"A业主委员会"）成立于2006年。在乙新村小区内，仅有位于本市丙花园小区内有地下车库，目前该处地下车库登记的权利人仍为该小区的建设单位上海某房地产开发公司。

2006年11月23日，上海某房地产开发公司（签约甲方）与丙花园小区所在地的镇土地管理所（签约乙方）、上海某置业有限公司（签约丙方）签订了《商品房预订购协议书》，约定：乙丙方因动迁安置用房之需要，向甲方购买甲方新建于丙花园商品房用于动迁安置，购买的房屋为该地址期房418套，乙丙方向甲方购买的地下车库价格为每个单价30000元（人民币，下同），共251个。合同另对付款方式等事项进行了约定。丙花园地下车库因未交纳维修资金，地下车库的产

---

① 周心怡，赖新林. 物业管理典型判例解读精选[M]. 北京：中国建筑工业出版社，2016：305-308.

权证至今没有办下来，现地下车库由物业服务企业收费，并设立账目，收益尚未分配。

A业主委员会在2013年某新村1～6月公益性收支情况表中，未将该小区地下车库的收支情况表予以公布。

曹先生于2013年11月向人民法院提起业主知情权诉讼，要求A业主委员会提供自2013年1～11月的非经营性收入钱款总数（停车费及小区业主共有的门面房租金）及明细账目，并要求A业主委员会当庭对提供的账目明细接受曹先生的质询。一审人民法院于2014年2月14日作出判决，驳回了曹先生的诉讼请求，曹先生不服一审判决，提起上诉。

（1）上诉人曹先生诉讼请求

1）上诉人提起本案诉讼是要求法院判令被上诉人出示涉案地下车库收费主体收取停车费时应当或者必须出具的相关收款凭证，并不涉及地下车库所有权的归属，原审法院将审理焦点集中于车库所有权归属，超出了上诉人的诉讼请求范围。

2）按照地随房走的一般原则，小区的业主取得房屋所有权之日起小区公共区域内的建筑物及附属设施属于全体业主共有，故本案房屋置换协议生效后地下车库所有权已经随之转移，车库登记的权利人已经名存实亡，实际控制人对于车库的控制及收益也是非法的，上诉人完全享有对地下车库收益情况的知情权及监督权。

综上所述，上诉人要求撤销原审法院的判决，改判支持上诉人的原审诉讼请求。

（2）被上诉人A业主委员会辩称

原审法院认定事实清楚，适用法律正确，故要求驳回上诉，维持原判。

2. 案例焦点与分析

①业主向A业主委员会主张地下车库收支情况的知情权诉求是否合理？

②业主诉求地下车库收益知情权的对象是业主委员会还是物业服务企业？

（1）法院认为

1）关于曹先生作为业主向A业主委员会主张地下车库收支情况的知情权是否合理问题。根据《中华人民共和国物权法》第二十七条规定："业主对其建筑物专有部分享有占有、使用、收益和处分的权利。"相应地，业主也享有了解建筑物区划内涉及业主共有权以及共同管理权相关事项的权利。根据《最高人民法院关于审理建筑物区分所有权纠纷案件具体应用法律若干问题的解释》第十三条规定："业主请求公布、查阅建筑物及其附属设施的维修基金的筹集、使用情况；管理规约、业主大会议事规则，以及业主大会或者业主委员会的决定及会议记录；物业服务合同、共有部分的使用和收益情况；建筑区划内用于停放汽车的车位、车库的处分情况；其他应当向业主公开的情况和资料，人民法院应予支持。"上述规定明确了业主知情权的范围，业主委员会作为知情权的义务主体，理应依法配合业主行使知情权。就本案而言，曹先生虽然作为乙新村小区的业主，享有对该小区相关事项的知情权，但目前该小区的地下车库的权利人仍登记为建设单位，而结合双方的陈述和《商品房预订协议书》等现有证据可知，该小区的地下车库已由建设单位转让给第三方，实际由第三方委托物业服务企业进行管理，登记的权利人和实际的控制人均非小区业主，该地下车库尚不属于小区业主共有，因此，曹先生作为业主向A业主委员会主张地下车库收支情况的知情权缺乏依据。

2）关于业主诉求地下车库收益知情权的对象问题。本案中由物业服务企业进行管理，而物业服务企业进驻小区从事物业管理的合同是与业主委员会签订的，根据合同相对性原则，合同关系只能发生在特定的主体之间，只有合同当事人一方能够向另一方当事人基于合同提出请求或提起诉讼。因此，本案中业主曹先生选择将业主委员会作为知情权的起诉对象是正确的。业主委员会是小区业主选举出来的，代表所有业主的利益，当业主要求主张知情权时，业主委员会应予协助。

（2）法院判决

上海市第一中级人民法院审理认为，上诉人虽主张涉案地下车库产权归小区全体业主共有，但本案的实际情况是，涉案地下车库登记的权利人仍为建设单位上海某房地产开发公司，而且根据其与第三方签订的协议，该地下车库已经转让给第三方，物业服务企业也是基于第三方的委托而非被上诉人的委托进行管理，故根据现有证据难以认定涉案地下车库是权利人为小区业主，上诉人亦无证据表明被上诉人掌握涉案地下车库的相关收益情况，原审法院据此驳回上诉人的诉讼请求，并无不当，法院予以维持。综上所述，上诉人的上诉请求，缺乏事实和法律依据，法院不予支持。据此，根据《中华人民共和国民事诉讼法》第一百七十条第一款第（一）项之规定，判决如下：驳回上诉，维持原判。

3．实务工作建议

《民法典》第二百七十一条规定："业主对建筑物内的住宅、经营性用房等专有部分享有专有权，对专有部分以外的共有部分享有共有和共同管理的权利。"本条规定了业主的建筑物区分所有权包括专有权、共有权和共同管理权。业主知情权的权利来源于建筑物区分所有权中的共有权和共同管理权，本案中的地下车库的权利人已经由建设单位转移到丙花园小区所在地的镇土地管理所（签约乙方）和上海某置业有限公司（签约丙方），并非业主共有财产，原告行使知情权缺乏所有权基础。

《最高人民法院关于审理建筑物区分所有权纠纷案件具体应用法律若干问题的解释》第十三条规定了业主知情权的范围包括建筑物及其附属设施的维修基金的筹集、使用情况；管理规约、业主大会议事规则，以及业主大会或者业主委员会的决定及会议记录；物业服务合同、共有部分的使用和收益情况；建筑区划内用于停放汽车的车位、车库的处分情况；其他应当向业主公开的和资料等，业主作为知情权的权利主体，应当在法定的知情权范围内提出主张，但对于非共有部分不享有知情权；业主委员会作为业主知情权的义务主体，应当依法履行对相关情况的公布义务，满足业主知情权，但对于非共有部分的专有部分不承担公布的义务。

4．法规链接

（1）《中华人民共和国民事诉讼法》（2012年修订）

第一百七十条　第二审人民法院对上诉案件，经过审理，按照下列情形，分别处理：

（一）原判决、裁定认定事实清楚，适用法律正确的，以判决、裁定方式驳回上诉，维持原判决、裁定；

（二）原判决、裁定认定事实错误或者适用法律错误的，以判决、裁定方式依法改判、撤销或者变更；

（三）原判决认定基本事实不清的，裁定撤销原判决，发回原审人民法院重审，或者查清事实后改判；

（四）原判决遗漏当事人或者违法缺席判决等严重违反法定程序的，裁定撤销原判决，发回原审人民法院重审。

原审人民法院对发回重审的案件作出判决后，当事人提起上诉的，第二审人民法院不得再次发回重审。

（2）《最高人民法院关于审理建筑物区分所有权纠纷案件具体应用法律若干问题的解释》

第十三条　业主请求公布、查阅下列应当向业主公开的情况和资料的，人民法院应予支持：

（一）建筑物及其附属设施的维修资金的筹集、使用情况；

（二）管理规约、业主大会议事规则，以及业主大会或者业主委员会的决定及会议记录；

（三）物业服务合同、共有部分的使用和收益情况；

（四）建筑区划内规划用于停放汽车的车位、车库的处分情况；

（五）其他应当向业主公开的情况和资料。

（3）《物业管理条例》

第六条　房屋的所有权人为业主。业主在物业管理活动中，享有下列权利：

（一）按照物业服务合同的约定，接受物业服务企业提供的服务；

（二）提议召开业主大会会议，并就物业管理的有关事项提出建议；

（三）提出制定和修改管理规约、业主大会议事规则的建议；

（四）参加业主大会会议，行使投票权；

（五）选举业主委员会委员，并享有被选举权；

（六）监督业主委员会的工作；

（七）监督物业服务企业履行物业服务合同；

（八）对物业共用部位、共用设施设备和相关场地使用情况享有知情权和监督权；

（九）监督物业共用部位、共用设施设备专项维修资金（以下简称专项维修资金）的管理和使用；

（十）法律、法规规定的其他权利。

（4）《中华人民共和国民法典》

第二百七十一条 业主对建筑物内的住宅、经营性用房等专有部分享有专有权，对专有部分以外的共有部分享有共有和共同管理的权利。

10.2.2 物业服务企业如何应对小区业主委员会的解聘决定？ [①]

1．案例导读

湖北省武汉市B小区是占地面积6.2万 m^2 、建筑面积1.6万 m^2 的商住一体的住宅小区。该小区共分三期建设，其中一、二期于2009年11月交付业主使用，建设单位湖北某置业有限公司选聘武汉市甲物业服务企业（以下简称"甲物业服务企业"）提供前期物业服务，并于2008年10月20日与甲物业服务企业签订《物业管理委托合同（A）》，该合同约定"委托管理期限为5年。自2008年10月20日起至业主委员会成立之日止。"同时，业主与甲物业服务企业签订《前期物业管理服务协议》，该协议第一条第一项第十一款约定"自本协议终止时起15日内，与业主委员会选聘的物业服务企业办理本物业的物业管理移交手续，物业管理移交手续须经业主委员会认可"。

2012年10月14日，业主大会筹备委员会召开第一次业主大会，选举产生业主委员会，随后经武汉市房管局和新洲区房管局备案，并通过公告函告知湖北某置业有限公司和甲物业服务企业。2012年12月18日，A业主委员会提出《关于在全小区征求对物业服务意见建议的报告》，并将收集的意见转达给湖北某置业有限公司和甲物业服务企业。2013年2～3月，A业主委员会多次与湖北某置业有限公司和甲物业服务企业协商重新签订物业服务合同未果，提出解除物业服务合同并得到多数业主同意。

2013年4月25日，A业主委员会向甲物业服务企业发函"关于办理莱茵城小区物业管理项目交接事宜的函"，要求甲物业服务企业于2013年4月25日～5月8日向A业主委员会移交。2013年4月27日，甲物业服务企业给A业主委员会发出《关于B小区物业管理项目交接事宜的回函》，回函同意在新的物业企业选聘后办理交接手续。2013年4月29日，A业主委员会向甲物业服务企业再去交接函，定于5月2日交接，甲物业服务企业签收后未派人办理。2013年5月4日，A业主委员会发送中标物业服务企业结果（结果中注明中标企业为武汉乙物业服务有限公司）；2013年6月16日，A业主委员会向甲物业服务企业去交接函，甲物业服务企业收

[①] 周心怡，赖新林．物业管理典型判例解读精选[M]．北京：中国建筑工业出版社，2016：316-321．

悉但仍未办理移交。为此，A业主委员会起诉至法院，诉请与甲物业服务企业解除物业服务合同，甲物业服务企业随后提出反诉申请，反对解除物业服务合同。

（1）原告诉讼请求

A业主委员会起诉至法院，诉请与甲物业服务企业解除物业服务合同。

（2）被告辩称

甲物业服务企业随后提出反诉申请，反对解除物业服务合同。

2. 案例焦点与分析

①A业主委员会的成立是否合法？

②A业主委员会是否具有诉讼主体资格？

③A业主委员会召集召开的业主大会解聘甲物业服务企业的程序是否合法？

④建设单位湖北某置业有限公司与甲物业服务企业签订《物业管理委托合同（A）》是否继续有效？

（1）法院认为

1）业主委员会的合法性。根据《武汉市物业管理条例》第十九条第一款第二项规定"首次交付使用专有部分之日起满两年，而且交付使用的专有部分建筑面积达建筑物总面积20%以上的"，这种情况下应当召开首次业主大会会议，成立业主大会。本案中，武汉市B小区分三期，一、二期已经完工，自2009年11月首次交付使用至今已满两年时间，而且交付面积占总面积比例远大于20%，故可以召开业主大会。本案中，首次业主大会以栋为单位推选业主代表以集体讨论会议形式召开，武汉市新洲区某街道办事处及其社区、湖北某置业有限公司、武汉市新洲区房管局均派人参加，会上成立了小区首届业主委员会，且于2012年12月5日在武汉市新洲区房管局备案登记，A业主委员会因此属于依法成立。

2）业委会诉讼主体资格。根据《中华人民共和国物权法》和《物业管理条例》的规定，业主大会是业主议事的方式，并非组织机构和办事机构，故既不是法人，也不是其他组织，不具有诉讼主体资格。业主委员会是业主大会召开期间，经全体业主选举产生的办事机构，其能够行使业主授予的民事权利，也能在业主授权下从事一定的组织活动，包括诉讼活动。最高人民法院《关于审理物业服务纠纷案例应用法律若干问题的解释》（法释〔2009〕8号）第八条第一款规定"业主大会按照物权法第七十六条规定的程序作出解聘物业服务企业的决定后，业主委员会请求解除物业服务合同的，人民法院应予支持。"所以，业主委员会是《民法通则》规定的其他组织，具备民事诉讼主体资格，既可以作为原告，也可以作为被告，其所担负的义务也实际上由广大业主承担，不影响其诉讼主体资格与地位。《中华人民共和国民事诉讼法》第四十八条规定"公民、法人和其他组织可以作为民事诉讼的当事人。法人由其法定代表人进行诉讼。其他组织由其主要负责人进行诉讼。"业主委员会作为业主大会的执行机构，具备对外代表全体业主、对内具体实施与物业管理有关行为的职能，其行为的法律效果及于全体业主。本案中，A业主委员会依法成立，且具备业主大会授权，因此法院认定

A业主委员会具备诉讼主体资格是正确的。

3）解聘程序的合法性。A业主委员会提出解除物业服务合同并得到多数业主同意（即超过双半数的比例），符合《中华人民共和国物权法》第七十六条的规定，因此A业主委员会召集召开的业主大会解聘甲物业服务企业的程序是合法的。

4）前期物业合同是否继续有效。建设单位湖北某置业有限公司与2008年10月20日与甲物业服务企业签订《物业管理委托合同（A）》，该合同约定"委托管理期限为5年。自2008年10月20日起至业主委员会成立之日止。"合同期限已到。2012年12月5日，经武汉市房管局和新洲区房管局备案，小区业主委员会正式成立，该合同权利义务终止。《武汉市物业管理条例》第五十五条规定"物业服务合同期限届满，业主大会没有作出选聘或者续聘决定，原物业服务企业可以按照原合同约定继续提供服务，物业服务合同自动延续至业主大会作出选聘或者续聘决定为止。"A业主委员会作出选聘新的物业服务企业决定后，于2013年4月24日，A业主委员会向甲物业服务企业发函"关于办理B小区物业管理项目交接事宜的函"，要求甲物业服务企业于2013年4月24日～5月8日向A业主委员会移交。可以认定A业主委员会与甲物业服务企业相关手续的移交最后期限的时间为2013年5月8日，因此，《物业管理委托合同（A）》不再继续履行。

（2）法院判决

武汉市新洲区人民法院判决如下：①甲物业服务企业在判决生效起十日内撤离武汉市B小区。②甲物业服务企业在判决生效之日起十日内向小区业主委员会移交保管的物业档案、物业服务档案等资料和物业服务用房。③驳回小区业主委员会的其他诉讼请求。④驳回甲物业服务企业的所有反诉请求。

甲物业服务企业不服一审判决提起上诉，二审维持原判。

3．实务工作建议

（1）甲物业服务企业前期应该重视小区业主委员会的"建议函"，及时与小区业主委员会沟通，听取小区业主的意见和建议，及时改进物业服务质量与水平。而不能置之不理，从而导致被解聘的后果。

（2）甲物业服务企业应该遵守有关物业管理的法律法规，既然小区业主委员会通过招标投标已经选聘乙物业服务企业，那么甲物业服务企业应当认真办理交接手续。

（3）这一案例的借鉴意义在于，物业服务企业要避免被业主委员会解聘，就必须时刻履行物业服务企业的使命——让业主满意。

4．法规链接

（1）《中华人民共和国物权法》

第七十六条 下列事项由业主共同决定：

（一）制定和修改业主大会议事规则；

（二）制定和修改建筑物及其附属设施的管理规约；

（三）选举业主委员会或者更换业主委员会成员；

（四）选聘和解聘物业服务企业或者其他管理人；

（五）筹集和使用建筑物及其附属设施的维修资金；

（六）改建、重建建筑物及其附属设施；

（七）有关共有和共同管理权利的其他重大事项。

决定前款第五项和第六项规定的事项，应当经专有部分占建筑物总面积三分之二以上的业主且占总人数三分之二以上的业主同意。决定前款其他事项，应当经专有部分占建筑物总面积过半数的业主且占总人数过半数的业主同意①。

第八十一条　业主可以自行管理建筑物及其附属设施，也可以委托物业服务企业或者其他管理人管理。对建设单位聘请的物业服务企业或者其他管理人，业主有权依法更换②。

（2）《物业管理条例》

第十一条　下列事项由业主共同决定：

（一）制定和修改业主大会议事规则；

（二）制定和修改管理规约；

（三）选举业主委员会或者更换业主委员会成员；

（四）选聘和解聘物业服务企业；

（五）筹集和使用专项维修资金；

（六）改建、重建建筑物及其附属设施；

（七）有关共有和共同管理权利的其他重大事项。

第十二条　业主大会会议可以采用集体讨论的形式，也可以采用书面征求意见的形式；但是，应当有物业管理区域内专有部分占建筑物总面积过半数的业主且占总人数过半数的业主参加。业主可以委托代理人参加业主大会会议。

业主大会决定本条例第十一条第（五）项和第（六）项规定的事项，应当经专有部分占建筑物总面积三分之二以上的业主且占总人数三分之二以上的业主同意；决定本条例第十一条规定的其他事项，应当经专有部分占建筑物总面积过半数的业主且占总人数过半数的业主同意。

业主大会或者业主委员会的决定，对业主具有约束力。业主大会或者业主委员会作出的决定侵害业主合法权益的，受侵害的业主可以请求人民法院予以撤销。

第二十六条　前期物业服务合同可以约定期限；但是，期限未满、业主委员会与物业服务企业签订的物业服务合同生效的，前期物业服务合同终止。

（3）《最高人民法院关于审理物业服务纠纷案件具体应用法律若干问题的解释》（法释〔2009〕8号）

---

① 《中华人民共和国民法典》第二百七十八条对《物权法》第七十六条作出了重大修改，读者可自行查阅。

② 《中华人民共和国民法典》第二百八十四条对《物权法》第八十一条未作修改。

第八条　业主大会按照物权法第七十六条规定的程序作出解聘物业服务企业的决定后，业主委员会请求解除物业服务合同的，人民法院应予支持。

（4）《中华人民共和国民事诉讼法》

第四十八条　公民、法人和其他组织可以作为民事诉讼的当事人。

第一百四十二条　法庭辩论终结，应当依法作出判决。判决前能够调解的，还可以进行调解，调解不成的，应当及时判决。

10.2.3　选聘前期物业服务企业必须通过招标投标方式吗？[①]

1. 案例导读

杨先生在某小区购买的商品房是某房地产开发有限公司建设的，竣工验收后某房地产公司将小区前期物业服务业务委托给其子公司——某物业服务有限公司。双方签订了前期物业服务合同，合同期限为两年。后来随着住宅小区业主入住率的提高，业主们依法成立了业主大会并选举了业主委员会。而且，部分业主入住之后，发现小区内经常垃圾遍地无人打扫，并且时常发生盗窃事件，业主们非常不满。两年后，前物业服务合同期满，物业服务企业还依据原合同的约定提前向业主们收取相应的物业服务费用。小区业主们便提出异议，业主冯某、何某、陈某等认为合同已经到期，没有理由再收取物业服务费用；而物业服务企业则认为，其一直还在继续为小区业主们提供物业管理服务，业主委员会没有另行选聘其他物业服务企业，小区的物业又不能没有物业服务企业来进行管理，所以本物业服务企业继续在履行前期物业服务合同的内容，小区的业主们自然也应该按照合同约定履行其交纳物业服务费的义务。双方遂起争议，物业服务企业欲将业主们起诉至法院。

但同时，众多业主在后来了解得知物业服务企业原来是某房地产公司的子公司之后，一致认为，正是由于某房地产公司为了自己的利益，未能公开招标，使资质好的物业服务企业无法进入小区，造成了小区物业服务质量很差，影响了业主们的生活。于是杨先生联同小区其他业主们向房产局投诉，要求撤销与某物业服务企业的合同，通过招标投标的方式选聘物业服务企业，并对某房地产开发公司给予处罚。

2. 案例焦点与分析

（1）争议焦点

①前期物业服务合同到期后，物业服务企业能否再收物业服务费？

②选聘前期物业服务企业必须通过招标投标方式吗？

（2）案例分析

1）关于前期物业服务合同到期后，物业服务企业能否再收物业服务费的问题

---

① 蔡峰. 物业管理法规应用[M]. 北京：中国建筑工业出版社，2013：69-70.

《物业管理条例》第二十六条规定："前期物业服务合同可以约定期限；但是，期限未满、业主委员会与物业服务企业签订的物业服务合同生效的，前期物业服务合同终止。"本条规定有二层含义：一是前期物业服务合同可以约定期限，在期限届满时，双方可以依法终止合同关系。二是规定了没有约定期限时的合同终止条件，即物业管理区域已经成立业主大会并选举产生业主委员会，业主大会决定选聘新的物业服务企业，业主委员会代表业主与业主大会选聘的物业服务企业签订新的物业服务合同生效的，原前期物业服务合同终止。

本案的情况是，在前期物业服务合同期限届满时，虽成立了业主大会但业主大会并未选聘新的物业服务企业，此时应如何处理，《物业管理条例》没有直接规定。实践中物业服务企业有两种选择：一种是选择退出物业管理区域，另一种是选择继续提供物业服务。前一种选择本无可厚非，但如果原物业服务企业退出物业管理区域而没有新的物业服务企业接管的，将会引起一系列的问题，如小区垃圾成堆、盗窃事件频发、设施设备故障增多等，最终会损害业主的利益。第二种选择应该是最符合业主利益的选择，有些地方对这种情况作出了特别规定，例如《广东省物业管理条例》第五十条第三款规定："物业服务合同期限届满，业主大会没有作出选聘或者续聘决定，原物业服务企业自愿按照原合同约定继续提供服务的，物业服务合同自动延续至业主大会作出选聘或者续聘决定为止。"《江苏省物业管理条例》第五十六条第三款也规定："物业服务合同期限届满，业主大会未作出选聘或者续聘决定，物业服务企业按照原合同约定继续提供服务的，原合同权利义务对双方具有约束力。在原合同权利义务延续期间，任何一方当事人提出终止合同的，应当提前三个月书面告知另一方当事人和物业所在地的县（市、区）物业管理行政主管部门、街道办事处（乡镇人民政府），并在物业管理区域内显著位置公告。"《民法典》第九百四十八条规定："物业服务期限届满后，业主没有依法作出续聘或者另聘物业服务人的决定，物业服务人继续提供物业服务的，原物业服务合同继续有效，但服务期限为不定期。"所谓不定期，是指没有终止条件，在合同延续履行期间，合同双方均可随时终止合同，但应当给对方足够的准备时间。

在本案中，撇开建设单位指定物业服务企业的做法是否合法的问题，单从物业服务合同期限届满后业主没有选聘新的物业服务企业，原物业服务企业继续提供物业服务这一点来说，原物业服务合同应该有效，原物业服务企业可以继续按原标准收取物业服务费。

2）关于建设单位选聘前期物业服务企业是否必须通过招标投标方式的问题

《物业管理条例》第二十四条第一款规定了"建管分离"的原则："国家提倡建设单位按照房地产开发与物业管理相分离的原则，通过招标投标的方式选聘物业服务企业。"第二款规定了住宅物业的建设单位必须通过招标投标方式选聘物业服务企业，只是在投标人少于3个或者住宅规模较小的特殊情形下，经物业所在地的区、县人民政府房地产行政主管部门批准，可以采取协议方式选聘物业服务企业。《物业管理条例》第二十四条第一款规定属于倡导性条款，而第二款规定属于强制性规定。根据《民法典》第一百五十三条规定，违反法律、行政法规的强制性规定的，合同无效。

本案中，涉案物业属于住宅小区，建设单位应当通过招标投标方式选聘物业服务企业，但某房地产开发公司没有采取招标投标方式，也没有报请物业所在地的区人民政府房地产行政主管部门批准采取协议方式选聘物业服务企业，而是直接指定自己属下的物业服务企业，其行为违反了《物业管理条例》第二十四条第二款的强制性规定，是无效的，应当受到房地产行政主管部门的处罚。

3. 实务工作建议

（1）为了规范前期物业服务活动，保护业主的利益并维护物业管理市场的公平竞争，前期物业服务企业的选聘应当采用招标投标的方式确定，这主要是为了保障物业服务企业程序的公正性，以保障业主的合法权益。

（2）前期物业服务企业一定要遵守《物业服务合同》的规定，严格地、认真地履行物业服务管理的职责，为业主提供满意的服务、增值的服务。只有这样，才能得到业主拥护与支持，才不会被业主解聘。

4. 法规链接

（1）《物业管理条例》

第三条　国家提倡业主通过公开、公平、公正的市场竞争机制选择物业服务企业。

第五条　国务院建设行政主管部门负责全国物业管理活动的监督管理工作。

县级以上地方人民政府房地产行政主管部门负责本行政区域内物业管理活动的监督管理工作。

第二十一条　在业主、业主大会选聘物业服务企业之前，建设单位选聘物业服务企业的，应当签订书面的前期物业服务合同。

第二十四条　国家提倡建设单位按照房地产开发与物业管理相分离的原则，通过招标投标的方式选聘物业服务企业。

住宅物业的建设单位，应当通过招标投标的方式选聘物业服务企业；投标人少于3个或者住宅规模较小的，经物业所在地的区、县人民政府房地产行政主管部门批准，可以采用协议方式选聘物业服务企业。

第二十六条　前期物业服务合同可以约定期限；但是，期限未满、业主委员会与物业服务企业签订的物业服务合同生效的，前期物业服务合同终止。

第三十四条　业主委员会应当与业主大会选聘的物业服务企业订立书面的物业服务合同。

物业服务合同应当对物业管理事项、服务质量、服务费用、双方的权利义务、专项维修资金的管理与使用、物业管理用房、合同期限、违约责任等内容进行约定。

第三十八条　物业服务合同终止时，物业服务企业应当将物业管理用房和本条例第二十九条第一款规定的资料交还给业主委员会。

物业服务合同终止时，业主大会选聘了新的物业服务企业的，物业服务企业之间应当做好交接工作。

第五十六条　违反本条例的规定，住宅物业的建设单位未通过招标投标的方式选聘物业服务企业或者未经批准，擅自采用协议方式选聘物业服务企业的，由县级以上地方人民政府房地产行政主管部门责令限期改正，给予警告，可以并处10万元以下的罚款。

（2）《广东省物业管理条例》

第五十条　物业服务合同期限届满三个月前，业主委员会应当组织召开业主大会决定选聘或者续聘物业服务企业，并将决定书面告知物业服务企业；物业服务企业决定不再续签物业服务合同的，应当在物业服务合同期限届满三个月前书面告知业主委员会。业主大会决定续聘的，业主委员会应当在物业服务合同期限届满一个月前与物业服务企业续签物业服务合同。

业主大会决定选聘新的物业服务企业的，原物业服务企业应当在物业服务合同终止之日起十五日内退出物业管理区域。

物业服务合同期限届满，业主大会没有作出选聘或者续聘决定，原物业服务企业自愿按照原合同约定继续提供服务的，物业服务合同自动延续至业主大会作出选聘或者续聘决定为止。

（3）《江苏省物业管理条例》

第五十六条　业主大会决定解聘物业服务企业的，被解聘的物业服务企业应当按照规定办理移交手续。被解聘的物业服务企业在办理交接至撤出物业管理区域前的期间内，应当维持正常的物业管理秩序，但物业服务合同另有约定的除外。

业主大会决定选聘新的物业服务企业的，被解聘的物业服务企业应当在物业服务合同终止之日起十五日内，退出物业管理区域，并向业主委员会或者在业主委员会的监督确认下与被选聘的物业服务企业履行下列交接义务：

（一）移交占用的物业共用部分、由前期物业管理开办费购买的物业办公设备等固定资产；

（二）移交本条例第四十条第二款规定的相关资料；

（三）移交物业服务期间形成的物业和设施设备使用、维护、保养、定期检验等技术资料，运行、维护、保养记录；

（四）结清预收、代收和预付、代付的有关费用；

（五）法律、法规规定和物业服务合同约定的其他事项。

物业服务合同期限届满，业主大会未作出选聘或者续聘决定，物业服务企业按照原合同约定继续提供服务的，原合同权利义务对双方具有约束力。在原合同权利义务延续期间，任何一方当事人提出终止合同的，应当提前三个月书面告知另一方当事人和物业所在地的县（市、区）物业管理行政主管部门、街道办事处

（乡镇人民政府），并在物业管理区域内显著位置公告。

（4）《中华人民共和国民法典》

第九百四十八条　物业服务期限届满后，业主没有依法作出续聘或者另聘物业服务人的决定，物业服务人继续提供物业服务的，原物业服务合同继续有效，但服务期限为不定期。

第一百五十三条　违反法律、行政法规的强制性规定的民事法律行为无效。但是，该强制性规定不导致该民事法律行为无效的除外。

违背公序良俗的民事法律行为无效。

（5）《前期物业服务招标投标管理暂行办法》

第八条　前期物业管理招标分为公开招标和邀请招标。

招标人采取公开招标方式的，应当在公共媒介上发布招标公告，并同时在中国住宅与房地产信息网和中国物业管理协会网上发布免费招标公告。

招标公告应当载明招标人的名称和地址，招标项目的基本情况以及获取招标文件的办法等事项。

招标人采取邀请招标方式的，应当向3个以上物业服务企业发出投标邀请书，投标邀请书应当包含前款规定的事项。

10.2.4　未约定房屋租赁期限出租人能否随时解除合同？①

1. 案例导读

2006年，刘某在某地闹市区购买了一处临街店面。原准备自己做生意用，后因故未能起用，便考虑将其出租给他人。李某原是某企业销售人员，从单位退休后想从事个体经营。经过调查，李某看中了刘某在闹市区的店面。两人经过协商，签订了租赁合同。合同约定：由李某租刘某临街店面一间，租金每月2000元，租期1年。承租期满后，刘某口头通知李某，增加租金，按每月2300元交纳。李某表示同意，即从当月按每月2300元给刘某交纳租金。3个月后，刘某再次上调租金，每月2500元，遭到李某的拒绝。李某坚持双方应按照原租金标准继续履行合同。经协商未果，刘某向人民法院提起诉讼，要求李某按每月2500元交纳租金，并要求其于两个月内退出房屋店面。

2. 案例焦点与分析

（1）原告刘某诉称

双方原租赁合同期满后未续签，仅口头约定了新的租金标准，未约定租赁期限。根据《合同法》的规定，当事人对租赁期限没有约定或者约定不明确，视为不定期租赁。当事人可以随时解除合同，但出租人解除合同应当合理期限之前通知承租人。现双方就租金问题无法达成一致，要求解除合同。自己已经给了被告两个月的期限，符合《合同法》的规定。但被告应当按照每月2500元的标准交纳租金。

---

① 陈国强. 法官说法——房产物业纠纷案例[M]. 北京：中国经济出版社，2008：89–92.

（2）被告李某辩称

原店面租赁合同期满时，原告口头形式通知，要求每月按2300元交纳租金，经协商一致后，双方按此协议履行了3个月。对此，应当视为双方达成了口头租赁合同，协议有效。原告在未征得自己同意的情况下，单方随意提高租金，是违约行为。不同意解除合同，要求按照原租金标准继续履行。

（3）法院认为

《中华人民共和国合同法》第二百一十二条规定："租赁合同是出租人将租赁物交付承租人使用、收益，承租人支付租金的合同。"从这条规定中可以看出，租赁合同有以下特征：租赁合同是转移财产使用权的合同；承租人取得租赁物的使用权是以支付租金为代价；租赁合同的标的物是有体物而非消耗物；租赁合同是有偿的合同；租赁合同具有临时性。

本案中，刘某与李某原租赁合同期满后，承租人两次口头通知提高店面租金。在实践中，对口头合同的效力一般这样处理：如果当事人双方对口头合同的主要条款无异议，且已经实际履行，合同内容又不违反法律法规、政策规定的，一般可确认合同有效；如果双方当事人对合同成立有异议，且无其他证据可以证明，又未实际履行的，可以认定合同未成立。本案中，刘某第一次将房租从2000元提高到2300元，被告李某接受并履行3个月之久，显然符合前一种情况，故应认定合同关系有效。刘某再次提出提高房租的要约后，虽然通知李某，但李某并未作出承诺，此后双方亦未达成协议，符合后一种情形，故应认定第二次提价的合同关系未成立。

《中华人民共和国合同法》第二百三十二条规定："当事人对租赁期限没有约定或者约定不明确，依照本法第六十一条的规定仍不能确定的，视为不定期租赁。当事人可以随时解除合同，但出租人解除合同应当在合理期限之前通知承租人。"刘某与李某之间未签订新的书面店面租赁合同，而由刘某口头通知被告增加租金，等于发出继续承租的条件的要约；李某对此表示同意，并按此标准向刘某交纳租金，是以意思表示及实际行为予以承诺。据此应视为原、被告之间成立了一个新的房屋租赁合同关系。但是，该租赁合同欠缺一个主要内容即租赁期限的约定。这在法律上意味着刘某有权解除租赁合同关系，并且提出要求之日起，给予李某一段时间搬迁。此权利行使，并不以承租人是否同意为条件。

（4）法院判决

本案中，刘某要求解除合同，并给予了李某两个月的期限，要求其退出租赁房屋，符合《中华人民共和国合同法》的规定，应当予以支持。但其要求被告按照每月2500元标准交纳租金，没有法定或约定的依据。租金标准的改变应当由当事人双方协商一致，才能发生法律效力，对双方产生约束力。在当事人一方不同意变更租金标准的情况下，应当按照原租金标准继续履行合同。

3．实务工作建议

签订房屋租赁合同时，租金与租期是合同的重要条款，也是履行租赁合同过程中容易引起双方纠纷的焦点问题。因此，要避免此类事情的发生，一是双方都必须要有契约精神，讲究诚信；二是双方必须协商一致，加强沟通。

4. 法规链接

《中华人民共和国合同法》

第二百一十二条 租赁合同是出租人将租赁物交付承租人使用、收益，承租人支付租金的合同[①]。

第二百三十二条 当事人对租赁期限没有约定或者约定不明确，依照本法第六十一条的规定仍不能确定的，视为不定期租赁。当事人可以随时解除合同，但出租人解除合同应当在合理期限之前通知承租人[②]。

10.2.5 业主缴纳的专项维修资金如何管理和使用？

1. 案例导读

福建省某房地产开发公司在福州开发了一栋高层住宅——××绿色物业项目，于2006年底交付使用。李某等112名业主在与某房地产开发公司签订的商品房销售合同中约定：每户业主向该公司支付专项维修资金3000～5000元不等。某房地产开发公司收取上述维修资金后，并未将该款移交给当地房地产行政管理部门代管，而是自行管理和使用。由于某房地产开发公司及其成立的物业服务企业在管理期间一直没有就维修资金的总额、使用情况及相关单据向业主公开或公示，引发业主的强烈不满。业主委员会召开业主大会另行选聘了A物业服务企业，并要求某房地产开发公司将其先前收取的维修资金移交房地产管理部门代管或者移交新的A物业服务企业。某房地产开发公司却声称专项维修资金已经全部使用完毕。因此，双方陷入长时间的矛盾纠纷，在多次向某房地产开发公司索要无果的情况下，李某等112名业主于2018年8月联名向人民法院起诉，要求某房地产开发公司返还维修资金及利息。

2. 案例焦点与分析

（1）原告李某等112名业主诉称

被告收取业主交纳的公共维修资金后，不上交房地产行政主管部门，自行管理和使用。维修资金的用途既未经业主委员会审核，使用情况也不向业主公开，在业主大会选聘新的物业服务企业后，其借口维修资金使用完毕而拒不移交。被告的行为违反了法律规定，严重侵犯了业主的合法权益，请求人民法院判决其返还维修资金和利息。

（2）被告某房地产开发公司辩称

原告交纳的维修资金已经交由物业服务企业并用于该住宅楼共用部位和设

---

① 《中华人民共和国民法典》第七百零三条对《合同法》第二百一十二条没作出修改。

② 《中华人民共和国民法典》第七百三十条对《合同法》第二百三十二条作出了修改："当事人对租赁期限没有约定或者约定不明确，依照本法第五百一十条的规定仍不能确定的，视为不定期租赁。当事人可以随时解除合同，但出租人解除合同应当在合理期限之前通知对方。"

施、设备的维修，现已使用完毕。

（3）法院认为

本案中，某房地产开发公司的做法显然违反了有关法律法规。

《中华人民共和国物权法》第七十九条规定："建筑物及其附属设施的维修资金，属于业主共有。经业主决定，可以用于电梯、水箱等共有部分的维修。维修资金的筹集、使用情况应当公布。"

《物业管理条例》第五十三条也规定："住宅物业、住宅小区内的非住宅物业或者与单幢住宅楼结构相连的非住宅物业的业主，应当按照国家有关规定交纳专项维修资金。专项维修资金属业主所有，专项用于物业保修期满后物业共用部位、共用设施设备的维修和更新、改造，不得挪作他用。专项维修资金收取、使用、管理的办法由国务院建设行政主管部门会同国务院财政部门制定。"

但是，某房地产开发公司及其成立的物业服务企业在管理期间一直没有将专项维修资金交到当地房地产主管部门代管；其使用情况也没有维修资金的总额、使用情况及相关单据向业主公开或公示。而且，业主委员会召开业主大会另行选聘了A物业服务企业，并要求某房地产开发公司将其先前收取的维修资金移交房地产管理部门代管或者移交新的A物业服务企业。某房地产开发公司却声称专项维修资金已经全部使用完毕。其做法违反了相关法律法规。

（4）法院判决

1）某房地产开发公司必须向业主委员会公布专项维修资金的使用情况及明细。

2）某房地产开发公司必须全额将原收取的专项维修资金转交至业主委员会指定的管理单位。

3）由小区业主委员会审核原某房地产开发公司专项维修资金的使用情况，本着实事求是的原则，将同意某房地产开发公司已经使用的专项维修资金的款项，在某房地产开发公司移交专项维修资金的情况下，再支付给某房地产开发公司。

3．实务工作建议

建设部、财政部《住宅专项维修资金管理办法》第四条规定，住宅专项维修资金管理实行专户存储、专款专用、所有权人决策、政府监督的原则。

"专户存储"是指业主大会成立前，住宅专项维修资金由物业所在地直辖市、市、县人民政府建设（房地产）主管部门委托所在地一家商业银行，作为本行政区域内住宅专项维修资金的专户管理银行，并在专户管理银行开立住宅专项维修资金专户。业主大会成立后，由业主大会委托所在地一家商业银行作为本物业管理区域内住宅专项维修资金的专户管理银行，并在专户管理银行开立住宅专项维修资金专户。

"专款专用"是指专项用于住宅共用部位、共用设施设备保修期满后的维修和更新、改造，不能挪作他用。

"所有权人决策"是指业主交存的住宅专项维修资金属于业主所有，住宅专项维修资金的筹集、管理和使用由列支范围内专有部分占建筑物总面积三分之二以上的业主且占总人数三分之二以上的业主讨论通过[①]。

"政府监督"是指国务院建设主管部门会同国务院财政部门负责全国住宅专项维修资金的指导和监督工作，县级以上地方人民政府建设（房地产）主管部门会同同级财政部门负责本行政区域内住宅专项维修资金的指导和监督工作。

具体需要使用住宅专项维修资金的，业主和物业服务企业应当按照建设部、财政部《住宅专项维修资金管理办法》第二十二条和第二十三条规定的程序，区分住宅专项维修资金划转业主大会管理前和划转业主大会管理后两种情形办理。

因此，建设单位在出售房屋时所收取的住宅专项维修资金，应当交由物业所在地直辖市、市、县人民政府建设（房地产）主管部门代管，由该主管部门委托所在地一家商业银行，作为本行政区域内住宅专项维修资金的专户管理银行，并在专户管理银行开立住宅专项维修资金专户进行专户存储，不能交由物业服务企业代管，更不能不通过业主同意擅自使用；建设单位或者物业服务企业挪用专项维修资金的，由县级以上地方人民政府房地产行政主管部门追回挪用的专项维修资金，给予警告，没收违法所得，可以并处挪用数额 2 倍以下的罚款；构成犯罪的，依法追究直接负责的主管人员和其他直接责任人员的刑事责任。

4. 法规链接

（1）《中华人民共和国物权法》

第七十九条　建筑物及其附属设施的维修资金，属于业主共有。经业主决定，可以用于电梯、水箱等共有部分的维修。维修资金的筹集、使用情况应当公布[②]。

（2）《物业管理条例》

第五十三条　住宅物业、住宅小区内的非住宅物业或者与单幢住宅楼结构相连的非住宅物业的业主，应当按照国家有关规定交纳专项维修资金。

专项维修资金属业主所有，专项用于物业保修期满后物业共用部位、共用设施设备的维修和更新、改造，不得挪作他用。

专项维修资金收取、使用、管理的办法由国务院建设行政主管部门会同国务院财政部门制定。

第六十条　违反本条例的规定，挪用专项维修资金的，由县级以上地方人民政府房地产行政主管部门追回挪用的专项维修资金，给予警告，没收违法所得，

[①] 《中华人民共和国民法典》第二百七十八条修改为：使用建筑物及其附属设施维修资金的，应当由专有部分面积占比三分之二以上的业主且人数占比三分之二以上的业主参与表决，经参与表决专有部分面积过半数的业主且参与表决人数过半数的业主同意。

[②] 《中华人民共和国民法典》第二百八十一条对《物权法》第七十九条修改为："建筑物及其附属设施的维修资金，属于业主共有。经业主共同决定，可以用于电梯、屋顶、外墙、无障碍设施等共有部分的维修、更新和改造。建筑物及其附属设施的维修资金的筹集、使用情况应当定期公布。紧急情况下需要维修建筑物及其附属设施的，业主大会或者业主委员会可以依法申请使用建筑物及其附属设施的维修资金。"

可以并处挪用数额2倍以下的罚款；构成犯罪的，依法追究直接负责的主管人员和其他直接责任人员的刑事责任。

（3）《住宅专项维修资金管理办法》（建设部、财政部令第165号）

第二十二条　住宅专项维修资金划转业主大会管理前，需要使用住宅专项维修资金的，按照以下程序办理：

（一）物业服务企业根据维修和更新、改造项目提出使用建议；没有物业服务企业的，由相关业主提出使用建议；

（二）住宅专项维修资金列支范围内专有部分占建筑物总面积三分之二以上的业主且占总人数三分之二以上的业主讨论通过使用建议；

（三）物业服务企业或者相关业主组织实施使用方案；

（四）物业服务企业或者相关业主持有关材料，向所在地直辖市、市、县人民政府建设（房地产）主管部门申请列支；其中，动用公有住房住宅专项维修资金的，向负责管理公有住房住宅专项维修资金的部门申请列支；

（五）直辖市、市、县人民政府建设（房地产）主管部门或者负责管理公有住房住宅专项维修资金的部门审核同意后，向专户管理银行发出划转住宅专项维修资金的通知；

（六）专户管理银行将所需住宅专项维修资金划转至维修单位。

第二十三条　住宅专项维修资金划转业主大会管理后，需要使用住宅专项维修资金的，按照以下程序办理：

（一）物业服务企业提出使用方案，使用方案应当包括拟维修和更新、改造的项目、费用预算、列支范围、发生危及房屋安全等紧急情况以及其他需临时使用住宅专项维修资金的情况的处置办法等；

（二）业主大会依法通过使用方案；

（三）物业服务企业组织实施使用方案；

（四）物业服务企业持有关材料向业主委员会提出列支住宅专项维修资金；其中，动用公有住房住宅专项维修资金的，向负责管理公有住房住宅专项维修资金的部门申请列支；

（五）业主委员会依据使用方案审核同意，并报直辖市、市、县人民政府建设（房地产）主管部门备案；动用公有住房住宅专项维修资金的，经负责管理公有住房住宅专项维修资金的部门审核同意；直辖市、市、县人民政府建设（房地产）主管部门或者负责管理公有住房住宅专项维修资金的部门发现不符合有关法律、法规、规章和使用方案的，应当责令改正；

（六）业主委员会、负责管理公有住房住宅专项维修资金的部门向专户管理银行发出划转住宅专项维修资金的通知；

（七）专户管理银行将所需住宅专项维修资金划转至维修单位。

第三十七条　违反本办法规定，挪用住宅专项维修资金的，由县级以上地方人民政府建设（房地产）主管部门追回挪用的住宅专项维修资金，没收违法所得，可以并处挪用金额2倍以下的罚款；构成犯罪的，依法追究直接负责的主管人员和其他直接责任人员的刑事责任。

物业服务企业挪用住宅专项维修资金，情节严重的，除按前款规定予以处罚外，还应由颁发资质证书的部门吊销资质证书。

直辖市、市、县人民政府建设（房地产）主管部门挪用住宅专项维修资金的，由上一级人民政府建设（房地产）主管部门追回挪用的住宅专项维修资金，对直接负责的主管人员和其他直接责任人员依法给予处分；构成犯罪的，依法追究刑事责任。

直辖市、市、县人民政府财政部门挪用住宅专项维修资金的，由上一级人民政府财政部门追回挪用的住宅专项维修资金，对直接负责的主管人员和其他直接责任人员依法给予处分；构成犯罪的，依法追究刑事责任。

（4）《福建省物业管理条例》

第五十五条　专项维修资金属于业主所有，专项用于物业共用部位、共用设施设备保修期满后的维修、更新和改造。

第五十六条　业主大会成立前，专项维修资金由县级以上地方人民政府物业管理主管部门或者其委托的单位代管，孳息归业主所有；业主大会成立后，专项维修资金的代管由业主大会决定。

第五十九条　专项维修资金使用申请可以由业主、业主委员会或者物业服务企业提出。

专项维修资金的使用接受业主和有关部门的监督。物业管理区域共用部位、共用设施设备维修、更新、改造费用情况应当在专项维修资金拨付前进行公示。

专项维修资金代管单位应当建立专项维修资金管理系统，定期公布专项维修资金的收支情况，方便业主查询账户余额及使用情况。

复习思考题

1. 物业综合事务管理中经常发生哪些纠纷问题？如何避免纠纷的发生？

2. 商业物业项目服务管理中纠纷的特点有哪些？怎样避免此类风险？

3. 处理物业综合事务管理纠纷中常用的法律法规有哪些？

4. 案例分析

2016年2月在对自身整体运营管控能力和对天津整体家装市场进行深入分析研讨后，某物业天津分公司决定成立装修公司开展专项经营业务。2016年3月通过近一个月筹备，装修公司正式成立。按照装修公司市场化运行模式，公司下设工程部、设计部、财务部、采购部四大部门。

成立初期装修公司利用与房产、物业一体化的平台资源优势，承接了公司内部少量装修业务，对整体团队的运营管控能力和外部合作单位的整体服务水平进行了检测、评估。在对先期自身运行营中存在的问题及时进行修正的同时，淘汰了一部分服务水平相对较差的外部合作单位，甄选了一部分信誉良好，服务质量相对较好的外部合作单位。

2016年5月装修公司正式面向市场承接业务，借助第五街一期交房的有利先决条件，截至2016年9月共承接客户室内家装业务106单，初步估算总营业额预计700万元左右，扣除前期投入成本，预计整体经营利润约70万元。

问题与思考：

（1）物业公司成立装修经营公司可行吗？

（2）供给侧结构性改革背景下，物业公司多元化经营路在何方？

11

物业应急管理中的
纠纷与案例分析

本章要点与学习目标

　　本章主要回顾了物业应急管理的相关知识，介绍了物业应急管理的几种常见类型及其预案，重点列举了5个典型案例，对案例进行了解读和分析，最后提出案例处理与解决的思路以供参考。

　　本章选取的物业应急管理中的案例，分别涉及突发停水、停电、火灾、电梯故障和治安事件物业应急管理等内容。通过对这些典型案例的导读与评析、法规的链接，要求学生从物业服务企业的角度，认识问题产生的原因；熟悉案例所对应的有关法律；熟练运用所学的各种基础理论来指导实践；面对物业应急管理中的各种紧急突发事件，能够迅速找到具有针对性的解决办法。通过本章学习，学生应能掌握物业服务企业对应急事件处理的方法和规定，从而提高物业服务水平，有效降低和规避从事应急管理所面临的风险和损失。

11.1　物业应急管理基本知识

11.1.1　物业应急管理的含义

物业应急管理是指物业服务企业针对危险或在突发事件的事前预防、事发应对、事中处置和事后处理过程中，通过建立必要的应对机制，采取一系列必要措施，应用科学、技术、规划与管理等手段，保障居民生命、健康和财产安全并促进社区和谐的有关活动。

近年来，在社区、写字楼发生了一些重大突发事件，这些事件波及面广，严重危及人民群众的安危，影响了社会经济的平稳发展，使人们认识到突发事件对社区安全、和谐带来的巨大危害。怎样应对紧急状态发生的突发事件，为业主、客户提供满意的安全服务，是摆在每个物业服务企业面前的重要课题。面对危险和不利的突发事件，物业服务企业应该及时妥善应对，以最快的速度在最短时间内控制事态的发展，使社区和物业服务各项工作保持正常状态，将人员伤害和财物损失减少到最低程度。

所谓危险，是指能对人造成伤亡或影响人的身体健康或导致疾病、对物造成突发性损坏或造成慢性损坏的因素。危险源是指一个系统中具有潜在能量和物质释放危险的、可造成人员伤害、在一定的触发因素作用下可转化为事故的部位、区域、场所、空间、岗位、设备及其位置。危险源由潜在危险性、存在条件和触发因素三个要素构成。危险源的潜在危险性是指一旦触发事故，可能带来的危害程度或损失大小，或者说危险源可能释放的能量强度或危险物质量的大小。危险源的存在条件是指危险源所处的物理、化学状态和约束条件状态。例如，物质的压力、温度、化学稳定性，盛装压力容器的坚固性，周围环境障碍物等。触发因素是危险源转化为事故的外因，如易燃、易爆物质，热能是其敏感的触发因素，又如压力容器，压力升高是其敏感触发因素。危险源总是与相应的触发因素相关联，在触发因素的作用下，危险源转化为危险状态，继而转化为事故。

物业服务企业应当引进《职业健康安全管理体系　要求及使用指南》GB/T 45001—2020，并按照该规范的要求建立本物业管理区域的危险源清单和危险源变更单，按月进行危险源风险评价。

物业应急管理的内涵，包括预防、准备、响应和恢复四个阶段。尽管在实际情况中，这些阶段往往是重叠的，但他们中的每一部分都有自己单独的目标，并且成为下个阶段内容的一部分。

11.1.2　物业应急管理的原则

"居安思危，预防为主"是物业应急管理的指导方针。国家突发公共事件总体应急预案提出了六项工作原则，即：以人为本，减少危害；居安思危，预防为主；统一领导，分级负责；依法规范，加强管理；快速反应，协同应对；依靠科技，提高素质。这六项工作原则也应成为物业应急管理的主要原则。

加强预防，坚持预防与应急相结合，常态与非常态相结合，做好应对突发事件的思想准备、预案准备、组织准备以及物资准备等。快速反应，及时获取充分而准确的信息，跟踪研判，果断决策，迅速处置，最大限度地减少危害和影响。以人为本，把保障健康和生命安全作为物业应急管理的首要任务。联动处置，有序组织和动员社区力量参与突发公共事件应急处置工作，加强宣传和培训教育工作，提高居民自我防范、自救互救等能力。

11.1.3 物业应急管理的常见类型

物业应急管理类型很多，包括火灾应急处理、电梯困人处置、防汛防风应急处理、雨雪冰冻灾害应急处理、食物中毒应急处理、高温防暑应急处理、传染病防控处理、停电停水应急处理、水浸事故应急处理、跑水事件应急处理、雨污水管及排水管阻塞的应急处置、给水排水系统故障应急处理、交通事故应急处理、高空坠物应急处理、群体性事件应急处理、电气设备火灾、爆炸应急处理、气体泄漏应急处理、空调系统故障应急处理、打斗砍杀极端行为处置、爆炸物或不明物体处置、火灾应急处理、车辆被盗被损应急处理、人员伤害应急处置等。最为常见的物业管理类型是突发停水应急管理、突发停电应急管理、突发火灾应急管理、突发电梯故障应急管理和突发治安事件应急管理。

11.1.4 物业应急管理预案

物业应急管理预案，是根据物业管理中发生和可能发生的突发事件，事先研究制定的应对计划和方案。它包括物业应急管理系统建立（安全护卫系统、消防安全系统、危机管理预警系统）、物业应急管理危险源辨识与控制、物业应急预案的编制与实施等。物业应急管理预案应包括物业应急管理机构及其人员职责、物业应急管理的保障与措施、物业应急管理的程序等。制定好预案，加强对物业服务人员的宣传、培训和演练，是防患于未然的重要途径。

1. 突发停水应急预案

（1）当发生突发停水事件时，各物业服务中心接到停水信息后立即通知当班工程人员到现场查看，同时迅速与自来水供水厂和自来水公司供水抢修队及相关部门联系，了解是否因水厂或市政给水管网故障造成停水。

（2）如水厂供水正常，各物业服务中心工程技术部门应迅速向社区领导报告，立即组织维修人员对小区供水管网进行检查，查明漏水点，确定停水原因及范围，迅速制定抢修方案，争取在最短时间内恢复供水。

（3）根据停水情况，打印出停水通知和估计恢复供水的时间，张贴到宣传栏处或楼道口告知住户，同时通知社区及停水范围内相关单位，并利用广播、电子显示屏等做好宣传解释及稳定工作。

（4）为确保住户的生活临时用水和辖区内相关重点单位用水，采取水车临时送水等办法保障临时供应。

（5）抢修恢复后，各物业服务中心工程技术部门对突发停水的原因进行分析，制定纠正预防措施，并将事件处置情况备案。

2. 突发停电应急预案

（1）在接到停电通知后，物业服务中心应立即将停电线路、区域、时间、电梯使用以及安全防范要求等情况通知每个住户和商户，并在主要出入口发布停电通告；同时，工程部应做好停电前的应变工作。

（2）在没有接到任何通知而突发停电时，物业服务中心立即将停电情况通知园区内住户和商户，并在主要出入口发布停电通告，必要时启用紧急广播系统通知住户，要求住户保持冷静，做好防范。

（3）若突发停电时，正值晚上办公，保安部应协助维持好秩序，指导客户启用应急照明灯、蜡烛等备用照明，疏散人群，并要注意防止发生火灾。

（4）安排员工到园区各主要出入口、电梯厅维持秩序，保安加强安保措施，严防有人制造混乱，浑水摸鱼，必要时关闭大门。

（5）派人值守办公室、值班室，耐心接待客户询问，做好解释和疏导工作，防止与客户发生冲突。发生停电的情况下，工程部应立即确认是内部故障停电还是外部停电。若系内部故障停电，应立即派人查找原因并采取措施，防止故障扩大；若系外部停电，一方面要防止突然来电引发事故，另一方面要致电电力局查询停电情况，了解何时恢复供电，并将了解到的情况及时通知管理处。

（6）保安部立即会同工程部派人分头前往各楼检查电梯运行情况，发现电梯关人立即按照电梯困人应急预案施救。

（7）详细记录停电事故始末时间、发生原因、应对措施以及造成的损失。

（8）后续处理：相关现场应拍照留存，必要时申报保险理赔。

（9）突发停电的预防措施：工程部应经常检查应急照明和紧急广播系统，确保正常。物业服务中心应提醒写字楼住户、商户备置一些应急照明灯或蜡烛，以防停电。保安部、工程部除配置巡逻、检修用的电筒外，还应配置手提式应急照明灯，并及时充电保养，保持其完好。

3. 突发火灾应急预案

（1）控制火情

1）消防监控设备报警后，消防监控、值班中心应立即派人到现场了解情况，作出判断，如是误报应及时消除并查找原因。

2）员工一旦发现火情，要将信息迅速传到消防监控、值班中心。消防监控、值班中心接报后应立即派人到现场了解情况。

3）火情现场人员经确认为初起微小火势则使用灭火器等设施扑灭，并报告消防监控、值班中心。

4）如火势蔓延无法控制，立即拨打119电话报火灾。报警时要讲清详细地址（含交叉路口）、起火楼层、起火部位、着火物质、火势大小、报警人姓名，并派人到路口迎候消防车。

（2）火情通报

1）通报命令由在场最高管理者决定并下达。

2）视火情程度决定通报区域。

3）通报顺序为：着火层、着火层以上各层，有可能蔓延的着火层以下的楼层。

4）通报方式

①语言通报：可利用消防应急广播、闭路电视、室内音响、室内广播等设备说明情况、指明疏散路线并稳定人员情绪。

②警铃通报（宜先语言、后警铃）。

③如无上述通报设备的，则逐房敲门通报。

（3）协助灭火

1）根据火势，派出电工控制失火部位的电源，该切断的要及时切断，并设法解决灭火抢险现场必需的照明，同时保证消防用电不间断。

2）关闭空调装置和煤气总阀。

3）用对讲机指派人员在消防泵房内按命令启动、关闭消防泵，并确保消防泵正常运转、消防用水不间断。

4）检查、关闭相邻防火分区的防火门、防烟门。

5）将客用电梯全部降至底层，停好电梯并禁止使用。消防电梯切换为手动控制，交由公安消防人员使用。

（4）疏散和救护

1）划定安全区。根据建筑特点和周围情况，事先划定供疏散人员集聚的安全区域。

①疏散工作责任到人（最好2人一组）。

②最高指挥者确定疏散工作负责人。

③由疏散工作人员引导和护送客户向安全区疏散。

④在疏散路线上分段安排人员为客户指明方向。

⑤对行动不便的人员要从消防电梯疏散。

⑥查清是否还有人留在着火或应疏散区域内。

⑦由专人负责接待、安置到达安全区的客户，并安抚客户情绪。

2）疏散顺序

①着火房间。

②着火房间的相邻房间。

③着火层及以上各层。

④着火层以下各层。

3）现场救护

组织有关人员在安全区及时对伤员进行先期处理，或拨打120电话送医院救治。

（5）安全警戒

1）警戒建筑外围任务是：消防路障，指导无关车辆离开现场，劝导过路人撤离现场，维持好建筑外围秩序，为公安消防队到场展开灭火创造有利条件。

2）建筑物首层出入口的警戒任务是：不准无关人员进入建筑物，指导疏散人员离开建筑物，看管好从着火层疏散下来的物件，保证消防电梯为消防人员专用，指引公安消防人员进入着火层及消防控制室（灭火救灾指挥部所在地），为灭火行动维持好秩序。

（6）通信联络

1）建立通信网络，建立本物业服务中心的《义务消防队员名单》和《应急通信录》，使各级有关人员能迅速正确地接受火灾信息，按火灾应急预案中指定的部位就位并履行职责。

2）保证建筑物内外、着火层与消防控制室以及消防控制室与内部供水、供电等部门的电话和无线通信联络畅通。

3）建筑物内的电话要最大限度地保持畅通，有关层面的工作电话要设专人接听，及时传话。

4）通信联络工具因火灾受影响的，必须指定专人，专门负责口语通信联络。

（7）设施保障

1）保证消防用水、用电供应不间断。

2）保证灭火器材的供给和完好。

3）保证救护伤员、疏散物资以及运输消防器材的车辆调度。

4）保障大楼消防控制室的正常功能。

（8）后续处理

相关现场应拍照留存，各种资料妥善保存，总结和整改，制定预防措施，必要时申报保险理赔。

4. 突发电梯故障应急预案

（1）电梯困人处理程序

1）电梯运行过程中发生故障，有关人员接到报警信号后先通过三方通话装置与轿厢内人员通话并尽快派人到达现场，安慰乘客不必惊慌，告知乘客不要乱动按钮，同时通知电梯维修人员。

2）如电梯维修人员超过30分钟仍未到达，对于轿厢停于接近电梯口的位置，且高于或低于楼面不超过0.5m的情况，物业服务中心设施设备管理部门可安排有电梯维修上岗证的救援人员依下列步骤先行释放被困乘客：

①确定轿厢所在位置（根据楼层灯指示或小心开启外门察看）；

②关闭电源总掣（在机房或大厦电源总掣内）；

③用专用厅门钥匙（三角钥匙逆时针方向）开启厅门；

④用人力开启轿厢门（要慢且用力不要过大）；

⑤协助乘客离开轿厢；

⑥重新将外门关好（人在厅门外不能用手打开为止）。

（2）电梯进水处理程序

1）底坑进水

当底坑进水时，应将电梯停于顶层，终止电梯运行并切断电源，同时告知客户。待水情处理好并经专业维护人员检查确定可以运行后才能恢复运行。

2）楼层水淹

当楼层水淹而使井边或底坑进水时，应将电梯停于进水层以上，并关闭电梯及总电源，同时告知客户。待水情处理好并经专业维护人员检查确定可以运行后才能恢复运行。

3）湿水处理及报告

专业维护人员进行电梯湿水处理后，物业服务中心应当向安全管理部提交《事件报告》并附专业维护人员的湿水处理报告。

（3）遇各种灾害时紧急处理措施

1）火灾

当火灾发生时，按《火灾事故应急处置预案》处置。

2）地震

当地震发生时，根据震前预报，由电梯维修工关闭所有电梯。地震过后，由专业电梯公司对电梯进行安全检测，确认无异常情况后方可运行。

3）后续处理

相关现场应拍照留存，各种资料妥善保存，总结和整改，制定预防措施，必要时申报保险理赔。

5．突发治安事件应急预案

（1）盗窃事件应急处理程序

1）窃贼已逃离现场

①员工不得擅自进入盗窃现场，以免破坏现场影响警方破案，员工应守候被盗单元门外，保护现场，禁止无关人员进出。

②通知保安部领班、主管、行政当值人员，并记录发现的时间、经过及当时情况，同时通知物业服务中心联络住户，请其尽快返回。

③保安部当值领班、主管应立即调动当值保安人员（必须值守人员除外），以两人为一组携带警棍、对讲机对小区楼层、地下停车场进行地毯式搜索，寻找盗窃者。

④各岗位严密监控小区人员，加强对出小区人员的盘查。

⑤监控中心密切注意监控屏幕，发现可疑人立即通报，并将摄像头跟踪可疑人并摄像。

⑥若发现偷窃可疑人，立即将可疑人控制在一定范围内或在确保自身安全情况下捉拿偷窃可疑人。

⑦若偷窃可疑人逃离控制，由物业项目经理、保安部主管安排交通工具，在保证安全的情况下追踪偷窃者以协助警方破案。

⑧立即通知警方到场捉拿偷窃者，并应尽力配合协助警察调查取证工作。

⑨若没有发现偷窃可疑人，由住户决定是否报警。

⑩保安部人员现场拍照，行政当值人员做好事件记录，以作存档。

2）窃贼正在现场作案

①巡逻人员保持镇定，尽量不要惊动窃贼，立即在安全距离内用对讲机报告保安部领班、主管、行政当值人员。

②若已被窃贼发现，应与窃贼周旋，在不清楚窃贼是否持有凶器前，将窃贼控制在一定范围内，并立即报告保安部领班、主管，求援。

③保安部领班、主管立即调动当值保安员（必须值守人员除外）携带警棍增援，并通知警方到场处理。

④若窃贼携带凶器，应将窃贼控制在一定范围内，等候警察到场处理，或在确保自身安全的情况下捉拿偷窃者。

⑤若偷窃可疑分子逃离控制，由物业项目经理、保安主管安排交通工具，在保证安全的情况下追踪偷窃分子以协助警方破案。

⑥警员到场后，应尽力配合协助警察调查取证工作。

⑦保安部值班人员现场拍照，做好事件记录，各种资料妥善保存，总结和整改，制定预防措施。

（2）抢劫事件应急处理程序

1）抢劫者没有逃离小区或不明是否逃离小区

①发现小区内有抢劫事件，应立即拨打"110"报警，同时报告保安部领班、主管、行政当值人员，并讲清抢劫人的特征、所抢物品、所带的凶器及逃跑的方向等。

②保安部领班、主管立即通报各岗位抢劫者特征、所抢物品、所带的凶器及逃跑的方向，各出口保安员应加强警戒。

③保安部领班、主管立即调动当值保安人员（必须留守岗位除外），以两人为一组携带警棍、对讲机进行围捕。

④监控中心密切注意监控屏幕，利用监控系统对各通道搜寻，发现可疑人员立即跟踪录像，并随时向围捕人员报告情况。

⑤在任何地点发现抢劫者时应保持镇静，若抢劫者携带凶器或无法制服，应尽力避免与之正面冲突，要与抢劫者周旋、拖延时间，以利于警方到场处理，同时通知其他围捕人员，请求增援。

⑥若遇被抢劫人被捆绑，应尽力松绑，并设法向他人报警求助。

⑦其他人员到场后，应将抢劫者控制在一定范围内，或在确保自身安全的情况下将抢劫人制服。

⑧若抢劫者逃离控制，由物业项目经理、保安主管安排交通工具，在保证安

全的情况下追踪抢劫人以协助警方破案。

⑨客户部做好当事人安抚工作，如有伤者应送往医院或拨打急救中心求助。

⑩警方到场后，尽力配合协助警察调查取证。

⑪行政当值人员做好事件记录，各种资料妥善保存，总结和整改，制定预防措施。

2）劫匪已逃离小区

①发现后应立即通知保安部领班、主管、行政当值。

②保安部领班、主管、行政当值立即到场向当事人了解情况，并详细记录案发时间、地点、匪徒的特征、所抢物品、所带凶器及逃跑的方向。

③建议当事人报警处理。

④客户部安抚当事人，若当事人受伤，应立即送往医院或向急救中心求助。

⑤若警方到场应尽力配合协助警察调查工作。

⑥行政当值做好事件记录，以作存档。

（3）斗殴事件应急处理程序

1）一般斗殴

①发现小区内有人斗殴，立即报告保安部领班、主管、行政当值人员。

②保安部领班、主管、行政当值人员立即赶到事发现场，制止事态发展。

③安抚双方当事人，劝离双方当事人。

④行政当值人员做好事件记录，各种资料妥善保存，总结和整改，制定预防措施。

2）严重斗殴事件

①当斗殴事态失控或造成人身受伤、财产损失时，保安部领班、主管应立即调动当值保安员（必须留守岗位的除外），携带警棍（主要用作防身）制止并控制事态，避免滋扰其他人员，避免破坏小区设施。

②保安部主管或行政当值人员立即向警方报警。

③监控中心严密注意监控屏幕，并对事发现场进行录像。

④控制肇事者，若肇事者逃逸，应记录事件经过及当事人特征、身份信息等。

⑤警方到场后交由警方处理，并配合协助警察调查取证。

⑥若有人受伤，客户部应立即协助救护（只有受过紧急救护训练才可直接救护伤者），及时将伤者送往医院或向"120"求助。

⑦在处理斗殴事件时应避免使用武力。

⑧客户部对事发现场损坏物品设施拍照留证，行政当值记录事件经过，各种资料妥善保存，总结和整改，制定预防措施。

（4）红外线报警处理程序

1）当红外线发生报警，当值人员应立即通知保安部领班或巡逻人员到场确认情况，报告时注意讲清是哪一个防区报警。

2）监控中心当值人员必须密切监控小区外围监控屏幕，发现可疑人员，及时通知到场检查人员，并保证监控正常录像。

3）若红外线报警时间为夜间，领班应指令不少于两人并携带警棍、对讲机到场检查。

4）当值人员接到监控中心及领班通知后必须在1分钟之内赶到现场。

5）经检查若属于误报，通知工程部检修，修复后重新布防红外线，并做好故障维修记录。

6）属住户散步、障碍物等非可疑入侵，应礼貌劝离住户或消除障碍物，重新布防红外线，并做好报警记录。

7）若是可疑人员入侵，领班应立即调动保安当值人员增援（必须留守岗位的除外），并及时通知主管、行政当值人员。

8）保安主管、行政当值人员指挥将入侵人员控制在一定范围内并报警，或在确保自身安全情况下抓捕。

9）等待警方到场处理，并尽力配合协助警察调查取证。

10）保安部值班人员现场拍照，做事件记录，各种资料妥善保存，总结和整改，制定预防措施。

（5）其他异常情况的处理

物业安全应急处理是物业服务中心特别是保安部的基本技能，在发生突发情况时，保安部人员有责任进行应急处理。保安员在值班或巡逻时，发现异常情况的，要根据其具体情况和严重程度采取相应的措施。

1）冒烟。了解确切的冒烟口，了解冒烟的原因（着火、电线短路等），并上报处理。

2）冒水。了解冒水的确切位置，冒水的原因（上水管、下水管冒水，下雨等），及时堵漏并上报处理。

3）有焦味、硫酸味或其他化学品异味。寻找味源，如因电源短路造成，要及时切断电源；如是其他化学品异味，要及时封锁现场，并通知有关部门处理。

4）在大厦通道游荡的人（借找人却说不出被访者的单位及姓名）。密切观察其举动，必要时劝其离开。

5）发现有人身上带有管制刀具、钳子、螺丝刀、铁器等工具。询问、核查其携带工具的用途，如用途不明的，带回保安值班室处理，或者送当地派出所。

6）在偏僻、隐蔽地方清理皮包或钱包的人。立即设法拦截，询问验证，如属盗窃、抢劫财物的，送交公安机关处理。

7）自行车、摩托车无牌、无行驶证，有撬损痕迹，或将没开锁的自行车背走或拖走的，当即扣车留人，待查明情况后再放行。

8）机动车拿不出行驶证、说不出车牌号、没有停车证的，立即联系停车场车管员，暂扣车钥匙，约束其人，待查明情况后再放行，如情况不明的，送公安机关处理。

9）遇到保安员即转身远离或逃跑的人，设法拦截（用对讲机向其他保安员通告），并带到保安值班室处理，查明原因后根据情况放人或送公安机关处理。

11.2 案例分析

11.2.1 停水应急管理案例

1．案例导读

"管家，我家里的水流怎么变小了呢？""管家，怎么刚充了水费还是没有水呀？""管家，我家是三楼，停水了吗？"……

2021年1月25日16：40，A小区管家手机的微信消息突然接连响个不停，拿起手机一看，原来好多邻居在询问管家是不是停水了。由于事先并未收到任何停水信息，出于职业敏感性，管家们立刻给水务集团打电话询问。结果是项目附近的大道有一处主水管突然破裂，波及周边，本小区三楼及以下供水已停止，三楼以上加压供水区域即将停水，恢复时间不明。

2．案例焦点与分析

（1）案例焦点

1）分清外管停水还是内管停水。

2）本案例是外管原因，关键是获得修复的进度。

3）做好通知的统一下达。

4）协助困难住户做好临时应急取水。

（2）案例分析

工作中确实存在许多非物业服务人员能左右的事情，但遇到问题不能只是道歉、安抚或消极等待，一定要主动与业主沟通，积极想办法解决。争取主动，事事想在先，做在前，工作自然顺畅自如。但如果工作不到位，跟不上业主的思想和节奏，被动应付，忙于"灭火"，还有何服务水准可言？

另外，在回答业主关于何时来水等问题之前，首先区分停水的原因，如为外管故障，应立即向相关供水部门了解停水原因并询问恢复供水时间；如为内管故障，则应立即组织工程人员检查、修复，并预计修复时间。在大致清楚恢复供水时间后，向业主通报，并做好解释工作。同时，在力所能及的情况下，尽量协助业主提供其他途径的临时用水，如联系临时供水车或组织人员从未停水区域取水送往停水区域的业主等。

3．实务工作建议

（1）按图11-1流程处理突发停水应急事件。

（2）了解是否因水厂或市政给水管网故障造成停水。

（3）根据停水情况，打印出停水通知和估计恢复供水的时间，张贴到宣传栏

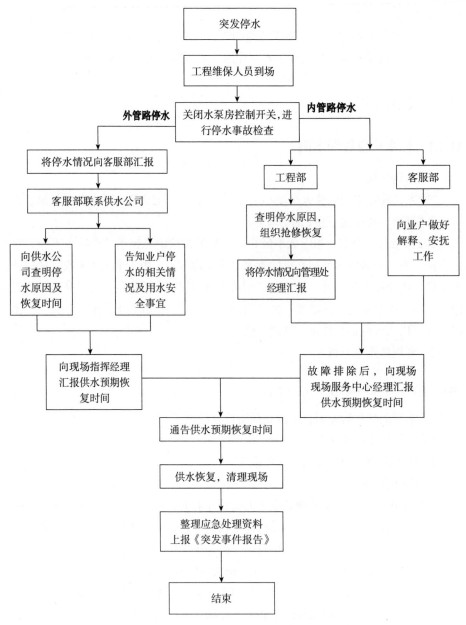

图11-1 处理突发停水应急事件的流程图

处或楼道口告知住户,同时通知社区及停水范围内相关单位,并利用广播、电子显示屏等做好宣传解释及稳定工作。

(4)为确保住户的生活临时用水及辖区内相关重点单位用水,应采取水车临时送水等办法保障临时供水。

(5)对突发停水的原因进行分析,制定纠正预防措施,并将事件处置情况备案。

4．法规链接

（1）《城市供水条例》（2020年3月27日修正版）

第七条　国务院城市建设行政主管部门主管全国城市供水工作。

省、自治区人民政府城市建设行政主管部门主管本行政区域内的城市供水工作。

县级以上城市人民政府确定的城市供水行政主管部门（以下简称城市供水行政主管部门）主管本行政区域内的城市供水工作。

第二十二条　城市自来水供水企业和自建设施对外供水的企业应当保持不间断供水。由于工程施工、设备维修等原因确需停止供水的，应当经城市供水行政主管部门批准并提前24小时通知用水单位和个人；因发生灾害或者紧急事故，不能提前通知的，应当在抢修的同时通知用水单位和个人，尽快恢复正常供水，并报告城市供水行政主管部门。

（2）《物业管理条例》

第四十六条　物业服务企业应当协助做好物业管理区域内的安全防范工作。发生安全事故时，物业服务企业在采取应急措施的同时，应当及时向有关行政管理部门报告，协助做好救助工作。物业服务企业雇请保安人员的，应当遵守国家有关规定。保安人员在维护物业管理区域内的公共秩序时，应当履行职责，不得侵害公民的合法权益。

11.2.2　停电应急管理案例

1．案例导读

2003年7月13日7：10，S市某供电所对某小区实施停电后没有按照原来通知的时间（18：00）准时送电。在这种情况下，该小区住户陆续打电话到管理处指挥中心询问情况，此时指挥中心也在打电话向供电所询问没有准时送电的原因，供电所答复：市供电局还没有及时把电送到供电所来。指挥中心多次追问都是同样的答案。随着时间的推移，打电话到指挥中心咨询的住户越来越多，中心的五部电话响个不停，指挥中心调动不当班的人员到中心接听电话，向询问的业主说明情况。在指挥中心的不断催促下，供电所于19：30向小区送电。比原来通知的时间推迟一个半小时。

21：40又突然再次停电，停电以后，住在管理处周边的20余人到管理处前台询问停电原因，由于管理处工作人员此时已下班，没有人及时对业主进行疏导，在管理处门口聚集的业主越来越多，从开始的20人增加到100余人，他们要求见相关领导、要求拿出解决停电问题的最终办法。此后管理处相关管理人员赶到现场，与集会住户进行面对面沟通。但是业主们的激动情绪已经不能控制。

2．案例焦点与分析

（1）案例焦点

1）分清外部线路还是内部线路问题。

2）关注通知的统一发布。

3）关注因停电引发的如下问题：

①水泵不能运转，约1～2小时水箱里的水用尽后会出现停水；

②后备发电机须长时间运行；

③除后备发电机支持的消防电梯仍能维持有限度服务外，其他电梯不能运作；

④除紧急照明外，其他公共照明全部停止；

⑤黄昏下班高峰期电梯会出现拥挤和混乱；

⑥大楼整体安全会受影响，隐患因停电而存在；

⑦因停电而引起的群体性事件。

（2）案例分析

这是因停电而引发的群体性事件，具体原因：①修复时间进度预估不准，几次变更；②已修复后再次停电；③最重要原因是下班后值班人员处理不力，管理人员再次赶到现场延时太久。所以，与其说是停电应急处理的问题，不如说是信息下达的渠道出了问题，另外，值班人员离岗导致再次停电应急处置不力，导致群体性事件的发生。

水、电、气等供应是业主生活最基本的要素，物业服务企业虽然不是供应单位，但要在保障业主生活方面提供应有的服务。首先对于已经交付使用的社区，物业服务企业要尽可能保障不要发生突发性停水、停电、停气。所以物业服务企业要关注当地市政单位经常发布消息的媒体，关注市政单位停止供应信息，与市政单位做好沟通，要求停止供应前提前通知，发现停止供水、供电、供气等信息或接到通知后第一时间通知住户。对于非市政原因的停止水、电、气供应，必须提前三天通知住户，提示住户做好相关准备。而本案例中，地产公司要接驳电源，临时通知停电，物业服务企业也没有从客户角度提出反对意见，随意处置业主的权益。

确因市政部门紧急抢修等原因停止供应水、电、气的，物业服务企业需要用一套有效的措施通知客户，解答他们的疑问，给他们一个恢复供应的大概时间。突然停止水、电、气供应，业主当然担心冰箱里的食品坏掉、做不了饭、不能洗澡等。客户会马上打电话到物业服务中心询问，如果电话打不通，业主们就会走到物业服务中心询问，来询问的业主多了，就会产生共鸣效应，大家都群情激愤就可能会引发激烈投诉事件。

遇到突发性停水、电、气，第一时间要使用紧急广播、张贴紧急通知、网上、短信发布等形式通知住户停止供应的原因和大概恢复时间；安全员、客户人员都要走到现场，在每个单元逐户解释原因；主要路口（特别是通往物业服务中心的路口）要有客户关系较好的人员向客户解释，防止客户聚集；同时，要积极与市政部门沟通，督促尽快恢复供应，将抢修等情况及时反馈给业主。

3．实务工作建议

在接到停电通知后，管理处应事先将停电线路、区域、时间、电梯使用以及安全防范要求等情况通知每个住户和商户，并在主要出入口发布停电通告。同时，工程部应做好停电前的应变工作。停电期间尤其要安排好值班人员，必要时应加派人手。对于突发状况，应及时更新信息。关键不能让居民处于无信心、无人管的状态中。处理突发停电应急事件流程，如图11-2所示。

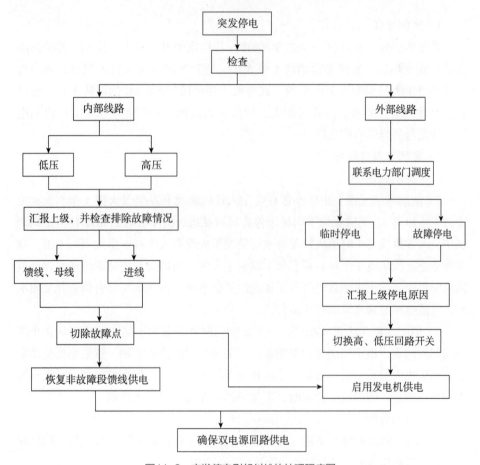

图11-2 突发停电引起纠纷的处理程序图

4．法规链接

（1）《中华人民共和国电力法》

第二十九条 供电企业在发电、供电系统正常的情况下，应当连续向用户供电，不得中断。因供电设施检修、依法限电或者用户违法用电等原因，需要中断供电时，供电企业应当按照国家有关规定事先通知用户。

用户对供电企业中断供电有异议的，可以向电力管理部门投诉；受理投诉的电力管理部门应当依法处理。

（2）《物业管理条例》

第四十六条 物业服务企业应当协助做好物业管理区域内的安全防范工作。发生安全事故时，物业服务企业在采取应急措施的同时，应当及时向有关行政管理部门报告，协助做好救助工作。

物业服务企业雇请保安人员的，应当遵守国家有关规定。保安人员在维护物业管理区域内的公共秩序时，应当履行职责，不得侵害公民的合法权益。

11.2.3 火灾应急管理案例

1．案例导读

某日清晨5点，C小区15幢二单元9楼一住户家中发生火灾，接到报警的消防队员赶到现场后，发现楼道消防系统无水，施救车辆也无法进入现场，消防官兵只得组织人员采取人工提水的方式施救，并加接200多m长的消防水带。通过20多分钟的紧急处置，扑灭了明火，所幸无人员伤亡，但业主家中客厅内的电视、沙发与装修等均被烧毁。

2．案例焦点与分析

（1）案例焦点

1）消防系统无水。由于小区在业主入住以来没有发生过火灾（指本次火灾事故发生以前），消防系统平时处于停止运行状态，更不要说日常维护与定期调试了，火灾事故发生时消火栓没有水的情况事先没有人重视。事发当天上午，物业服务企业值班电工上班后得悉早上发生了火灾，随即启动消防系统送水弥补过错，结果因先前火灾施救时打开了楼道的消防水阀，而水电工没有检查并关闭水阀，导致电梯遭遇水淹而停止运行。

2）消防车辆无法进入小区。一方面物业服务企业为了防止路面损坏在小区楼幢四周的支干道中间插埋两根钢管，不要说大型的消防车辆，就是小型机动车辆也无法出入通行。另一方面，小区机动车辆随意停放，停车位的划设也没有考虑到消防通道，因而发生火灾时，消防车辆就无法进到失火楼幢。

（2）案例分析

80%以上的高层物业小区、写字楼不同程度上存在着消防安全隐患，归纳起来有以下五种情况：

1）小区内机动车辆随意停放，部分道路出入口设置了路障，消防通道堵塞严重，一旦发生火灾，消防车辆根本无法进到失火楼幢。小区、写字楼内的消防通道上，业主堆放家具、杂物的现象较为普遍。

2）小区和写字楼室内消火栓箱中，内部水带、水枪、栓口等配置不全，安全出口指示灯已损坏不亮，防火门常开不关。

3）小区消防设备和系统处于关闭停用状态，虽然有的楼内消火栓能放出水，但水压与水量根本无法满足火灾施救的需要。

4）小区消防设施与系统处于瘫痪状态，根本无法运行使用。甚至有的小区物业交付使用十多年了，消防系统从未运行调试过。

5）物业服务企业没有制定突发火灾事故应急预案，对消防设施和系统从未进行过定期调试、维护。

3．实务工作建议

物业服务企业应根据《中华人民共和国消防法》第十六条的要求进行消防整改，要落实消防安全责任制，制定本单位的消防安全制度、消防安全操作规程，制定灭火和应急处理预案。对建筑消防设施每年至少进行一次全面检测，确保完好有效，检测记录应当完整准确。按照国家标准、行业标准配置消防设施、器材，设置消防安全标志，并定期组织检验、维修，存档备查。保障疏散通道、安全出口、消防车通道畅通，保证防火防烟分区、防火间距符合消防技术标准。组织防火检查，及时消除火灾隐患，组织进行有针对性的消防演练，履行法律、法规规定的其他消防安全职责。火灾处理流程如图11-3所示。

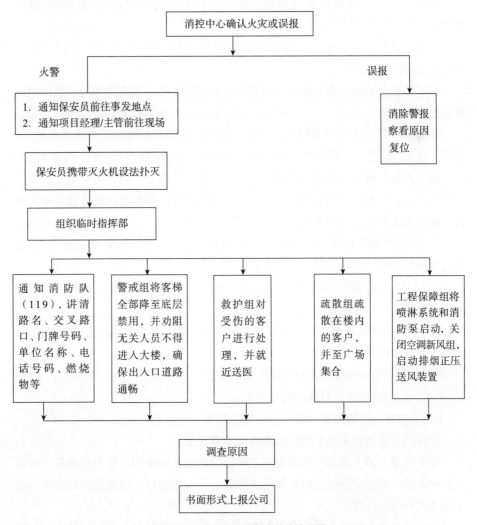

图11-3　处理火灾应急事件的流程图

4．法规链接

（1）《中华人民共和国消防法》

第四条 国务院公安部门对全国的消防工作实施监督管理。县级以上地方人民政府公安机关对本行政区域内的消防工作实施监督管理，并由本级人民政府公安机关消防机构负责实施。

第六条 各级人民政府应当组织开展经常性的消防宣传教育，提高公民的消防安全意识。

机关、团体、企业、事业等单位，应当加强对本单位人员的消防宣传教育。

公安机关及其消防机构应当加强消防法律、法规的宣传，并督促、指导、协助有关单位做好消防宣传教育工作。

教育、人力资源行政主管部门和学校、有关职业培训机构应当将消防知识纳入教育、教学、培训的内容。

新闻、广播、电视等有关单位，应当有针对性地面向社会进行消防宣传教育。

工会、共产主义青年团、妇女联合会等团体应当结合各自工作对象的特点，组织开展消防宣传教育。

村民委员会、居民委员会应当协助人民政府以及公安机关等部门，加强消防宣传教育。

第九条 建设工程的消防设计、施工必须符合国家工程建设消防技术标准。建设、设计、施工、工程监理等单位依法对建设工程的消防设计、施工质量负责。

第十六条 机关、团体、企业、事业等单位应当履行下列消防安全职责：

（一）落实消防安全责任制，制定本单位的消防安全制度、消防安全操作规程，制定灭火和应急疏散预案；

（二）按照国家标准、行业标准配置消防设施、器材，设置消防安全标志，并定期组织检验、维修，确保完好有效；

（三）对建筑消防设施每年至少进行一次全面检测，确保完好有效，检测记录应当完整准确，存档备查；

（四）保障疏散通道、安全出口、消防车通道畅通，保证防火防烟分区、防火间距符合消防技术标准；

（五）组织防火检查，及时消除火灾隐患；

（六）组织进行有针对性的消防演练；

（七）法律、法规规定的其他消防安全职责。

单位的主要负责人是本单位的消防安全责任人。

第十八条 同一建筑物由两个以上单位管理或者使用的，应当明确各方的消防安全责任，并确定责任人对共用的疏散通道、安全出口、建筑消防设施和消防车通道进行统一管理。

住宅区的物业服务企业应当对管理区域内的共用消防设施进行维护管理，提供消防安全防范服务。

第二十九条　负责公共消防设施维护管理的单位，应当保持消防供水、消防通信、消防车通道等公共消防设施的完好有效。在修建道路以及停电、停水、截断通信线路时有可能影响消防队灭火救援的，有关单位必须事先通知当地公安机关消防机构。

（2）《消防安全责任制实施办法》（国办发〔2017〕87号）

第十五条　机关、团体、企业、事业等单位应当落实消防安全主体责任，履行下列职责：

（一）明确各级、各岗位消防安全责任人及其职责，制定本单位的消防安全制度、消防安全操作规程、灭火和应急疏散预案。定期组织开展灭火和应急疏散演练，进行消防工作检查考核，保证各项规章制度落实。

（二）保证防火检查巡查、消防设施器材维护保养、建筑消防设施检测、火灾隐患整改、专职或志愿消防队和微型消防站建设等消防工作所需资金的投入。生产经营单位安全费用应当保证适当比例用于消防工作。

（三）按照相关标准配备消防设施、器材，设置消防安全标志，定期检验维修，对建筑消防设施每年至少进行一次全面检测，确保完好有效。设有消防控制室的，实行24小时值班制度，每班不少于2人，并持证上岗。

（四）保障疏散通道、安全出口、消防车通道畅通，保证防火防烟分区、防火间距符合消防技术标准。人员密集场所的门窗不得设置影响逃生和灭火救援的障碍物。保证建筑构件、建筑材料和室内装修装饰材料等符合消防技术标准。

（五）定期开展防火检查、巡查，及时消除火灾隐患。

（六）根据需要建立专职或志愿消防队、微型消防站，加强队伍建设，定期组织训练演练，加强消防装备配备和灭火药剂储备，建立与公安消防队联勤联动机制，提高扑救初期火灾能力。

（七）消防法律、法规、规章以及政策文件规定的其他职责。

第十八条　同一建筑物由两个以上单位管理或使用的，应当明确各方的消防安全责任，并确定责任人对共用的疏散通道、安全出口、建筑消防设施和消防车通道进行统一管理。

物业服务企业应当按照合同约定提供消防安全防范服务，对管理区域内的共用消防设施和疏散通道、安全出口、消防车通道进行维护管理，及时劝阻和制止占用、堵塞、封闭疏散通道、安全出口、消防车通道等行为，劝阻和制止无效的，立即向公安机关等主管部门报告。定期开展防火检查巡查和消防宣传教育。

（3）《机关、团体、企业、事业单位消防安全管理规定》（公安部令第61号）

第十条　居民住宅区的物业管理单位应当在管理范围内履行下列消防安全职责：

（一）制定消防安全制度，落实消防安全责任，开展消防安全宣传教育；

（二）开展防火检查，消除火灾隐患；

（三）保障疏散通道、安全出口、消防车通道畅通；

（四）保障公共消防设施、器材以及消防安全标志完好有效。

其他物业管理单位应当对受委托管理范围内的公共消防安全管理工作负责。

（4）《物业管理条例》

第四十七条　物业服务企业应当协助做好物业管理区域内的安全防范工作。发生安全事故时，物业服务企业在采取应急措施的同时，应当及时向有关行政管理部门报告，协助做好救助工作。

物业服务企业雇请保安人员的，应当遵守国家有关规定。保安人员在维护物业管理区域内的公共秩序时，应当履行职责，不得侵害公民的合法权益。

11.2.4　电梯故障应急管理案例

1．案例导读

某小区电梯在一楼上行至二楼中突然停梯，电梯轿厢底距地面约1.5m，五人被困梯内，其中一人按了报警装置并拨打了召修电话求救，有两人正准备爬离电梯。

2．案例焦点与分析

（1）案例焦点

电梯困人时，被困人员、物业服务企业和电梯公司或者电梯维保单位应当怎样做？

（2）案例分析

遇到电梯困人，被困人员应当冷静，切勿慌张，不要盲目自救。本案例中，准备爬离电梯的两人的做法是错误的，而按报警装置并拨打报修电话求救的行为是正确的。物业服务企业此时应当通过对讲系统安抚被困人员，制止其采取自救行动，避免不必要的伤害。物业服务企业平时应草拟好一些电梯乘客应急温馨提示，如：

如遇电梯突然停机、加速下坠、运行异常等故障时，请您注意：保持镇静，不要惊慌。请按电梯警铃或拨打对讲电话（号码……）求救，保持镇定等待救援。

如果警铃和对讲电话未能取得联系，可持续拍门呼救。

不要强行扳开电梯内门、擅自爬出电梯。

不要通过电梯顶棚紧急出口爬出电梯。

物业服务企业应当做好电梯困人的紧急处理预案，定期演练，遇到电梯困人时，按照预案实施救人，及时查明故障原因，及时维修。

3．实务工作建议

（1）乘客如遇电梯超速、慢速或其他异常情况，按下操作盘上的红色急停按钮，使电梯停车，并及时告知物业服务中心。电梯停车后请注意电梯是否平层，不要慌乱跨出电梯。

（2）乘客如遇电梯急速下坠，迅速从下到上按下每层的按钮，并双膝微曲，把头部和背部紧贴电梯内壁，呈一直线。电梯停车后注意电梯是否平层，不要慌乱跨出电梯。

（3）物业服务企业应成立专门的三班轮班制电梯应急处理小组，并加强培训与实操演练。严格按照保养规程，加强电梯的日常维护保养，减少电梯运行故障的发生。强化电梯例行周检和日常巡查，包括检查合格证、乘坐须知、报警电话及号码（荧光材料）、乘客应急温馨提示（荧光材料）、手机讯号测试等。

（4）施救和故障处理要及时。按图11-4流程处理电梯故障应急事件。

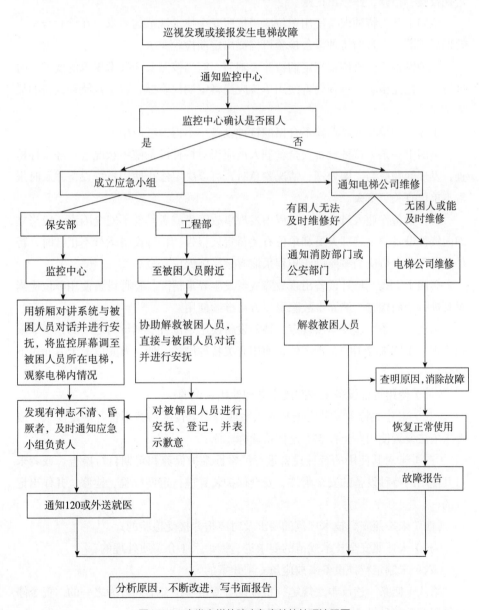

图11-4　突发电梯故障应急事件的处理流程图

4．法规链接

（1）《中华人民共和国特种设备安全法》

第三十八条　特种设备属于共有的，共有人可以委托物业服务单位或者其他管理人管理特种设备，受托人履行本法规定的特种设备使用单位的义务，承担相应责任。共有人未委托的，由共有人或者实际管理人履行管理义务，承担相应责任。

第三十九条　特种设备使用单位应当对其使用的特种设备进行经常性维护保养和定期自行检查，并作出记录。

特种设备使用单位应当对其使用的特种设备的安全附件、安全保护装置进行定期校验、检修，并作出记录。

第四十条　特种设备使用单位应当按照安全技术规范的要求，在检验合格有效期届满前一个月向特种设备检验机构提出定期检验要求。

特种设备检验机构接到定期检验要求后，应当按照安全技术规范的要求及时进行安全性能检验。特种设备使用单位应当将定期检验标志置于该特种设备的显著位置。

未经定期检验或者检验不合格的特种设备，不得继续使用。

第四十一条　特种设备安全管理人员应当对特种设备使用状况进行经常性检查，发现问题应当立即处理；情况紧急时，可以决定停止使用特种设备并及时报告本单位有关负责人。

特种设备作业人员在作业过程中发现事故隐患或者其他不安全因素，应当立即向特种设备安全管理人员和单位有关负责人报告；特种设备运行不正常时，特种设备作业人员应当按照操作规程采取有效措施保证安全。

第四十二条　特种设备出现故障或者发生异常情况，特种设备使用单位应当对其进行全面检查，消除事故隐患，方可继续使用。

第八十三条　违反本法规定，特种设备使用单位有下列行为之一的，责令限期改正；逾期未改正的，责令停止使用有关特种设备，处一万元以上十万元以下罚款：

（一）使用特种设备未按照规定办理使用登记的；

（二）未建立特种设备安全技术档案或者安全技术档案不符合规定要求，或者未依法设置使用登记标志、定期检验标志的；

（三）未对其使用的特种设备进行经常性维护保养和定期自行检查，或者未对其使用的特种设备的安全附件、安全保护装置进行定期校验、检修，并作出记录的；

（四）未按照安全技术规范的要求及时申报并接受检验的；

（五）未按照安全技术规范的要求进行锅炉水（介）质处理的；

（六）未制定特种设备事故应急专项预案的。

第八十四条　违反本法规定，特种设备使用单位有下列行为之一的，责令停止使用有关特种设备，处三万元以上三十万元以下罚款：

（一）使用未取得许可生产，未经检验或者检验不合格的特种设备，或者国家明令淘汰、已经报废的特种设备的；

（二）特种设备出现故障或者发生异常情况，未对其进行全面检查、消除事故隐患，继续使用的；

（三）特种设备存在严重事故隐患，无改造、修理价值，或者达到安全技术规范规定的其他报废条件，未依法履行报废义务，并办理使用登记证书注销手续的。

（2）《物业管理条例》

第三十五条　物业服务企业应当按照物业服务合同的约定，提供相应的服务。

物业服务企业未能履行物业服务合同的约定，导致业主人身、财产安全受到损害的，应当依法承担相应的法律责任。

第四十六条第一款　物业服务企业应当协助做好物业管理区域内的安全防范工作。发生安全事故时，物业服务企业在采取应急措施的同时，应当及时向有关行政管理部门报告，协助做好救助工作。

（3）《住宅专项维修资金管理办法》

第三条　本办法所称住宅共用部位，是指根据法律、法规和房屋买卖合同，由单幢住宅内业主或者单幢住宅内业主及与之结构相连的非住宅业主共有的部位，一般包括：住宅的基础、承重墙体、柱、梁、楼板、屋顶以及户外的墙面、门厅、楼梯间、走廊通道等。

本办法所称共用设施设备，是指根据法律、法规和房屋买卖合同，由住宅业主或者住宅业主及有关非住宅业主共有的附属设施设备，一般包括电梯、天线、照明、消防设施、绿地、道路、路灯、沟渠、池、井、非经营性车场车库、公益性文体设施和共用设施设备使用的房屋等。

第十八条　住宅专项维修资金应当专项用于住宅共用部位、共用设施设备保修期满后的维修和更新、改造，不得挪作他用。

第二十条　住宅共用部位、共用设施设备的维修和更新、改造费用，按照下列规定分摊：

（一）商品住宅之间或者商品住宅与非住宅之间共用部位、共用设施设备的维修和更新、改造费用，由相关业主按照各自拥有物业建筑面积的比例分摊。

（二）售后公有住房之间共用部位、共用设施设备的维修和更新、改造费用，由相关业主和公有住房售房单位按照所交存住宅专项维修资金的比例分摊；其中，应由业主承担的，再由相关业主按照各自拥有物业建筑面积的比例分摊。

（三）售后公有住房与商品住宅或者非住宅之间共用部位、共用设施设备的维修和更新、改造费用，先按照建筑面积比例分摊到各相关物业。其中，售后公有住房应分摊的费用，再由相关业主和公有住房售房单位按照所交存住宅专项维修资金的比例分摊。

11.2.5 高空抛物致人损害事件应急管理案例

1. 案例导读

某市市民张先生家住在一楼，张先生说，他住的小区人员比较杂，他住在底层，时常在回家途中遭遇高空抛物，遇到所抛的杂物是果皮、烟头等较轻物体还好，顶多是弄脏了衣服，若碰到装修材料等大件杂物，就容易导致过往业主人身、财产受到伤害。

"遭遇高空抛杂物，往往不能确定是楼上哪一层业主扔的，'元凶'难以找到。"张先生说，他多次向小区物业服务企业反映，但效果甚微。如果被高空抛物所伤，而"元凶"又找不到，张先生想了解该如何处理？物业服务企业是否有责任？

2. 案例焦点与分析

（1）案例焦点

本案例的焦点是，在高空抛物致人损害这类事件中，如无法确认加害人，应如何最大限度地保障受害人的利益。

（2）案例分析

在《侵权责任法》颁行之前，由于缺乏明确的法律规定，各地人民法院在审理此类案件时没有统一的依据，同案不同判的情形时有发生。比较典型的有重庆烟灰缸案、济南菜板案和深圳玻璃案[①]。

《侵权责任法》颁行后，其第八十七条规定："从建筑物中抛掷物品或者从建筑物上坠落的物品造成他人损害，难以确定具体侵权人的，除能够证明自己不是侵权人的外，由可能加害的建筑物使用人给予补偿。"这一规定对于统一法律尺度、填平受害人损害、预防高空抛物行为发挥了积极的作用。但是，随之而来的打击面过宽、有违归责原则基本原理、对受害人救济不及时、不利于及时寻找侵权人、不利于有效打击和预防高空抛物行为等问题也日渐暴露[②]。

《中华人民共和国民法典》第一千二百五十四条对《侵权责任法》第

---

① 重庆烟灰缸案：2000年5月10日，重庆市郝某在大街上被一个烟灰缸砸到头上基本丧失生活自理能力，公安机关无法查清侵权人，一审法院根据过错推定原则判令24户居民中的22户共同分担16万余元的赔偿责任，二审法院维持原判。

济南菜板案：2001年6月20日中午，李某的母亲在济南市某住宅单元一楼入口处被楼上掉下的菜板砸中头部，经抢救无效死亡。一审法院认为，因原告起诉没有明确的被告，不符合当时适用的《民事诉讼法》第一百零八条第二款规定，裁定不予受理。二审法院和再审法院以同样的理由维持一审裁定。

深圳玻璃案：2006年5月31日傍晚，深圳市一名小学生经过一栋居民楼时，被楼上掉下的一块玻璃砸中头部，当场死亡。公安机关无法查明加害人。该校学生的父母起诉居民楼二层以上73户居民和物业服务企业，要求共同赔偿20万元。一审法院认为原告没有证据证明73户居民对损害发生有过错，因此不承担侵权责任；但物业服务企业存在管理上的瑕疵，判令其承担30%的赔偿责任。

② 最高人民法院民法典贯彻实施工作领导小组. 中华人民共和国民法典侵权责任编理解与适用[M]. 北京：人民法院出版社，2020，7（1）：697.

八十七条作出了以下重大修改：第一，该条开始第一句开宗明义地规定"禁止从建筑物中抛掷物品"，明确高空抛物为法律所禁止，为认定高空抛物行为的违法性提供了法律依据。第二，明确从建筑物中抛掷物品或者从建筑物上坠落的物品造成他人损害的，由侵权人依法承担侵权责任作为一般规则，摒弃了原《侵权责任法》由可能加害的建筑物使用人给予补偿作为一般规则的做法。第三，新增了物业服务企业等建筑物管理人的责任作为第二款，该款规定："物业服务企业等建筑物管理人应当采取必要的安全保障措施防止前款规定的情形发生；未采取必要的安全保障措施的，应当依法承担为履行安全保障义务的侵权责任。"该款规定对于加强物业管理服务、预防高空抛物行为具有重大意义，也有利于快速有效地救济受害人的损害。第四，新增了公安等有关机关查找侵权人的职责。本条第三款规定："发生本条第一款规定的情形的，公安等机关应当依法及时调查，查清责任人。"对于实践中高空抛物侵权人查找难的问题具有积极作用。第五，明确规定了"由可能加害的建筑物使用人给予补偿"的条件，即：①必须"经调查难以确定具体侵权人的"；②"除能够证明自己不是侵权人的外"。满足以上两个条件的，才由可能加害的建筑物使用人给予补偿。

3. 实务工作建议

高空抛物致人损害事件时有发生，这也是物业服务企业必须注意防范的基本内容之一。为了确保业主、住户的安全，规避不可预测风险，一方面物业服务企业应增加保安人员及保安巡逻次数，加大安全防范的力度，另一方面，物业服务企业最好购买公众责任险，将所应承担的赔偿责任风险转给保险公司。

物业服务企业可按图11-5处理高空抛物应急事件。

（1）没有人员受伤

接报告，客户部/保安部立即进行调查，寻找肇事者，同时通知行政当值人员。行政当值人员视情节严重程度，在必要时知会警方。若找到肇事者，行政当值人员要求其写确认书，并向其发出警告。如果未能找出肇事者或者事件严重，应拍摄记录并张贴通告，通知住户，指出该行为的严重性。客户部对现场进行拍照，行政当值人员记录事件经过以作存档。

（2）有人员受伤

接报后，客户部立即协助救护（只有受过紧急救护训练者才可救护伤者），及时将伤者送往医院或拨打"120"求助。客户部通知行政当值人员，行政当值人员立即报警。行政当值人员安排人员设法寻找肇事者、证人及坠物地点等。保安部封锁现场，待警方到场后协助警方处理。客户部拍照，行政当值人员记录事件经过，以作存档。

4. 法规链接

《中华人民共和国侵权责任法》

第八十五条　建筑物、构筑物或者其他设施及其搁置物、悬挂物发生脱落、

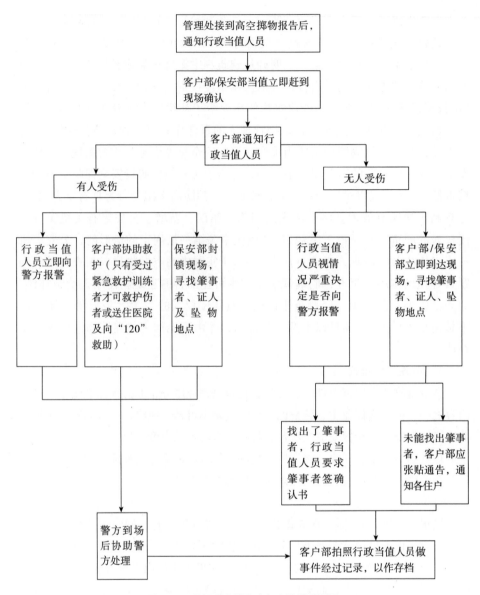

图11-5　处理高空抛物应急事件的流程图

坠落造成他人损害，所有人、管理人或者使用人不能证明自己没有过错的，应当承担侵权责任。所有人、管理人或者使用人赔偿后，有其他责任人的，有权向其他责任人追偿①。

第八十六条　建筑物、构筑物或者其他设施倒塌造成他人损害的，由建设单位与施工单位承担连带责任。建设单位、施工单位赔偿后，有其他责任人的，有权向其他责任人追偿。

---

① 《中华人民共和国民法典》第一千二百五十三条完全吸收了《侵权责任法》第八十五条规定，没有修改。

因其他责任人的原因，建筑物、构筑物或者其他设施倒塌造成他人损害的，由其他责任人承担侵权责任①。

第八十七条　从建筑物中抛掷物品或者从建筑物上坠落的物品造成他人损害，难以确定具体侵权人的，除能够证明自己不是侵权人的外，由可能加害的建筑物使用人给予补偿②。

复习思考题

1．物业应急管理包含哪些阶段？请举例说明。

2．停电应急管理有哪些流程？请图示说明。

3．物业应急管理涉及的纠纷有哪些？

4．案例分析

2016年3月12日（星期日）上午，8号楼201室业主私自在绿化带内挖土种花。9时55分左右，不慎挖破直径110mm的市政自来水供水管，水流立即向上喷射，巡逻维序员在附近看到水柱，立刻赶到现场，并呼叫水电工、维序队长等赶到现场，发现由于水柱较高，水流正灌入8号楼102室阳台，并漫延到室内，而室内刚好堆压了大量物品。见此，物业公司迅速组织维序员共4名与用户一同搬移室内物品，并用沙袋和门板尽量阻挡水流向102室，同时维修工立即去关闭二次供水相关阀门。

10：10左右，维修班长赶到，发现破裂水管系市政供水管，立刻电话通知水务集团抢修队。约10：20水务集团抢修人员到达现场，与服务中心维修人员一同寻找8号楼进水阀，但是一直找不到。为避免损失扩大，维修班长同水务抢修人员协商关闭小区总进水阀门。然而，在关闭了两个进水总阀后，水流仍然无法止住。这时房地产人员也到现场，指

---

① 《中华人民共和国民法典》第一千二百五十二条对《侵权责任法》第八十六条修改为："建筑物、构筑物或者其他设施倒塌、塌陷造成他人损害的，由建设单位与施工单位承担连带责任，但是建设单位、施工单位能够证明不存在质量缺陷的除外。

因所有人、管理人、使用人或者第三人的原因，建筑物、构筑物或者其他设施倒塌、塌陷造成他人损害的，由所有人、管理人、使用人或者第三人承担侵权责任。"

② 《中华人民共和国民法典》第一千二百五十四条对《侵权责任法》第八十七条修改为："禁止从建筑物中抛掷物品。从建筑物中抛掷物品或者从建筑物上坠落的物品造成他人损害的，由侵权人依法承担侵权责任；经调查难以确定具体侵权人的，除能够证明自己不是侵权人的外，由可能加害的建筑物使用人给予补偿。可能加害的建筑物使用人补偿后，有权向侵权人追偿。

物业服务企业等建筑物管理人应当采取必要的安全保障措施防止前款规定的情形发生；未采取必要的安全保障措施的，应当依法承担未履行安全保障义务的侵权责任。

发生本条第一款规定的情形的，公安等机关应当依法及时调查，查清责任人。"

出小区共有三个总阀门相互连通，需全部关闭才能止住水流。在场的人员分头寻找第三个总阀，但一时找不到。后与原小区施工单位联系，得知8号楼进水阀在8号楼半地下室的草地里。经过多遍寻找，最终在一个写有自来水水表井处找到该阀门并将其关闭。此时，约10∶40。水关闭后，水务抢修人员立即组织管道抢修，11点20分8号楼恢复正常供水。此时，项目经理赶到，组织了现场拍照、与受损户及肇事人进行现场清理、受损财物清点等。

当天，受损户向肇事人索赔4.8万元。经服务中心多次调解，于3月15日达成协议，由肇事人赔偿受损户2.41万元，于当日结清。

分析案例，回答以下问题：

（1）该案例中导致供水主管被挖破的原因是什么？

（2）物业服务企业在处理突发事件的注意事项是什么？

（3）该案件中的损失由谁负责赔偿？

12

客户服务与
公共关系管理中的
纠纷与案例分析

本章要点与学习目标

本章主要回顾物业客户服务的含义、内容以及物业客户服务体系的建立，阐述了客户管理中的沟通管理、投诉管理和公共关系管理的方法技巧，重点列举了5个典型案例，对案例进行解读和分析，最后提出案例处理与解决的思路以供参考。

本章选取的物业客户服务和公共关系中的案例，分别涉及入驻服务、装修管理、停车管理、业主投诉和物业公关危机等内容。通过对这些典型案例的导读与评析、法规的链接，要求学生以所学理论知识分析案例问题产生的原因；熟悉案例所对应的有关法律；灵活运用所学的各种基础理论来指导实践；面对物业客户服务和公共关系中的各种民事纠纷，能够迅速找到具有针对性的解决办法。通过本章的学习，让学生掌握客户服务、客户管理和公共关系的相关理论知识，在实践中灵活运用解决业主投诉、维护业主关系、提高业主满意度等的技巧方法，从而提升物业服务水平，规避风险和损失，提高物业企业的知名度和美誉度。

12.1 物业客户服务与公共关系管理基本知识

12.1.1 物业客户服务

1. 物业客户服务的含义

物业客户服务，是指物业服务企业为提高其服务的质量，发生在客户（业主）与物业服务企业之间的相互活动。物业服务企业凭借对业主的服务获取业主的满意度和忠诚度，以此获得业主的报酬而实现自己盈利的目的。

物业客户服务通常划分为基础性服务与特约服务。

基础性服务是指物业服务企业按照法律法规的要求以及物业服务合同的约定，为全体业主提供的公共性服务，例如入住手续办理、装修申请登记、物业服务费的缴纳等。它具有强制性的特点。基础性服务的对象是全体业主，个体的业主无法根据自己的喜好、意愿去选择是否使用某项服务。因此，基础性服务的成本必须包含在物业管理费的测算当中。

特约服务是指为业主专有部分提供的私属性服务，它的基本特征是：一是自愿性原则。业主可以根据个人喜好及需求来决定是否采购该服务。因此，特约服务的成本应该单独核算而不能纳入物业服务的公共成本当中。二是市场化原则。物业服务企业应当参照市场行情，制定特约服务价目表并提前向业主公示后，向业主提供有偿服务。

2. 物业项目客户服务的一般内容

物业项目客户服务的内容一般包括：业主档案管理、公共事务处理、业主沟通、特约服务等。

（1）业主档案管理主要包括：

1）房屋信息管理，包括房屋的基本信息、承接查验记录、工程保修记录、房屋维修记录、装饰装修记录、房屋使用记录等。

2）业主信息管理，包括业主的基本信息、公共事务处理记录、业主沟通记录、特约服务记录等。

（2）公共事务处理主要包括：

1）入住：入住手续办理、物品资料发放、工程维保问题协助跟进等。

2）装修：装修登记手续、装修巡查及监管、动火作业申请、消防报建手续等。

3）搬迁：物品搬出入的验证、放行。

4）停车：停车位分配、车位租赁登记、停车协议的签订。

5）费用：各项费用的计算和收取、费用查询、费用催缴。

6）投诉管理：投诉受理、投诉处理、投诉跟踪、投诉回访。

（3）业主沟通方面主要有：

1）服务提示、紧急事件的通知、重大事项公告等；

2）协助召开业主大会、定期公布管理工作报告、财务收支报表等；

3）协助成立业主委员会、定期例会、工作函件沟通等；

4）社区互动活动的策划、组织实施、活动记录等；

5）服务接报、服务派工、服务执行、服务跟踪、满意度调查等。

3．建立客户服务体系的步骤主要有：

（1）细分客户群体

由于客户需求的差异性、企业资源的有限性和市场的竞争性，因此企业应该分辨出自己能有效为之服务的具吸引力的细分市场，然后集中企业资源，制定科学的竞争策略，以取得和增强竞争优势。

在物业服务过程中，我们将物业服务的客户进行分类：

1）按物业类型来分，客户可以分为商业物业客户、办公物业客户、写字楼物业客户、住宅物业客户、工业物业客户、公建物业客户等。

2）按物业产权来分，客户可以分为业主、租客、其他物业使用人等。

3）按组织归属来分，客户可以分为企业客户、个人客户。

4）按对企业的价值贡献来分，客户可以分为战略客户、重要客户、普通客户。

5）按服务需求来分，客户可以分为服务型、意见型、费用型。

（2）识别客户需求

可以运用访谈法、对比法、分析法等来识别客户的需求，作为物业服务项目服务标准和服务流程设计的主要依据。

（3）设计服务项目及标准

1）确定物业服务的目标和创意；

2）设计服务流程；

3）制订服务标准。

（4）设计服务传递系统

服务传递系统是指服务企业将服务从后台传递至前台并提供给客户的综合系统，其内涵是服务企业的运作和管理过程。服务传递系统通常由两部分构成：

1）硬件要素。通常是有形的，包括服务空间的布局、环境、服务的设施设备、专业工具等。

2）软件要素。通常是无形的，包括服务流程、员工培训、服务过程中员工的职责、授权等。

设计服务传递系统的基本步骤：

确认服务过程→划分服务步骤→修正易失误环节→建立时间标准→分析成本收益。

12.1.2 物业项目的客户管理

1. 客户沟通与关系维护

（1）关键客户识别

管理学上有一个很著名的"二八定律"（又叫帕累托原则、20/80法则），即：任何一组事物，重要的部分只占大约20%，其余的80%虽然是大多数却往往是次要的。根据"二八定律"，在与客户的关系维护及日常沟通中，应当首先识别出关键的客户。这样，物业服务企业可以运用更少的精力与资源，获得更好的服务效果。物业服务企业可以结合项目的实际，从业主拥有产权份额、业主在社区中的地位或职务、特殊需求等多个角度去识别关键客户。

客户沟通的基本要求：

1）物业管理处可以采用多元化的方式，例如工作例会、座谈会、工作联系函、电话、邮件、面谈等，与客户保持良好的沟通。

2）与业主委员会、建设单位召开工作例会的，应当形成会议纪要。物业管理处应当对会议形成决议的落实情况定期进行跟踪和督办。

3）对重大事项，物业管理处与建设单位、业主委员会之间的沟通尽量使用书面形式，同时对书面的函件、报告等应当及时归档。

4）物业管理处应当建立收发文制度。对业主委员会、开发建设单位的来函，应当在对方指定的时间内及时回函给予答复，切勿拖延。对于超越物业管理处权限的重大事项，应当及时向上级汇报。物业管理处向上述单位发函的，应当要求收文人签字并在发文后定期跟踪。

5）对建设单位或业主委员会提出的要求和建议，物业管理处应当高度重视并认真研究。

①对属于物业管理处责任范围以内的事项，物业管理处应组织制定改进措施、改进计划，并给予对方明确的回复。

②对非物业责任或暂时无法改变的质量缺陷，物业管理处应耐心做好解释，争取业主委员会的理解。

③对与政策、法规相抵触的要求和建议，物业管理处应礼貌拒绝，并提供相关法规依据给对方参考。

（2）不同类型客户的沟通方法

1）与建设单位沟通的方法：

①工程维保期内，物业管理处应定期（如每月）就房屋质量、售后服务、工程维保进度等事项与建设单位沟通，并提交书面的报告。

②物业管理处应按时参加建设单位组织的施工、监理等各相关单位的协调会，提出发现的问题并寻求开发建设单位的支持，对物业保修期内施工单位的保修质量进行监督。

③物业管理处每月应将与建设单位有关的费用（如公共能耗、工程维保费、

空置物业费、委托施工费用等）进行整理，并以书面的形式提交建设单位，督促其及时支付。

④当条件具备时，物业管理处应当根据物业管理条例的规定，积极协助建设单位召开次业主大会。

2）业主委员会沟通的方法

①定期沟通。物业管理处应通过工作例会、管理工作报告等形式，定期（如每月）与业主委员会的成员进行沟通。

②建立突发事件报告制度。在遇到紧急突发事件时，物业管理处应及时知会业主委员会。同时在事件处理完毕后向业主委员会提交详细的处理报告。如造成损失或不良影响的，物业管理处还应当向全体业主发布公告。

③建立财务报告制度。

④在业主大会成立或业主委员会换届改选时，物业管理处应在遵守相关法律法规的前提下，积极协助各方主体开展筹备工作。同时，在业主大会和业主委员会成立后，积极协助其做好维护业主合法权益的各项工作。

⑤在物业服务合同到期前（通常为三个月），物业服务企业应主动与业主委员会就合同续签事宜进行沟通，听取业主委员会的意见，并制订专项工作计划以推进合同的续订。

3）与关键客户沟通的方法

①客户背景资料分析。

在与关键客户沟通前，物业管理处应尽可能多地收集、分析关键客户的背景资料（例如年龄、学历、工作单位、工作履历、家庭成员、家庭背景、爱好、特长、作息时间、家庭困难等），做到"知己知彼"。同时，根据客户的个人特点及需求，确定与之沟通及维护关系的合适方式。

②日常沟通。

A. 物业管理处经理应定期（如每月）保持与关键客户的沟通，就物业管理处近期的主要工作及成果向其介绍，并听取其对工作的意见和反馈。

B. 遇到重大节日或关键客户生日时，物业管理处可以派人上门道贺、赠送贺卡等。

C. 为关键客户提供一些辅助性服务，例如将公司刊物、物业简讯等定期邮寄给客户以示尊重。

D. 在组织社区文化活动时，物业服务处应主动邀请关键客户参与。

4）特殊服务

对有特殊需求的关键客户，物业服务处应当建立专门的台账并培训相关员工，以便在紧急情况下能够从容应对。例如，对长期病患需要医疗器械维持生命的客户，如遇设备检修导致停水停电的情况，物业管理处应提前派专人上门通知，以便客户做好应对。一旦发生意外停电，物业管理处应立即派人上门查看病人情况，并采取必要措施确保病人的维持生命设备正常运行。对一些独居的孤寡老人或残障人士，物业管理处应当在其生活起居、出行等方面给予亲切、细致的人性化关注。

2．客户投诉管理

（1）客户投诉的含义

客户投诉（也称为客户抱怨），是指客户对产品质量或服务上的不满意，而提出的书面或口头上的异议、抗议、索赔和要求解决问题等行为。

（2）管理客户投诉的目的

企业对客户投诉进行及时、有效的管理，可以达到以下目的：

1）提高企业美誉度；

2）提高客户忠诚度；

3）为企业指明改进方向。

（3）客户投诉处理的基本流程

接受投诉→确认投诉→调查评估→处理方案→回复客户→回访客户→投诉总结。

1）接受投诉。对客户的投诉进行详细的记录，同时应当向客户表达歉意。

2）确认投诉。

①进一步了解客户的真实动机、对处理结果的要求等。

②注意区分业主是真的对服务有意见，还是恶意泄私愤。这两者有本质的不同，投诉者希望有一个回应和解决办法，而恶意谩骂者则不同。

3）调查评估。

①对投诉进行实质性的调查，了解事情的原委及过程。

②对投诉可能产生的影响（严重性）进行评估，以决定采取什么样的措施。

4）处理方案。与相关部门或人员协商制定服务补救的方案。

5）回复客户。将服务补救方案回复客户，并征询其意见。如客户感觉满意则按照既定方案采取行动；如客户感觉不满意，应向客户解释处理方式和另外可供选择的方案。

6）回访客户。在服务补救完成后，再次回访客户。

7）投诉总结。在投诉关闭后，应当对客户投诉处理过程加以整理并存档。并定期将客户投诉的案例进行提炼和总结，以便用于员工培训及持续改进。

（4）投诉处理的注意事项

1）鼓励客户投诉。据美国TRAP的研究发现，一般的企业听不到来自他们96%的不满意客户的声音，这并不意味着客户不会抱怨。他们只是对朋友或家人抱怨，却不会对企业抱怨。因此，物业服务企业应当面向客户，建立一个公开的、有效的投诉管理机制，积极鼓励客户投诉。

2）物业服务企业应当在企业内部积极营造"乐于受理、一定回复、快速响应"的客户投诉处理的氛围。一方面，要给予那些负责处理投诉的现场员工以充分的授权；另一方面，要对那些在处理客户投诉方面表现卓越的员工给予及时嘉奖。

3）不要轻易确认投诉"无效"。

①许多企业在受理客户投诉后，往往会按照"有效"或"无效"来区分客户投诉的类别。然而，造成客户投诉的原因往往是多方面的，企业很难用一个的标准来衡量投诉是否无效。长久以往，就会导致员工投机取巧，一遇到相对棘手的投诉就将其归于"无效"的类别。

②实际工作中，确实会存在一些难以处理的投诉，例如业主无理取闹的投诉、非物业管理公司责任而导致的投诉等。正确的做法是：企业应对投诉处理的责任部门、流程、要求、时限等进行明确规定，当责任部门难以处理时不可以擅自关闭投诉而应当逐级向上报告，直至投诉管理体系的管理者。

4）快速响应。投诉一旦发生，企业对投诉的响应速度至关重要。据美国TRAP的研究发现，如果投诉处理及时，公司将能保留95%的不满意的客户。相反，如果反应缓慢，即使投诉完全解决，公司也只能保留64%的不满意的客户。因此，物业服务企业应当明确规定客户投诉处理的时限，一旦在规定的时间内投诉得不到有效处理，就应当升级到更高一级去处理。

5）服务补救艺术。事实上，客户对于服务出现失误，而接待人员成功地补救了失误的服务绩效的评价要比正确提供的服务评价还要高些。这种现象被称为"服务补救的悖论"。因此，物业服务企业一方面要站在主动的立场上，尽量减少服务失误的发生。另一方面，要提前制订服务补救计划，并给前线员工配备一套有效的补救工具，以便在发生服务失误时弥补客户的服务感受。服务补救常见的五个步骤包括：道歉、紧急复原、移情、象征性赎罪和跟踪。

3. 业主满意度概念及评价模型

（1）业主满意度的概念

业主满意度指顾客确认物业服务企业提供的服务符合服务质量标准要求的量化值，计算方法为各级评价数的权重之和与评价数之比。

业主满意度内容：业主对物业服务企业各项服务（服务中心、安全秩序、环境管理、维修）及其他物业管理服务方面问题的满意程度。

（2）业主满意度的评价

1）客户满意度评价的方法

对业主满意度的评价，就是将预期服务与实际服务感受进行比较而得到的结果。

对业主满意度的评价，可以分为直接评价和间接评价。间接评价，包括对客户投诉的分析、对客户流失的分析、对销售业绩的分析以及神秘客户调查等。直接评价，就是开展客户满意度测量。

2）业主满意度评价模型

从理论模型中可以知道，影响业主满意程度的因素主要有三个：一是业主对服务质量的感知，即业主在日常生活、工作中感受到的服务水平。二是业主对服务的期望。需要注意的是，人们对服务的需求是不断变化和增长的。三是业主对价值的感知，即业主付出的总成本（包括管理费价格、时间、精力、情感等）与其享受到的总收益比较的认识。

12.1.3 物业项目的公共关系管理

1. 物业管理公共关系构成要素

物业管理是一个综合性较强的行业。在服务过程中，物业服务处常常会涉及与多个外部组织（或部门）打交道。建立良好的外部公共关系，是保证物业良性运作的基本前提。

公共关系的构成是由社会组织、公众、传播媒介三要素构成。物业管理公共关系也同样由三要素构成，即主体——物业服务企业；客体——公众；媒介——传播沟通渠道。

物业服务活动中，通常涉及的公共关系有如下几类：政府主管部门、社会服务机构、建设单位、施工及监理单位，新闻媒体等。

2. 建立公共关系的工作方法

（1）机构成立/撤销的告知：物业管理处正式成立/撤销时，应主动发函，告知相关单位（主要是物业管理的行政主管部门、街道办事处（镇人民政府）、建设单位等）；

（2）人事更替的告知：人事更替时，原关系单位的对口联系人应当带领继任者登门拜访，主动向客户介绍；物业管理处经理发生更替时，应由物业服务企业向相关单位发函告知；专业主管发生更替时，应由物业管理处向相关单位发函告知；

（3）日常工作例会：物业管理处应积极主动地参加建设单位的客户服务例会、工程例会、沟通协调会、专题会议等，通过日常的工作例会展示良好的专业形象；

（4）日常工作函件：日常工作函件；重大事件报告；当社区发生重大客户投诉、紧急突发事件、重大服务责任事故时，物业管理处应在第一时间向政府主管部门、建设单位报告，听取其建议或意见。并在事件处理完毕后，向其提交正式的书面报告；

（5）节假日拜访；

（6）社区活动策划：物业管理处应在策划重要的社区文化活动时，充分地利用公共关系资源，并邀请相关关系单位出席。例如邀请消防管理部门参与指导消防演练、社区消防常识宣传。

3. 建立公共关系的注意事项

（1）循序渐进

不同组织之间的良好合作关系，是在彼此长期的交往过程中逐步建立的。因此，物业管理处应按照"循序渐进"的原则与相关单位建立沟通及合作关系；物业管理处应充分利用日常的工作例会、组织社区文化活动以及各种节假日等机会，主动与相关单位保持定期的沟通，切忌急功近利或在有事情的时候才登门拜访。

（2）主动协助

物业管理处应经常收集相关单位的新政策或新闻，了解该单位正在开展的主要工作，了解对方可能的需求，并在允许的情况下整合现有资源主动协助对方；相关单位来社区开展工作时，物业管理处应礼貌接待，积极主动地配合对方处理相关事宜。

（3）职责明确

物业管理处成立之初，就应当建立《公共关系清单》，并在日常工作中不断完善和更新清单内容。物业管理处内部应明确分工，针对不同的关系单位指定对口联系人，并保证联系人的相对稳定。

12.2 案例分析

12.2.1 业主要封闭阳台物业服务企业应如何处理?

1. 案例导读

2018年10月是某小区业主集中办理入住的时间，本楼宇01、02户型主卧室阳台为敞开式设计，大部分业主装修时提出：考虑到北方多风沙天气，敞开式阳台的不安全因素等，要求将此阳台封闭。并向物业服务企业提出书面的申请。

问题：业主要封闭阳台物业服务企业应如何处理?

2. 案例焦点与分析

（1）案例焦点

按照该小区的《前期物业管理服务协议书》《业主临时公约》《装修协议》的规定，业主不能擅自改变阳台的外立面。面对大部分业主的要求及物业服务协议中关于保持外立面统一美观的规定，如何处理成为摆在物业服务企业面前的实际问题。

（2）案例分析

由于小区业主的生活习惯，以及环境保护意识和文化素质的差异，在物业管理实践中，外立面管理普遍成为住宅小区建筑物外观管理的难点。外立面包括外墙、窗户、阳台及附属设备，如空调机、广告灯箱、防盗网和晾衣架等。其实，良好的外立面管理可以收到美化居住环境，提高物业的经济价值，改善城市的市容面貌的效果。

本案例中考虑到业主提出要求的合理性，但小区的整体外立面又不能破坏，这就要求物业服务企业找到两者之间的平衡点。

3. 实务工作建议

在本案例中，物业服务处的工作人员多次到现场考察，综合考虑各种因素，并听取有关方面意见，做出了"主阳台允许用塑钢铝材、中空玻璃、统一规格，平开窗封闭"的方案，同时也为业主推荐了一家信誉好质量可靠的门窗厂家供业主选择。

所有要求封闭阳台的业主都和物业服务企业签订了"关于封闭主卧室阳台的保证书"，承诺按照物业服务企业确定的方案，统一施工。同时在封闭施工的过程中，物业服务企业工作人员积极入户，对整个施工过程进行监督，所以既满足了业主的合理要求，也保证小区外立面的统一美观。

作为物业服务企业，今后应如何处理类似问题呢？

通过本案例可以看出做物业管理工作，一定要重视业主的意见，因为纠纷往往就发生在业主的要求不能够得到满足上。灵活掌握小区的管理规定，寻找满足业主要求与小区管理的平衡点，找到解决问题的最优方法，为日后物业服务奠定良好的基础。

4. 法规链接

《中华人民共和国民法典》

第二百七十一条 业主对建筑物内的住宅、经营性用房等专有部分享有所有权，对专有部分以外的共有部分享有共有和共同管理的权利。

第二百七十二条 业主对其建筑物专有部分享有占有、使用、收益和处分的权利。业主行使权利不得危及建筑物的安全，不得损害其他业主的合法权益。

第二百七十三条 业主对建筑物专有部分以外的共有部分，享有权利，承担义务；不得以放弃权利为由不履行义务。

12.2.2 乱停车的访客蛮不讲理怎么办？

1. 案例导读

某双休日，一辆外来的车辆停在某大厦地下车库进出通道的挡车器前，要求存车去见楼上的一位业主。车库保安员礼貌地上前告知，这里都是私家车位，不能停放外来车辆。车主转而又要求打开车挡，说到车库调头就走。谁知他进了车库，并没有要走的意思。保安员再次前去，委婉地劝其另寻就近的停车场，车主竟破口大骂。

问题：管理处安全主管从办公室的监视器中发现了这一情况，急忙赶到现场。他应该怎样处理这件事？

2. 案例焦点与分析

（1）案例焦点

保安员与外来客人因停车问题纠纷不断。本案例中外来客人因占用业主的私家车位与保安员产生矛盾，小区物业服务人员如何劝说外来客人把车停在该停的区域不产生冲突是本案例的关键。

（2）案例分析

物业服务企业要求保安员文明执法，绝非是为了一味地迁就业主和用户，而是要以情动人，以理服人，更好地与业主和用户沟通，做好管理和服务，保证辖区的良好秩序。对那些不服从物业管理规章制度的无理取闹者，就要坚持原则，按照体现多数业主意志的业主公约大胆地履行管理职能，以维护大多数业主和用户的利益。

3．实务工作建议

在本案中，在了解事情经过后，管理处安全主管语气和缓但态度坚定地对车主说："如果我们保安员违反了业主公约的有关规定，我们会被严肃处理，现在看来是您无理取闹且出口伤人，您应当向受到伤害的我们的保安员致歉。"要求其致歉并非为了分出个高低，它的意义在于对无理取闹者进行教育，使之下次不再胡作非为，也是对坚持原则保安员进行安抚，使之下次仍旧恪尽职守。车主见势不妙，用手机叫来楼上的业主。

安全主管向业主介绍了情况，平素对管理处保安员礼貌周到的服务就有切身感受的业主，见车主还在骂骂咧咧，一切都明白了。她一边开导车主，一边说："你们别与他一般见识，我这里给你们赔礼了。"可见平时文明服务在关键时候的重要性。车主自知理亏，快快地把车开走了。随后，她又和管理处安全主管一起，安抚受了委屈但始终彬彬有礼的保安员。

4．法规链接

（1）《中华人民共和国民法典》

第二百七十五条　建筑区划内，规划用于停放汽车的车位、车库的归属，由当事人通过出售、附赠或者出租等方式约定。

占用业主共有的道路或者其他场地用于停放汽车的车位，属于业主共有。

第二百七十六条　建筑区划内，规划用于停放汽车的车位、车库应当首先满足业主的需要。

（2）《物业管理条例》

第六条　房屋的所有权人为业主。

业主在物业管理活动中，享有下列权利：

（一）按照物业服务合同的约定，接受物业服务企业提供的服务；

（二）提议召开业主大会会议，并就物业管理的有关事项提出建议；

（三）提出制定和修改管理规约、业主大会议事规则的建议；

（四）参加业主大会会议，行使投票权；

（五）选举业主委员会委员，并享有被选举权；

（六）监督业主委员会的工作；

（七）监督物业服务企业履行物业服务合同；

（八）对物业共用部位、共用设施设备和相关场地使用情况享有知情权和监督权；

（九）监督物业共用部位、共用设施设备专项维修资金（以下简称专项维修资金）的管理和使用；

（十）法律、法规规定的其他权利。

第七条　业主在物业管理活动中，履行下列义务：

（一）遵守管理规约、业主大会议事规则；

（二）遵守物业管理区域内物业共用部位和共用设施设备的使用、公共秩序和环境卫生的维护等方面的规章制度；

（三）执行业主大会的决定和业主大会授权业主委员会作出的决定；

（四）按照国家有关规定交纳专项维修资金；

（五）按时交纳物业服务费用；

（六）法律、法规规定的其他义务。

12.2.3　入伙时物业服务企业代办业务出现问题怎么办？

1．案例导读

张先生投诉办理入伙时（自带银行存折）向服务中心办理带芯片借记卡，服务中心收取存折原件后，一直没有回音，当业主去取存折时，服务中心告诉他给银行了，当业主去银行拿存折时，银行告之没有收到存折，互相推诿。业主为寻找存折多次找银行、服务中心无果。最后中心服务人员打电话给他说存折丢失了无法找到，请他换一本存折。业主认为他的存折有很多费用托收（包括股票转账、各种费用托收等），换存折非常麻烦。对此业主认为物业服务中心内部工作混乱，交接不清，对物业服务很失望。

2．案例焦点与分析

（1）案例焦点

在事情发生后，服务中心没有采取积极的措施帮业主补救已发生问题。服务中心服务人员打电话给业主告之存折丢失，但却未告之业主丢失存折后服务中心准备采取的补救措施（如代业主办理各类托收费用换账号事宜等），补办借记卡。对此业主认为服务中心内部管理混乱，导致投诉到公司；在与银行交接的过程中，没有完整的交接记录，以致业主寻找存折时银行方面推诿责任。

（2）案例分析

此事主要因为服务中心弄丢业主存折让业主自己再去办理引发业主对服务中心的物业服务极其不满而引发的。本案例中物业服务中心为业主提供方便时未估计可能带来的风险，风险防范意识薄弱。给业主带来困扰也损害了企业的名誉。服务中心应妥善处理好存折丢失和业主情绪问题。

3．实务工作建议

（1）加强服务人员在提供服务时判断潜在风险的能力，并及时规避风险；

（2）出现问题时，积极地替业主解决困难。将采取的处理措施告知业主，取得业主理解；

（3）完善、规范联名卡办理流程，要求所有与银行交接的资料要有书面签收，指定专人协调，避免以后发生类似问题。

4．法规链接

《物业管理条例》

第三十五条 物业服务企业应当按照物业服务合同的约定，提供相应的服务。

物业服务企业未能履行物业服务合同的约定，导致业主人身、财产安全受到损害的，应当依法承担相应的法律责任。

12.2.4 房屋装修过程中进水物业服务企业是否承担责任？

1．案例导读

2018年4月28日凌晨7：30左右，某小区1903房留宿的木地板装修工发现房间进水，检查发现是阳台地漏堵了，雨水涌进二楼房间。装修工打电话给业主李小姐，8：05李小姐用家中电话打电话到监控中心，监控中心值班人员马上安排安全员前往查看，安全员检查后认为进水不严重，未作处理，也未反馈信息中心。9点左右业主又打电话给监控中心，并拨打客服大使电话，中心立即安排技术员前往，技术员9：10赶到1903房；此时，工人已把地漏疏通。

9：20部门主管接到电话后赶到现场，与业主沟通并对现场情况进行检查拍照，并安排两名清洁人员协助装修人员对浸水木板进行拆除清洁。初步判断为大雨把阳台垃圾冲到地漏口所致。

但业主认为阳台设计有缺陷：一是阳台上方无顶棚，二是阳台与房间之间门槛太低。物业服务企业应承担部分责任。

2．案例焦点与分析

（1）案例焦点

现场查看的安全员责任心不强，对事件可能导致的严重后果缺乏敏感度，现场查看后没有将现场相关信息及时地反馈到服务中心；物业服务中心在处理相关下水道堵塞的问题中未能预见问题的严重性，对派单未进行有效跟踪，导致信息流失，未安排服务中心技术员及时地对现场情况进行有效的处理，引起住户投诉。

（2）案例分析

本案例中客服负责人和技术负责人在公司及部门强调雨天需注意的事项后仍未提高警惕，相关现场检查工作及对住户的提醒未能有效地落实到位。

部门负责人未针对特殊天气情况组织部门工作人员进行应急部署，组织部门工作人员对特殊天气可能带来的后果进行检查并采取防范措施。

3．实务工作建议

（1）控制中心和客服前台作为部门信息的中心枢纽，承担着信息的发布与收集两大功能，对于每一条信息必须跟踪到位确保关闭。特别是对于紧急突发事件的信息传递和反馈必须及时准确。各部门应加强信息传递流程的培训与监督，确保信息传递的畅通和及时。

（2）部门应加强对岗位人员业务知识的培训（特别是新员工），结合公司、部门规章和案例强化人员服务、风险意识、提高岗位人员工作责任心和提升各项工作的执行力度。

（3）针对在雷雨/台风天气等异常情况，安排人员提前做好小区/大厦公共部位的排水、排污系统（沟、渠、井、管道）的检查，确保运行畅通。同时向住户发布温馨提示，对自家阳台进行清理，关好门窗。对于特殊住户（如：装修期间、长期无人居住、在阳台上摆放杂物较多等可能导致阳台排水不畅等）要以各种方式进行联系或安排人员进行现场查看。

（4）对于业主/住户表达的意见和建议，服务中心应严格按照公司要求，及时跟进并反馈最新情况。

（5）应加强维修、家政服务的回访力度，深度了解客户需求，针对客户建议及时处理与反馈。

4．法规链接

（1）《建设工程质量管理条例》

第四十条第二款 屋面防水工程、有防水要求的卫生间、房间和外墙面的防渗漏，为5年。

（2）《中华人民共和国民法典》

第二百八十八条 不动产的相邻权利人应当按照有利生产、方便生活、团结互助、公平合理的原则，正确处理相邻关系。

第二百八十九条 法律、法规对处理相邻关系有规定的，依照其规定；法律、法规没有规定的，可以按照当地习惯。

12.2.5 修锁匠堵门锁物业服务企业该如何处理？

1．案例导读

某公司在管项目广州市某小区有25栋楼宇，为非封闭式管理。外围有四五个修配锁摊位，因生意不佳，摊主便想出"歪招"——偷偷用牙签、炷香柄、万能胶水等在小区外周边楼内塞门锁，等住户请他们去修锁再收取高额维修费。该小区由于防范较好，巡逻密度较高，并根据塞锁情况及时张贴了防范通知，只有2户住户被塞过门锁。某户被塞锁后，将情况电话报料给报社。《××晚报》于1月26日（A版）报道了此事，××电视台也于1月28日采访并报道了此事。于是周边的住户纷纷议论开了，有的说修锁工人真黑心，有的说物业服务企业管理不到位，竟让这些修锁工人有机可乘……小区管理服务中心及时主动派工作人员前往受害户家了解情况，进行沟通。随后立即召开管理服务中心人员会议，将事件的发生和将采取的措施告知员工，并再次张贴安全防范通知，提醒其他住户提高安全防范意识，防止此类事件再发生。紧接着，将此情况书面向公司领导做了汇报。1月28日电视台记者到该小区采访此事时，管理服务中心并没有回避记者的采访，而是认真、积极主动配合记者的采访，将实际情况和小区管理服务中心作为物业服务企业对塞锁采取的防范措施及取得的成效告知记者，并借电台这一媒体呼吁居民协助做好防火、防盗、防此类破坏等工作。电视台了解情况后，对小区管理服务中心采取的防范措施及取得的成绩非常认可，把焦点放在声讨修锁工人的不良行为及提醒市民加强防范意识上，并在当晚电视台新闻节目中对此进行了报道。

2．案例焦点与分析

（1）案例焦点

由于突发事件存在突发性、不可预测性、严重危害性、舆论关注性，以及在危机中会产生许多谣言，产生谣言的因素很多，究其根源，主要有以下几点：

1）缺乏可靠或完整的信息；

2）传闻失真，小道消息流传，人们产生怀疑；

3）对一些重大事件的处理犹豫不决，举棋不定；

4）本部门人员互相指责，存在严重的分歧等。

所以物业服务企业要制定有处理突发事件的程序、对策和对付突发事件过程中的谣言，在企业面临突发事件时，能采取相应的措施和步骤。

（2）案例分析

事件的处理把影响小区治安和公司形象的危机化为提醒市民加强安全防范和保护自身利益的契机。物业服务企业在实施物业管理过程中对诸如此类事件屡见不鲜，企业在正常的经营生产中有时会遇到很多突如其来的危机，不回避，不退缩，持正确积极态度解决问题，这才是真正的经营之道。面对危机，企业管理者就需要运用公共关系学中的危机管理理论，化危机为契机。

3．实务工作建议

处理突发事件的程序：

（1）迅速制定紧急措施，以保证事态不再蔓延，将损失控制在最小范围内。

（2）尽快掌握事件真相，为进行公关策划提供详实而有价值的资料，并能有的放矢地制定方案。

（3）与新闻界保持联系，让新闻界了解事实真相，以使其不发表猜测性和偏激性的报道，使新闻界保持公正立场和积极态度。

（4）加强内部信息交流，协调内部关系，让内部正确认识突发事件，不埋怨、不气馁，为使事态向好的方向转化做出努力。

（5）谨慎地同受害者接触，冷静地倾听受害者的意见，避免出现为自我辩护的言行，安排专人与受害者保持联系。

（6）对上级部门及时请示汇报，及时报告事态的发展，求得上级部门的指导。

本案中的小区管理服务中心由于根据公司管理要求制定了《突发事件处理预案》，在面对突发事件时，没有退缩，没有慌乱，而是及时采取应对措施，迅速掌握事件真相，加强内部信息交流和内部团结，主动同受害业户沟通，积极主动面对媒介，让媒介了解事实真相，及时张贴安民通告，公布事实真相，提醒住户不要随便为陌生人打开楼宇防盗门，不让陌生人尾随进入楼宇，加强安全防范。通过以上工作，该小区管理服务中心的安全防范工作得到住户的进一步支持，至今再未发生过类似的破坏事件。该小区管理服务中心的安全生产工作开展的顺利，管理工作进一步得到小区住户的认可。

4．法规链接

《中华人民共和国治安管理处罚法》

第二十三条　有下列行为之一的，处警告或者200元以下罚款；情节较重的，处5日以上10日以下拘留，可以并处500元以下罚款：

（一）扰乱机关、团体、企业、事业单位秩序，致使工作、生产、营业、医疗、教学、科研不能正常进行，尚未造成严重损失的；

（二）扰乱车站、港口、码头、机场、商场、公园、展览馆或者其他公共场所秩序的；

（三）扰乱公共汽车、电车、火车、船舶、航空器或者其他公共交通工具上的秩序的；

（四）非法拦截或者强登、扒乘机动车、船舶、航空器以及其他交通工具，影响交通工具正常行驶的；

（五）破坏依法进行的选举秩序的。

复习思考题

1．物业客户服务中，业主投诉的问题主要有哪些？如何解决？

2．影响物业服务企业的知名度和美誉度的因素有哪些？

3．当发现业主家中漏水时，物业服务人员能否破门而入？为什么？

4．案例分析

某日中午十二时许，正值午餐时间，客服主管接到值班客服电话汇报称小区内五栋高层（共约1000户）突然停电。由于事态严重，客服主管与其他共餐的同事马上赶回小区处理。

到达现场，发现原因出自供应该五栋高层电力的低压配电柜烧毁，在征询设备主管意见后，估计最少需要8个小时才能更换修复。

问题与思考：小区内突然停电物业公司应采取哪些措施？

参考文献

[1] 陈德豪. 物业管理综合能力[M]. 北京：中国市场出版社，2014.

[2] 刘秋雁. 物业管理理论与实务[M]. 大连：东北财经大学出版社，2021.

[3] 徐运全. 物业管理法规实用案例[M]. 呼和浩特：内蒙古人民出版社，2016.

[4] 周心怡，赖新林. 物业管理典型判例解读精选[M]. 北京：中国建筑工业出版社，2016.

[5] 陈国强. 法官说案——房产物业纠纷案例[M]. 北京：中国经济出版社，2008.

[6] 蔡峰. 物业管理法规应用[M]. 北京：中国建筑工业出版社，2013.

[7] 王雨本. 物业管理的纠纷与解决[M]. 北京：中国社会出版社，2004.

[8] 漆国生. 社区物业管理纠纷化解机制研究——以纠纷化解的选择性和有效性为视角[J]. 广东社会科学，2010（4）：172-178.

[9] 李玉笋. 物业管理之服务论[J]. 引进与咨询，2005（10）：34-35.

[10] 王怡红. 物业管理法律法规[M]. 北京：清华大学出版社，2013.

[11] 王益. 小区物业管理纠纷中的政府协调机制研究[D]. 上海：华东理工大学，2011.

[12] 卜艳芳. 人民调解在物业管理纠纷中的作用与完善[D]. 北京：中国社会科学院研究生院，2013.

[13] 埃莉诺·奥斯特罗姆. 公共事物的治理之道[M]. 余逊达，陈旭东，译. 上海：上海译文出版社，1995.

[14] 王亚新. 纠纷·秩序·法治——探寻研究纠纷处理与规范形成的理论框架，清华法律评论（第二辑）[C]. 北京：清华大学出版社，1999.

[15] 斯蒂芬 B·戈尔德堡，等. 纠纷解决——谈判、调解和其他机制[M]. 蔡彦敏，等，译. 北京：中国政法大学出版社，2005.

[16] 成曦. 我国物业管理纠纷的成因及对策研究[J]. 经济视角，2012，15（4）：88-90.

[17] 福田物业项目组. 物业治安·消防·车辆安全与应急防范[M]. 北京：化学工业出版社，2018.

[18] 纪木春. 行政统筹+物协推动，打造物业消防安全体系[J]. 城市开发，2019（7）：62-64.

[19] 邵小云，等，物业安全应急管理手册[M]. 北京：化学工业出版社，2013.

[20] 余源鹏. 物业安全管理[M]. 北京：机械工业出版社，2014.

[21] 卞守国. 物业设施设备的风险管理以及应急处理[J]. 住宅与房地产，2015（5）：2.

［22］刘涛，物业管理企业应急管理的现状及管理体系构建研究[J]．现代物业（上旬刊），2015（2）：54–55.

［23］张建新．物业管理概论[M]．南京：东南大学出版社，2005.

［24］何岩枫．物业管理[M]．北京：高等教育出版社，2007.

［25］王筝．物业管理概论[M]．大连：东北财经大学出版社，2006.

［26］刘晓霞．住宅物业管理理论与实务研究[M]．北京：中国商业出版社，2009.

［27］北京亚太教育研究院物业管理研究中心．物业经营管理[M]．北京：中国工人出版社，2010.

［28］王怡红．物业管理实务[M]．北京：北京大学出版社，2010.

［29］黄安心．物业管理案例分析[M]．北京：中央广播电视大学出版社，2011.

［30］李卫卫．物业公共秩序管理[M]．济南：山东科学技术出版社，2016.

［31］北京亚太教育研究院物业管理研究中心组．物业管理实务[M]．北京：中国工人出版社，2010.

［32］郭广宝．物业管理操作实务[M]．济南：山东科学技术出版社，2016.

［33］李海波．物业管理概论与实务[M]．北京：中国财富出版社，2015.

［34］田禹，刘德明．物业管理概论[M]．北京：清华大学出版社，2015.

［35］张志红．物业管理实务[M]．北京：北京交通大学出版社，2016.

［36］季如进．物业管理[M]．北京：首都经济贸易大学出版社，2008.

［37］夏周青．治道变革与基层社会矛盾化解[M]．北京：国家行政学院出版社，2014.

［38］王占强．物业管理经典案例与实务操作指引[M]．北京：中国法制出版社，2017.

［39］骆鑫，刘娅．物业管理纠纷与案例与实务[M]．北京：清华大学出版社，2017.

［40］杨立新．最高人民法院审理建筑物区分所有权纠纷案件司法解释与适用[M]．北京：法律出版社，2009.

［41］杨立新．最高人民法院审理物业服务纠纷案件司法解释与适用[M]．北京：法律出版社，2009.

［42］陈枫，王克非．物业管理[M]．北京：北京大学出版社，2007.

［43］最高人民法院民法典贯彻实施工作领导小组．中华人民共和国民法典（总则编、合同编、物权编、侵权责任编）理解与适用[M]．北京：人民法院出版社，2020.

［44］陈华斌．建筑物区分所有权[M]．北京：中国法制出版社，2011.